KB051242

THE PRICE OF THIRST

이 책의 출간은 미네소타 영토 개척자인 부모 엘런 랭킨 체이스와 조사이어 훅 체이스를 기리기 위해 조사이어 H. 체이스가 남긴 유산의 지원을 받았다.

5장의 일부는 원래 "Revolution of the Thirsty," Places (July 2012) (http://places.designobserver.com)로 발표된 내용이다.

THE PRICE OF THIRST

갈증의 대가

글로벌 물 불평등과 다가오는 대혼란

캐런 파이퍼 지음 유강은 옮김

나눔의집

빔라 바후구나*Vimla Bahuguna*에게

신의 음료를 갈망하며 싸우는
세계에 평화를 기술을 가르치는 일은
여성의 몫이다.

– **간디**

차례

일러두기

1. 내용상 추가 설명이 필요하다고 판단된 부분은 옮긴이 주 *로 표시하였습니다.
2. 지명 및 외래어는 관례로 굳어진 것을 빼고, 국립국어원의 외래어 표기법과 용례를 따랐습니다.

감사의 말

이 책처럼 집필하는 데 거의 10년에 걸친 여행과 연구가 필요한 (어떤 이들은 제정신이 아니라고 하는) 야심적인 책을 내놓을 때는 지금까지 도와준 모든 이에게 일일이 감사의 말을 하기가 쉽지 않다. 그래도 어쨌든 해봐야겠다.

우선 기꺼이 인터뷰에 응해 준 사람들에게 고맙다는 말을 하고 싶다. 어떤 경우에는 미리 연락도 하지 않고 집까지 찾아갔는데도 문 앞에서 인터뷰 요청을 받아들인 이들도 있다. 순데를랄 바후구나 Sunderlal Bahuguna, 빔라 바후구나, 크리스 톰킨스Kris Tompkins, 후안 파블로 오레고Juan Pablo Orrego, 파트리시오 세구라Patricio Segura, 패트릭 본드Patrick Bond, 존 파커Jon Parker, 랄로 프랑코Lalo Franco, 할웨스트 셰카니Halwest Shekhani, 후캄 찬드Hukam Chand, 쉬프라 케스와니Shipra Keswani(잘바기라티재단Jal Bhagirathi Foundation 소속), 모드 발로Maude Barlow 등에게 감사한다. 이 사람들은 모두 이 책에 지대한 공이 있으며, 특히 쿠르디스탄(터키와 이라크)에서 나를 자기들 집으로 초대해 준 무명의 사람들도 도움을 주었다. 이 낯선 사람들이 친절을 베푼 덕분에 나는 세상에 대해 희망을 품게 되었다. 특히 통역 겸 가이드로 도와준 할웨스트 세카니와 후캄 찬드에게 톡톡히 신세를 졌다. 후캄이 없었더라면 아마 나는 목숨을 부지하지 못했을 테고, 할웨스트가 사담 후세인 흉내를 내던 모습은 영원히 잊지 못할 것이다. 나와 함께 수많은 여행을 한 80세의 어머니에게도 고맙다는 말을 하고 싶다. 여행길에 나를 지켜 줄 보호자가 필요하다는 생각도 있었고, 어머니 자신이 워낙 타고난 모험가이기도 한 터라 나와 동행해 주었다. 나는 많은 세상이 위기의 시대를 헤쳐 나가게 만든 것은 다름 아닌 여성과 어머니의 회복력이라는 사실을 깨닫게 되었다. 이런 이유로 세계 어디에나 있는 강인한 할머니들을 기리기 위해 빔라 바후구나에게 이 책을 헌정한다.

다음으로, 내 연구를 충분히 신뢰하고 재정 지원을 해준 기관과 사람들에게 감사 인사를 해야겠다. 미주리대학의 남아프리카공화국(이하 남아공) 교환 프로그램과 글로벌 연구자 프로그램, 미주리대학 연구평의회, 미국인문학재단, 카네기멜런재단 등에 감사한다. 특히 1년 동안 조용하고 고립된 공간에서 이 책을 마무리하도록 주선해 준 카네기멜런대학 글로벌 인문학 센터 소장 데이비드 섬웨이David Shumway에게 감사한다. 또한 미주리대학의 글로벌 연구자 프로그램은 나 스스로 어떤 연구를 시작해야 할지 알기도 전에 나를 세상으로 내보내 이 책이 나오게 해주었다.

카네기멜런의 제프리 윌리엄스Jeffrey Williams는 피츠버그에서 한

해를 보내는 동안 끊임없는 조언과 격려와 즐거운 대화를 베풀어 주었다. 미주리대학에서는 민속학자인 아난드 프랄라드Anand Prahlad와 일레인 롤리스Elaine Lawless가 정신적인 도움을 주었고, 루앤 로스Luanne Roth는 남아공에서 나와 함께 현지조사를 했다. 탈식민 연구자인 카비타 필라이Kavita Pillai는 인도에 관한 장을 읽고 중요한 조언을 해주었다. 지리학자인 소렌 라슨Soren Larsen과 마이크 어번Mike Urban은 대학원생들과 함께 하는 물 정책과 기후변화에 관한 연구에 나를 초대했다. 지리학자 파르하나 술타나Farhana Sultana와 사회학자 조애너 로빈슨Joanna Robinson은 이 책 초고를 읽고 내 주장을 다듬는 데 필요한 미묘한 차이를 찾도록 올바른 방향을 알려 주었다. 잡지 『플레이스*Places*』의 천재적인 편집자들인 낸시 레빈슨Nancy Levinson과 조쉬 월러트Josh Wallaert는 이집트에 관한 장을 쓰는 데 도움을 주었다.

미네소타대학 출판부의 편집자 제이슨 와이드먼Jason Weidemann은 이 책의 미래를 확신하고 언제든 누구보다 먼저 나를 격려해 주었다. 대니얼 캐스퍼작Danielle Kasprzak은 책의 출간과 관련된 모든 일을 성공적으로 조정해 주었다.

마지막으로, 물 불평등과 기후변화 때문에 낙담하는 내게 힘을 주고 어쨌든 웃으면서 살게 도와준 패트릭 클라크Patrick Clark와 어머니에게 고맙다는 말을 하고 싶다.

서론

글로벌 물 불평등을 낳은 식민지 시대의 기원

베두인족의 천막들이 바람에 펄럭인다. 아프리카 사하라 사막의 카라반 숙소 같은 모습이다. 천막들은 크고 안이 널찍한데, 겉면에는 모로코의 전통적인 상징이 그려져 있다. 천막들 바로 옆에는 사파리 스타일의 지프차 한 대가 사막의 우물 부근에 주차돼 있다. 천막들 뒤로는 3층짜리 그랜드팰리스Grand Palace 건물이 흰 기둥들과 유리창으로 된 벽을 과시하고 있고, 그 곁에는 팰리스오브유럽Palace of Europe 건물이 있다. 잠시 동안 19세기 북아프리카의 프랑스 식민 도시에 있는 것 같은 생각이 들었다. 아니 1906년 바로 이 장소에 전시관을 세워 놓고 식민지 모습을 진열한 프랑스 식민지 박람회에 와 있는 느낌이었다. 그 행사 당시에 전 세계의 프랑스 식민지 곳곳을 상징하는 50개의 궁전과 전시관 바로 옆에 튀니지의 마을과 베두인족 천막이 세워져 있었다. 인기 있는 '인간 동물원human zoo'에서는 식민지에서 온 사람들이 종종 반나체로 원시적인 생활방식을 재연했

세계 물 포럼 본회의장에 지루한 표정으로 앉아 있는 양복 차림의 사람들

다. 하지만 지금 여기는 2012년 세계 물 포럼이 열리는 프랑스의 마르세유다. 나는 파르크뒤샤노Parc du Chanot 컨벤션컴플렉스에서 열리는 건조 지대와 오아시스 전시회를 구경하고 있었다.

세계 물 포럼은 3년마다 열리는 국제 행사로 세계의 물 문제를 해결한다는 목적을 표방한다. 참석자의 면면을 보면 유엔 대표, 국제개발 전문가, 세계 각국 수반 등이다. 포럼은 팰리스 한 곳에서 발레로 시작되었는데, 댄서들은 물방울을 닮은 푸른색 보디수트를 입고 물의 움직임을 연기했다. 발레가 끝나고 샴페인과 캐비아가 차려진 리셉션이 열려 각국 수반이 물 다국적 기업의 최고경영자들과 어울렸다. 모로코 국왕은 개회사를 한 미하일 고르바초프와 담소를 나누었다. 보안이 빡빡해서 공항에서나 볼 법한 스캐너로 가방과 사람 몸을 검색하고, 레이저 펜으로 출입증 배지를 판독하고, 정보기관원 같이 생긴 양복 차림의 남자들이 곳곳을 돌아다녔다. 이 모습이 글로벌 물 산업의 미래다.

2006년 『뉴욕타임스』에는 "목마른 건 돈이 된다"라는 헤드라인이 실렸다. 이 기사는 글로벌 물 시장의 가치를 수천 억 달러로 추산하면서 다음과 같이 말했다. "석유로 많은 돈을 번다는 건 누구나 안다. 하지만 일군의 새로운 대기업들은 더 평범한 액체로 훨씬 더 큰 수익을 벌 수 있다는 사실을 깨닫는 중이다. 물이 바로 그 주인공이다."[1] 오늘날 소수의 다국적 기업들은 세계가 글로벌 물 위기 단계로 접어드는 중이라는 사실에 기대를 걸고 있다. 이런 기업들로는 수에즈Suez, 베올리아Veolia, 템스Thames, 아메리칸워터American Water, 벡텔Bechtel, 다우케미컬Dow Chemicals 등이 있다. 물론 주인공들은 계속 바뀌는 중이다. 이 기업들은 화학, 음료, 건설, 광업, 엔지니어링 분야의 기업들이며, 최근에는 은행과 주식형 펀드 기업 등이다. 바로 이 기업들을 대표하는 사람들이 세계 물 포럼에 참석하고 있다. 그리고 지금 그들은 우리의 물을 고갈시키면서 세계은행과 국제통화기금(IMF) 같은 기관과 각국 정부의 도움 아래 세계 물 공급에 대한 지배권을 조용히 확보하는 중이다. 수에즈와 베올리아는 세계 물 포럼의 주요한 민간 분야 기부자다.

2001년, 5개 물 기업(수에즈, 베올리아, 소어Saur, 악바르Agbar, 템스)이 전 세계의 '민영화된' 물, 즉 다국적 기업이 이윤을 벌어들이기 위해 운영하는 물 공급의 73퍼센트를 지배했다. 2025년에 이르면, 민간 물 기업에서 물을 공급받는 사람들의 비율이 21퍼센트에 달할 것으로 예상된다. 미국에서는 그 비율이 39퍼센트에 이를 것이다. 2001년 이래 중국의 물 기업들 또한 세계 10대 물 사업자 명단의 상위권으로 올라가서 베이징엔터프라이즈워터Beijing Enterprises Water가 3위를 차지했다. 그렇지만 프랑스 기업들이 여전히 세계 물 시장을 지배한다. 프랑스 기업인 수에즈와 베올리아가 해외 계약의 대부분을 따내서 '10대' 물 사업체를 이용하는 인구의 57퍼센트를 차지하고 있다. 2012년 수에즈 고객의 약 90퍼센트는 프랑스 이외의 나라에 있었다. 이와 대조적으로 베이징엔터프라이즈워터는 100퍼센트 중국 내에서 사업을 한다.[2] 하지만 미국에서는 각각 유나이티드워터United Water와 베올리아워터 노스아메리카Veolia Water North America로 사업을 하는 수에즈와 베올리아가 여전히 세계 최대의 물 기업이기는 하지만, 장래에는 사람들이 프랑스 기업만큼이나 중국 기업에서 물을 사게 될 공산이 크다.

세계 물 포럼을 주관하는 세계 물 협의회World Water Council는 1996년 이래 세계 각지에서 물과 위생 설비에 대한 접근권을 모든 사람의 권리로 보장하기 위해 활동하고 있다고 주장한다. 그렇게 노력하는 과정에서 세계 물 협의회는 물 문제에 관한 대화를 촉진하고, 복원하고 강화하는 일을 지원한다.[3] 전 세계에서 10억이 넘는 사람들이 깨끗한 물을 이용하지 못하고, 세계 곳곳에서는 수인성 질병이 사망 원인 1위이기 때문에 모든 사람에게 물과 위생 설비에 대한 접근권을 보장해 주는 일은 분명 시급한 과제다. 세계 물 협의회는 이런 사실을 "더는 참을 수 없다"고 주장한다. 그런데 과연 세계 물 협의회의 구성원들은 어떤 사람들일까?

세계 물 협의회 규약에 따르면, 창립자 세 명은 르네 쿨롱René Coulomb, 알리 셰이디Aly Shady, 마흐무드 아부-제이드Mahmoud Abu-Zeid다. 르네 쿨롱은 수에즈 회장을 역임했다. 아부-제이드는 전임 대통령 호스니 무바라크 시절에 이집트 수자원장관을 지냈다. 셰이디는 2000년에 출범한 비공개 신자유주의 싱크탱크인 '도쿄 클럽Club of Tokyo'의 일원이다. 이 엘리트 클럽의 임무는 '물 가격 책정'과 '비용 회수'를 장려하는 것이다. 현재 세계 물 협의회 회장인 로익 포숑Loïc Fauchon은 베올리아가 소유한 마르세유의 물 자회사 사장이다. 2012년 수에즈와 베올리아는 세계 물 포럼에서 국가별 전시회를 위해 설계한 전시관에서 각자 전시회를 열면서 전 세계와 세계 물 포럼에서 자신들이 현재 차지하는 지위와 영향력을 보여 주었다.

세계 물 협의회 회원 명단에는 기업 회원들과 나란히 옛 식민지의 뚜렷한 자취가 있다. 사실 이 명단은 프랑스 식민지나 옛 식민지에서 훈련받은 엔지니어들의 인명록 같다. 특히 알제리, 모로코, 튀니지 같은 북아프리카 나라 사람들이 많다. 세계 물 협의회 총재 피에르-프레데릭 테니에르-뷔쇼Pierre-Frédéric Ténière-Buchot는 2012년 비공개 물 싱크탱크인 (리)소스(Re)Sources 회의에서 이렇게 된 이유를 설명했다. "1962년 프랑스-알제리 전쟁이 비참하게 끝났을 때, (건조한 나라인) 알제리의 수도 사업소에서 일하는 프랑스 공무원들이 아주 많았습니다. 이 사람들은 프랑스 본국의 공공 부문에서 일자리를 찾고 있었지요." 이 사람들은 모로코와 튀니지에서 일하던 동료들과 나란히 반식민 운동에 의해 아프리카에서 쫓겨났고, 프랑스에 새로 창설된 수도 기관의 우두머리들이 되었다. 오늘날 바로 이 기관들이 수에즈나 베올리아와 '회전문'으로 연결되어 일을 한다.[4] 세계 물 협의회의 장-루이 올리베Jean-Louis Oliver에 따르면, 프랑스에서 등장한 공공기관과 물 법령은 "물 문제가 산적한 북아프리카나 검은 아프리카*, 인도차이나에서 …… 경력을 시작한 사람들이 만들어 낸" 결과물이다.[5] (올리베는 프랑스물학회French Water Academy 회장이고 테니에르-뷔쇼는 학회 회계 담당자다.) 북아프리카 나라들이 독립을 획득하면서 물 전문가 수백 명이 프랑스로 돌아왔고, 이 사람들이 지금 세대의 물 전문가들을 훈련시켰다. 이 물 전문가들은 현재 북아프리카에서 '개발' 전문가로 통한다.

2012년 세계 물 포럼에서 발레 공연이 끝나고 캐비아를 맛보는 동안 나는 바깥 주차장에 있는 사하라식 천막들과 바로 그 옆에 있는 슬럼가Slum를 생각하지 않을 수 없었다. '슬럼가'라는 글자가 뚜렷하게 붙어 있는 커다란 천막 안에는 양철 지붕으로 된 판잣집들로 이루어진 슬럼가를 재현한 풍경이 있었다. 침대와 선풍기, 심지어 옷가지까지 있었다. 양쪽에 줄줄이 늘어선 판잣집들 사이로 비포장도로가 있었는데, 도로 위에는 두 가지 물 선택지가 있었다. 한쪽에는 플라스틱 주전자로 가득한 낡은 리어카에 프랑스어로 '공공 수도'라는 표지판이 붙어 있었다. 도무지 안전하거나 매력적인 모습이 아니었다. 바로 옆에는 사람 키 높이에 새것처럼 반짝이는 상자가 있었는데, 동전 넣는 곳처럼 보이는 구멍이 있었다. 안내책자의 설명에 따르면, '베올리아'라는 표지판이 붙은 이 기계는 누구나 자유롭게 이

* 사하라 사막 이남 아프리카

초현실적인 '슬럼가' 천막. 천막 안에는 미로처럼 얽힌 비포장 인도와 방 하나짜리 판잣집에 깔린 더러운 매트리스, 플라스틱 물 주전자로 가득한 고장 난 외바퀴 수레 등으로 이루어진 '공공 수도망' 등이 있다.

용할 수 있는 급수탑의 대안으로 고안된 것이었다. "급수탑은 지역 당국이 감당하기에는 가격이 비싸고, 물을 함부로 쓰는 …… 도둑 고객들이 독차지하는 일이 많기 때문이다."[6] 베올리아가 새로 만든 이 급수탑에서는 이용자가 선불카드를 집어넣으면 구매한 양만큼 물이 정확히 나오기 때문에 물이 '공정하게' 분배된다고 한다.

급수탑 바로 옆에는 '피푸Peepoo'*라는 표지판이 붙은 바구니가 있다. '배설물을 비료로 바꾸는 자동 세척 개인용 화장실'이다. 영리 회

---

* '피푸'는 '소변과 대변'을 뜻하는 영어 단어에서 따온 말이다.

공공 수도의 대안: 베올리아의 급수탑. 사케이티Saqayti는 '나의 샘'을 뜻하는데, 모로코에는 이미 이런 급수탑이 설치되어 있다.

사인 피푸플Peepoople이 고안한 물건이다. (수에즈는 세입자용 화장실Tenant's Toilet이라는 이름으로 독자적인 시스템을 개발 중이다.)[7] 피푸 고객들은 요소 가루를 채운 주머니를 사는데, 이 주머니에 소변을 본 뒤 큰 바구니에 주머니를 집어넣으면 된다. 이 바구니에 일정 기간 보관하면 비료가 된다. 회사 안내책자에 따르면, 유명한 타파웨어 홈 파티와 비슷한 파티를 열어서 여성 소사업가들이 이 주머니를 판매할 수 있다.[8] 어느 피푸 비판론자는 인도처럼 배설물을 손으로 다루는 것에 대해 금기가 강한 나라에서는 사람들에게 '피푸'라는 대담한 라벨이 붙은 주머니를 들고 다니게 하는 것이 어려울 것이라고 말한다. 하지만 '슬럼가' 안내책자에 따르면, 이 주머니는 슬럼가의 물과 위생 시설 문제를 해결하기 위한 새로운 집단적 통찰이다. 공교롭게도 돈도 벌 수 있다.

세계 물 포럼이 배타적이라고 말하면 과소평가가 될 것이다. 포럼 현장 안에서는 청색 양복 차림의 백인 남성이 압도적인 참가자들이 샴페인을 마시고 캐비아를 먹으면서 이런 상상 속 슬럼가 주민들의 미래를 결정한다. 세계 물 협의회는 물 문제에 관심이 있는 어떤 조직에든 문호를 개방한다고 주장하지만, 회원들은 세계 물 협의회의 사명과 목표를 확실히 수용하도록 이사회의 심사를 받는다.[9] (프랑스, 터키, 한국, 일본, 브라질 5개국 대표가 이사회를 지배한다. 튀니지와 미국이 근소한 차이로 뒤를 좇는다.) 어떻게 보면 검열이라고 할 만한 이 심사는 포럼에서 항상 존재했다. 포럼에서는 매일 회보를 발간하는데, 제작은 대학생들이 하지만 분명한 제약이 따른다. 펜실베이니아에서 온 한 언론인은 내게 이렇게 말했다. "우리가 쓰는 내용은 포럼의 목적에 부합해야 합니다." 그리고 물과 위생 문제에 대한 구체적인 답으로 이루어진 제안을 수집하기 위해 웹사이트가 개설되긴 했지만(http://www.solutionsforwater.org), 포럼 회보의 설명에 따르면, 모든 제안은 포럼이 추구하는 목표에 적합한지 여부를 비롯한 실행상의 제약을 받아들여야 한다.[10] 마지막으로, 포럼 폐회식 중에 연사들 뒤에 있는 대형 스크린에 트위터 피드가 올라 왔다. 이 피드는 일반인에게 개방된 것이라는 말을 들었지만, 나는 앞에 앉은 사람이 아이패드를 이용해서 피드를 활발하게 수정하는 모습을 지켜보았다. 그는 트윗 내용이 공개되기 전에 논쟁적인 트윗을 삭제하고 있었다. 그는 내가 자기 태블릿 화면을 볼 수 있다는 사실을 눈치채지 못했다.

한편 포럼 바깥에서는 풀뿌리 활동가들이 포럼에서 자신들을 배제한 데 대해 불만을 표하고 있었다. 민영화 반대 활동가들은 오래전부터 포럼의 활동, 특히 포럼이 기업의 후원을 받는 점에 관해 불만을 토로했다. 이런 불만에 대응하여 포럼은 프로그램에 '풀뿌리' 행사를 신설하는 한편, 프로젝트가 행사의 목적과 정신에 부합하도록 이 단체들을 심사하는 위원회를 구성했다.[11] 2012년 세계 물 포럼은 '풀뿌리' 행사를 네 가지 부문, 즉 청소년, 여성, 윤리와 문화, 비정부기구(NGO) 등으로 조직했다.[12] 물방울 댄서들과 함께 포럼의 문을 연 발레는 '윤리와 문화' 풀뿌리 소부문의 일환이었다. 아마 발레가 풀뿌리 운동으로 분류된 것은 이번이 처음일 것이다. 어린이들도 세계 물 포럼에 계속 참여하고 있는데, 풀뿌리 조직화의 또 다른 증거이기 때문이다.

포럼 출입구 바깥에서는 진짜 풀뿌리 조직가들이 대안 세계 물 포럼Forum Alternatif Mondial de'Eau(FAME)이라는 이름으로 독자적으로 회의를 열고 있었다. 세계 물 포럼과 달리 대안 포럼은 프랑스 정부의 지원을 받지 않았다. 대안 포럼의 보도 자료에 따르면, "프랑스 정부는 세계 물 포럼에 대한 공공 재정 지원 1,650만 유로(베올리아, 수에즈, 프랑스전력공사, 모르비앙상공회의소 등이 지원한 690만 유로는 포함하지 않은 금액이다) 중 400만 유로를 제공하면서도 대안 세계 물 포럼은 재정 지원을 하지 않기로 결정했다."[13] 대안 세계 물 포럼 회의는 시 교외의 주름진 양철로 만든, 낙서로 가득한 창고에서 열렸기 때문에 찾기가 어려웠다. 그렇지만 건물 안은 활기가 넘쳤다. 온갖 피부색과 성별의 행복한 사람들이 넘쳐 났다. 대안 포럼의 포스터는 이런 다양성을 광고하면서 온갖 피부색의 손들이 한데 뻗어서 물길을 모으는 모습을 보여 주었다. 맨 밑에 있는 하얀 손이 손바닥에 물을 받았다. 입장료가 1,500달러인 세계 물 포럼과 달리, 대안 포럼 입장료는 5달러였다. 대안 포럼의 주요 영양 공급원인 핫도그와 피자는 각각 4달러다. 공짜 캐비아 같은 건 없다. 대안 포럼 장소를 오가는 교통편을 제공하는 기묘한 장식의 버스에 회의의 슬로건이 나붙어 있다. "이윤이 아닌, 생명을 위한 물"

행진으로 회의가 개막되었는데, 행진에 참여한 사람들은 양동이를 들고 거리를 걷다가 한 순간 공용 분수대에서 줄을 만든 뒤 분수 물을 한 컵 떠서 줄줄이 옆 사람에게 전달했다.

대안 포럼 개막식에서 마르세유물연합Marseille Water Association 회장 미셸 파르타주Michel Partage는 다음과 같이 말했다. "두 포럼을 분리하는 장벽이 있습니다. 이 장벽의 정체는 돈입니다. 이 장벽의 토대를 쌓은 것은 또한 부패입니다. 이 장벽의 토대는 민중을 보호하는 전 지구적 기관과 법률의 부재에 기반을 둡니다. …… 우리는 빈약하기 짝이 없는 재정 자원을 가지고 활동하지만 신념과 확신은 훨씬 큽니다."[14]

다음으로 파리 부시장 안느 르 스트라Anne le Strat가 발언했다. "이 자리에는 여자가 더 많아서 분위기가 한결 좋군요. 죄송하지만 저쪽에는 전부 남자예요. 또 우리에게는 추구하는 가치가 있기 때문에 여기가 더 좋은 곳이지요." (당시 르 스트라는 센-노르망디 수계위원회 회장직에 당선된 직후였다. 경쟁 상대인 앙드레 상티니Andre Santini는 횡령, 문서 위조, 불법적 이자 청구 등의 유죄 판결을 받은 프랑스 정치인이다. 르스트라가 73표 대 69표로 승리한 뒤 선거는 불분명한 이유로 '무효화되었다.') 두 연설 모두 박수갈채를 받았다. 입석뿐인 회의장에 군중이 모여 있었는데, 그중에는 나처럼 세계 물 포럼을 박차고 나온 볼리비아 수자원 장관도 있었다.

다음으로 캐나다 활동가 모드 발로가 세계 물 포럼에 대한 저항의 역사를 설명했다. 1997년 마라케시에서 열린 제1차 세계 물 포럼에 모드 발로와 다른 한 명이 방울을 가져가기로 결정한 일이 저항의 시초였다. 그녀의 말에 따르면, 그 자리에서 포럼에 반대하는 사람들이 회의장에 있던 서로를 발견했다고 한다. 그들은 연사들을 지켜보면서 연사가 거짓말을 할 때마다 방울을 울렸다. "연사가 거짓말을 약간 하면 우리도 방울을 약간 울렸습니다. 심한 거짓말을 하면 방울을 크게 울렸고요. 어느 순간 국제통화기금 전 총재가 민간 금융을 위한 공공 재정 지원에 관해 발언을 하자 우리는 정말 많은 방울을 딸랑거렸습니다. 그러자 전 총재가 말하더군요. '당신네 방울 소리가 들리지만 발언을 멈추지 않을 거요.'"

2006년에 이르러 멕시코시티에서 공식적인 대안 물 포럼이 등장했다. 발로의 말에 따르면, 그곳에서 15,000명이 행진을 했다. 대안 포럼에 참석한 사람의 수와 거의 맞먹는 규모였다. 2009년 이스탄불 회의에 이르러서는, "우리의 힘과 조직력이 무척 탄탄해서 그들은 우리 시위를 막기 위해 물대포를 쏴야 했습니다. 이 얼마나 아름다운 광경입니까?" 발로는 아이러니한 웃음을 지었다.

마르세유의 대안 세계 물 포럼 축하 행진. 이 '물 대상隊商' 차림의 여자들은 여성이 물 부족으로 가장 큰 고통을 받는다는 사실을 보여 준다. 매일 가족의 생활 수요를 충족시키기 위해 몇 킬로미터씩 걸어서 물을 날라야 하기 때문이다.

세계 물 포럼과 대조적으로 대안 포럼은 어느 누구도 물을 소유하지 못한다는 관념을 내세운다. 발로의 설명을 들어보자. "우리는 물의 주인은 지구와 모든 생물 종, 미래 세대라고 말합니다. 물은 공동 유산이자 공공신탁public trust, 인권입니다." 대안 포럼은 물 '사유화'에 반대한다고 주장한다. 그에 대해 기업들은 자신들은 물을 사고파는 게 아니라 '공공–민간 파트너십'을 통해 물 보급을 관리할 뿐이라고 주장하고 있다. 이 주장이 맞다 할지라도, 기업들이 물을 팔 수 있다고 해도 계란이나 벽돌처럼 팔지는 않을 것이라고 생각해서는 안 된다. 하지만 지리학자 캐런 배커Karen Bakker가 말하는 것처럼, 물은 '비협조적 상품uncooperative commodity'이다. ① 물은 움직이며 가둬두기가 쉽지 않고, ② 밀도가 높아서 무겁고 옮기기가 어려우며, ③ 이용자가 한 명뿐인 경우가 많지 않기 때문이다.[15] 물론 물은 병에 담아서 전 세계로 수송할 수 있고, 이 분야는 더 직접적인 부류의 사유화다. 이윤을 얻기 위해 물을 사고팔 권리를 포함하는 형태의 사유화도 있다. 칠레, 멕시코, 캘리포니아 등에서 벌어지는 이런 사유화를 '물 시장화water marketing'라고 한다. 하지만 물을 병에 담거나 판매하지 않는 한 사유화하는 게 아니라고 주장한다면 전체적인 상황을 무시하는 셈이다. 어쨌든 지적 재산권, 저작권, 선물先物 상품, 고객 호감도(즉, 기업이 가진 평판의 가치) 같이 선반에 올려놓고 팔지는 못하지만 사적으로 소유하는 물건이 많이 있다. 그리고 대안 포럼은 비록 물을 사고팔지 않는다 할지라도 물 보급에서 이윤을 벌어들인다고 주장할 것이다. 기업과 지자체 사이의 물 계약에서 기업은 실제로 15~30퍼센트 정도로 정해진 이윤을 보장받는다.[16]

이 책에서 나는 실제로든 이론상으로든 물을 포함하는 거래에 '사적 동기'를 도입하는 현상을 가리키기 위해 사유화privatization*라는 단어를 사용한다. 사실을 말하자면, 사유화는 더 높은 물 사용료를 부과하거나 개인적 이윤을 얻기 위해 물을 재분배하는 것을 의미한다. 한편 이론상으로 보면, 사유화는 우리의 물 시스템에 새로운 시

* 이 책에서는 문맥에 따라 포괄적인 의미의 물 소유 주체의 변화를 가리키는 경우에는 '사유화'로, 수도 공급 사업 주체의 변화를 가리키는 경우에는 '민영화'로 옮겼다.

장 패러다임을 적용하는 것을 의미한다. 이 시스템은 '자유시장'을 물 분배의 조정자로 세운다. 이 책의 논의에서 사유화는 이윤 추구물 사업과 이런 사업을 뒷받침하는 언어상의 변화 모두를 가리킨다. 이 새로운 언어는 사회 · 생태 · 종교적 측면이 아니라 경제적인 측면에서 물을 정의하는데, 이런 정의는 물 판매를 위한 필수적인 요소, 아니 결정적인 촉매다. 무엇보다도 우리의 물 공급에 이윤 동기를 적용하는 것은 돈을 내지 못하는 사람들에게는 가뭄을 의미한다. 가령 나무나 물고기는 물 값을 내지 못하며, 흔히 하루에 1달러도 안 되는 돈으로 살아가는 세계의 가난한 사람들도 돈을 낼 수 없다.

대안 세계 물 포럼은 물을 '인간의 권리'로 정의하는 반면, 세계 물 포럼은 물을 '경제재'로 정의한다. 양자 사이에는 타협의 여지가 별로 없다. 따라서 물을 어떻게 정의할 것인가의 문제를 둘러싼 싸움은 무척 과열된다. 2000년 헤이그에서 열린 제2차 세계 물 포럼에서는 시위자 두 명이 무대 위로 뛰어올라가 자기들 옷을 찢고는 서로 수갑을 채웠다. 두 사람 몸에는 "물 사유화 반대한다"와 "인권으로서의 물에 찬성한다"라는 구호가 적혀 있었다. 청중석에서는 시위자들이 좌석에 손을 수갑으로 채우고 사유화 반대 구호를 외치기 시작했다.[17] 그들은 물을 인권으로 정의하기 위해 싸우고 있었다. 유엔이 이런 정의를 인정하기를 바라면서.

이와 대조적으로 세계 물 포럼에서는 일종의 배타적인 테크노크라시의 언어가 구사된다. 유일하게 정당한 것으로 인정받는 이런 언어는 포럼 바깥에서는 사람들이 대개 이해하지 못한다. 2012년 포럼 회보에 실린 기사는 이런 사실을 보여 주는 한 사례다. 멕시코 물

위원회와 경제협력개발기구(OECD) 사이에 이루어진 합의에 관한 기사다. 멕시코의 민간 부문 참여 기반시설을 위한 기본 조건Framework Conditions for Private Sector Participation Infrastructure in Mexico이라는 합의는 세계 물 포럼이 열리는 중에 조인되었는데, 회보에서는 다음과 같이 보도했다. "이 합의는 멕시코 물 부문의 발전을 개선하기 위해 일련의 벤치마크와 정보 · 활동의 교류를 실행하는 것으로 구성된다. 이 합의에 따른 활동에서는 거버넌스와 정치 개혁에 초점을 맞춘다."[18] 말을 간단하게 바꿔 보면, 이 내용은 "멕시코가 물 사유화 확대의 여건을 마련하기 위한 일련의 작은 단계를 취하는 데 동의했다"는 뜻이다. 이 합의에서 경제협력개발기구는 멕시코가 혁신적인 민간 부문 참여 경험을 위한 유력한 시험 무대가 된 것을 치켜세우면서 외국 기업의 투자를 가능케 하는 입법상의 변화 확대를 장려한다.

세계 물 포럼을 구성하는 집단은 일정한 단어와 구절(벤치마크, 효율성, 이해관계자, 개혁)을 거듭 되풀이한다. 국제통화기금(IMF), 세계은행, 경제협력개발기구 등 글로벌 거버넌스 진영에서 일종의 상용어가 된 표현들이다. 요컨대 우리는 은행가들이 지배하는 물의 세계에 들어섰다. 2012년 세계 물 포럼에서는 외부의 간섭이 이런 완벽한 내부 언어에 의문을 제기할지 모른다는 점에 관한 불안을 감지할 수 있었다. 토론회 이후 질의응답 시간은 언제나 어색한 분위기였다. 주최측이 참석한 청중들에게조차 의심의 눈초리를 보내고 잠입자를 두려워했기 때문이다. 한 토론회가 끝나고 질문할 게 있는 참석자들은 마이크를 놓아 둔 통로 두 곳으로 가라는 말을 들었다. 나는 어떤 여자가 마이크 있는 곳으로 가자 청중들이 사회자에게 그 여

푸드&워터워치의 위노나 하우터가 세계 물 포럼이 서커스와 비슷하다는 점을 부각시키기 위해 대안 포럼이 기획한 '어릿광대 여단'에 참여하고 있다.

자의 존재를 알려 주려고 하는데도 사회자가 완전히 무시하는 것을 금세 눈치 챘다. 여자는 그 자리에서 인내심 있게 서 있었지만, 사회자는 반대쪽 통로에 있는 사람들에게만 질문을 받았다. 마침내 그쪽 마이크에 사람이 하나도 남지 않자 사회자는 여자한테 발언 기회를 주는 대신 청중에 있는 다른 사람에게 자기 마이크를 건넸다. 여자가 뭔가 말을 하려고 하자 그녀가 들고 있던 마이크가 꺼졌다. 나는 사회자의 무례한 태도에 다소 당황했지만, 나중에 사회자에게 무시당한 그 여자가 대안 포럼에서 온 위노나 하우터Wenonah Hauter라는 사실을 알게 되었다. 아이러니하게도, 민간 물 컨소시엄인 아쿠아페드

AquaFed의 웹사이트에서 이 일에 관한 글을 읽었을 때 나는 같은 사건에 관한 정반대의 설명을 보고 놀랐다. 웹사이트에서는 다음과 같이 전했다. “사회자가 토론을 마무리하고 난 뒤 위노나 하우터가 무례하게 마이크를 낚아채고 성난 어조로 질문을 던졌다.”[19] 마치 평행 실재parallel reality처럼 세계 물 포럼에서 두 세계가 동시에 존재했던 것 같다.

포럼의 다른 세션에서는 아쿠아페드의 총재 제라르 페이앙Gérard Payen이 연설을 하는 동안 대안 포럼 활동가들이 광대 코를 붙인 채 앉아 있었다. 발표가 끝나고 총재에게 광대 코에 대해 어떻게 생각하느냐고 물었더니 총재는 모드 발로와 위노나 하우터가 이끄는 단체의 이름을 거론하면서 간단하게 답했다. “푸드&워터워치Food&Water Watch가 와 있는 걸 알았습니다.” 그 단체와 문제가 있느냐고 묻자 이렇게 대꾸했다. “그쪽 웹사이트에 가서 보세요. 그들이 하는 활동이라고는 민영화 반대, 농산업과 물 기업 반대밖에 없어요. 그들은 민간 기업에 반대하는 선전을 구사하는데, 우리는 민간 기업 연합체입니다.”

광대 코와 수갑을 가지고 온 활동가들은 그렇게 위협적으로 보이지 않겠지만, 오늘날 저명한 국제적 인사들조차 세계 물 포럼을 움직이는 동기에 대해 질문을 던지고 있다. 노벨상 수상자인 옛 소련 대통령 고르바초프는 2012년 포럼에서 발레가 끝난 뒤 개회사를 해달라는 요청을 받았다. 놀랍게도 그는 포럼의 토대 자체에 의문을 제기했다. “세계 물 포럼이 출범하고 15년 동안 포럼은 물 문제를 국제적인 정치 의제에 올려놓는 데 기여했습니다.” 처음에는 이런 말로 시작했지만 이내 불만을 제기했다. "그렇지만 유감스럽게도 포럼은 아직 정부 대표와 기업계 사이의 일반적인 논의를 넘어서지 못했고, 또한 물 위기에 대한 획기적인 해법을 내놓지도 못했습니다. 바로 이런 이유로 포럼과 나란히 대안적인 토론장이 등장하고 있는 겁니다. 대중의 목소리에 귀를 기울여야 합니다." 고르바초프는 계속해서 대안 세계 물 포럼의 취지 선언문과 무척 흡사하게 들리는 이런 '대안적인 토론장'의 인용문을 읽는 것으로 세계 물 포럼 개회사를 마무리했다.

물 분야 주인공들

세계 물 협의회가 등장한 이래 기업이 세계의 물을 차지하는 문제에 관한 책들이 많이 나왔지만, 물 문제와 관련한 식민주의의 역사를 고찰하는 책은 없었다. 물 기업화water corporatization에 관한 주요 사상가로는 모드 발로와 반다나 시바Vandana Shiva 같은 활동가와 캐런 배커, 조애너 로빈슨, 베로니카 스트랭Veronica Strang 같은 학자가 있다.[20] (세계 물 협의회에서는 여성이 실제 비중에 비해 제대로 대우받지 못하지만, 이 분야에서는 여성이 활발하게 활약한다는 점이 주목할 만하다.) 그들의 저술은 물 '사유화'의 자세한 역사에서부터 물 다국적 기업들에 반대하는 행동 선언문에 이르기까지 다양하다. 이 저자들이 토대를 닦아 놓지 않았다면, 아마 나는 이 책을 쓰지 못했을 것이다. 하지만 유럽 식민주의 아래서 불공평한 물의 분배가 처음 일반화되었음에도 불구하고 식민주의가 물 사유화에 미친 영향을 탐구한 학자는 거의 없다. 당시 영국령 인도에서 남아프리카에 이르기까지 광범위한 지역에서 글로벌 '물 엘리트' 집단이 등장하기 시작했다. 이런 글로벌 물 엘리트 집단의 역사를 검토해 보면, 오늘날 전 세계의 사회 안정이 위태로운 상태를 이해하는 데 큰 도움이 된다.

그런데 세계 물 포럼 배후에 있는 주인공들은 누구일까? 세계 물 기업의 양대 산맥인 수에즈인바이런먼트와 베올리아워터에서 시작해 보자. 수에즈는 1858년 페르디낭 드 레셉스Ferdinand de Lesseps가 이끄는 유니버설수에즈운하회사Universal Suez Ship Canal Company로 출발했다. 역사학자 데이비드 매컬로David McCullough는 레셉스를 '가장 대담한 몽상가이자 두뇌가 뛰어난 배후 조종자'라고 묘사한다. "레셉스는 불굴의 낙관주의자였으며 …… 속임수의 귀재이자 다른 사람의 허영심과 탐욕을 활용하는 능력이 탁월했다."[21] 레셉스는 수에즈에 합류하기 전에 알제리 군사 점령 중에 장교로 복무했고 튀니지와 이집트에서 식민지 행정관으로 일했다.[22] 수에즈를 떠난 뒤에는 파나마 운하를 건설하려는 1차 시도를 지휘했다. 레셉스가 뇌물 수수와 사기가 포함된 대규모 부패 음모를 실행한 혐의로 재판에 회부되어 유죄 판결을 받으면서 1차 시도는 추문과 불명예만 남기고 실패했다. 그는 또한 벨기에의 레오폴 2세 국왕이 만든 국제아프리카협회International African Society에도 관여했다. 이 협회가 벌인 노예·상아 무역 사업으로 20년(1885~1905) 동안 콩고에서 800~1,000만 명이 사망했다.[23] 레셉스는 콩고 정복을 '당대의 가장 인도주의적인 사업'이라고 칭하면서 밀림에 '발전'을 안겨 줌으로써 문명을 전하고 있

다고 주장했다.[24]

레셉스가 물러난 뒤 수에즈운하회사는 북아프리카 출신의 부영사와 식민지 관리들이 계속해서 운영을 맡았다. 1880년 수에즈는 물과 전력 사업으로 진출하면서 프랑스와 해외에서 물 및 조명과 관련된 모든 이권과 회사를 획득, 매입, 임대, 운영하는 것이 회사가 추구하는 목표라고 주장했다.[25] 수에즈의 사업은 서서히 해외로 옮겨갔다. 처음에는 프랑스의 식민지나 옛 식민지가 주요 대상이었다. 오늘날 수에즈의 고문과 직원들 중 많은 이가 아프리카 식민지에서 일한 경험이 있고 지금은 세계 물 협의회에서 요직을 맡고 있다. 한 예로, 피에르-프레데릭 테니에르-뷔쇼는 세계 물 협의회 이사회의 일원인 동시에 수에즈의 수자원자문위원회Water Resources Advisory Committee에도 속해 있다. 그는 또한 프랑스물학회와 (리)소스 싱크탱크의 공동 설립자다. 그런데 그는 어떤 사람일까? 1991년 그는 마키아벨리의 『군주론』을 모델로 한 『권력의 기초*The ABC's of Power*』라는 책을 출간했다. 책에는 어떤 상황에서든 의사결정을 내리는 데 필요하지만 특히 위기를 극복하거나 관리하기 위해 '영향력'과 '의존'을 대립 관계에 두고 작성한 '권력의 도표'가 담겨 있다. 1992년 그는 이 모델을 현재의 유럽-아프리카 관계에 적용하면서 아프리카는 군사 지원과 재정 원조 때문에 유럽을 필요로 하는 한편, 유럽은 모험의식과 공간(그리고 섹스)을 위해 아프리카를 필요로 한다고 주장했다. 그의 설명을 들어보자. "백인, 즉 유럽인들이 최근 몇 십 년 동안 아프리카에 일하러 간 이유는 아무리 강조해도 지나치지 않습니다. 헌신성과 모험 취미는 분명하지만 또한 사회적 고려도 있었죠. 편안한 생활과 성적 안락 같은 게 유럽에 비해 복합적인 일군의 비교우위를 이루었습니다."[26] 그는 더 나아가 아프리카는 유럽의 과밀을 해소하는 배출구를 제공할 수 있다고 이야기하면서 아프리카 도시들은 "사회적, 경제적으로 끔찍하지만, 그래도 주변인 자격을 갖춘 유럽인들에게는 적합할 수 있다"고 설명한다. "이런 주변인들은 점점 그 수가 많아지는데, 자신들이 사는 세계를 받아들이기를 거부한다." 그가 보기에 아프리카는 『어둠의 심연*Heart of Darkness*』에 나오는 관념인, 유럽의 욕망을 의식하지 못하는 어둠이자 유럽의 '악당'들을 가두는 정치범 수용소 기능을 했다. 아프리카는 '의존'하는 반면, 유럽은 '영향력을 미치기' 때문에 유럽이 우위를 유지한다고 그는 주장한다. 아프리카의 유일한 힘은 '유럽이 죄책감을 느끼게 만드는' 데 있다.

아프리카에 관한 뷔쇼의 생각보다 더 불편한 것은 아마 그가 명망을 누린다는 점일 것이다. 그는 세계 물 협의회와 세계은행에서 의뢰를 받아서 아프리카에 관한 수많은 보고서를 발표했고, 국제통화기금 총재 미셸 캉드쉬Michel Camdessus와 『물*Water*』이라는 책을 공동으로 쓰기도 했다. 그는 또한 비록 아프리카에서 물 관련 '위생'을 향상시키는 데 모호한 태도를 보이지만, 물 기업들의 주요 대변인이기도 하다. 그의 말을 들어보자. "아프리카는 자기 땅에 위생과 약간의 의료를 가져오기 위해 유럽을 필요로 해요. 여느 진보와 마찬가지로, 그 결과가 항상 긍정적인 것은 아닙니다. 고용, 훈련, 자격 등이 부족한 것은 인구 억제가 부족한 결과입니다." 우리가 인구 억제의 일환으로 미국에서 의료를 중단해야 한다고 주장한다고 상상해 보라. 그렇지만 그가 아프리카에 관해 이야기하는 것은 바로 이런 해법이다.

그리고 이 글에는 약간 미묘한 풍자의 요소가 있지만, 세계은행은 실제로 1966년에 똑같은 주장을 펼친 바 있다. 내부 메모에서 다음과 같이 경고한 것이다. "물 공급을 개선하는 경우에 바람직하지 않은 부작용이 있을 수 있다는 점에 관심을 기울여야 한다. 통상적인 연구에서는 건강 개선, 수명 연장, 생산성 관리 확대 등을 강조하는 경향이 있다. 그 결과로 인구 증가율이 높아지는 부정적인 효과는 …… 좀처럼 거론되지 않는다."[27] 테니에르-뷔쇼는 아프리카의 과잉 인구에 관해 불평하면서 다음과 같이 말한다. "유럽은 아프리카에서 직접 인구 문제에 관여하거나 유럽 영토로 향하는 이민 유입을 조절함으로써 이런 불편을 해결해야 합니다." 아프리카에서 물 공급의 가치에 의문을 제기하는 사람이 어떻게 수에즈와 세계 물 협의회에서 모두를 위한 물과 위생 시설을 확보하는 일을 맡았는지 의아한 생각이 들 수밖에 없다.

테니에르-뷔쇼가 수에즈 직원이나 세계 물 협의회 회원 중에 프랑스의 옛 식민지 세계와 연결된 유일한 인물은 아니다. 예를 들어, 이방 셰레Ivan Chéret와 클로드 르프루Claude Lefrou는 아프리카 식민지에서 일했는데, 두 사람은 『아프리카의 토목기사들: 1945~1975*The Civil Engineers in Africa: 1945-1975*』라는 책에서 자랑스럽게 이 경험을 서술한다. 셰레는 자신에게 주어진 해결 과제가 굉장히 커서 흥분과 모험심에 사로잡혔다고 이야기하지만, 그를 둘러싼 환경에 관한 인식은 매우 제한된 것처럼 보인다. 셰레의 말을 들어보자. "다카르*로 떠

* 세네갈의 수도

나기 전에 아무도 나한테 아프리카나 아프리카 사람들에 관해, 또는 '식민지'에서 우리가 맡은 역할에 관해 이야기해 주지 않았어요."[28] 그는 가령 강 유역에 거대한 수력 발전과 관개 시스템을 개발하려고 할 때, 현지 사람들과 이야기를 하는 대신 지리학자들을 파견해서 그들을 조사하는 것으로 보인다. 지리학자들이 이 프로젝트를 시행하면 그곳에 사는 아프리카 사람들이 전부 굶주리게 될 것이라고 전하자 그는 불만을 토로했다. "이런, 인적 요소가 문제군!" 사회학자 세라 B. 프리처드Sara B. Pritchard는 당시 아프리카에서 일하던 기술자들의 분위기를 다음과 같이 묘사한다. "전반적으로 보면, 프랑스의 수력 전문가들은 북아프리카를 자국 물 전문가들이 중요한 발전을 이루고 있는 혁신의 실험실로 규정했다."[29]

이제 20~30년의 시간을 건너뛰면 바로 이 사람들이 물 사유화의 주창자일 뿐만 아니라 국제적인 물 전문가로서 수에즈와 세계 물 협의회, 프랑스물학회 등에서 함께 일하고 있다. 아마 이 사람들이 식민지 경험에서 물려받은 유산 중 하나는 그들이 발전을 일반 국민이 아니라 다국적 기업과 정부가 추구하는 목표와 연결한다는 점일 것이다. 그들이 보기에 일반 국민은 자신들의 거대한 계획을 방해하는 '걸림돌'(이런, 인적 요소가 문제군!)에 가깝다. 셰레는 미셸 캉드쉬, 테니에르-뷔쇼와 『물』이라는 책을 공저했는데, 이 책은 "우리 모두는 물에 더 많은 관심을 기울여야 한다"고 주장하는 내용이다. 그는 수에즈 부회장이자 세계은행과 세계 물 협의회를 위해 '경제재'로서 물에 관한 수많은 간행물을 썼다. 클로드 르프루 역시 수에즈에서 일한다.

오늘날 수에즈는 세계에서 가장 역사가 오래된 다국적 기업으로 알려져 있다. 본사는 파리 개선문 바로 옆에 있다. 2011년 수에즈가 거둔 총수익은 60억 달러다. 수에즈인바이런먼트, 그리고 수에즈의 최대 주주인 모기업 GDF-수에즈GDF-Suez의 수익을 합하면 세계 24위의 규모로 뱅크오브아메리카Bank of America보다 두 단계 아래다.[30] 그리고 수에즈는 계속해서 레셉스를 창립자로 내세우며 그의 초상화를 회장실에 걸어 놓고 있다. 수에즈 회장은 다음과 같이 말한 적이 있다. "저는 이 회사가 페르디낭 드 레셉스가 시작해서 그룹까지 전해진 사업의 연속이라고 봅니다. …… 본 재단은 세계 곳곳에서 실제적인 해법을 지원함으로써 그의 공학 사업에 경의를 표하는 한편, 가장 고귀한 방식으로 이런 엄청난 인도주의 사업을 지속하고 있습니다. 창립자들에게 진심에서 우러난 감사 인사를 드리며 이 사업이 오랫동안 지속되기를 기원합니다!"[31]

수에즈의 주요 경쟁자인 베올리아워터는 1853년 나폴레옹 3세의 칙령을 통해 프랑스에서 등장했다. 원래 제네랄데조Compagnie Générale des Eaux였다가 비방디Vivendi를 거쳐 베올리아로 이름이 바뀐 회사의 첫 번째 대주주 중에는 당시 유럽에서 가장 부유한 로스차일드 가문과 황제의 이부異父형제 샤를 드 모르니Charles de Morny, 그리고 제국의 여러 귀족이 있었다. 회사 창립자인 앙리 시메옹Henri Siméon 백작은 유력한 귀족 가문 출신으로 당시 물 산업에 대한 자신의 열정을 다음과 같이 설명했다. "장래의 새로운 시대에는 수백만의 사람들이 물을 공급받게 될 것입니다. 앞서 수백만의 사람들이 철도를 이용하게 된 것처럼 말입니다."[32] 첫 번째 이사회 보고서는 회사의 의도에 관해 분명하게 밝혔다. "우리는 아직 풍부한 매장량을 탐사하지 않은 광산을 열 것이고, 이 광산의 첫 번째 주인으로서 가장 좋은 지층을 선별해서 채굴하는 것은 우리의 특권이 될 것입니다."[33] 첫해에 올린 수익률은 25퍼센트였다.

요컨대 유럽에서 가장 부유한 사람들이 더 많은 돈을 벌겠다는 목표를 위해 베올리아를 출범시켰다.[34] 베올리아 창립자 중 악명 높은 존 새들리어John Sadlier는 영국의 유명한 부패 금융업자로 파산하고 난 뒤 결국 감옥에 갇혔다. 그는 찰스 디킨스가 『작은 도릿*Little Dorrit*』에서 머들 씨의 모델로 삼은 인물이다. 머들 씨는 마치 스스로 감옥에 들어가는 것처럼 양 손목을 꽉 쥐고 걸어 다니는 사람이다. 디킨스의 묘사를 들어보자. "머들 씨는 굉장한 부자이자 경이적인 사업가였다. …… 그는 은행업에서 건설업까지 모든 일에 뛰어났다. 물론 의회에도 진출했다. 당연히 시티*에도 발을 뻗었다. 그는 이 협회 의장이자 저 회사 이사였고, 다른 회사 회장이었다. …… 모든 이가 그가 엄청난 부자가 되었다는 걸 알았고(또는 그렇게 안다고 생각했고), 오로지 이 때문에 그 앞에서 납작 엎드렸다."[35]

21세기 베올리아 지도자들의 야심 역시 크게 바뀌지 않았다. 『뉴욕매거진*New York Magazine*』 인물 소개에서 언론인 마이클 울프Michael Wolff는 당시 비방디 최고경영자인 메시에Jean-Marie Messier가 "스스로를 종교적 인물과 거장이 합쳐진 존재로 보는 것 같다"고 지적했다. "내가 보기에 그는 미국식 거물을 이상으로 여기고 추구했다."[36] 메

* 런던 금융가

시에는 물 사업으로 벌어들인 돈을 가지고 미디어 복합기업을 사들이고 폐기물 관리, 도로와 철도, 전력, 건설 등에서 제국을 건설했다. 오늘날 비방디는 세계에서 5위권인 미디어 복합기업이며, 이 다섯 개 기업이 전 세계 미디어의 80퍼센트를 차지한다. 케이블TV 방송국 외에도 비방디는 에미넴, 저스틴 비버, 릴 킴 등의 아티스트를 보유한 유니버설뮤직도 소유하고 있다. 2006년, 유니버설뮤직은 자사 아티스트들의 음악을 틀라고 라디오 방송에 뇌물을 준 혐의로 고소당했다. 소송은 금전 합의로 마무리되었다. 2000년, 베올리아워터가 비방디에서 분리해 나와 비방디인바이런먼트로 독립했다. 비방디가 주식의 70퍼센트를 소유하는 구조였다. 이 회사는 이후 이름을 베올리아로 바꾸었다. 오늘날 베올리아는 69개 나라에서 사업을 벌이고 있다. 베올리아와 비방디를 합치면 세계 100대 글로벌 기업에 들어가는데, 소니보다 순위가 높고 프레디맥보다는 낮다. 하지만 비방디는 재정 문제 때문에 베올리아 주식 보유분을 대부분 매각했다. 2002년 부패 스캔들이 터지면서 메시에가 사임할 수밖에 없었지만, 『세계를 사려 한 남자*The Man Who Tried to Buy the World*』라는 그의 자서전 제목이나 그의 별명인 J6M만 보아도 그가 어떤 목표를 추구하는지 분명히 알 수 있다. J6M은 '장-마리 메시에 나 자신, 세계의 지배자 Jean-Marie Messier Moi-Même-Maître-du-Monde'의 약자다.

다국적 기업들이 으레 그렇듯이, 물 대기업들도 인수 합병과 주주 변동, 나라마다 다른 자회사 이름들 때문에 추적하기가 어렵기로 악명이 높다. 한 예로, 1989년 마거릿 대처 총리는 영국의 상수도 사업체인 템스워터를 민영화했다. 실제로 공개 시장에서 물 공급 기반시설(자산, 공장, 설비 포함)을 매각한 것이다. 이 회사는 처음에는 독일의 RWE 손에 들어갔고, 뒤이어 글로벌 금융투자 기업인 오스트레일리아의 맥쿼리가 인수했다. 오늘날 중국이 템스워터의 9퍼센트를 소유하고, 또 10퍼센트는 아부다비가 소유하고 있다.[37] 이 회사는 잉글랜드뿐만 아니라 인도네시아, 중국, 터키, 오스트레일리아, 태국 등에서 물을 공급한다. 2001년 템스워터는 아메리칸워터를 매입했다. 미국 기업인 아메리칸워터는 이후 독일의 RWE에 팔렸다. 몇 년 뒤에 RWE는 아메리칸워터를 공개 시장에서 매각하기로 결정했다.

미국에서 수에즈는 유나이티드워터라고 불리며, 공익사업을 손에 넣기 위해 아메리칸워터와 경쟁을 벌이고 있다. 베올리아워터 노스아메리카가 세 번째로 큰 기업이다. 이 회사들은 비록 자산은 대개 해외에서 소유하고 있지만, 수도 요금뿐만 아니라 투자 포트폴리오를 통해서도 수많은 미국인들의 삶에 직접적인 영향을 미친다. 예를 들어, 현재 아메리칸워터의 3대 주주는 내가 속한 대학의 연금 관리업체인 뱅가드Vanguard를 비롯한 미국 연기금 관리업체들이다. 만약 아메리칸워터가 돈을 손해 보면 나도 손해를 보며, 뱅가드에 투자한 다른 미국인 수백만 명도 손해를 본다. 은행과 주식형 펀드가 물 산업에 점점 더 깊숙이 자리를 굳힘에 따라 '물거품water bubble'이 생겨나서 언젠가 터질지 모르는 걱정이 든다. 많은 물 기업들이 현재 예상치 못한 문제에 직면하고 있으며, 물 시장은 점차 변동성이 심하다는, 심지어 '비협조적'이라는 평가를 받는다.

'발전'의 언어

나폴레옹과 일군의 은행가들과 귀족들이 황궁 집무실에 모여 프랑스의 물을 사유화하는 칙령을 작성했다면, 오늘날에는 세계은행 집무실에서 비슷한 칙령이 조인되고 있다. 세계은행에서는 각국에 물 공급을 민영화하도록 강제하는 '조건부' 차관이 승인된다. 세계은행 그룹은 워싱턴DC의 백악관에서 두 블록 떨어진 곳에 두 블록 정도를 차지하고 있다. 펜타곤의 거의 3분의 1 규모의 유리와 강철로 만든 철통 같은 고층 건물에 본부를 두고 있다. 안에 들어가 보면 건물은 유리 천장과 철제 빗장으로 분리된 벽 때문에 온실 (또는 감옥) 같은 느낌을 풍긴다. 여러 층에 걸친 원형의 내부 홀에는 눈높이 바로 위에 세계 각국의 국기가 걸려 있어서 천장으로 시선을 잡아 끈다. 인포숍에서는 세계은행이 작성한 개발도상국에 관한 각종 데이터와 책자, 세계은행 돼지저금통, 골프 셔츠, 깃발 등을 살 수 있다.

세계은행은 "빈곤에서 벗어난 세계를 만들기 위해 일한다"고 주장한다. 이 슬로건은 본부 건물 곳곳에 나붙어 있다. 제2차 세계대전 (이하 2차대전) 이후 국제통화기금과 함께 출범한 세계은행은 처음에는 유럽 식민지를 비롯해서 각국에 낮은 금리의 차관을 제공함으로써 전후 재건을 지원하는 일을 맡았다. 1957년까지 세계은행 차관의 50퍼센트 이상이 산업국에 지원되었고 '빈곤 경감'이 특별히 강조되지 않았다. 세계은행의 주요 목표는 리스크가 거의 없는 대규모 프로젝트에 차관을 제공해서 신용도를 확립하는 것이었다.[38] 한편 국제통화기금은 각국이 이런 차관을 상환할 수 있도록 만들었고, 상환

하지 못하는 나라들에 대해서는 자체 기금을 가지고 '긴급 차관'과 '구제금융'을 해주었다.[39]

물 기업 중역들처럼, 원래 세계은행 성원들은 대개 유럽의 해외 사무소 출신 식민지 관리였다. 이 사람들이 세계무역 전문가로 옷을 갈아입은 것이다. 아이러니하게도, 세계은행이 과거 식민지 시대와 연관이 있음에도 불구하고 여기서는 식민주의의 역사가 거의 언급되지 않는다. 세계은행의 주된 이데올로기는 경제학, 특히 '발전경제학'인데, 이 학문 분야는 유럽이 식민지를 잃은 뒤에 '식민경제학'에서 이름을 바꾼 것이다. 예를 들어, 옥스퍼드의 허버트 프랭클Herbert Frankel 교수는 '식민지 경제 문제 교수'에서 '저발전 국가 경제학 교수'로 직위를 바꾸었다. 그렇지만 그의 사고는 사실상 달라진 게 없다. 1947년 인도와 파키스탄이 독립했다. 1960년대에 아프리카의 수많은 나라가 독립을 얻었다. 하지만 이 신생 국가들에서 발전경제학은 '성장'으로 가는 수단으로 똑같은 종류의 수출 지향 경제를 장려했다.

'발전'은 한때 토착민들의 소요를 피하는 문제와 직접 연결된 식민주의적 개념이었다. 유럽인들은 식민지에서는 자신들이 소수이며 민중이 굶주린다면 군사력에도 한계가 있다는 사실을 알았다. 프랑스의 알제리발전기금은 "경제적 불평등을 줄이고 …… 식민지에 대한 통제를 유지하기" 위해 고안되었다.[40] 프랑스령 알제리와 다른 여러 나라에서 세계은행은 식민지 '발전' 프로젝트(주로 도로, 철도, 댐 등)에 차관을 제공했다. 식민지들이 독립한 이후 세계은행은 동일한 프로젝트에 지원을 계속했지만 세계의 빈곤을 종식시킨다는 이름으로 차관을 정당화하기 시작했다. 때로는 이 프로젝트들을 감독하는 식민지 관청의 이름 말고는 바뀐 게 아무것도 없었다. 가령 프랑스 식민부는 처음에 해외발전부로 이름이 바뀌었다가 다시 협력부가 되었고, 이 부서의 식민지 관리들은 '발전 전문가'로 개명되었다. 독립 이행 시기 동안 세계은행은 신생 국가들 각각에게 '건전한 종합적인 발전 프로그램'을 만들어 주는 게 자신의 목표라고 주장했다.[41]

실제로 세계은행의 창설은 2차대전 이후 전 지구적 권력이 유럽에서 미국으로 이동함을 의미했다. 세계은행 총재는 언제나 미국인이었고, 미국은 세계은행에서 유일하게 거부권을 갖고 있었다. 1991년부터 1993년까지 세계은행 수석 경제학자를 지낸 로런스 서머스Lawrence Summers는 다음과 같이 말한 적이 있다. "미국이 세계은행에 1달러를 내놓을 때마다 미국 기업들은 조달 계약으로 1.3달러를 챙긴다."[42] 이런 높은 수익률은 세계은행 프로젝트 계약이 대개 미국 기업들에게 그냥 주어진다는 사실에 기인한다. 게다가 세계은행은 결국 최대의 채권 구매자인 미국과 유럽 대형 은행의 금고 속으로 들어가는 이자를 벌어들인다. 세계은행 프로젝트가 실패해서 차관을 상환받지 못하면, 국제통화기금이 납세자 돈으로 조성한 구제금융을 제공한다. 세계은행이 AAA 신용등급을 유지하도록 하기 위함이다. 따라서 세계은행과 국제통화기금은 사실상 중산층 납세자와 채무국에서 은행과 대기업들로 자금을 재분배하는 셈이다.

세계은행이 미국 기업들의 이익을 도와주던 바로 그 순간에 미군은 2차대전 이후 세계 곳곳에서 공산주의와 싸움을 시작했다. 공산주의는 많은 탈식민 전쟁의 배후에 안성맞춤으로 덮어씌울 수 있는 이데올로기였다. 미국은 이런 사실 덕분에 유럽-미국 기업의 계속된 지배에 맞선 탈식민 저항을 공산주의로 매도하고 소련의 위협에 대한 미국의 냉전 공포와 연결할 수 있었다. 미군이 점점 몸집을 늘리고 세계 곳곳에서 벌어지는 '열전hot war'에 개입을 확대함에 따라 탈식민 국가들은 세계은행과 일하면서 유럽-미국의 '발전 계획'에 충성을 보이는 게 더 안전하게 되었다. 마이크 데이비스Mike Davis에 따르면, "미국의 이런 유사절대주의적 군사 중앙집권은 …… 프랑스와 영국이 아직까지 주장하는 제국주의 지위와 잘 맞아 떨어졌다."[43] 예를 들어, 프랑스가 인도차이나에서 쫓겨났을 때 미국은 독립한 베트남에서 프랑스가 벌이던 전쟁을 인계받았다. 베트남인들은 자신들이 식민화에 맞서 싸운다고 믿었다. 반면, 미국은 이것은 공산주의에 대항하는 전쟁이라고 말했다.

세계은행이 계속해서 보이는 식민주의적 태도는 물 정책에서도 분명히 드러난다. 유럽 식민지들에서 깨끗한 물 공급망은 백인 정착민들이 사는 지역에만 건설되었다. 캐런 배커가 지적하는 것처럼, "식민 강대국들은 도시의 수도 연결망에 말 그대로 불평등한 접근권을 …… 설치했다."[44] 이런 이유로 특히 아프리카에서는 독립 이후에 수도망을 더 공정하게 확대할 필요성이 대단히 컸다. 하지만 1975년까지 세계은행의 차관 수천 건 가운데 50~60건만이 수도 공급 개선 용도로 승인되었고, 그것도 대부분 1970년 이후의 일이었다. (1961년에서 1970년 사이에 2개 프로젝트만이 개시되었다.)[45]

세계은행은 계속해서 대형 댐 건설에 자금을 지원했지만, 댐은 관개용이지 도시 수도 공급용은 아니었다. 사실 이런 대형 댐 때문에 댐에 영향을 받는 가난한 사람들의 삶은 한층 더 나빠졌다. 2000년, 세계댐위원회World Commission on Dams는 대형 댐 때문에 전 세계에서 4,000만~8,000만 명이 살던 집을 버렸음을 발견했다. 위원회는 장래에는 댐 건설 예정 때문에 영향을 받는 사람들에게 미리 그 계획을 통지하고 계획을 거부하거나 동의할 기회를 주어야 한다고 권고했다. 하지만 세계은행은 이렇게 하면 "국가가 지역사회 전반에 최선의 해법이라고 판단한 결정을 내릴 권리가 침해될" 것이라고 결론지었다.[46] 세계은행은 영향 받는 사람들의 견해를 (그들이 살던 집이 물에 잠기기 전에) '기록'하겠다고 약속했다. 세계은행이 비타협적인 태도로 일관하면서 댐 건설 때문에 고향 땅에서 쫓겨난 사람들이 앞장서서 전 세계적인 대규모 댐 반대 운동을 벌이는 결과를 낳았다.

세계은행이 도시의 물 공급을 무시한 이유 중 하나는 소속 경제학자들이 물 공급을 개선하면 인구 증가로 이어지고 그러면 1인당 소득이 떨어질 수 있다고 주장했기 때문이다. (말 그대로, 깨끗한 물이 공급되면 너무 많은 사람들이 살게 된다는 것이다.) 관련된 다른 이유는 세계은행으로서는 국민 개인의 건강 개선에 투자한다고 해서 경제적 이익이 생기는 게 아니라는 점이었다. 세계은행에게 중요한 것은 산업의 성장과 건전성이지 개인이 아니었다. 1968년 세계은행의 한 연구를 보면 이런 양면성이 여실히 드러난다. "도시 물 공급 프로젝트에 대한 평가는 …… 그 결과로 생기는 혜택을 산정하는 데 어려움이 따른다."[47] 요컨대, 식수는 주요한 관심사가 아니다. 식수 공급을 개선한다고 해서 차관 상환에 필요한 분명한 투자 수익을 제공하는 것은 아니기 때문이다. 수출용 식량을 재배하기 위해 댐을 건설하면 곧바로 수익이 발생한다. 그렇지만 사람들이 더 건강해진다고 수익이 발생하는 것은 아니다.

1980년대에 경제 이론은 규제 완화와 사유화에 찬성하는 쪽으로 바뀌었다. 세계은행은 그제야 "전체 비용 회수full cost recovery"라는 프로그램을 통해 식수 공급에 자금을 지원하기 시작했다. 공공 부문이 수도 사업 시설 구축과 운영을 책임지는 프로그램이었다. 1990년대에 세계은행은 물 공급 사유화를 원조 패키지의 분명한 조건으로 내걸었다. 국가나 지자체가 운영하는 수도 사업을 기업의 경영에 양도하도록 강요한 것이다.[48] 1992년에는 물에 관한 '더블린 원칙Dublin Principles'도 확립되었다. "물은 온갖 용도가 경합한다는 점에서 경제적 가치가 있으며, 경제재로 인식되어야 한다." 물 사유화가 정신없이 빠른 속도로 시작된 것이다. 레이건-대처 시대의 신자유주의적 사고가 물 부문에까지 침투한 상태였다.

아이러니하게도, 세계은행이 민간 물 기업들에 활기를 불어넣기 전까지 이 기업들은 오랫동안 세력이 약해지고 있었다. 19세기에 유럽과 미국에서 위세를 떨치던 민간 물 기업들은 20세기 초에 일관성 없고 부실한 경영과 콜레라와 장티푸스의 주기적인 발발 때문에 힘을 잃고 있었다. 글로벌 물 정책 분석가인 샤이니 바기스Shiney Varghese에 따르면, "19세기 대부분 시기 동안 미국의 물 공급을 지배했던 민간 물 기업들은 깨끗한 물에 대한 보편적 접근성을 실제로 보장하지 못했고, 도시들은 전염병에 유린되었다."[49] 대규모 도시화와 산업화의 결과로 보건과 관련된 대형 비상사태가 벌어진 때문에 각국 정부는 민간 물 공급 계약을 규제하고 사들이기 시작했다. 1900년에 이르기까지 미국 수도 서비스의 53퍼센트 이상이 공공 부문에 인계되었다. 뒤이어 1935년에는 공익사업지주회사법Public Utility Holding Company Act으로 수도 독점 사업체들이 해체되면서 민간 물 기업들이 규제에 의해 거의 사라졌다. 프랑스에서는 수에즈와 베올리아가 프랑스 사법 체제의 도움으로 자산을 유지할 수 있었지만, 오늘날 미국인의 90퍼센트는 공공 수도 시스템을 통해 물을 사용한다.

따라서 강력한 물 산업이 다시 등장한 것은 규제 완화와 강압을 통해서만 가능했다. 2008년 데이비드 홀David Hall과 이매뉴얼 로비나Emanuele Lobina는 물 기업들이 부활하는 현상을 연구하고는 '대출 조건' 같은 제도적 정책이 사유화의 핵심 동력이었지만, 역사적인 경험을 보면 사유화는 부적절한 해법임이 드러난다고 결론지었다.[50] 요컨대 콜레라가 민간 물 산업을 죽였지만, 결국 신자유주의가 이 산업을 다시 대중화했다. 2011년 세계은행은 물 공급 프로젝트에 75억 달러를 대출했는데, 이 수치는 1990년대 이래 계속 높아진 것이다.[51]

그와 동시에 세계은행의 민간 부문 담당 기관은 물 다국적 기업들의 주식을 조용히 사들였고, 따라서 사실상 민간 부문의 성장에 자금을 대주었다. 2008년 세계은행은 아프리카, 인도, 중동 등에서 활동하는 베올리아의 자회사인 베올리아AMI의 14퍼센트를 매입했다. 2010년에는 동유럽 자회사인 베올리아보다Veolia Voda의 9.5퍼센트를 매입했다. 유럽부흥개발은행 또한 보유 자산의 27퍼센트를 물 기업에 투자했다.[52] 『글로벌워터인텔리전스*Global Water Intelligence*』에 따르면, 이런 주식 보유량 덕분에 세계은행과 유럽부흥개발은행은 "이 부문에서 의사결정에 영향을 미칠 뿐만 아니라 물리적 활동도 가

속화할 수 있다." 기본적으로 세계은행은 물 기업들이 가난한 나라로 진출하도록 장려하기를 원하기 때문에 위험을 일부 떠맡고 있다. 세계은행 경제학자 우샤 라오-모나리Usha Rao-Monari의 말에 따르면, 민간 기업들은 주식 투자 리스크를 공유하기를 기대하고 있는데, 신흥 시장에서는 자신들을 돌봐줄 수 있다고 생각하는 세력과 이 리스크를 공유하기를 원한다.[53] 하지만 세계은행이 이런 리스크를 떠안는 것은 결국 평범한 미국인에게 리스크를 떠넘기는 셈이 되는 위험이 있다. 세계은행은 주로 대규모 은행들에 채권을 판매해서 자금을 조달하기 때문에 세계은행이 파산하면 세계 금융 체제에서 폭포 같은 연쇄 파산이 벌어질 것이다. 세계은행은 이런 파산은 불가능하다고 본다. 납세자의 돈으로 자금을 조달하는 국제통화기금이 문제가 있는 대출에 구제금융을 해주는 식으로 개입하겠다고 약속하고 있기 때문이다. 하지만 세계 곳곳(볼리비아, 아르헨티나, 미국 등)에서 수많은 물 계약이 실제로 파산한 사실을 보면, 이런 리스크는 굉장히 무시무시하다. 세계은행은 리스크를 잘 알지만, 라오-모나리가 주장하는 것처럼, 그럼에도 기꺼이 '공적 자금으로 민간 자본의 투자를 떠받치려고' 한다. 우리의 자금으로 말이다.

마르세유 세계 물 포럼에는 채무 수금 대행업자*, 개발 기구, 물 기업, 각국 정부 장관 등이 모두 모였다. 발레 공연에도 불구하고 분위기는 암울했다. 세계은행 대표자들은 대출 심사관처럼 행동하면

---

* debt collector. 제3세계 외채 상환을 지원하는 국제통화기금과 세계은행 등을 빗대어 가리키는 표현이다.

서 아프리카 물 담당 장관들에게 자국의 신용을 개선하는 문제에 관해 설교했다. (포럼에 참여한 물 장관의 50퍼센트 이상이 아프리카에서 온 이들이었다.)[54] 물 기업들은 돈과 소책자와 자사 로고가 찍힌 선물을 뿌려 댔다. 물 담당 장관들은 투자나 차관을 문의하는 식으로 이 그룹들 앞에 납작 엎드리거나 아니면 의기소침하고 냉소적인 표정이었다. 장관들은 '열악한 거버넌스'의 문제에 관한 훈계를 듣고, "요금 징수 의지를 분명히 보여야 한다"고 설명하는 소책자를 받았다.[55] 물 기업 중역들은 아프리카 사람들이 휴대전화를 살 능력이 있으면 물을 돈 주고 살 능력도 있는 것이라는 말을 즐겨 되풀이했다. 아쿠아페드의 제라르 페이앙 총재는 어느 순간 고함을 지르면서 이런 사고를 구호로 정리하려고 했다. "돈이 없으면, 물도 없습니다!"[56] 그는 이 말이 청중을 웃음 짓게 만드는 재치 있는 표현이라고 생각한 게 분명하다. 하지만 아무도 웃지 않았다. 포럼 현장 전반에는 불만, 심지어 분노의 정서가 퍼져 있었다. 아마 어느 누구도 대출 심사관에게 훈계를 듣는 걸 좋아하지 않는 것 같다.

1990년대에 세계은행이 민영화를 요구하기로 결정한 뒤, '가난한 사람들'에게 물에 대가를 지불해야 한다고 교육할 필요가 있다는 생각이 곧바로 뒤를 이었다. 템스워터 중역 피터 스필릿Peter Spillet은 다음과 같이 말했다. "분명 사람들은 물의 가치를 이해하지 못하고, 하늘에서 물이 떨어져서 아무 비용도 안 들기를 기대합니다."[57] 기업들은 세계은행 기금을 가지고 물에 얼마만큼의 가격을 치러야 하는지에 관해 대중을 교육하는 대규모 캠페인을 시작했다. 세계 곳곳에서 물의 가치에 관한 세미나와 교육 워크숍이 진행되어 사람들이 물을 가치를 알지 못하면 물을 낭비하게 된다는 관념을 퍼뜨리려고 노력했다. 그들이 내세운 모토는 물 가격을 인상하면 결국 사람들이 물을 아끼고 보호하게 된다는 것이었다. 그렇지만 가난한 사람들은 애당초 사용할 물이 거의 없다. 반면, 물 가격을 올리면 가난한 사람들은 강물과 개울물을 먹을 수밖에 없었다. 결국 콜레라 발발이 이어졌다. 2003년 교토에서 열린 세계 물 포럼에서 열린 한 강연에는 "어떻게 하면 가난한 사람들이 소비자가 될까?"라는 제목이 붙었다. 2012년까지 기업들은 가난한 사람들의 지불 능력과 지불 의사에 관해 수많은 연구를 진행했다.[58] 실제로 기업들은 가난한 사람들의 지갑을 열기 위해 엄청난 에너지를 쏟아 부었다.

아이러니하게도, 이 기업들 가운데 어느 하나도 공개적으로는 '물 사유화'를 지지하지 않는다. 오히려 베올리아는 웹사이트에서 다음과 같이 주장한다. "환경에서 생겨나는 물은 공공재다. …… 물의 보존과 보호, 규제는 공공 당국의 권한이다. 우리는 모든 부류의 공공 당국을 지원하고 우리의 전문성을 빌려 준다."[59] 이 기업들은 자신들은 물을 사유화하는 대신 유엔 밀레니엄 개발 목표Millenium Development Goal(MDG), 즉 2015년까지 깨끗한 물을 이용하지 못하는 세계 인구를 절반으로 줄인다는 목표를 달성하기 위해 일한다고 주장한다. 또는 자신들은 환경론자라고 주장한다. 수에즈의 말을 빌면, "우리의 사명을 정의해야 한다면 네 단어로 정리가 됩니다. 우리 지구를 위해 일하자."[60] 그들이 공개적으로 내세우는 목표는 지구를 구하고 가난한 사람들은 돕자는 것이다. 하지만 비공개로 열리는 회의들은 모두 가난한 사람들에게 요금을 내게 하고 물 값을 올리는 내용이다. 그리고 물 기업들은 물 값을 올리면 물 보전으로 이어진다고 주장하지만 현실은 그렇지 않다. 어느 편인가 하면, 사유화 때문에 소비자를 찾으려는 기업의 노력이 확대되고 있다. 한 물 공급 계약에서는 사람들이 물을 아껴 쓰는 경우에 기업이 손실을 보전하기 위해 수도 요금을 올리도록 허용하기도 했다.[61]

2012년 세계 물 포럼 개막식에서는 실제로 '가난한 사람들'이 전통 의상을 입고 무대에 오르기도 했다. 이 사람들이 목마름이 어떤 느낌인지를 설명하는 동안 정장에 넥타이와 진주로 장식한 청중들은 아마도 행사가 끝나고 맛보게 될 공짜 샴페인 생각에 푹 젖어 있었을 것이다. 부유층 사람들이 식민지의 가난한 풍경을 넋 놓고 바라보던 '인간 동물원'이 떠올랐다. 세계 물 협의회 회장 로익 포숑은 매 왈레트Maï Walette와 시드 아마드 아그 아무덴Sid Ahmed Ag Ahmouden을 "말리의 '임라드Imrad' 부족 출신으로 …… 항상 물 부족에 시달리는 불안정한 지역에 사는 가난한 젊은 형제자매"라고 소개했다. 그는 두 사람이 '물에 대한 희망'에 관해 이야기할 것이라고 말했다. 공교롭게도 나는 말리나 다른 어떤 곳에도 임라드라는 부족이 없다는 걸 알고 있었다. (투아레그 문화에서 임라드는 종족이 아니라 계급이나 카스트 등급이다.) 나는 두 사람이 과연 말리 출신이긴 한 건지 의아했다.

그렇지만 두 십대는 기꺼이 자신들이 겪는 곤경을 설명했다. 시드 아마드 아그 아무덴은 이렇게 말했다. "목마른 게 어떤 건지 아시나요? …… 숨 막힐 것 같은 태양 아래 우물에서 물을 긷느라 세 시간을 기다리고 나면 목이 타들어가는 것 같단 말입니다. 제가 이야기하는 건 그런 끔찍한 느낌과 썩은 연못에서 더러운 물을 마시고 나면 토할 것 같은 상태입니다." 그는 회의장에 있는 사람들에게 자기 지역에 식수를 제공하겠다고 약속하면서 '친절하고 고귀한 노력'을 기울여 준 데 감사한다는 말로 끝을 맺었다. 포숑은 그의 발언에 이어 자화자찬을 늘어놓았다. "우리 모두가 신봉하는 물의 대의에 자부심을 가집시다. 이건 정말로 훌륭하고 가장 고귀한 대의니까요." 포숑은 계속해서 세계 물 포럼은 슬럼가에서 동전으로 작동하는 수도를 비롯해서 '해법 마을Village of Solutions'에서 제안된 여러 해법을 실행하는 데 계속 전념할 것이라고 약속했다.

물 위기에서 이윤을 벌어들이는 방법

과학자들은 지구상에는 공룡 시대와 동일한 양의 물이 존재한다는 점을 즐겨 지적한다. 오늘날 수십억 년 전과 똑같은 수의 물방울이 존재한다는 것이다. 실제로 우리는 공룡이 마시던 바로 그 물을 먹는다. 이런 의미에서 '물 부족'은 잘못된 표현이다. 물이 부족하다면 그것은 우리 몸이나 생존을 위해 물을 필요로 하는 다른 동식물의 몸에 들어오는 물의 양 그리고 깨끗한 물의 양이다.

실제로 물과 관련해서 세계가 직면한 주요한 문제는 세 가지가 있다. 오염, 지하수 고갈, 기후변화가 그것이다. 세계에 존재하는 물 가운데 1퍼센트만이 마실 수 있는 물이며, 나머지는 바다나 만년설에 저장되어 있다. 그리고 지난 한 세대 동안 그 1퍼센트의 대부분이 점점 값비싼 처리를 하지 않고는 마시기 부적합한 물이 되었다. 세계의 대부분 지역이 여전히 우물물과 별다른 처리를 거치지 않은 지표수에 의존하기 때문에 세계는 첫 번째 글로벌 물 위기에 접어들었다. 이 물 자원들이 안전하게 마시지 못할 만큼 심각하게 오염된 것이다. 오늘날 오염된 물은 세계 1위의 사망 요인이며, 기록적인 수의 어린이들이 이질을 비롯한 수인성 질병으로 죽어간다. 이 어린이들은 가족 대대로 사용한 똑같은 수원에서 물을 먹고 있을 테지만, 이 수원이 나빠지면서 어린이들이 죽기 시작했다. 수인성 질병과 사망 건수가 증가하는 이유 중 하나는 걷잡을 수 없는 도시화다. 점점 더 많은 사람들이 적절한 위생 설비가 없는 도시로 몰려들면서 강과 개울이 심각하게 오염되지만 때로는 다른 수원이 전혀 없는 경우도 있다.

다음 문제는 지하수 과다 추출이다. 이 문제를 이해하려면, 당신 발밑에 캘리포니아 주 전체 면적*보다 큰 저수지가 있다고 상상해 보자. 미국 오갈랄라Ogallala 대수층의 실제 크기다. 당신은 관개나 식수 등을 위해 이 저수지의 물을 사용한다. 당신은 저수지가 영원히 거기에 있을 것이라고 생각한다. 어쨌든 지상으로 끌어올린 지하수는 환경에서 사라지지 않는다. 결국 하천으로 흘러가고 바다까지 가며, 증발해서 구름이 되고, 마침내 비로 지상에 다시 떨어진다. 이렇게 떨어진 물은 지하로 다시 스며든다. 하지만 세계 곳곳의 지하수가 다시 채워지는 속도보다 더 빠르게 사용되고 있다. 따라서 일부 지역에서는 저장된 물이 사라지는 중이다. 그러므로 언젠가는 당신의 우

* 423,970제곱킬로미터

물에서 물이 나오지 않을 것이다. 그러면 당신은 어떻게 할까? 우선 점점 더 깊이 구멍을 뚫기 시작하지만, 결국 착암기로 팔 수 있는 깊이가 한계에 부딪히거나 대수층 밑바닥에 고여 있는 소금물이 올라올 것이다. 전문가들은 이런 시나리오를 '피크 워터peak water'라고 부른다. 지하수를 뽑아서 처리하는 비용이 감당할 수 없을 정도로 비싸지는 현상이다(원유 매장량에서 벌어지는 '피크 오일peak oil' 상황과 비슷하다). 이 시점에 도달하면, 당신이 할 수 있는 일은 다른 곳으로 옮겨가는 것이다. 지하수 저장량이 고갈되면, 미국 도시의 75퍼센트의 상황처럼, 그 수원에 의존하는 사람들은 이주를 해야 할 것이다. 이것은 분명 심각하고 임박한 위기다.

지하수는 두 종류에서 생긴다. 화석수fossil water와 충전수가 그것이다. 화석수는 석유만큼이나 오래된 것으로 수천 년, 심지어 수백만 년 동안 지하에 갇혀 있던 물이다. 화석수는 없어지면 그냥 없어지는 것이다. 이와 대조적으로 충전되는 지하수 유역은 시간이 흐르면서 강우를 통해 다시 채워질 수 있다. 유감스러운 일이지만, 물을 지나치게 뽑아 쓰면 토양의 무게 때문에 실제로 지하의 빈 공간이 무너지거나 가라앉을 수 있다. 이런 일이 생기면 마치 수많은 댐을 폭파하는 것과 같다. 물이 저장될 공간이 사라지고, 물이 비로 내려도 땅속에 저장되는 대신 바다로 흘러가 버린다. (캘리포니아 샌호아퀸밸리San Joaquin Valley의 일부 지역에서는 1970년대에 이르러 지반이 약 30피트* 내려앉았다. 인도에서는 지반 침하가 훨씬 더 심하다.) 이런 문제 말

* 약 9.1미터

고도, 해안선 근처의 지하 저수지에서 지나치게 물을 뽑아 써서 수위가 낮아지면 소금물이 채워진다. 담수 하구와 마찬가지로, 지하 저수지도 바닷물이 침투하지 않게 하려면 일정한 수위를 유지해야 한다. 이런 대수층을 고갈시키면 바닷물이 밀려와서 빈자리를 채운다. 로스앤젤레스와 가자지구에서 바로 이런 일이 벌어지고 있다.

마지막으로, 빙하와 만년설이 녹아내림에 따라 전 세계에서 사용할 수 있는 민물의 양이 상당히 줄어든다. 빙하와 만년설이 녹으면 민물이 더 많이 생긴다고 생각할지 모르지만, 극지방의 얼음은 녹자마자 바닷물과 섞여서 금세 소금물이 된다. 산꼭대기에 있는 빙하가 녹으면 일시적으로 강물이 늘어나지만, 이 빙하가 사라지면 강도 사라질 것이다. 우리는 이미 빙하 지역에서 극심한 홍수가 반복되는 양상을 목도하고 있으며, 결국 끝없는 가뭄이 계속되면서 파괴적인 홍수가 잠깐씩 발생하는 현상이 이어질 것이다. 실제로 일부 기후변화 전문가들은 이미 대규모 댐을 건설해서 빙하수가 전부 없어지기 전에 이 물을 가둬놓아야 한다고 권고하고 있다. 빙하는 지상의 저수층과도 같다. 빙하는 댐의 배수로만큼이나 예측 가능하게 강의 유량을 조절한다. 그리고 우리가 예측하는 것보다 훨씬 빠르게 사라지고 있다.

물론 이 모든 문제는 인류의 미래에 파괴적인 영향을 미칠 수 있다. 하지만 기업들은 배가 가라앉는 순간에 샴페인 병을 따는 사람들처럼, 슬퍼하기는커녕 경축하는 모습을 보이는 경우가 허다하다. 기업들이 보기에, 물 부족 사태는 투자를 자극하며, 따라서 임박한 물 위기는 잠재적으로 수익성이 좋은 기회다. 투자 회사들은 물을

'새로운 석유'나 '새로운 황금'으로 묘사한다. 2006년 블룸버그 뉴스는 "물이 석유보다 성과가 좋다"는 헤드라인을 내세웠다.[62] 『차이나 데일리』는 최근 물 위기를 긍정적인 어조로 다루는 1면 기사를 실었다. "기후변화, 도시화, 경제 성장 등으로 인해 수자원에 대한 압력이 엄청나다는 점을 감안할 때, 물은 '새로운 황금'이자 세계 안보의 필수적인 부분으로 부상할 것이다. ……사모투자와 벤처캐피탈 기업들이 '그린 골드' 러시의 선두에 서 있다."[63] 투자 전문가 짐 파월Jim Powell에 따르면, 물은 석유보다 훨씬 더 좋은 상품이다. 석유와 달리, 물은 대체재가 전혀 없기 때문이다.[64] 그리고 KBC뱅크 도이칠란드의 펀드 판매 책임자인 라이너 오테만Rainer Otteman은 이렇게 말했다. "물은 전통적인 자원과 비교해서 가장 과소평가된 자원일 겁니다. 인간에게 훨씬 더 중요하기 때문이죠."[65]

그렇다면 기업들은 어떻게 물 위기에서 이윤을 벌어들이는 걸까? 기업들이 물을 판매하는 주된 방식은 물을 처리해서 공급하는 것이다. 이런 이유로 물 오염 증대는 수익 증가를 의미한다. 기업들이 정수장을 건설하고 때로는 운영까지 맡으며 기존 도시 수도망을 확장하는 일도 맡기 때문이다. 계약을 따내고 나면 기업이 이윤을 벌어들일 수 있는 네 가지 방법이 있다. 수도 요금을 올리는 방법, 기반시설과 노동에 대한 지출을 줄이는 방법, 정부 보조금을 받는 방법, 더 많은 물을 파는 방법 등이다. 기업들은 네 가지 방법 모두를 활용하는 것으로 알려져 있다.

첫째, 기업은 최대한 수도 요금을 인상한다. 마닐라와 볼리비아에서는 각각 400퍼센트와 300퍼센트를 인상했다. 공정하게 말하자면, 기업들은 어쩔 수 없이 어느 정도 요금을 인상해야 한다. 기업이 소요하는 비용은 공익사업에 비해 높기 때문이다. 공익사업과 달리, 기업은 세금을 내야 한다. 기업은 또한 도시 공익사업체와 달리 연방에서 낮은 금리로 제공하는 대출을 이용할 수 없다. 마지막으로, 기업은 공익사업체와 달리 광고비가 많이 든다. 하지만 어떤 이유에서든 간에, 물 관리를 민간 기업에 이전한 뒤에 요금이 오르지 않는 경우는 전무하다.[66]

둘째, 기업은 기반시설과 노동에 지출하는 액수를 줄일 수 있다. 애틀랜타의 경우가 좋은 사례인데, 이 도시에서 수에즈는 도시의 수도를 운영하는 계약을 따내자마자 직원을 해고하기 시작했다. 유감스럽게도, 새로운 직원들이 수도관 연결 지점을 찾아내지 못하자 해고는 역효과를 발휘했다. 얼어서 터진 수도관은 수리하지 않은 채 방치되었고, 주민들은 첫해에만 "물을 끓여 드세요"라는 경고문을 다섯 번 받았다.[67] 사정이 이런데도 기업들은 여전히 수도 사업을 인수한 뒤 시설 노동자를 정리해고하는 게 관행이다. 어떤 이는 심지어 이것이 사유화의 주된 이유라고 말할지도 모른다.

셋째, 기업은 수도 요금을 내지 못하는 가난한 사람들을 위해 보조금을 제공하라고 정부에 요구할 수 있다. 이것이 이른바 '리스크 이전'이라고 불리는 정책이다. 초기의 많은 수도 계약이 가난한 사람들에 대한 요금을 인상하면서 실패했기 때문이다. 아쿠아페드는 현재 각국 정부에게 3T(세금tax, 요율tariff, 이전transfer)를 통해 요금을 인상하라고 요청하는 중이다. 현재 세입을 이용해서 저소득층 이용자에게 보조금을 주고, 매달 이용자에게 요율에 따라 요금이 부과되며,

국가 예산에서 기업으로 이전이 이루어진다.[68] 아이러니하게도, 한때는 바로 이 기업들이 정부의 비효율을 없애고, 관료적 장애물을 제거하고, 정부의 수도 운영비용을 경감함으로써 수도 공급을 간소화하겠다고 주장했다. 그런데 현실을 보면, 오히려 도시는 수도 요금에서 나오는 영구적인 수입의 흐름이 끊어졌을 뿐만 아니라 시 재정에서 기업들에 추가로 돈을 지불하기까지 해야 한다.

마지막으로, 최근 추세를 보면 물 기업들이 부동산 개발에도 공동투자를 하고(또는 그 반대, 즉 부동산 기업이 물에도 공동투자를 한다) 따라서 더 많은 물을 판매한다. 이 추세는 세계 전역에서 나타나고 있다. 부유층에게 '프라이빗 타운private town'이 인기 있는 대안으로 부상하기 때문이다. 미국 서남부에서 '헐값에 개발 가능한 토지'를 매입하는 데 주력하는 물 · 부동산 대기업인 피코홀딩스PICO Holdings는 자회사인 비들러워터Vidler Water를 통해 신규 주택단지를 공급한다. 한편 비들러워터는 새로운 물 공급원을 찾는다. 취수권을 얻기 위해 저렴한 부동산을 사서 물 시장을 통해 주택단지까지 물을 보내는 것이다. 비들러는 현재 콜로라도, 아이다호, 네바다, 애리조나 등에서 취수권을 소유하고 있다. 마찬가지로, 460억 달러 상당의 부동산과 기반시설 자산을 보유한 J. P. 모건자산관리J. P. Morgan Aasset Management는 최근 사우스웨스트워터컴퍼니Southwest Water Company를 인수해서 이제 미국 서남부에서 부동산 단지를 공동으로 개발할 수 있다. 물 기업들에게 이런 합병은 수도 요금 및 품질과 관련된 지자체의 규제를 피하는 한편 가장 높은 요금을 지불하는 소비자를 찾을(말 그대로 입주시킬) 수 있음을 의미한다.

투자은행들이 물 기업을 집어삼킴에 따라 우리는 이 은행들이 글로벌 시장에서 얼마나 많은 힘을 획득할 것인지 의문을 제기해야 한다. 그리고 우리의 물은 어떻게 될까? 세계은행 물 담당 이사인 존 헤이워드John Hayward에 따르면, "지금 석유가 그런 것처럼, 앞으로 물은 세계 곳곳을 이동할 것이다."[69] 이미 우리는 완전히 새로운 도시가 지어지면서 가장 비싼 값을 치르는 소비자들에게 물이 이동하는 모습을 볼 수 있다. 장래에는 가난한 사람들은 깨끗한 물이 없는 공중도시에서만 살게 될까? 산업국가에서도 물 기반시설에 대한 공적 투자는 수십 년 동안 메말라 버렸다. 미국에서는 수도 시스템을 개선하는 데 1조 달러가 필요한 것으로 추산된다. 그밖에도 하천이 점점 오염될수록, 우리는 바로 이런 이유 때문에 새로운 정수 기술을 개발하는 물 기업들에게 더 많은 권력을 넘겨주게 된다. 조만간 우리는 깨끗한 물을 계속 공급받으려면 요금 납부 의사를 입증하라는 요청을 받을지 모른다. "돈이 없으면, 물도 없습니다!"

당신네 집의 수도꼭지

2008년 제임스 본드 영화 〈007 퀀텀 오브 솔러스〉는 물 기업들의 수상쩍은 세계에 관한 섬뜩한 정서를 보여준다. 영화에서 다국적 기업 그린플래닛은 세계 물 공급망을 점점 사들이기 시작하면서 '글로벌 생태공원 네트워크'를 만들기 위해 땅을 매입하는 환경 단체 행세를 한다. 회사 최고경영자인 도미닉 그린은 이사회에 다음과 같이 설명한다. "이건 세계에서 제일 값비싼 자원입니다. 우리가 최대한 많이 차지해야 합니다." 볼리비아에서 음모를 시작한 그린플래닛은 우선 거대한 지하 대수층을 매입한 뒤 배출구를 막아서 '가뭄을 만들고' 물 값을 올린다. 다음으로 그린은 (본드가 상대할 만한 부류의 악당을 활용해서) 군사쿠데타에 자금을 대주어 볼리비아 사회당 정부를 무너뜨리고 민영화에 찬성하는 대통령을 취임시킨다. 이런 은혜에 대한 대가로 신임 대통령은 그린플래닛을 '공익시설 공급자'로 삼는 계약에 서명해야 한다.

본드가 우연히 이 조직을 알게 되자 그의 상관인 M은 이렇게 말한다. "도대체 이건 어떤 조직인가, 본드? 어디에나 있는데 어떻게 우리가 모를 수 있지?" 2012년 세계 물 포럼 현장에서 나는 가끔 이런 느낌을 받았다. 어쩌다가 그린플래닛 기금 모금 행사에 참석해서 석유 재벌과 은행가, 물 재벌 등에게 둘러싸여 있는 것 같았다. 오리고기 파테*와 세계 물 포럼의 머릿글자인 WWF를 형상화한 분수에 수백만 달러를 쏟아부었으니 그럴 만도 했다. 도대체 어떻게 나는 이 기업들에 관해 아무것도 몰랐을까? 어느 물 기업 중역이 설명한 것처럼, 이 세상에는 뇌물과 부패가 산업의 표준이 된 것 같다. "한 회사가 부패하지 않았으면 다른 회사가 그 돈을 가져갈 겁니다. …… 그들도 그걸 알지요."[70] 그 중역은 사실 뇌물 지불을 옹호하면서 어쩔 수 없는 일이라고 설명하고 있었다. 나로서는 정말 새로운 세계였다.

---

* duck pâté. 오리 고기나 간을 허브나 향신료와 함께 간 뒤 익혀서 차게 먹는 음식

수에즈 관리들은 프랑스 그르노블 시장에게 300만 달러의 뇌물을 건네면서 도시의 수도 공급망을 자사에 넘기게 한 적이 있다. 당시 수에즈는 계속해서 소비자들에게 요금을 거둬들여서 뇌물 비용을 회수했다. 1994년 그르노블 시장은 뇌물수수죄로 5년 징역형을 선고받았고, 수에즈 중역 두 명과 로비스트 한 명도 실형을 받았다.[71] 다른 사례를 보면, 컨설턴트 자크 미셸Jacques Michel은 프랑스 지자체의 요청을 받아 프랑스 물 기업들의 과다 요금 청구 사례를 조사하기 시작했다. 얼마 뒤 그의 자택에 원인 모를 불이 나서 전소됐는데, 이 사건은 나중에 방화로 판명되었다. 그 뒤 폭력배 두 명이 가발, 장갑, 수갑, 테이프, 총신을 자른 산탄총, 9mm 권총, 산탄총탄, 브래스너클brass knuckle, 선글라스, 곤봉, 최루탄 등이 든 가방 두 개를 가지고 미셸의 집으로 가던 도중에 체포되었다. 두 사람은 미셸을 협박하기 위해 고용된 사실을 인정했고, 추가 수사를 통해 베올리아를 위해 일을 한 것으로 밝혀졌다. 미셸은 법정에서 "기업이 정치 · 경제적으로 얼마나 힘이 세든 간에 시 당국은 기업이 마피아 같이 힘을 행사하게 내버려두어선 안 된다"고 주장했다. 그러자 베올리아는 미셸이 자신들을 마피아라고 지칭했다고 명예훼손으로 고소했다. 판사가 미셸은 단지 자신이 겪은 경험을 마피아 같은 범죄의 희생자라고 묘사한 것이라고 판결하면서 베올리아는 패소했다.[72]

수십 년 동안 세계은행과 국제통화기금은 이 기업들에게 물 계약을 사탕처럼 나눠 주었다. 이제 우리는 이 기업들의 영향력에서 벗어나기가 어렵다고 느낄지 모른다. 연기금이 물 기업에 투자됨에 따라 물 산업의 침체는 당신의 은퇴 생활에 영향을 미칠 수 있다. 게다가 미국에서는 2008년 주택 시장 붕괴 덕분에 취수권과 수도 시설이 할인 가격에 매각되고 있다. 또한 물 시장과 양도도 본격적으로 진행되는 중인데, 이런 상황을 조금이라도 아는 이는 거의 없다. 마지막으로, 가스와 정유 회사들은 수압파쇄법hydraulic fracturing, 일명 프래킹fracking을 사용해서 추출하기 힘든 자원을 얻는데, 모래와 독성 화학물을 섞은 엄청난 양의 물로 암석층을 뚫어서 천연가스를 밀어내는 방식이다. 이 과정은 막대한 양의 물을 소모할 뿐만 아니라 지하 대수층을 오염시키기도 한다. 그렇지만 세계 물 포럼에서는 위노나 하우터가 진행한 부대 행사를 제외하고는 프래킹은 언급조차 되지 않았다. 포럼 회보에서 나는 이렇게 프래킹을 배제하는 유력한 이유를 발견했다. "가스와 정유 업계에서 상당수의 대표자들이 이 토론에 참여했습니다."[73]

지금쯤 독자 여러분도 이런 문제들이 당신네 집의 수도꼭지와 어떻게 연결되는지를 알 수 있을 것이다. 이 책에서 나는 세계 곳곳에서 각기 다른 형태로 이루어지는 물 사유화를 살펴보면서 물거품을 만들어 내고 있는 기업과 정부의 공모를 설명하고자 한다. 1부에서는 남북 아메리카를 출발점으로 삼아 칠레와 미국에서 진행되는 두 종류의 물 시장화를 비교한다. 칠레는 물 공급의 100퍼센트를 민영화한 반면, 미국은 서남부에서 물 은행에 투자하고 있다. 대기업들이 어떻게 이 나라들에서 수자원을 독점하고 있으며, 이른바 물 자유시장이 어떤 식으로 군사독재, 물 억만장자, 심지어 폭스뉴스와 연결되고 있는지를 보여 주고자 한다. 캘리포니아에서 물 억만장자들은 정부에게서 조용하게 선물받은 물 은행에 물을 사재기한다. 칠레에서는 독재자 아우구스토 피노체트Augusto Pinochet가 국가의 물을 민영화해서 80퍼센트를 수력회사인 엔데사Endesa에 넘겨 주었다. 이 두 경우 모두 물 사유화는 기존 부유층에게 물을 선물로 주고 더 나아가 원주민들에게서 물을 빼앗는 결과를 의미한다. 뒤에 5장에서는 똑같은 현상이 어떻게 이집트에서 혁명으로 이어졌는지를 살펴볼 것이다. 내가 우선 칠레와 미국에 초점을 맞추는 것은 세계은행이 두 나라를 성공적인 물 시장화의 '본보기'로 간주하기 때문이다. 물 시장화는 어쩌면 기업의 도시 공익시설 지배보다 한층 더 은밀하게 확산되는 물 상품화 형태임에도 불구하고 대체로 사유화에 관한 책에는 포함되지 않는다. 정수장보다 물 자체가 사고파는 대상이 된다. 물 시장화는 또한 거대 물 다국적 기업들만큼 대중의 집중적인 관심이나 저항을 받지 않는다. 따라서 더 '성공적인' 것으로 간주되어 왔다.

2부에서는 영국의 옛 식민지인 인도와 남아공 두 나라를 살펴보면서 식민지 댐 건설자들의 국제적 네트워크를 소개한다. 오늘날 식민지 엘리트 집단을 위해 지어진 수로 시스템이 민간 기업들에게 물을 보내는 데 사용되고 있다. 예를 들어, 갠지스 강은 현재 델리의 수에즈로 물길이 바뀌었고, 레소토 고원에서 나오는 물은 요하네스버그로 물길이 바뀌었다. 요하네스버그의 물은 한때 수에즈가 운영했지만 지금은 수에즈에서 훈련받은 수도 시설 관리자들이 운영 중이다. 남아공에서는 아파르트헤이트가 종식된 이후 제정된 헌법에서 한때 물을 모든 사람의 영구적인 권리로 소중히 여겼다. 전 세계에서 첫 번째로 물을 보편 인권으로 간주한 헌법이다. 하지만 국제통화기금이 압력을 가하자 남아공은 헌법을 무시하고 물 공급을 사유화하면서 국가주권에 관해 의문을 불러일으켰다. 탈식민 국가의 민중들이 물 기업들을 어떻게 밀어내고 있는지, 그리고 때로 과거 반反식민 저항 전략에 바탕을 둔 전술로 어떻게 이 기업들을 몰아내는 데 성공했는지를 살펴보고자 한다.

마지막으로, 3부에서는 중동, 특히 이집트와 이라크로 고개를 돌려볼 것이다. 두 나라 모두 한때 영국 식민지였지만, 최근에는 미국의 영향을 크게 받았다. 이라크에서는 미군에 의해 물 기반시설이 파괴되고 이후 점령과 재건을 거치는 동안 유럽과 미국 회사에 물 관리 계약을 넘겨주라는 압력이 이어졌다. 이런 민영화 전략이 어떻게 역효과를 일으켜서 이라크에서 반란이 증대되는 결과로 이어졌는지를 살펴보고자 한다. 이집트에서는 호스니 무바라크Hosni Mubarak 대통령이 막대한 양의 토지와 물을 친구들에게 나눠준 뒤 일어난 폭동이 타흐리르 광장의 혁명으로 전환되었다. 미국 언론들은 이 혁명을 밀착 취재했지만, 무바라크가 미국과 세계은행의 지시를 따라 국가 자산을 사유화했다는 점을 아는 이는 거의 없었다. 두 나라 모두 경제를 민영화 또는 자유화하려는 압력은 이집트의 무슬림형제단과 이라크의 알카에다가 이끄는 이슬람 반란의 확대로 이어졌다. 물 기반시설의 악화가 어떻게 이 집단들이 부상하는 데 직접 기여했는지를 살펴보고자 한다. 이 집단들은 현재 시리아와 이스라엘 등지로 확산되고 있다. 세계은행은 또한 시리아와 이라크에 대한 물 공급을 차단함으로써 이런 소요를 직접 부추기는 대규모 댐 건설 프로젝트를 지원하고 있다.

이 각각의 지역에서 벌어지는 저항은 기업의 물 사유화 청사진보다 더 다양하다. 미국과 칠레에서는 소수 원주민 집단이 자신들의 물 공급에 대한 더 큰 통제권을 얻기 위해 싸웠지만 종종 실패했다. 환경 단체와 사유화 반대 단체들은 더 많은 성공을 거두었다. 인도와 아프리카에서 다수인 원주민 집단과 사유화 반대 집단은 식민주의에 대항한 선조들의 전통을 따라 기업의 지배를 뒤흔들고 있으며 때로는 커다란 성공을 거두었다. 이라크와 이집트에서는 사유화 반대 운동이 종종 이슬람 극단주의자들에게 흡수된다. 이 모든 사례에서 물 공급을 둘러싼 민중의 반격은 무시할 수 없는 수준이다.

세계 곳곳의 물 문제를 다루는 것 외에도 내가 이 책에서 이 나라들을 검토하기로 선택한 것은 이곳의 물 문제가 지구 전체의 삶, 따라서 여러분의 삶에 영향을 미칠 수 있기 때문이다. 예를 들어, 칠레 남부는 전 세계 모든 해류에 영향을 미치는 남극순환류Antarctic Circumpolar Current 바로 옆에 자리해 있다. 현재 남극순환류는 기후변화 때문에 남쪽으로 이동하는 중이다. 남극순환류가 사라지면 세계의 대양이 멈출 것이고 유럽은 빙하 시대로 곤두박질칠 수 있다. 민간 기업의 댐 건설은 내륙 빙하에 의존하는 바다의 온도를 높여서 이 문제를 악화시킨다. 인도에서는 히말라야 산맥이 아시아 최대의 민물 저장소인 티베트 고원의 빙하와 맞붙어 있는데, 지구의 4분의 1에 물을 공급하는 이 빙하는 빠르게 사라지는 중이다. 세계의 많은 이들이 먹고사는 식량을 재배하는 캘리포니아와 인도 또한 물이 바닥나고 있다. 그리고 이집트와 이라크가 휘말린 격렬한 물 분쟁은 국제적인 난민 위기를 야기하고 이슬람 극단주의에 기름을 붓고 있다. 남극 대륙을 제외한 세계 모든 대륙을 찾아다니면서 나는 물 문제가 얼마나 광범위한지뿐만 아니라 이 모든 이야기가 어떻게 상호 연관되는지도 보여 주고자 한다. 물 문제는 정말로 지구 차원의 문제다.

이 나라들을 찾아다니면서 내가 추구한 목표는 국제 거버넌스 기구들이 물에 관해 구사하는 언어를 실제 현장의 현실과 비교하는 것이었다. 세계은행은 대부분의 문서 자료를 공개함으로써 풍부한 정보를 제공하며, 토목 분야 저널, 탐험가의 이야기, 물 기관 기록 등도 많은 정보를 보여 준다. 각 나라에서 내가 주로 추구한 목표는 겸허한 자세로 댐 건설 현장, 수몰 이주민 마을, 물길이 갈라지는 유역 등을 찾아다니면서 풍경을 읽는 한편 기반시설이 지역에 미치는 영향을 살피는 것이었다. 기자증이 있는 언론인 신분으로 돌아다니는 과정에서 나는 결국 환경운동가, 물 기술자, 도시 시설 관리 등을 만났다. 하지만 사전에 약속한 인터뷰보다 내게 더 중요했던 것은 한 지역을 그냥 살펴보면서 댐이 완성됐는지, 또는 사람들이 실제로 수도꼭지에서 나오는 물을 먹고 있는지를 알아내는 일이었다. 나는 자료에서 읽은 내용을 '현장의 진실ground truth'로 만들려고 했다. 실제로 무엇이 진실이고 무엇이 거짓인지를 내 눈으로 보고 싶었다.

어쨌든 나는 우리의 물을 정의하기 위해 서로 경쟁하는 언어들을 드러내기를 바란다. 한 종류의 언어는 과학적, 경제적, 국제적이다. 이 언어는 기업의 중역실, 대학 강당, 정부 회의실 등에서 말해진다. 하지만 인간의 권리나 자연의 권리로서의 물에 초점을 맞추는 사유화 반대 집단의 언어도 존재한다. 물 권리를 얻기 위한 싸움은 이제까지 여러 면에서 전략적인 성공을 거두었지만, 물을 인간의 권리로 보는 관점에는 잠재적인 함정도 존재한다. 무엇보다도 실천상의 근본적인 변화를 동반하지 않은 채 이 언어만 손쉽게 제멋대로 사용하는 것이다. 인간의 권리로서의 물과 반대편에 선 이들이 이 언어만 제멋대로 사용하는 것은 세계 물 포럼에서 분명하게 드러난 전술이다. 활동가이자 작가인 아룬다티 로이Arundhati Roy는 다음과 같이 정곡을 찔렀다. "모든 발언에서 '여성의 역량 강화', '민중의 참여', '민주주의 심화' 같은 표현이 울려 퍼졌다. 그렇지만 포럼의 전반적인 목표는 세계의 물 사유화를 밀어붙이는 것임이 드러났다." 로이는 이렇게 결론지었다. "내가 알고 이해하는 한 그것은 언어 살해 의식이었다."[74]

마지막으로, 글로벌 거버넌스 기구들 내에서 어떤 합의된 '발전'의 언어가 존재한다면, 또 다른 글로벌 공통어도 존재한다. 이 공통어, 즉 물의 언어는 잠재적으로 더 강한 힘이 있다. 발전의 언어는 벤치마킹, 규모 확대, 최선의 국제적 관행 등과 같은 단어를 포함한다. 하지만 물의 언어는 포착하기 어려운 도깨비와 같다. 이 도깨비는 권력자들보다 더 영리하다. 도깨비는 뜨거워지면 김으로, 구름으로 바뀐다. 그리고 차가워지면 땅으로 떨어지고 더 차가워지면 단단하게 변한다. 도깨비는 산 사이를 흘러 강으로, 바다로 내려간다. 지하 저수층으로 스며들고 화석수가 되어 수천 년, 아니 심지어 수백만 년 동안 그 자리에 머문다. 도깨비는 식물과 동물의 몸으로 스며든다. 도깨비는 우리 모두의 90퍼센트를 차지한다. 나는 돌아다닌 모든 나라에서 물의 언어를 이야기하는 사람들을 만났다. 나는 강이나 개울과 친밀한 관계에 있는 사람들이 가장 좋은 해법을 알고 있을 공산이 크다는 사실을 발견했다. 그들은 세계 물 포럼에서 드러난 지배적인 태도를 재고하는 데 유용한 본보기를 제공했다. 하지만 바야흐로 바로 이 사람들이 자신들의 물을 빼앗기고 있다.

2002년 볼리비아 민중들은 역사상 최초의 원주민 대통령인 에보 모랄레스Evo Morales를 당선시키는 결과를 낳은 혁명 과정에서 미국 물 기업 벡텔을 몰아냈다. 나는 에보 모랄레스가 2003년 교토 세계 물 포럼에서 연사로 초청받았다는 걸 알고 놀랐다. 그는 포럼 회의에서 다음과 같이 말했다. "우리는 모두 문화 다양성에 찬성하지만, 우리에게 무엇이 보입니까? 하나의 모델(사유화와 일반화)이 확산되면서 다른 모델들을 밀어내고 있습니다. …… 따라서 우리는 분명하게 말해야 합니다. 세계은행과 국제통화기금은 문화 다양성에 반대하며 원주민의 권리에 반대하고 있다고 말입니다." 그는 세계 물 포럼의 350개 세션 가운데 단 2개만이 원주민 문제를 다룬다고 불만을 표시하면서 이렇게 말했다. "우리가 세계 인구의 1퍼센트의 절반에 불과하다고 생각하는 겁니까?" 실제로 "우리는 세계 인구의 절반입니다. …… 그런데 세계 물 협의회에는 얼마나 많은 사회 · 농촌 원주민 인구가 참여하고 있습니까? 한 명도 없습니다."[75] 비슷한 예로, 마르세유 세계 물 포럼에서 캐나다 브리티시컬럼비아 주의 칠코틴 Tsilhqot'in 민족은 원주민들이 "자신들의 수자원을 매각하는 내용이 포함된 협약이나 정책 수립에 관해 통보받지 못하고 참여하지도 못한다"고 불만을 토로하는 유인물을 배포했다. 그들은 계속해서 "물을 상품으로 확실히 인정하면 물에 대한 기본적인 인권과 신성한 물의 원칙이 침해된다"고 주장하면서 "물은 자연의 권리"라고 결론지었다. 그들은 세계 물 포럼의 '해법 마을'에 공식적인 해법 하나를 포함시켜 달라고 제출했지만 단호하게 거부당했다.

이 책을 쓰면서 내가 추구하는 목표는 세계 물 공급 관리에 문화 다양성을 복원하는 데 기여하는 것이다. 식민지 시대이래 물에 관한 우리의 이해는 점점 줄어들었고, 그나마도 지구 전체를 위한 한 가지 사업 방식밖에 보지 못하는 식민주의 · 경제 세력들에 의해 규정된 상태다. 그렇지만 동시에 세계 물 문제의 해법은 이미 존재한다. 자금과 정당성만 필요할 뿐이다. 예를 들어, 에보 모랄레스는 물을 모든 사람의 것으로 만들기 위해 우리가 해야 할 일이라곤 군사 예산에서 돈을 빼내어 물 예산에 넣는 것뿐이라고 말한 바 있다. 코스타리카는 이 모델을 따르고 있다. 다른 이들은 빗물을 모으는 방식, 또는 사람들을 물 공급 기반시설이 열악하기 짝이 없는 도시로 내모는 대신 농토에 남도록 여건을 만들어 주는 방식을 신봉한다. 또 다른 쉬운 해법은 물을 오염시키는 화학물질을 금지하는 법률을 만드는 것이다. 유감스럽게도, 물 사유화에 관한 책들은 대부분 도시 물 공급에만 초점을 맞추면서 국내 이주라는 더 큰 구조적 문제와 원주민들이 제시하는 해법을 외면한다. 사실을 말하자면, 해법은 대개 산 위에, 즉 게릴라 반군, 간디에게 영감을 받은 활동가들, 수자원 가까이에 사는 원주민들 가운데에 있다.

물론 이런 해법을 찾는 게 항상 쉬운 것은 아니다. 나는 비록 제임스 본드 같은 인물은 못 되지만, 탐사 과정에서 장애물에 맞닥뜨리고 몸을 다치기도 했다. 이라크에서는 비행기가 착륙하는 순간 미사일 공격을 피해야 하는 일도 있었다. 전쟁이 전혀 끝난 게 아님을 처음 깨달은 순간이었다. 인도에서는 내가 걷던 산길에서 빙하가 붕괴해 십여 명이 사망했는데, 나는 간발의 차이로 목숨을 건졌다. 터키에서는 물을 놓고 싸우는 사람들이 총격전을 벌이는 소리를 들으며 잠에 들었고, 아침에 깨어나서 대규모 체포 사태를 목격했다. 이집트에서는 혁명의 기운이 감돌고 있었다. 남아공에서는 공항이 폐쇄되기 전에 폭동을 일으킨 사람들과 불타는 타이어 사이로 차를 몰아야 했다. 하지만 가는 곳 어디서나 자기 목숨과 자유를 희생해 물 공급원을 지켜 낸 사람들에게서 믿을 수 없을 정도로 놀라운 이야기를 들었다. 이 이야기들 덕분에 여행은 충분히 가치 있는 일이었다. 세계 각지를 돌아다니면서 때로는 환자를 진단하고 있는 것 같은 느낌이 들었다. 지구를 자세히 살피면서 가장 소중한 순환계(강과 개천)에서 어디에 제일 많은 상처가 생겼는지를 찾는 의사 같았다. 이 상처들이 왜 어떻게 생기는 것인지, 그리고 상처가 생기는 것을 멈추기 위해 무엇을 할 수 있는지를 이해해야 한다는 생각 때문에 나는 계속 전진할 수 있었다. 결국 나는 그토록 찾고 싶었던 답을 찾았다. 그렇지만 독자 여러분이 예후를 듣기 전에 우선 자리에 앉아 책을 펼치고 싶은 생각이 들었으면 좋겠다.

1

남북 아메리카의 물을 둘러싼 책략

one

캘리포니아 가뭄 당시의 물 사재기

나는 미국 최악의 모래바람 피해를 보는 지역인 캘리포니아 남부에서 자랐다. 마른 오언스Owens 호에서 불어오는 중금속으로 가득한 치명적인 바람이다. 여러 연구에 따르면, 나는 이런 이유 때문에 남들만큼 오래 살지 못할 것이다. 나는 이 사실을 받아들였고, 또한 동시에 이 연구들이 잘못된 것이기를 기대한다. 내가 자란 로스앤젤레스 시는 오언스 호에서 물을 끌어다 썼는데, 그 때문에 1913년부터 호수가 서서히 마르기 시작했다. 호수가 완전히 말라서 독성 모래바람 지대dust bowl로 바뀌는 데 10년 넘게 걸렸다. 여러 세기에 걸쳐 소금 호수에 축적된 알루미늄과 카드뮴 같은 자연 발생 중금속들이 바람에 날리게 되었다. 이 먼지는 암과 호흡기능 감퇴 등 여러 질환을 유발하는 것으로 밝혀졌다. 내 몸으로 직접 물 불평등water inequality을 경험하면서 자라난 셈이다.

그래서 폭스뉴스에서 션 해너티Sean Hannity가 다른 캘리포니아 계곡에서 물이 마르고 있다는 방송을 할 때, 나는 호기심이 일 수밖에 없었다. 2009년 9월, 해너티는 캘리포니아 주 휴런Huron에서 1주일짜리 특집 방송 〈희망을 잃은 계곡*The Valley Hope Forgot*〉을 진행했다. 그는 캘리포니아 주 샌호아킨밸리에 있는 미국에서 가장 가난한 하원의원 선거구에서 방송을 하고 있었다. 2009년 미국 인구센서스에 따르면, 8,000명에 달하는 휴런 주민의 39퍼센트가 빈곤선 이하의 생활을 한다. 휴런은 이주 노동자 도시이자 목화 따는 농부들의 도시이며 98.6퍼센트가 라틴계다. 이 도시에는 병원도, 고등학교도, 선거 기간에 투표소도 없다. 주민 대부분이 미등록 이주 노동자이기 때문이다. 휴런 주민의 80퍼센트 정도가 고등학교를 졸업하지 못했고, 여기서 태어난 아이들은 미국 어느 곳보다도 선천적 장애가 많다. 아마 농약 노출 때문일 공산이 크다. 휴런의 한 주민은 바람이 불면 창문을 닫는다고 말했다. "바람이 뭐 좋은 게 있겠어요? 전부 유해 물질이잖아요."[76] 수질도 좋을 리 없어서 캘리포니아 주 502개 도시에서 490위에 해당하며, 분원성 대장균인 E콜라이E. coli와 질산염이 위험 수준이다.[77] 수도 설비는 트라이시티엔지니어링Tri-City Engineering에서 구축 운영하며 벡텔의 전 경영자 소유다.

나는 해너티가 왜 이 도시에 '희망을 잃은 계곡'이라는 이름을 붙였는지 확실히 알 수 있었다. 그런데 아이러니하게도, 해너티는 이 문제들을 이야기하려고 온 게 아니었다. 폭스뉴스에 따르면, 휴런은 딱 한 가지 문제가 있었다. 극단적 환경론자들이 샌프란시스코 베이에어리어Bay Area에 사는 '2인치*짜리 물고기'를 구하려고 수도를 끊어버렸다는 것이다. 해너티에 따르면, 겨울에 회귀하는 치누크연어와 바다빙어가 1994년에 멸종위기종에 등재되었는데, 이 사건으로 지역 농장들이 큰 피해를 입었다고 한다. 샌호아퀸밸리에서 농사를 위해 끌어다 쓰는 물 때문에 북쪽에 있는 물고기들의 서식지가 파괴되고 있다는 판단이 내려졌다. 간단히 '델타Delta'라고 이름 붙은 지역에는 샌프란시스코와 새크라멘토 사이에 생태적으로 독특한 내륙 하구가 존재한다. 캘리포니아 주의 물 공급이 대부분 이 델타를 통과하는데, 멸종위기 어종도 여기를 통과한다. 수도와 물고기가 모두 물을 놓고 경쟁하는 것으로 밝혀졌다.

물론 농민들은 멸종위기종 등재를 달갑게 여기지 않았다. 성조기가 드리워진 무대 위에서 해너티는 바다빙어를 구하기 위해 한때 샌프란시스코 델타 지역에서 샌호아퀸밸리까지 물을 끌어 오던 양수기가 가동을 멈추었다고 보도했다. 그의 뒤에서는 집회 참가자 수천 명이 일정한 시간 간격으로 구호를 외쳤다. "양수기를 가동하라!" 사람들은 성조기나 "생태 독재를 중단하라Stop Eco-Tyranny"고 적힌 피켓을 들고 있었다. 모두 똑같은 야구모자를 쓰고 있었다. 하지만 무엇보다 놀라운 것은 적어도 그 사람들의 90퍼센트가 백인 같이 보였다는 점이다. 해너티는 그들이 가족 농사꾼들이라고 말했다. 초현실적인 광경이었다.[78]

무대 위에서 아놀드 슈워제네거 주지사는 최대한 빠른 시일 안에 양수기를 가동하겠다고 약속하면서 대통령이 자기를 저지하고 있다고 주장했다. (이상하게도 당시 양수기는 사실 가동 중이었고, 그것도 2개

---

* 약 5센티미터

월 전부터 계속 가동되고 있었다. 켄 살라자르Ken Salazar 내무장관의 말에 따르면, "멸종위기종 보호법에 따라 취해진 일시적인 양수기 가동 제한은 6월 30일에 종료되었다."[79] 집회는 9월에 열렸다.) 하원의원 데빈 누네스Devin Nunes는 버락 오바마 대통령을 사담 후세인이나 로버트 무가베에 비유했다. 자국민들에게서 물을 빼앗아갔다는 게 그 이유였다.[80] 해너티의 방송에 나온 한 환경론자의 목소리는 군중의 아우성에 파묻혔고, 해너티는 다음과 같이 말했다. "물이 끊긴 건 당신 같은 극단적 환경론자와 괴짜들이 사람보다는 물고기에 더 신경을 쓰기 때문입니다. 하나 알고 싶은 게 있는데, 당신은 어떻게 해서 삶의 우선순위가 그렇게 꼬이게 된 겁니까? …… 당신한테 무슨 일이 있었던 거지요?"

물론 폭스뉴스는 정확한 보도보다는 노골적인 정치적 입장으로 더 유명하지만, 이 프로그램의 초현실적 성격은 나조차도 깜짝 놀랄 정도였다. 폭스뉴스는 휴런을 찾아온 어떤 사람도 믿지 않는 것 같았다. 휴런은 분명 여행자가 찾을 만한 곳은 아니기 때문에 확실한 판단인 것 같다. 그런데 폭스뉴스는 휴런 주민들을 위해서가 아니라면 누구를 위해 왜 싸우는 걸까? 나는 휴런으로 가서 답을 찾아보기로 결정했다. 이 과정에서 내가 발견한 것은 미국 전역에서 공모, 부패, 물 사유화 등이 확산되고 있다는 사실이다.

휴런으로 가는 길

휴런으로 가는 일은 종말 이후의 미래로 여행을 떠나는 것과도 같다. 사람들이 이 도시를 잘 찾지 않는 것도 놀랄 일은 아니다. 캘리포니아의 샌호아킨밸리에는 교도소와 쓰레기 매립지가 점점이 박혀 있다. 모래바람 때문에 툭하면 고속도로가 차단된다. 휴런으로 가는 도중에 모래바람 때문에 한치 앞도 보이지 않는 '블랙아웃blackout' 현상이 일어나 차를 멈춰야 했다. 바람이 가라앉기를 기다리고 있는데, 이상한 물체가 차에 떨어지는 걸 느낄 수 있었다. 처음에는 비닐봉지와 종이 박스만 알아볼 수 있었는데, 이번에는 기저귀가 차창에 날아 왔다. 희미한 냄새 덕분에 쓰레기라는 걸 알 수 있었다. 바람이 지나가고 나서야 캘리포니아 주 와스코Wasco에 있는 포장도 덮지 않은 쓰레기 매립지 바로 옆에 정차해 있었다는 걸 깨달았다.

아이러니하게도, 이곳은 미국 전체 장미 재배량의 65~75퍼센트를 차지하는 미국 '장미의 수도'다. 쓰레기 매립지 바로 옆에는 와스코주립교도소가 있는데, 재소자 6,000명도 모래바람이 멈추기를 기다리고 있었다.

현재 로스앤젤레스와 샌프란시스코를 잇는 주요 고속도로인 인터스테이트 5번은 1년에 몇 차례 모래바람 때문에 차단된다. 한때 견과류와 과일, 채소 작물 때문에 미국의 '빵바구니'라고 여겨지던 샌호아킨밸리의 몇몇 지역은 오늘날 불모의 땅이다. 보건 전문가들은 온도 상승과 더 심해진 모래바람 때문에 '계곡열valley fever' 전염성도 높아지고 있다고 경고한 바 있다. 계곡열은 장기, 관절, 신경계 등을 공격할 수 있는 진균성 질병이다. 바람에 날리는 흙을 통해 포자가 확산되는데 지피 식생이 거의 없는 경우에 토양이 바람에 날리는 양이 더 많아진다. 10년 안에 이 질병 발생 건수가 거의 4배나 증가

했다.[81]

정착민들이 샌호아퀸밸리에 도착하기 전에는 여기까지 건너가려면 배가 필요했을 것이다. 지금은 때때로 사하라 사막 같은 모래바람 때문에 계곡을 건너는 게 불가능하다.

휴런은 한때 미시시피 강 서쪽에서 가장 큰 민물 호수인 툴레어Tulare 호 연안에 있었다. 킹스Kings 강과 카웨아Kawea 강, 툴Tule 강 등 큰 강 셋이 툴레어 호에 물을 채웠다. 언젠가 존 뮤어John Muir는 이 계곡이 "허니블룸honey-bloom 풀이 잔뜩 깔린 부드러운 초원인데, 워낙 풀이 많아서 계곡 끝에서 끝까지 400마일*이 넘는 거리를 걷다보면 한 걸음 걸을 때마다 수백 송이 꽃을 밟게 된다"고 썼다.[82] 호숫가를 따라 숲처럼 빽빽한 골풀이 12피트** 높이까지 뻗어 있다. 호수에는 말조개, 거북이, 물고기, 물새 등이 우글거렸다.

이 지역의 초기 정착민 가족은 보스웰 일가였는데, 지금도 이 집안 사람들이 툴레어 호수 주변 땅을 소유하고 있다. 보스웰 집안은 캘리포니아에서 제일 부자 가문 중 하나로 레스닉 집안과 어깨를 겨룬다. 두 집안은 또한 샌호아퀸밸리의 물도 대부분 지배한다. 역사학자 마크 애럭스Mark Arax에 따르면, "만약 강을 소유할 수 있다고 치면, 보스웰 가는 킹스 강의 15퍼센트를 소유한다. 캘리포니아 중부에 있는 이 강은 시에라네바다 산맥에서 내려와서 툴레어 호수가 있던 자리로 흘러든다. 킹스 강은 나일 강과 인더스 강에 이어 세계에

---

* 약 644킬로미터
** 약 366센티미터

서 가장 넓은 농지에 물을 댄다."[83] 보스웰 가는 또한 세계 최대의 단일 목화 재배업자로 캘리포니아, 애리조나, 오스트레일리아 등지에 목화 농장을 갖고 있다.

보스웰 기업의 창립자인 조지프 보스웰Joseph Boswell은 남북전쟁 당시 남부 연방 군인으로 조지아 주의 목화 농장에서 큰돈을 벌어서 아들인 제임스 G. 보스웰James G. Boswell이 캘리포니아 주로 가게 해 주었다. 캘리포니아에서 J. G. 보스웰은 자기가 제일 잘 아는 일을 했다. 그는 목화를 심고 노예노동 대신 이주 노동자들을 썼다. 처음에는 중국인을 쓰다가 나중에는 멕시코인을 고용했다. 얼마 지나지 않아 동생 빌과 빌의 아내 케이트도 왔는데, 사랑스러운 흑인 부부인 매기와 월도 데리고 왔다. 하지만 머지않아 케이트는 이 부부가 남부에 살 때처럼 보스웰 가의 뒷문으로 드나들지 않고 앞문을 이용하는 등 건방져졌다고 불만을 토로했다. 분명 보스웰 가는 남부보다 관용적인 캘리포니아의 사회 관습에 적응하는 데 애를 먹었다. 케이트는 이 가난한 부부에게 어떤 일이 벌어졌는지 설명했다. "어느 날 아침 남편 빌이 밖으로 나가서 말한 일이 잊혀지지 않아요. …… '이봐 검둥이, 네 물건하고 매기 물건 챙겨라. 오늘 오후에 여기서 네 시에 출발하는 기차가 있다. 표 사놨으니까, 그 기차를 타. 그렇지 않으면 내 손으로 죽여 버릴 테니까.'"[84]

보스웰 일가는 하인과 일꾼들을 관리하는 일 말고는 호수를 관리하느라 대부분의 시간을 보냈다. 1850년대 이래 농민들은 밀을 비롯한 작물을 기르기 위해 제방과 관개 시스템을 만들었고 이를 통해 툴레어 호수의 물을 고갈시켰다. 호수가 줄어들자 호수 바닥에 작물을 재배했다. 캘리포니아 주도 이런 일을 장려했는데, 지금도 주에서 펴내는 소책자는 이런 관행을 '습지 개간'이라고 부른다.[85] 1905년, 호수가 완전히 말라버리자 호수 바닥에서 물고기 수백만 마리가 헐떡거리며 죽어 가는 모습이 발견되었다. 『샌프란시스코크로니클』은 다음과 같이 개탄했다. "툴레어 호수가 사라졌다. …… 한때 미시시피 강 서쪽에서 최대 규모의 민물 호수였던 곳이 이제 밭이 되어 버렸다."[86] 농민들은 남은 골풀을 태우고 나서 강물을 직선화하고 넘치지 않게 하기 위해 대규모 둑을 쌓기 시작했다. 농민들로서는 유감스럽게도 호수는 계속 다시 생겼고, 둑을 넘어서 밭까지 물이 잠겼다.

결국 보스웰 가와 다른 농부들은 연방 정부를 설득해서 이렇게 자기들 땅이 범람되는 걸 막았다. 툴레어 호수로 이어지는 산자락에 댐을 건설하게 한 것이다. 1928년 홍수관리법Flood Control Act이 통과되어 샌호아퀸밸리가 물에 잠기는 것을 막기 위한 댐 건설이 허용되었다. 아이러니하게도, 불과 몇 년 뒤에는 샌호아퀸밸리로 더 많은 물을 끌어들이기 위해 또 다른 법이 통과되었다. 1933년, 센트럴밸리개발사업법Central Valley Project Act이 통과되어 20개 댐과 500마일* 에 이르는 주요 수로로 캘리포니아 북부의 물을 샌호아퀸밸리까지 끌어가는 개발 사업을 위한 채권을 판매하게 되었다. 주에서 조성한 예산이 바닥이 드러나자 건조한 토지 개간을 위한 관개 시설물을 구축하기 위해 설치된 미국 개간국이 사업을 떠맡았다.

* 약 805킬로미터

1902년 미국 개간법U.S. Reclamation Act of 1902은 동부의 인구 압박을 완화하고 빈곤 종식을 돕는다는 목표 아래 미국인들을 서부에 있는 약 160에이커* 이하의 소규모 가족 농장으로 이주시키기 위해 고안된 것이었다. 개간국이 연방 토지를 매각한 수익금으로 이 농장들에 물을 대는 시설(댐과 수로)을 건설할 예정이었다.[87] 농민들은 10년에 걸쳐 벌어들인 수익으로 이 시설의 건설비용을 상환하기로 되어 있었다. 그런데 개간국이 기대한 만큼 작물 수확량이 많지 않자 이 상환 계획은 흐지부지되었다.[88] 처음에 센트럴밸리개발사업Central Valley Project은 1900년까지 영국이 인도에 6,000마일**에 이르는 수로를 건설한 관개 시스템을 모델로 삼았다. 실제로 캘리포니아 주는 인도 사업 건설을 감독한 영국인 기술자를 영입해서 센트럴밸리개발사업 설계에 도움을 받았다.[89]

대규모 수리 공사를 했는데도 툴레어 호수는 범람과 고갈을 계속 되풀이했다. 1941~42년에는 홍수가 물러나는 시기에 주민들이 바닥이 드러난 호수에서 몽둥이로 물고기를 때려죽이면서 마른 땅에서 물고기 잡기 경기가 시작되었다. 1969년, J. G. 보스웰 2세J. G. Boswell Jr.는 자기 농장에 홍수가 나는 걸 막기 위해 폐차를 쌓아서 둑을 만들었다. 2009년 『코코런저널*Corcoran Journal*』은 다음과 같은 자랑을 늘어놓았다. "베트남 전쟁처럼 우리 농민들은 전투태세를 갖추고 경계를 하며 홍수 피해를 막고 최소화하기 위해 최대한의 노력을

---

* 약 650,000제곱미터

** 약 9,600킬로미터

기울이고 있다."[90] 보스웰은 죽기 전까지도 호수에 맞서 영웅적인 싸움을 벌였다는 이야기를 즐겨 했다. 그는 심지어 1967년에 영화감독에게 돈을 주고 〈거대한 땅*The Big Land*〉이라는 제목으로 자신의 싸움에 관한 다큐멘터리 제작을 맡기기도 했다. 영화는 공중에서 바라본 호수 장면으로 시작하는데, 내레이터의 설명이 흐른다. "이곳은 툴레어 호수다. …… 한때 호수는 면적이 600제곱마일*로 이 계곡에서 독보적인 주인이었다. 지금은 다시 예전의 크기가 되었다. 호수물은 관리가 되고 바닥은 개간되었다. 한때는 주인이었지만 지금은 하인이다. 한때는 황량했지만 지금은 비옥하다. 인간이 변모시킨 것이다."[91]

1960년, '캘리포니아 주 물 개발 사업State Water Project'이 승인되어 북부로부터 훨씬 더 값싼 물을 끌어올 가능성이 생겼다. 이 사업에는 34개 댐과 700마일**이 넘는 수로와 도관이 포함된다. 이 사업은 공공이 건설하고 운영하는 물과 전력 이송 시스템으로 미국 최대 규모를 자랑한다. 센트럴밸리개발사업과 달리, 이 사업은 160에이커*** 제한을 피했다. 주에서 예산을 댄 사업이었기 때문이다. 언론인 로버트 고틀리브Robert Gottlieb에 따르면, "이 계획으로 이 지역의 모습을 뒤바꾸는 엄청난 변화의 무대가 마련되었다. 주요 기업들이 지역의 대규모 소유지를 일부 넘겨받고 토지 개발 사업에 공격적으로 진출

---

* 1,560제곱킬로미터
** 약 1,127킬로미터
*** 약 647,500제곱미터

했다. …… 채 10년도 되지 않아 관개 면적이 20만 에이커* 이상 급격히 늘어났다." 이런 대규모 토지 취득의 선두에 선 것은 휴스턴에 본사를 둔 테네코Tenneco와 프루덴셜생명 같은 기업들이었다. 그리고 보스웰도 있었다. 고틀리브는 다음과 같이 말한다. "목화 재벌이 불과 20년 전에는 상상도 하지 못한 방식으로 계곡을 지배하게 되었습니다."[92] 캘리포니아 주는 '주 물 개발 사업'을 둘러싸고 심각한 분열을 겪었다. 북부 주민들은 델타 지역이 피해를 입을 것이라고 의문을 제기했다. 캘리포니아노동자연맹California Labor Federation은 이 사업은 농산업에 도움을 줄 뿐 노동자들에게는 아무 이득도 없다고 주장했다. 결국 1959년에 이 사업을 위해 주 예산 17억 달러 지출을 승인하는 내용의 번스-포터법Burns-Porter Act이 근소한 차이로 통과되었다. 1973년에 이르러, 윌리엄 O. 더글러스William O. Douglas 판사는 보스웰이 우리 헌법을 만든 선조들이 꿈도 꾸지 못한 기업 왕국을 만들어 냈다고 지적했다.[93] 오늘날 캘리포니아 사람들은 여전히 이 문제를 놓고 환경 보호냐 농산업 보호냐 편을 갈라 싸우는 중이다. 차이가 있다면 농산업이 정치에서 훨씬 더 강한 세력이고, 또 주 물 개발 사업을 통해 획득한 물의 도움을 받는다는 점이다.

주 물 개발 사업은 원래 사업의 수혜자인 농민들이 비용을 100퍼센트 부담하기로 되어 있었다. 하지만 현실은 그렇지 않았다. 원래 수도 요금을 통해 건설비용을 회수할 예정이었지만, 낮은 곡물 가격 때문에 수도 요금을 낮게 유지하라는 압력이 생겨서 농민들은 수천

* 약 809제곱킬로미터

만 달러를 주의 부채로 쌓아 놓았다. 오늘날 샌호아퀸밸리의 농민들은 로스앤젤레스에 사는 사람이 내는 수도 요금의 10분의 1 정도를 지불하며, 또한 주 물 개발 사업의 남은 비용 30퍼센트를 지불하지도 않았다. 1994년 몬터레이 협약Monterey Accord에 따라 남아 있던 채무가 소멸되었다. 이제 납세자들이 그 30퍼센트를 추가로 지불해야 한다는 뜻이다.

또 다른 곤란한 문제는 샌호아퀸밸리 서쪽에서 영농 사업이 말썽이라는 점이다. 과거에는 보스웰 가의 가장 큰 문제가 호수와의 싸움이었다면, 지금은 밭에 염분이 쌓이는 것을 막는 게 큰 문제다. 계곡 서쪽 땅의 표토 밑에는 진흙층이 있어서 관개수가 지하로 스며들지 못한다. 이 때문에 물이 지표면에 머무르면서 증발해서 염분과 무기물층이 남는다. 1970년대에 연방 정부 관리들은 이 문제를 해결하려는 노력으로 밭에서 물을 빼내 근처 못으로 옮기기 위해 배수관을 설치하려고 했다. 그런데 과학자들이 이런 못들 중 한 곳에서 물속에 집중 축적된 농약 때문에 새들이 죽거나 기형이 되는 사실을 발견하기 시작했다. 1985년 배수 프로그램이 중단되었지만, 배수 문제는 여전히 농민들과 연방 정부 사이에 소송이 진행되고 있다.[94] 2040년에 이르면, 샌호아퀸밸리에서 대략 160,000~225,000에이커*의 농지(주 물 개발 사업으로 처음 10년 동안 물을 공급한 면적과 거의 일치한다)가 염류화 때문에 농사를 짓지 못하는 땅이 될 것으로 추정된다. 이제 주 물 개발 사업은 비용을 회수하지 못했을 뿐만 아니라

* 약 647~911제곱킬로미터

애초에 목표로 삼은 관개 용도에도 아무 소용이 없을 것으로 보인다. 사막에 꽃을 피게 만들려는 미국의 야심을 보여 주는 유령 유적이 될지 모른다.

개간국이 제안한 한 가지 해법은 토지 은퇴land retirement였다. 농민들이 자발적으로 토지 그리고/또는 물 사용 권리를 주에 되파는 것이다. 유감스럽게도, 지금까지 토지와 물 사용 권리를 매각하기를 원하는 농민의 수가 많지 않아서 이 해법은 실행 가능한 대안이 되지 못했고, 농민들은 여전히 배수용 못을 더 많이 만들라고 요구하면서 싸우고 있다. 1987년, 이런 못들 때문에 새가 죽는 사례가 다른 곳보다도 보스웰 가의 소유지에서 훨씬 많다는 사실이 밝혀졌다. 미국 어류 · 야생동물국Fish and Wildlife Service의 조 스코루파Joe Skorupa는 법무부에 찾아가서 보스웰 소유지에서 조류 떼죽음을 막지 못한 것은 범죄 행위에 해당한다는 진술을 했다. 스코루파는 『오듀본*Audubon*』과의 인터뷰에서 다음과 같이 말했다. "승리를 확신할 만한 아주 좋은 사건이라는 말을 들었지만, 우리가 직접 최소한 내무부의 장관급 인사를 설득해서 분명한 정책 지시를 받아 내기 전까지는 법무부가 직접 기소에 나서지는 않겠다고 했습니다."[95]

오늘날 툴레어 호수는 세계 최대의 목화 재배농의 고향으로 이 농민들은 주에서 물을 지원받고 있다. 미국 서부 전역에서 농민들은 최대의 물 소비자가 되었다. 각 주에서 소비되는 물의 85~90퍼센트를 농민들이 사용한다. 고틀리브에 따르면, "이 농업계 집단은 …… 다양한 곡물 보조금 프로그램을 시행하는 농무부뿐만 아니라 연방 정부의 거대 기관들과도 특별한 관계를 맺으면서 혜택을 누리고 있다. 그들은 의회의 핵심 지도자들과 강한 유대를 맺고 있다."[96] 요컨대 대토지 소유주들은 자신들만 물을 실컷 사용할 수 있을 만큼 충분한 정치적 영향력을 보여 주었다.

보스웰 가가 옛 남부의 일부 흔적을 캘리포니아 남부로 가져 왔다면, 억만장자인 이웃 농민들은 로스앤젤레스 사교계의 명사들이다. 스튜어트와 린다 레스닉 부부는 세계 최대의 피스타치오 생산자인 파라마운트팜스뿐만 아니라 폼원더풀POM Wonderful 주스, 피지워터Fiji Water, 텔레플로라Teleflora, 프랭클린민트Franklin Mint 등도 소유하고 있다. 스튜어트 레스닉은 20억 달러가 넘는 수입을 올린다. 보스웰 부부가 카우보이모자를 쓰고 픽업트럭에 올라 소유지를 돌아다니는 것을 즐긴다면, 레스닉 부부는 베벌리힐스의 대저택에서 사업을 관리하는 쪽을 선호한다. 스튜어트 레스닉은 로스앤젤레스 소재 캘리포니아대학(UCLA) 법대를 나왔고, 처음에는 보안 경보 서비스로 큰돈을 벌었다. 그 돈으로 매입한 프랭클린민트는 모형 자동차, 기념 번호판, 조각상, 남북전쟁을 테마로 한 체스 세트 등을 제조하는 것으로 유명하다. 그는 수백만 달러를 벌어들인 뒤에야 샌호아킨밸리의 땅을 사기로 결정했다. 피스타치오 외에도 아몬드와 석류도 재배한다. 그는 또한 미국 최대의 감귤 재배업자다. 2000년에는 돌푸드Dole Food Company의 감귤 사업부를 5,500만 달러에 인수했는데, 휴런의 감귤 통조림 공장도 그중 하나다.[97]

오늘날 레스닉 부부는 아마 로스앤젤레스 전체에서 가장 부유한 부부일 테고, 베벌리힐스에 있는 부부의 대저택은 '서부 해안의 베르사유'라고 불린다. 린다 레스닉은 자기 집을 "4면 전부 난간으로 마무리했다"고 설명한 적이 있다. "여왕처럼 걸으며 밖을 내다보면서 '빵이 없으면 케이크를 먹으면 되잖아'라고 내뱉을 수 있게" 만들었다는 것이다.[98] 크리스티나 아길레라는 부부가 주최한 파티에서 몇 번 노래를 불렀고, 아놀드 슈워제네거는 부부를 '내가 제일 아끼고 또 아끼는 친구들'이라고 불렀으며, 부부는 UCLA 부속 병원의 한 동뿐만 아니라 로스앤젤레스 카운티 미술관의 한 동에도 자기들 이름을 붙였다. 부부는 또한 폭스뉴스 소유주인 루퍼트 머독과도 친구 사이다. 머독은 린다 레스닉의 회고록에 추천사를 써주었다. 보스웰 부부와 레스닉 부부의 소유지 사이에 자리한 휴런은 사실 폭스뉴스가 1주일짜리 특집 프로그램의 소재로 삼기에 아주 좋은 장소였다. 어쨌든 폭스는 머독 부부의 친구인 레스닉 부부와 보스웰 부부의 물 공급을 위해 싸우고 있었으니 말이다.

오늘날 휴런으로 통하는 도로에는 반 마일*마다 표지판이 어지럽게 서 있다. 농산업체들이 세운 표지판에는 "모래바람 지대를 만든 주인공은 연방 의회다"라는 문구가 쓰여 있다. 손으로 쓴 한 표지판에는 '제2의 오언스밸리**'라는 문구가 보인다. 마치 성난 활동가들이 우글거리는 도시로 들어가고 있다는 착각이 들 정도다. 하지만 막상 코앞에 다가갈 때까지도 휴런은 모래먼지와 안개 속에 숨어 있다. 그러다가 갑자기 마치 사라진 도시 아틀란티스처럼 툭 튀어 나온다. 도

---

* 약 800미터

** Owens Valley. 캘리포니아 주 동남부에 있는 건조 계곡 지대. 20세기 초에 로스앤젤레스 시와 오언스밸리 주민 사이에 '캘리포니아 물 전쟁California Water Wars'이라 불리는 용수 갈등이 있었다. 이후에 로스앤젤레스 시가 상당한 면적의 용수 공급지를 매입해서 현재는 시에서 이용하는 수돗물 중 상당량이 이 지역에서 공급된다.

2009년 센트럴밸리 곳곳에 '밸리를 지키는 가족들Families Protecting the Valley'의 루스 웨이마이어Russ Waymire가 이런 표지판을 내걸었다. 웨이마이어는 피스타치오 산업(즉, 스튜어트 레스닉)에서 고용한 컨설턴트로 더그 앤더슨Doug Anderson과 함께 부동산 개발 일도 한다. 레스닉, 앤더슨, 웨이마이어는 모두 컨워터뱅크*에서 활동하는 로스트힐스용수사업소Lost Hills Water District에 속한 농민이다.

시는 스페인어 간판이 붙은 1층짜리 콘크리트 건물들과 카우보이모자를 쓴 채 갓돌에 앉아 있는 남자들로 가득하다. 꼭 멕시코 도시 같은 분위기인데 다만 실업자로 가득 차 있다. 내가 간 건 수확철 직후였기 때문에 사람들이 대부분 도시를 떠났다고 생각했다. 다른 사람

* Kern Water Bank. 샌호아킨밸리 남부 컨 카운티에 위치한 용수 공급지이자 이 땅을 관리하는 기업. 파라마운트팜스가 대부분의 지분을 소유하고 있다. 컨 강 옆의 부채꼴 모양 땅 약 81제곱킬로미터는 원래 공공용지였는데, 몬터레이 협약으로 이 땅을 무상 양도받아 물을 채워 놓고 용수를 대여, 판매한다. 1조 2,340억 리터의 물을 보유하고 있다.

들은 휴런을 이루는 두 블록 곳곳에 지루한 표정으로 앉아서 시간 때우기용 이야기를 나누고 있었다. 거리 아래쪽에는 돌푸드의 통조림 공장이 풍경을 압도하고 있었는데, 건물을 에워싼 철망 울타리 위에는 가시철조망이 얽혀 있었다. 공장 건너편에는 농장 들판에 운송할 이동식 화장실이 줄줄이 대기 중이었는데, 대부분은 쓰레기로 버려진 것 같았다. 휴런은 회사 도시, 즉 레스닉 도시다.

누군가 레스닉에게 그의 농장에서 일하는 노동자들 중 불법 고용된 수가 얼마나 되느냐는 질문을 던진 적이 있다. 그는 이렇게 대꾸했다. "100퍼센트가 아니면 대다수일 겁니다. 체류 서류가 있는 사람이라면 다른 일자리를 얻겠죠. 제대로 된 서류가 있는 사람이라면 다른 일을 해서 최소한 11달러를 받을 텐데, 8달러에 죽어라고 일할 사람 어디 있겠습니까?"[99]

멕시코 인력 파견업자들이 노동자들을 국경 너머 미국으로 데리고 온다. 나는 해너티가 어떻게 해서 그렇게 많은 백인 농민을 찾아냈는지 도무지 알 수 없었다. 휴런에는 백인이라곤 눈 씻고 보아도 없다. 휴런은 도무지 알 수 없는 곳이었다. 미등록 이민자들만 살고, 아무도 기억하거나 대변하지 않은 채 독성 폐기물로 덮인 도시다. 도시는 황량하고 들판도 황량했다.

보스웰 가 대 요커트족

휴런을 떠나면서 나는 도시 외곽 20마일* 거리에 있는 인디언 보

캘리포니아 주 휴런 주민들이 슈퍼마켓 앞에서 좋은 시절을 기다리며 시간을 보내고 있다.

호구역에 잠시 멈췄다. 그곳에서 요커트족Yokuts 역사학자 헥토르 '랄로' 프랑코Hector 'Lalo' Franco를 만났는데, 그는 보스웰 부부에 대해 불만을 품고 있었다. 그는 타치-요커트 인디언 보호구역에서 일했다. 소금기로 덮인 들판으로 둘러싸인 작은 땅이었는데, 알칼리스트리트에 본부가 있었다. 친절하고 말이 빠른 40대의 프랑코가 본부에서 나를 맞아 주었다. 보호구역에서 제일 새것처럼 보이는 건물이었다. 정문 안쪽 안내실 벽에는 요커트족 유명 인사들의 초상화가 줄지어 걸려 있다. 거리 이름에 관해 묻자 프랑코는 어깨를 으쓱하며 설명했다. "여기 이 땅은 알칼리성 토양이라 뭐든 기르기가 아주 힘듭니다." 아이러니하게도, 요커트족의 역사, 언어, 심지어 지명에 관한 모

* 약 32킬로미터

든 것은 물을 의미한다. 그런데 물은 어디에 있을까?

1800년, 20,000명 정도의 요커트 인디언들이 호수 주변에 살았다. 미국에서 아메리카 원주민 인구 밀도가 가장 높은 곳이었다. 요커트족은 골풀 이엉으로 만든 오두막에서 살면서 골풀로 만든 카누를 타고 먹을거리를 구했고, 골풀로 빈틈없이 엮은 방수 바구니에 식량을 저장하고 조리했다. 프랑코는 이 지역을 다음과 같이 설명했다. "습지가 대단히 넓습니다. 말 그대로 어디를 가나 물 세상이에요. …… 물은 도토리를 가공하고, 빨래를 하고, 모든 일을 하는 데 중요했습니다. 물은 생명이에요."[100] 지금 보호구역이 있는 마을은 타치[tachi], 즉 쇠물닭이라고 불렸다. 한때 호숫가를 따라 쇠물닭이 엄청나게 많이 살았기 때문이다. 요커트족 마을은 계곡 곳곳에 흩어져 있었다. 농민들이 땅을 평평하게 고르고 배수를 하기 전에는 언덕과 물이 많았다. 프랑코의 설명을 들어보자. "모든 게 물에 의해 이루어졌습니다. 여기 우리가 사는 세상은 말 그대로 물 세상이었지요."

요커트족에게 툴레어 호수는 세상의 진정한 시작을 의미한다. 다시 프랑코의 말이다. "툴레어 호수는 우리 창조 신화의 중심점입니다. 기본적으로 우리의 세계는 전부 물이었지요. 세상이 처음 생겼을 때 있던 독수리하고 신성한 존재들이 땅을 창조했습니다. 물이 빠지면서 남은 나머지가 툴레어 호수지요. 그래서 툴레어 호수를 신성한 장소로 여기는 겁니다." 지질학자들은 이 지역에서 발견되는 광물과 조개껍데기로 볼 때 툴레어 호수가 한때 바다였다고 생각한다. 타치의 전설에서는 동물들이 모여서 자기들 몸의 일부를 떼어내 인간을 만들기로 결정했고, 그 뒤로 인간이 계곡 곳곳으로 퍼졌다고 한다.

물론 요커트족은 이제 더 이상 이 땅 곳곳에 흩어져 있지 않다. 우선 스페인인들이 계곡에 와서 그들의 잔인한 선교 방식을 견디지 못해 툴레어 호수로 도망친 인디언들을 연안까지 추적했다. 지리학자 윌리엄 프레스턴William Preston에 따르면, "변절한 병사들을 생포하고 '호수와 골풀의 미로' 속에 은신한 인디언들을 선교하기 위해 원정대가 파견되었다."[101] 점차 영국계 미국인들도 계곡으로 왔다. 프랑코의 말에 따르면, 1852년에 이르러 "우리는 세계 각지에서 쓰나미처럼 몰려온 유럽인들과 맞닥뜨렸다." 미국인들은 골드러시와 함께 왔고, 샌프란시스코 상업회사들이 샌호아퀸 강을 따라 툴레어 호수까지 다니면서 식량을 찾기 위해 계곡을 조사했다.

이 지역에는 다양한 먹을거리가 풍부했다. 프레스턴이 말하는 것처럼, "요커트족의 중요한 주식으로 훈제하거나 말린 물고기가 대량으로 저장되어 있었다. 툴레어 호수와 킹스 강에는 민물고기만이 아니라 연어와 무지개송어도 '몇 톤씩' 잡혔다."[102] 이런 이유로 상업회사들이 몰려와서 거북이, 펠리컨, 잉어 등을 몇 천 킬로그램씩 잡아들였다. 호수 주변에 사는 비버, 수달, 밍크, 가지뿔 영양, 회색곰, 흑곰 등도 찾아냈다. 프랑코는 내게 이렇게 말했다. "배고픈 샌프란시스코 시민들을 먹이기 위해 서쪽과 동쪽에 있는 거대한 엘크 무리(서로 다른 두 무리)가 거의 하룻밤 새에 사라졌습니다. …… 나는 한동안 샌프란시스코에 살았는데, 이런 역사 때문에 이 도시를 좋아할 수가 없었지요." 이 양식들이 몰살을 당하자 요커트족은 굶주리기 시작했다. 이 모든 문제에 더하여 1853년 캘리포니아 초대 주지사

피터 버넷Peter Burnett은 주 안에 사는 인디언을 전부 절멸시키라는 지시를 내리면서 아메리카 원주민 머리가죽 하나에 50센트의 현상금을 내걸었다. 1880년에 이르면, 요커트족 인구는 20,000명에서 불과 600명으로 줄어들었다.[103]

타치-요커트족은 서서히 현재 살고 있는 조그마한 땅에 갇혔고, 식량이나 따뜻한 곳을 찾아 그 땅 밖으로 나가는 것이 금지되었다. 프랑코는 계곡을 쳐들어 온 정착민들에 관해 이야기했다. “그 사람들은 여기서 많은 금을 발견하지는 못했지만, 물은 찾았습니다. 그리고 물론 농장을 조성할 수 있는 광활한 땅도 찾았고요. 바로 그 땅이 그들이 여기서 발견한 금입니다.” 먹을거리가 전혀 없는 보호구역에 갇힌 프랑코의 할머니는 농민들이 친 울타리를 넘어 식량을 구하러 다녔다. 그러다가 어느 날 결국 총에 맞았다.

1950년대에 요커트족은 빼앗긴 땅에 대해 초라한 액수의 보상금을 받았지만, 프랑코의 아버지는 자기 몫으로 받은 보상금을 다음과 같은 쪽지와 함께 돌려보냈다. “나는 캘리포니아의 내 몫의 땅을 팔지 않겠음.”

부족은 카지노를 지어서 생존을 이어갔지만, 보호구역은 여전히 가난의 기미가 뚜렷하다. 이곳은 정말 살기 힘든 비참한 장소처럼 보인다. 포장도 안 된 땅에 작은 집이 몇 채 있고 소금이 바람에 날린다. 그리고 툴레어 호수에서 나오는 물뿐만 아니라 호수 바닥까지 거의 전부 소유한 보스웰 가가 요커트족을 에워싸고 있다. 사실 오늘날 보호구역은 보스웰이 만들어 낸 작은 감옥 같다. 보스웰 가의 밭에서 날아온 목화가 요커트족 땅에 떨어진다. 보스웰 가와 요커트족의 관계는 좋지 않았다.

보스웰의 역사가 범람하는 물에 맞선 싸움이라면, 타치-요커트 족의 역사는 물을 빼앗긴 역사다. 보호구역에는 한때 툴레어 호수로 흘러들어간 머슬슬루Mussel Slough라는 이름의 수로가 있다. 지금은 말랐다. 프랑코의 설명을 들어보자. "그건 아주 소중한 수로였어요. 이 수로를 통해 원주민들은 킹스 강과 그 위쪽에 있는 부족민들과 관계를 유지했습니다. …… 그러니까, 그 수로에서 나온 물을 끌어다 농사를 지었고요. …… 그런데 그 사람들이 우리한테서 물을 뺏어갔습니다. 우리가 물을 쓰는 걸 탐탁치 않게 여겼거든요." 프랑코는 보스웰 가에 관해 설명했다. "어느 날 갑자기 그들이 계곡을 소유하게 됐어요. 그래서 우리는 이렇게 말했지요. '어떻게 당신들이 그 계곡을 소유할 수 있지?' 그 사람들이 말하더군요. '아주 간단합니다. 우리한테는 군대가 있고 당신네는 없으니까요. 아주 간단한 거예요. 우리가 당신네보다 힘이 세니까, 이제 우리 계곡인 겁니다. 사건 종료.'"

오늘날 프랑코는 보스웰 가 소유지의 인디언 문화 유물을 보호하려고 노력하는 중이지만, 보스웰 가의 협조를 얻는 데 애를 먹고 있다. "그 사람들 생각은 이래요. '그건 우리 땅이야! 우리 나라라고.' 그래서 우리가 말했지요. '음, 그래요, 그렇지만 …… 알잖아요. 우리랑 같이 합시다. 품위와 존중을 좀 보여주세요.' 그렇지만 별로 관심도 없는 사람들한테 말하는 셈이지요." 보스웰 가에게서 물을 되찾는 문제의 경우에, 프랑코는 정치적 분위기를 볼 때 불가능한 요구라고 포기했다. "연방의회 사람들하고 이 문제를 논의하는 자리를 만들었는데, 그 사람들이 그러더군요. '아, 다른 이야기를 하면 안 될까요? 도박이나 빙고 게임이나 교육에 관해 얘기하면 어떨까요? 꼭 물 얘기를 해야 합니까?' 여기서 제일 힘이 센 사람들이 누구겠습니까? 보스웰 가 같은 목장주들하고 대농장주들이지요." (현재 J. G. 보스웰 2세의 아들인 제임스 보스웰James Boswell이 사업을 운영한다.)

타치-요커트족 본부에서 나는 골풀로 엮은 방수 바구니와 고기잡이용 작살, 골풀 돗자리 등의 문화 유물로 가득한 작은 박물관을 돌아보았다. 벽에는 골풀 카누를 타고 물고기를 잡는 사람들의 사진이 걸려 있었다. 바싹 마른 염류 평원*에서 살아가는 사람들이 아니라 물 위에서 사는 사람들을 위해 지어진 옛날 폴리네시아 마을의 유물을 구경하고 있는 느낌이었다. 누가 툴레어 호수에서 이익을 얻느냐고 묻자 프랑코는 이렇게 대답했다. "확실히 우리는 아닙니다. 그렇지만 우리는 그 수원 주변에 살았지요. 그런데 타치족은 호수에서 이익을 얻은 적이 없어요. 그래서 우리한테는 이 문제가 아주 오랫동안 괴로운 주제입니다." 실제로 프랑코는 이야기를 할 때마다 어김없이 물 이야기를 꺼냈다. 그렇지만 지금은 알칼리스트리트에서 일을 하고 있다.

타치 보호구역을 떠나면서 J. G. 보스웰의 고향인 코코런Corcoran을 지나쳤다. 인구의 절반이 교도소 재소자라는 특징을 지닌 도시다. 교도소에는 수감자가 4,500명 있는데, 그중에는 1971년에 25명을 살해한 후안 코로나Juan Corona와 찰스 맨슨Charles Manson도 있다.

* 호수 등의 물이 증발해서 염분이 침적된 평지

또 로버트 케네디 상원의원 암살범인 시르한 시르한Sirhan Sirhan도 있었는데, 2009년에 계곡의 다른 교도소로 이감되었다. 코코런 주립 교도소의 교도관들은 미국의 다른 어느 교도소 교도관들보다도 더 많은 재소자를 사살했다. 코코런 교도소는 전기 담장과 감시탑으로 둘러싸여 있다. 다이아몬드 모양의 창문 없는 회색 바라크 건물들로 이루어진 지옥 같은 모습이다. 교도소는 또한 공교롭게도 툴레어 호수 한가운데에 있다.

세계 연쇄살인자들의 수도라는 점 외에도 코코런은 미국에서 건강에 제일 해로운 주거지 중 한 곳으로 손꼽힌다. 환경보호청은 코코런의 수질을 1~100까지의 등급에서 최하위인 1로 지정한다. 따라서 J. G. 보스웰과 그의 부인 루스 챈들러Ruth Chandler가 계속 코코런에 사는 쪽을 선택하고, 10에이커* 규모의 대지에 이탈리아식 조각을 한 난간을 갖춘 대저택에서 2009년 죽을 때까지 살았다는 사실을 알고 좀 놀랐다. 물론 부부의 집은 사치의 전형이었다. 1968년 영화 〈퍼니걸Funny Girl〉의 몇 장면이 이곳에서 촬영되었는데, 바바라 스트라이샌드가 집안에 들어서자마자 소리를 친다. "엄청난 돈이 들었겠네요. …… 백만장자가 살기에 안성맞춤인 곳이군요!"[104] 아마 보스웰 가 사람들은 재소자들과 이민자, 인디언들에 둘러싸인 채 농장저택의 안정감을 느꼈을 것이다. J. G. 보스웰은 확실히 자신이 만들어 낸 풍경 안에서 살았다. 그의 죽음을 알리는『뉴욕타임스』부고 기사는 다음과 같이 말한다. "그는 풍경을 다시 설계했다. 환경론자들

* 약 40,000제곱미터

에게는 실망스러운 수준이었다. …… 사업 전반에서 지나칠 정도로 청결에 집착했다. 그는 종자에서 밭, 조면기에 이르기까지 목화산업 현대화를 밀어붙였다."[105] 내가 보기에는 이 지역에서 지나칠 정도로 청결한 모습은 전혀 없었지만, 아마 보스웰 씨의 마음속에는 있었나보다.

캘리포니아의 물 은행

계곡을 돌아보니 폭스뉴스에서 션 해너티가 한 말이 맞는 것 같았다. 이 지역, 특히 요커트족 보호구역은 바싹 마른 상태여서 물이 필요했다. 여기저기에 아몬드 나무를 뽑아서 고속도로를 따라 쌓아 놓았고, 휴런은 정말로 '희망을 잃은 계곡'처럼 보였다. 하지만 마지막으로 찾아갈 곳이 있었다. 컨워터뱅크가 그곳이다. 물이 그곳으로 간다는 말을 들은 적이 있었다. 나는 그곳을 찾아가서 누가 관리하는지를 밝힐 수 있는지 알아보고 싶었다.

휴런 남쪽으로 한 시간 거리에 있는 컨워터뱅크는 사막의 오아시스 같은 느낌이다. 거의 환각이나 신기루 같다. 새떼가 우글거리는 습지가 몇 마일에 걸쳐 펼쳐진다. 처음에 새떼만 보고도 둑에 다 왔다는 걸 알 수 있었다. 30제곱마일* 규모인 컨워터뱅크에는 출입구가 없다. 나는 관리본부장인 존 파커와 습지 한가운데 아무 특색 없

* 약 78제곱킬로미터

는 비포장도로에 세워둔 (역시 아무 특색 없는) 그의 흰색 픽업트럭에서 만나기로 약속을 한 상태였다. 마치 마약 거래를 하면서 버려진 장소에서 만나기로 비밀리에 사전 약속을 잡는 것 같은 기분이었다. 머뭇거리면서 파커의 트럭으로 다가가는 동안 그가 쌍안경을 통해 새떼를 살펴보는 걸 눈치 챘다. 파커가 오듀본협회에 속한 여느 새 애호가처럼 생긴 걸 보니 마음이 놓였다. 그는 마른 몸에 회색 머리카락, 카키색 옷차림이었고, 말씨가 부드럽고 쌍안경을 손에서 놓는 법이 없었다. 하지만 사실 그는 새 애호가보다는 은행가에 가까웠다. 컨워터뱅크는 캘리포니아에서 다섯 손가락 안에 드는 민물 습지였지만, 또한 은행*이기도 했다.[106] 사실 은행이 주요 사업이다. 파커는 자신이 하는 일을 설명했다. "나는 비유를 사용하는 걸 싫어합니다. 사람들이 비유를 왜곡해서 마치 물이 돈이라는 식으로 해석하니까요. 하지만 우리는 일종의 은행입니다. 사람들이 자기네 물을 우리한테 가져오면, 우리는 물을 저장하고 나중에 다시 돌려주지요. …… 비가 오면 집수지에 물을 받는데, 그러면 마치 화분에 물을 주는 것처럼 대수층으로 물이 스며듭니다. 집수지가 마르면 펌프로 물을 다시 퍼내지요."

미국은 세계에서 첫 번째로 '물 은행업water banking'을 지지한 나라다. 사실 물 은행은 간단히 말해서 물을 예금해 두었다가 인출해 쓰는 지하 저수층이다. 예금은 대규모 야외 못을 채우는 것을 의미하는데, 그러면 물은 땅 밑으로 스며들어서 대수층에 저장된다. 나중

* 영어 단어 'bank'는 '둑'이나 '제방'이라는 뜻과 '은행'이라는 뜻이 있다.

에 이 물을 뽑아 올리는 게 인출이다. 이 시스템의 장점 중 하나는 각 주가 물을 저장하기 위해 새로운 댐을 건설하지 않아도 된다는 점이다. 단점 중 하나는 물을 돈으로 바꾼다는 점이다. 1990년대에 본격적으로 시작된 이래 이제 물 은행업은 애리조나, 캘리포니아, 콜로라도, 아이다호, 몬태나, 네바다, 뉴멕시코, 오리건, 텍사스, 유타, 워싱턴, 와이오밍 등의 주에서 활용되기에 이르렀다. 이 방식은 특히 미국 서부에 적합하다. 대규모 도수導水 시스템이 있어서 물 거래가 용이하기 때문이다.

1980년대 말, 캘리포니아 주는 가뭄 시기에 대비해 물을 저장하는 동시에 심각하게 고갈된 지하수 시스템을 재충전하기 위해 약 20,000에이커* 규모의 컨워터뱅크를 개발했다.[107] 1950년대에 지하수를 지나치게 뽑아 쓴 결과로 계곡의 지반이 침하하고 있음이 분명해졌고, 이 문제는 심각한 사건으로 인식되었다. 1977년, 미국지질조사소U.S. Geological Survey(USGS)가 진행한 한 연구에서 지난 50년 동안 계곡 안의 땅이 30피트** 침하했음이 밝혀졌다. 그 이후 각종 조사에 따르면, 다시 10피트***가 가라앉은 것으로 추정된다. 현재 미국지질조사소는 이 문제를 인간이 지구 표면을 가장 많이 뒤바꾼 사례로 꼽는다. 지하수 고갈과 지표면의 관개수 무게 두 원인에 따른 지반 침하 때문에 관개 수로, 댐, 도로, 건물 등에서 수백만 달러의 피해가 발생했으며, 한때 평평하던 계곡 땅이 일부 장소에서는 언덕으로 바

---

* 약 81제곱킬로미터

** 약 9미터

*** 약 3미터

꿔고 있다. 주택의 기초 구조에 균열이 생기고, 건물이 기울어지고 있으며, 주민들이 살던 집을 포기해야 하는 경우도 있다.[108]

캘리포니아 주가 양수기와 수로 등 컨워터뱅크 기반시설에 7,400만 달러를 투자하는 동안 '물 거래' 구상도 등장하기 시작했다. 1986년, 캘리포니아 주의회는 캘리포니아 주민들에게 주 도수 시스템을 통해 물을 운반하는wheel, 즉 옮기는 권리를 부여하는 법령을 통과시켰다. 농민들은 이 법령에 따라 계곡의 물을 로스앤젤레스나 다른 장소로 옮길 수 있게 되었음을 알게 되었다. 이제 물을 판매용으로 은행에 예치한다는 구상이 매력적으로 보이기 시작했지만, 농민들은 그렇게 하려면 우선 컨워터뱅크를 자신들이 소유해야 한다는 사실을 깨달았다. 이 뱅크를 양도하도록 주에 압력을 넣기 위해 농민들은 뱅크에 물을 공급하는 것을 거부하면서 이제까지 주가 쏟아부은 투자를 엄청난 헛수고로 만들었다.

1994년 심각한 가뭄이 발생해서 컨워터뱅크를 둘러싼 갈등이 결정적인 국면에 이르렀다. 가뭄 시기 동안 주 당국은 관개용수 공급을 줄일 수 있었지만, 농민들은 기존 계약에 따라 여전히 주 물 개발 사업 비용을 상환해야 했다. 이런 상황 때문에 오래 전부터 주 당국과 농민들 사이에 긴장이 팽배한 상태였다. 파커에 따르면, 농민들은 주 당국과의 물 계약에서 물을 공급 받지 못하면서도 비용은 계속 내야 하는 그런 문제를 겪고 있었다. "그러니까 내 말은 물 값을 내야 하는 건 아니지만 시설비용을 내야 했다는 겁니다." 결국 농민들은 고소를 하겠다고 위협했고, 주 당국은 싸움을 감당할 수 없었다. 연간 운영 예산이 10억 달러인 캘리포니아 수자원부로서는 수천만, 또는 수억 달러에 달하는 소송에서 패배하는 것은 엄청난 재앙이 될 터였다. 결국 주 당국은 협상 테이블에 나올 수밖에 없었다.

농민들이 원한 건 두 가지, 즉 컨워터뱅크와 이른바 '종이물paper water'이었다. 종이물이란 주 물 개발 사업의 최종 단계가 마무리되면 농민들에게 양도되었을 물, 즉 250만 에이커풋*의 물에 대해 비판론자들이 사용하는 용어이다. 주 물 개발 사업의 최종 단계는 델타 북쪽에 있는 페더 강에서 물을 끌어올 예정이었지만, 1970년에 야생경관강계법Wild and Scenic Rivers Act에 따라 델타 북쪽의 강들이 보호됨에 따라 사업은 마무리되지 않았다. 그리고 농민들은 사업이 마무리되지 못하면 계약상 이 물에 대한 권리를 포기하는 데 동의했지만, 나중에 농민들은 마음을 바꾸었다. 이 물을 농민들에게 보내줄 수 있는 방법은 전혀 없었지만, 농민들은 공개시장에서 물을 팔 수 있는 권리를 원했다. 물 매매가 등장함에 따라 이 농민들은 비록 땅이 불모지로 바뀌는 와중에도 새로운 기회를 얻게 되었다.

농민들은 캘리포니아 주 몬터레이에서 비밀리에 진행된 이 협상 과정에서 원하는 모든 것을 얻었다. 농민들은 45,000에이커풋**의 물에 대한 권리와 맞바꾸는 조건으로 컨워터뱅크를 인수받았다. 45,000에이커풋의 물에 대한 기여도가 10퍼센트인 사람들은 뱅크의 주식 10퍼센트를 받는 식이었다. 그리고 스튜어트 레스닉이 대부분의 물 지분을 갖고 있었기 때문에 뱅크의 지배권을 얻었다.[109] 아

---

* 약 30억 8,370만 세제곱미터
** 약 5,550만 세제곱미터

이러니한 점은 이 농민들이 포기한 물이 실제로 존재하는 게 아니라는 사실이었다. 그 물 또한 농민들이 몬터레이에서 양도받은 종이물의 일부였다.[110] 이론적으로 따져 보면, 이 물은 당시 1에이커풋당 약 1,000달러에 해당했다. 하지만 여기서 중요한 단어는 이론적이라는 말이다. 실제로 존재하지 않는 물이었기 때문이다. 이 권리에 수반되는 실제 물이 없었기 때문에 이것은 사실상 새로 지은 기반시설에서 공급되는 모든 물에 대한 미래의 소유권이었다.[111] 현실은 농민들이 몬터레이 개정 협약을 통해 45,000에이커풋도 안 되는 물로 220만 에이커풋*의 종이물을 얻었다는 사실이다. 이 물 권리는 지금 물 시장에서 사용할 수 있다. 진짜 물처럼 사고팔 수 있는 것이다. 레스닉 같은 농민들은 물을 가지고 돈을 벌려면 무엇이 필요한지를 정확히 알았다. 은행과 일정한 '예금'이었다.

컨워터뱅크에서 존 파커는 분명 종이물에 관해 방어적인 태도를 보였다. 그는 오리와 가마우지, 갈매기가 가득한 거대한 습지를 가리키면서 말했다.

"이건 종이물이 아닙니다."

내가 되물었다. "뭐라고요?"

"워터뱅크에 들어오거나 여기서 나가는 물에 관해 물을까봐 하는 말인데요. 이건 진짜 물이에요. 출렁이는 물이죠. 종이물 같은 건 없습니다. 사람들은 우리가 종이물을 둑으로 막아둔다고 말하는데, 그렇지 않습니다. 다들 뻔히 아는 겁니다. 모든 수치가 다 저기 쓰여 있

* 약 27억 1,260만 세제곱미터

어서 누구나 볼 수 있어요. 비밀 같은 건 없습니다."

실제로 파커는 사실을 이야기하고 있었다. 분명 종이물을 둑으로 막아둘bank 수는 없다. 막아둘 게 없기 때문이다. 종이물을 사고파는 데는 어떤 저장시설도 필요하지 않다. 종이물을 소유하는 것은 증권 시장에서 선물先物 상품을 소유하는 것과 같다. 명시된 인도일 같은 게 없을 뿐이다. 소유자는 사용 가능하게 된 어떤 물에 대해서든 우선적인 권리를 가지며, 이 선물 상품을 누구에게든 팔 수 있다. 물의 의미를 궁극적으로 추상화한 것이다. 하지만 물 은행에 보관된 물은 농민들이 관개용으로 사용하는 대신 팔거나 사재기하기로 선택한 물이다.

1995년, 물 은행은 영업을 시작했다. 오늘날 은행 주주가 멀리 북부에 있는 누군가에게 물을 팔면 구매자는 캘리포니아 수로California Aqueduct 상류에서 물을 가져간다. 파커의 설명을 들어보자. "우리가 이 친구들한테 물을 보내고 싶어도 수로 상류로 보낼 수는 없습니다. 그 친구들이 상류에서 물을 빼가면, 우리가 여기 하류에서 채워 넣는 거지요. 그런 식으로 작동하는 겁니다." 오늘날 샌호아킨밸리 곳곳에서 이런 식으로 물이 이동, 아니 운반된다. 처음에는 물의 시장 가치가 불확실했던 탓에 모험으로 여겨졌지만, 물 은행업 개념은 이제 워낙 대중화되어서, 파커 말마따나 사람들이 물 은행을 세우기 위해 캘리포니아 남부에서 여기까지 올라오고 있다. 그 뒤, 리오브라보 워터스토리지 디스트릭트Rio Bravo Water Storage District나 부에나비스타 스토리지 디스트릭트Buena Vista Storage District 같은 은행들이 로스앤젤레스에 물을 판매하겠다는 분명한 목표를 가지고 출범

했지만, 컨워터뱅크는 이 은행들과는 다르다.

캘리포니아 주 제20선거구의 상원의원 짐 코스타Jim Costa는 이런 거래의 적법성을 한층 더 굳히기 위해 법안을 제출했고, 이 법안은 1999년에 주 의회를 통과했다. 법안 내용은 다음과 같다. "물, 또는 물을 사용할 권리를 …… 판매, 임대, 교환, 이전할 수 있다."[112] 코스타 상원의원의 캠페인은 제20선거구에 토지를 가지고 있는 보스웰 가와 레스닉 가에게서 후한 자금을 지원받았다. 오늘날 샌호아퀸밸리에는 지하에 10여 개의 물 은행이 숨어 있는데, 일부는 공공 은행이고 일부는 민간 은행이다. 보스웰 가는 공공–민간 합작인 세미트로픽 워터스토리지 디스트릭트Semitropic Water Storage District 은행에 물을 저장한다. 보스웰 가는 인구 300만의 도시에 공급할 만큼 많은 물을 소유하고 있으며, 소유한 물 권리만 10억 달러에 해당한다.[113] 1996년, J. G. 보스웰 2세는 물을 판매하기 위한 소프트웨어 프로그램인 워터링크WaterLink를 마련했다. 농민들은 이 프로그램을 이용해서 입찰가를 올리거나 물 판매 명단에 올릴 수 있다. 이 프로그램은 세계 최초로 전자 물 거래를 시도한 것이었다. (지금은 워터뱅크WaterBank가 미국에서 으뜸가는 인터넷 물 딜러다.) 레스닉은 보스웰보다 훨씬 더 많은 물을 은행에서 거래하는데, 컨워터뱅크의 58퍼센트를 지배하고 있다.[114]

캘리포니아 수로와 프라이언트–컨 수로Friant-Kern Canal, 컨 강이 교차하는 지점에 위치한 컨워터뱅크는 확실히 완벽한 입지를 갖고 있다. 캘리포니아 주 곳곳에서 물을 끌어들일 수 있기 때문이다. 파커와 내가 두 저수지를 가르는 흙 둔덕으로 된 제방으로 차를 모는

데, 검둥오리와 오리가 큰 무리를 지어 물 위를 떠다니고 붉은꼬리말똥가리들이 하늘 위를 나는 게 보였다. 파커가 검둥오리 떼를 보고는 말했다. "여기서 일하던 친구 하나는 저 녀석들을 보고 코요테의 해피밀 세트라고 하더군요." 그가 웃음을 터뜨렸다. 킬디어*, 들종다리, 뒷부리장다리물떼새, 개구리매, 해오라기, 왜가리, 검은어깨솔새, 호반새, 논병아리, 때까치, 아메리카수리부엉이, 초원매, 펠리컨 등이 눈에 띄었다. "어떤 때는 펠리컨이 수천 마리는 안 돼도 수백 마리씩 몰려다닙니다." 파커가 말했다. "펠리컨을 밟으면서 물을 건널 수 있어요." 정말 수많은 새들이 놀라웠다. 컨워터뱅크는 한때 농사를 지으려고 평평하게 만든 땅 위에 새들이 둥지를 짓도록 곳곳에 섬을 조성해 놓았다. 올빼미 한 마리가 앞을 가로질러 가자 파커가 농담을 던졌다. "여기는 맹금류의 도시에요. 정말입니다." 살집이 오른 코요테 한 마리가 한동안 트럭 옆을 나란히 달리다가 앞질러 가버리기도 했다. "저 녀석은 달리는 속도가 시속 30마일** 이상이죠." 파커가 웃음을 터뜨렸다. 코요테는 제방에 다시 자라나기 시작한 골풀과 미루나무, 버드나무를 따라 달렸다.

파커는 깨끗한 물을 퍼 올릴 때 즐겨 수영하는 곳이라고 말한 수로로 나를 데리고 갔다. "물을 다시 채울 때는 수로가 열대지방 물 같아요. 수로 바닥까지 다 보이는데, 수정 같이 맑은 물이지요. 그래서 수로에서 스노클링을 합니다. 물고기가 다 보이니까 정말 재밌어요.

---

* killdeer. 북아메리카에 서식하는 물떼새의 일종

** 약 48킬로미터

우리로서는 이게 제일 재미있는 일이지요." 그는 또 보이스카웃 대원들에게 카누 기장을 달아 주기 위해 수로에서 카누 교육을 시키는 것을 즐긴다고 말했다.

하지만 컨워터뱅크의 둑이 항상 푸르고 아름다운 것은 아니다. 사실 PBS가 휴얼 하우저Huell Howser와 함께 다큐멘터리를 찍으러 왔을 때, 둑은 완전히 말라 있었다. 파커는 이 사실을 안타깝게 여겼다. "하우저가 왔을 때는 바싹 마른데다가 토끼들이 풀을 죄다 뜯어 먹어서 흙바닥이었죠. 하우저는 에덴동산을 염두에 두고 있었는데, 흙먼지에 당나귀만 있었으니까요. …… 할 말이 없었어요. '이런 상황입니다'라는 말밖에는. 정말 유감스러운 일이었죠." 은행 모델의 문제점 하나는 이 모델이 생태 체제가 아니라 경제 체제로 작동한다는 점이다. 따라서 예금이 빠져나가면, 습지가 말라버리고 이웃에 있는 우물도 말라버린다.

처음에는 물 은행이 지하수를 재충전하고 습지를 만들어 내는 방법이라고 극찬을 받았지만, 사람들은 시장이 요구하면 물을 다시 뽑아낸다는 사실을 깜빡하는 것 같다. 한 예로, 2007년 가뭄이 발생했을 때 컨워터뱅크는 수십만 에이커풋*의 물을 퍼냈다. 이웃 주민인 게일로드 비슨Gaylord Beeson은 3년 만에 지하수면이 115피트** 내려갔다고 말했다. 예전 같으면 이 정도 내려가는 데 보통 20년이 걸렸을 것이다.[115] 물 은행 때문에 지하수면이 급속하게 오르내리는 현상을

* 수억 세제곱미터
** 약 35미터

예상하지는 않았던 것으로 보인다. 파커가 습지와 못이 말라버리자 물고기들이 어떻게 되었는지를 설명해 주었을 때 말라버린 둑의 모습이 생생하게 떠올랐다. 호수에 있는 물고기들에 관해 묻자 파커는 잉어, 퍼치*, 동자개, 곤들매기 등이 있는 걸로 안다고 대답했다. 그런데 한 마디 덧붙였다. "내가 그렇게 아는 건 못이 마르면 그 고기들이 보이기 때문이죠." 말라버린 툴레어 호수에서 사람들이 몽둥이로 물고기를 때려잡던 모습이 떠올랐다.

내가 놀라서 물었다. "그럼 물이 말라버리면 물고기는 죽는 건가요?"

그는 당황한 듯 보였다. "그렇죠."

"새들이 물고기를 먹나요?"

"독수리가 여기 나타나긴 하는데, 물고기가 너무 많아요. 전부 먹어치우진 못하죠."

그래도 그는 적어도 지금까지는 큰 문제가 아니라고 주장했다.

"앞으로 대비해야 할 유일한 문제는 워터뱅크 근처까지 주택이 들어서면 냄새가 날 거라는 점입니다. 워터뱅크가 도시와 가까운 곳에서는 이미 문제가 생기고 있죠."

수천, 아니 수백만 마리의 물고기가 진흙바닥에서 헐떡이며 퍼덕거리는 모습이 머릿속에 그려졌다. 이제 워터뱅크가 유토피아처럼 보이지 않았다.

파커는 컨워터뱅크에 있는 물은 계곡 외부에 판매하지 않는다는

---

* perch. 농어류의 민물고기

사실을 철석같이 믿고 있었다. 그는 분명 뱅크가 로스앤젤레스에 물을 판다고 비난받는 점에 대해 방어적이었다. 나는 뱅크의 물이 로스앤젤레스로 가지 않으면 어디로 가는지 당연히 궁금했다. 계곡의 나머지 지역은 아주 메마른 상태였기 때문이다. 아이러니하게도, 나중에 나는 농민들과 폭스뉴스가 맞서 싸우고 있다고 주장하는 바로 그 극단적 환경론자들에게 물이 다시 팔리고 있음을 알게 되었다. 실제로 그들이 컨워터뱅크의 주요 인출자였다. 농민들이 캘리포니아 주에서 받는 물은 이제 델타의 환경 보호를 위해 주에 되팔리고 있기 때문이다. 천연자원보호협회Natural Resources Defense Council의 배리 넬슨Barry Nelson에 따르면, 이것은 고전적인 '재정거래arbitrage', 즉 싼값에 사서 곧바로 다른 시장에 비싼 값에 되파는 방식이다. "이런 재정거래가 유난히 두드러지는 점은 물을 사서 같은 집단에 판다는 점이다. 그것도 애초에 뽑아 올려서는 안 되는 물을 말이다."[116]

오늘날 레스닉이 캘리포니아 주 정부에게서 보조금을 받아서 에이커풋당 평균 30달러에 받는 물은 에이커풋당 200달러에 주에 되팔 수 있다.[117] 존 파커도 이런 사실을 확인해 주었다. "판매되는 물의 일부는 '환경물계정Environmental Water Account'으로 가는데, 이 계정은 주 당국이 델타의 환경 규제에서 생겨나는 영향을 벌충하기 위해 만든 겁니다." '환경물계정'은 사실 2001년에 레스닉을 비롯한 농민들이 미국 정부를 상대로 제기한 소송의 결과물이다. 이 소송에서 레스닉 등은 멸종위기종 보호법에 따라 델타의 물을 보존하는 것은 자신들에게 와야 하는 물을 가로채는 셈이라고 주장했다. 결국 다음과 같은 기묘한 판결이 나왔다. "물론 연방정부가 물고기를 보호하는 것은 자유다. 정부는 그렇게 하는 데 필요한 물에 대해 값을 치르기만 하면 된다."[118] 이 판결의 결과로 캘리포니아 주에서 운영하는 '환경물계정'이 개설되었다. 납세자들은 2억 달러에 가까운 돈을 부담해야 했다. 한 언론인은 다음과 같이 말했다. "이 프로그램을 위해 물을 사는 데 소요된 전체 금액의 약 5분의 1이 캘리포니아 주에서 손꼽히는 대농인 레스닉이 소유하거나 지배하는 회사들로 들어갔습니다."[119] 다시 말해, 이 돈은 모두 컨워터뱅크로 들어갔다.

요약하자면, 농민들은 농장의 생산성이 점점 떨어지는 상황에서도 캘리포니아 주로 하여금 컨워터뱅크와 더 많은 물 권리를 자신들에게 넘길 수밖에 없도록 만들었다. 계속해서 농민들은 종이물을 진짜 물로 뒤바꾸려고 시도하면서 소송을 통해 멸종위기종 보호법을 무력화했다. 이 농민들의 궁극적인 목표는 델타 곳곳에서 마음대로 더 많은 물을 뽑아 올리는 것이었다. 이 시도가 실패하자 농민들은 멸종위기종 보호법에 따르기 위해 물을 주에 팔기 시작했다. 로버트 고틀리브가 말하는 것처럼, "물 산업의 농업 부문이 보기에, 물 정책은 값싼 물 공급원을 찾는 문제를 중심으로 계속 발전했다. …… 일단 물 가격이 실제 비용에 근접하기 시작하면, 물 산업은 물 시장과 구제금융 쪽으로 생각을 전환한다."[120]

문제는 여전히 남는다. 왜 농민들은 멸종위기종 보호법에 따라 자신들의 주요 물 공급원이 소득을 제공받는데도 계속해서 이 법에 반대하는 싸움을 하는 걸까? 2001년, 농민들은 멸종위기종 보호법을 실행하기 위해 '환경물계정'에 물을 팔기 시작했다. 하지만 2009년에 농민들은 폭스뉴스가 방송한 멸종위기종 보호법에 관한 악의적인 공격에 자금을 지원했다. 무언가가 아직 앞뒤가 맞지 않았다. 그렇지만 한 가지는 분명했다. 캘리포니아 주의 이른바 물 자유시장은 사실 주, 연방 정부, 샌호아킨밸리의 농산업이 공동으로 세운, 치밀하게 교섭된 (그리고 부패한) 체제라는 점이다.

유령 도시들

오늘날 캘리포니아 주의 도시와 카운티들은 엄청난 속도로 파산하고 있다. 스톡턴Stockton, 샌버나디노San Bernardino, 발레이오Vallejo 등의 도시와 오렌지 카운티가 모두 파산 신청을 했다. 그리고 2012년 5월 15일, 『USA투데이』는 아래와 같은 캘리포니아 주의 도시들이 다음 차례가 될 수 있다고 보도했다. 앳워터Atwater, 프레즈노Fresno, 새너제이San Jose, 매머드레이크스Mammoth Lakes, 아주사Azusa, 콤턴Compton, 허큘러스Hercules, 먼로비아Monrovia, 오클랜드Oakland, 버넌Vernon. 그렇다면 무엇이 잘못된 걸까? 2008년, 미국 경제가 규제 완화된 은행과 악성 주택 담보 대출의 부담을 견디지 못해 붕괴했을 때, 캘리포니아 주는 특히 큰 타격을 입었다. 1978년에 주민투표안 13호Proposition 13가 통과된 이래, 캘리포니아 도시들에서 최대의 꾸준한 수입원은 재산세였는데, 사람들이 금융 붕괴 이후 놀라운 속도로 집을 포기하기 시작했다. 하지만 이런 국가적 재앙은 한 부문, 즉 민간 물 기업에는 새로운 기회가 되었다. 내가 보기에, 보스웰 가와 레스닉 가의 물 계획에 관한 마지막 단서는 이 점에 있다.

세계 많은 지역처럼 미국 역시 1980년대에 민영화 시류에 합류했다. 당시 로널드 레이건 대통령 치하에서 '큰 정부'에 대한 불신이 커지면서 미국 정부는 도시 공공 수도 시스템에 대해 서서히 투자를 중단했다. 시간이 흐르면서 미국의 수도 공급 민영화를 허용하는 방향으로 법이 개정되었다. 1997년, 빌 클린턴 대통령은 정부가 외국인 투자자를 비롯한 민간 수도 기업과 장기 계약을 체결하는 것을 금지하는 규제를 폐기했다.[121] 그 직후 베올리아가 US필터U.S. Filter를 인수했는데, US필터는 이후 지멘스사에 매각되어 지멘스워터Siemens Water로 이름이 바뀌었다가 다시 에보쿠아Evoqua로 바뀌었다. 그 사이에 베올리아는 베올리아워터 노스아메리카로 계속 활동을 했다. 수에즈는 베올리아에 이어 미국 제2의 물 기업인 유나이티드워터를 인수했다. 그 다음에 독일의 물 복합기업인 RWE는 아메리칸워터를 인수했다. 2000년대 초, 애틀랜타, 인디애나폴리스, 스톡턴 등은 모두 도시 물 공급망을 베올리아나 수에즈에 매각했지만, 이 세 계약은 모두 엄청난 경영 실패로 이어졌고 도시들은 다시 공공 물 시스템으로 복귀했다. 오늘날 도시들이 파산하면서 다시 민영화로 내몰리고 있는데, 디트로이트와 캘리포니아 주의 새너제이가 대표적인 경우다. 국제적인 물 사업체와 국내의 신규 사업체 모두 지자체 수도 시스템에서 벌어들일 수익에 눈독을 들이기 때문에 캘리포니아 주의 법률은 농민들이 공개 시장에서 물을 사고파는 것을 용이하게 만들었다. 그리고 보스웰 가와 레스닉 가는 주거 지역 물 공급 사업에 진출할 계획을 세우는 중이다. 그들 자신의 도시를 건설하는 것이다.

캘리포니아 도시들이 서서히 파산으로 내몰림에 따라 도시마다 물 공급을 통제하는 수단을 상실한다. 미국 환경보호청에 따르면, 미국에서 노후한 식수 시설을 교체하기 위해 적어도 연간 110억 달러의 적자가 발생했다.[122] (어떤 이는 1조 달러가 필요하다고 말한다.) 1902년, 미국 정부는 주요 수도 기반시설의 자금을 마련하기 위해 서부의 땅을 매각했다. 오늘날에는 그런 방식이 불가능하다. 프리덤웍스FreedomWorks 같은 티파티 단체*들은 그 대신 민영화를 강력히 요구하고 있다. "오바마 정부의 예산은 효율적인 민간 부문의 해법을 대신하는 사회주의식 물 생산에 돈을 낭비한다. …… 수질 관리와 물 생산에 정부가 관여하는 것은 불필요하다."[123] 한편 빈곤 국가들에서 실패에 직면한 프랑스 물 기업들은 미국 시장에 눈독을 들이고 있다. 그렇지만 이런 일이 벌어지고 있음을 아는 미국인은 거의 없다.

캘리포니아 주의 재정 문제 때문에 또 다른 추세도 등장하고 있다. '사유 도시private city'나 '계획도시planned city'가 그것이다. 완전히 민간 자본으로 건설해서 부동산 소유자들이 서비스 요금이나 수수료를 내는 빗장 도시**다. 컨워터뱅크의 소유주 중 하나인 세미트로픽 워터스토리지 디스트릭트는 뉴홀랜치Newhall Ranch를 상대로 물 은행 거래를 하고 있는데, 매직마운틴Magic Mountain 놀이공원 근처에 주택

---

* 정부의 '건전한' 재정 운영을 위한 세금 감시 운동을 내건 미국의 극우 보수 단체. 2009년부터 빠르게 성장하고 있다.

** gated community. 외부인의 출입을 막는 폐쇄적인 고급형 주거 단지. 고층 건물형, 타운하우스형, 리조트형 등 형태가 다양하며, 주거, 교육, 쇼핑, 오락 등을 모두 자체 안에서 해결할 수 있는 자립적인 단지다.

21,000채, 상업지구, 공립학교 7개교, 15에이커* 규모의 호수 등으로 뉴홀랜치 개발 단지가 들어설 계획이다. 뉴홀랜치를 운영하는 레나코퍼레이션Lennar Corporation은 플로리다 주 마이애미에 본사를 둔 『포춘Fortune』 선정 500대 기업으로 미국 제2의 주택 건설업체다.[124] 스튜어트 레스닉은 게이트웨이빌리지Gateway Village에 물을 판매할 계획이다. 프레즈노 외곽에 개발하는 사영 도시인 게이트웨이빌리지는 주택 6,500채, 초등학교 4개교, 도심지 1곳 등을 갖출 예정이다.[125] 『로스앤젤레스타임스』의 기자가 이 계획들에 관해 묻자 레스닉의 파라마운트팜스의 부회장인 빌 필리모어Bill Phillimore는 이렇게 대답했다. "우리는 솔직히 사람들과 정보를 공유하는 걸 좋아하지 않습니다. 그런 게 개인 회사의 이점 중 하나지요."[126]

컨워터뱅크의 세 번째 소유주인 테존랜치컴퍼니Tejon Ranch Company는 이 물을 사용해서 자체적인 산악 도시를 만들려고 한다. 컨워터뱅크에 지분 24퍼센트를 가진 테존랜치는 총면적 27만 에이커**로 캘리포니아에서 한 덩어리로는 가장 넓은 토지를 소유하고 있다. 펀딩유니버스Funding Universe는 이 회사를 '다변화되고 성장 지향적인 부동산 개발 및 농산 기업'이라고 설명한다. 회사가 소유한 부동산은 샌호아퀸밸리에서 로스앤젤레스까지 이어진 산들을 가로지르는 그레이프바인Grapevine이라고 알려진 인터스테이트 5번 구간을 따라 펼쳐져 있다. 몇 에이커에 걸쳐 오크사바나***와 거대한 야생화 군락, 굽

---

* 약 60,700제곱미터
** 약 1,093제곱킬로미터
*** oak savanna. 참나무가 주종인 숲이 조금 있는 초원 지대

이치는 푸른 언덕이 펼쳐진 땅은 으뜸가는 부동산이다.[127] 1853년, 이곳이 인디언 보호구역으로 지정되면서 테존랜치가 생겼는데, 실제로는 보호구역으로 사용된 적이 없다. 나중에 해리 챈들러Harry Chandler가 땅을 매입해서 그의 상속인들이 보유했는데, 1990년대 말 부동산 시장이 붕괴될 때까지 이름 그대로 목장으로 사용되었다. (J. G. 보스웰의 부인인 루스 챈들러가 해리의 딸이다.) 현재 테존랜치의 주요 소유주인 서드애비뉴매니지먼트Third Avenue Management는 뉴욕의 자산관리기업으로 낮게 평가된 부동산을 취득하는 일이 전문이다. 이 기업에 인수된 직후 테존랜치컴퍼니는 테존마운틴빌리지Tejon Mountain Village라는 리조트 휴양 도시를 건설하겠다고 발표했다. 호화 주택 3,500채와 호텔, 골프장 2개, 쇼핑센터 하나를 갖춘 규모다.

테존랜치에 세워질 또 다른 계획도시는 센테니얼시티Centennial City인데, 이곳은 주택 23,000채, 소방서 3곳, 학교 8개교, 자체적인 민간 수도 공급 등을 갖추게 될 것이다. 단지 웹사이트에는 다음과 같은 홍보 문구가 있다.

> 센테니얼은 다양하고 안전한 물 공급원을 제공합니다. 물 계획에는 진취적인 물 재활용 프로그램, 물 보전 프로그램, 지하수 유역과 캘리포니아 주 물 개발 사업에서 끌어온 물 혼합 사용 등이 포함됩니다. 나아가 '센테니얼 물 계획Centennial Water Plan'에는 지하수 은행에 물을 저장하는 방식도 포함됩니다. 이를 통해 가뭄 시기에도 물 확보 역량이 상당히 증대될 것입니다.

웹사이트는 센테니얼이 지속 가능한 도시가 될 것이라고 주장한다. "우리는 지속 가능한 원칙을 채택함으로써 걷기 좋은 마을 중심지를 조성하는 한편, 완전한 수요 균형을 예상해서 가까운 거리에 직장과 쇼핑, 학교, 휴양시설 등을 두고 살 수 있는 기회를 사람들에게 제공합니다."[128]

흥미롭게도, 센테니얼시티는 사람들이 결국 또한 테존랜치가 소유한 인근의 테존산업센터Tejon Industrial Center에 고용될 것이라고 예상한다. 지금은 테존랜치상업센터Tejon Ranch Commerce Center라고 불리는 이 해외무역지구는 인터스테이트 5번 고속도로와 99번 고속도로의 길모퉁이에 자리한다. 거대한 창고 공간이 보기 흉하게 줄줄이 이어진 가운데 패스트푸드 레스토랑과 주유소가 점점이 박힌 모습이다. 해외무역지구는 보통 운송 통관항 옆에 위치한다. 원래 배에 짐을 싣고 내리는 지역일 뿐만 아니라 수출입 작업을 위한 면세 및 비과세 구역이기 때문이다. 대양에서 100마일* 떨어진 상업센터에는 이케아IKEA 같은 회사들이 상품을 보관하기 위해 들어오는 중이다. 세금 납부를 미루거나 피할 수 있기 때문이다.

마지막으로, 보스웰은 요콜밸리Yokohl Valley를 골프장 3곳과 테존랜치상업센터 같은 상업센터를 갖춘 인구 3만 명의 도시로 개발하려고 계획 중이다. 테존랜치의 부동산과 마찬가지로, 요콜밸리 역시 캘리포니아 주로서는 경관과 환경에서 막대한 가치가 있다. 아직 미개발 상태이기 때문이다. 요콜밸리에는 굽이치는 초원 언덕들과 참

* 약 161킬로미터

나무 삼림지대뿐만 아니라 플라타너스 숲도 있다. 봄에는 각종 야생화가 꽃을 피우면서 색색으로 빛난다. 이곳에는 또한 요커트족의 매장지가 많다. 요커트족이 여기 와서 씨앗을 채집했기 때문이다. 보스웰 가는 이곳을 개발할 수 있도록 물 규제가 바뀌기를 기다렸는데, 1994년 몬터레이에서 규제 변화가 이루어졌다. 현재 보스웰은 이 사영 도시의 수원에 관해 입을 다물고 있지만, 그의 컨설팅 기업의 대변인은 물 공급을 늘리기 위해 입법에 영향을 미치려고 한다고 밝힌 바 있다.[129] 그래서 폭스뉴스가 앞장을 섰다.

이 주택단지를 건설하는 승인을 받기 위해 개발업자들은 시설에 공급할 충분한 물 권리를 확보해야 했다. 그리고 바로 여기에 250만 에이커풋에 해당하는 새로운 물 권리의 실제 가치가 있다. 물론 이 종이물은 분명한 문제를 야기한다. 사람들이 살려면 진짜 물이 필요하기 때문이다. 결국 이 문제는 캘리포니아에서 또 다른 주택 거품을 만들어 낼 가능성이 있다. 도시에 공급할 진짜 물이 없는 채 유령 도시들이 팔리기 때문이다. 예를 들어, 베이커스필드Bakersfield 근처에는 매칼리스터 랜치McAllister Ranch라는 주택단지를 선전하는 광고판들이 있다. 이 계획에는 골프장, 호수, 비치클럽 등이 들어 있지만, 전부 거의 10년 동안 준비 중이고 택지 개발은 아직 시작도 하지 않았다.[130] 문제는 이 부동산 단지를 계획한 농민들이 건축 공사를 시작하려면 진짜 물이 더 많이 필요하다는 점이다. 따라서 일부 농민들이 남쪽에 있는 로스앤젤레스에 물을 팔지 않는 것은 사실이지만, 그들이 계속 농사를 짓기를 원하거나 무분별한 도시 확장을 경멸하기 때문은 아니다. 이 농민들은 사영 도시를 건설하면 더 많은 돈을 벌 수 있다는 걸 알기 때문에 주 당국에 공급량을 늘리라고 압박하고 있다. 비영리 소비자권익단체인 퍼블릭시티즌Public Citizen의 존 지블러John Gibler는 이렇게 말했다. "농민들은 현재 물 은행을 지배함으로써 도시 개발에 물을 판매해서 수익을 올릴 태세를 하고 있다. …… 그런 일이 생기지 않으리라고 생각해서는 안 된다. 뉴홀랜치와 테존랜치를 보라. 거대 농업Big Ag이 물 거래를 통해 거대하게 확대된 도시Big Sprawl로 바뀌는 중이다."[131]

여우처럼 영리한

2009년, 폭스뉴스는 이런 신규 사영 도시를 건설하는 일을 돕기 위해 열린 가짜 풀뿌리 집회를 방송했다. 집회는 값비싼 광고 대행사인 버슨-마스텔러Burson-Marsteller가 조직했고, 계곡의 대농megafarmer들이 비용을 댔다. 사람들을 시위대로 만들기 위해 버스로 실어 나르고 '가족농'처럼 옷을 입혀야 했다. 참가자들은 대부분 인근 도시에서 온 티파티 단체 회원이었다.

션 해너티는 진짜 농민인 짐 재스퍼Jim Jasper를 소규모 자영농이라고 소개했지만, 나중에는 재스퍼가 전 세계에 아몬드 수십만 파운드*를 판매한다고 자랑했다.[132] 해너티는 재스퍼가 주로 멸종위기종 보호법 등 극단적 환경론에 맞서 자유를 보호하는 데 전념하는 퍼시

* 10만 파운드는 약 35톤이다.

픽법률재단Pacific Legal Foundation을 통해 소송을 제기했다고 치켜세웠다.[133] 죽은 아몬드 나무들을 불도저로 땅에서 뽑는 모습이 담긴 동영상이 재생되는 가운데 재스퍼는 의회가 강요한 가뭄 때문에 아끼는 나무들을 잃었다고 개탄했다. 하지만 같은 해에 계곡 신문들은 아몬드 판매량이 기록적인 수치라고 보도했다. 파라마운트팜스의 수출은 2009년부터 2010년까지 100퍼센트 증가했는데, 주로 인도의 수입 규제가 완화된 때문이었다.[134] 컨워터뱅크를 인수한 뒤 파라마운트는 아몬드와 피스타치오 생산량이 두 배로 늘어나 세계 최대의 견과류 재배자이자 생산자가 되었다. 태평양연구소Pacific Institute의 한 연구에서는 캘리포니아의 농장과 목장이 2009년에 역대 세 번째로 높은 총수입을 기록했음이 밝혀졌다. 그리고 1995~2005년에 컨워터뱅크 소유주들은 423,000에이커풋* 이상의 물을 캘리포니아 주에 되팔거나 다른 사업체에 팔아서 수백만 달러를 벌어들였다. 2010년 당시 컨워터뱅크가 지하에 저장한 물은 71만 에이커풋**이었다. 하지만 폭스뉴스에서는 이 물이 전혀 언급되지 않았다.

하원의원 데빈 누네스도 폭스뉴스 집회에서 작은 가족 농장 소유자로 크게 다뤄졌다. 레스닉 가로부터 든든한 자금 지원을 받는 누네스는 2010년 40세 이하 정치인 중 가장 영향력이 높은 40인으로 『타임』에서 선정한 '40세 이하 40인'에 포함되었다. 누네스 가족 농장에는 샌호아퀸밸리에 있는 2만 에이커***의 땅뿐만 아니라 살리나

* 약 5억 2,156만 세제곱미터
** 약 8억 7,543만 세제곱미터
*** 약 81제곱킬로미터

스Salinas, 벤투라Ventura, 애리조나 주 유마Yuma 등에 있는 부동산도 포함된다. 누네스 가는 멕시코에도 가족 부동산이 있는데, 최근에 여기서 아동노동을 사용한다고 고발당했다. 누군가 데빈의 아버지인 톰 누네스Tom Nunes에게 멕시코에서 농장 노동자 착취를 중단하기 위해 1센트를 더 받고 양배추 포기를 팔 생각이 있느냐고 물었다. 그가 대답했다. "우리로서는 그렇게 할 이유가 없지요. …… 시장의 힘은 우리 모두보다 더 셉니다."[135]

데빈 누네스는 샌호아킨밸리의 서쪽 농민들에게 중요한 인물이다. 미국 연방 의회에서 이런 문제를 제기했기 때문이다. 의회에서는 표결이 정당 구분선을 따라 나뉘기 때문에 물의 의미가 더욱 추상화된다. 실제로 농민들은 캘리포니아 주 대법원에서 멸종위기종 보호법을 상대로 제기한 소송에서 지자 연방 하원에 도움을 구했다. 누네스는 샌호아킨물확보법안San Joaquin Water Reliability Act을 제출했다. 샌프란시스코 델타의 바다빙어와 치누크연어를 보호하는 법을 폐지하고 양식장에서 부화한 물고기도 야생 물고기와 법적으로 동일하다고 선언하는 법안이었다.[136] 연어잡이 어부들의 금전적 손실에 관한 우려가 제기되자 누네스는 악명 높은 답변을 했다. "연어잡이 어민들은 여전히 고기를 잡을 수 있어요. 다만 연어를 잡지 못할 뿐이지요."

캘리포니아 주 출신 그레이스 나폴리타노Grace Napolitano 하원의원만이 연방 의회가 속고 있다는 사실을 분명히 파악했다. 나폴리타노 의원은 누네스가 제출한 법안을 반박했다.

> 이 법안에 담긴 급격한 변화는 결국 소수의 농업용 물 사용자에게 이득을 주는 한편 …… 어민, 델타 지역 농민, 도시 지역, 그 밖에도 캘리포니아 주 나머지 전체에는 혼란을 야기할 겁니다. 그런데 이 사람들 중 어느 누구도 오늘 증인으로 출석을 요청받지 않았습니다. 이 캘리포니아 사람들을 배제한 채 워싱턴DC에서 그들의 물 공급에 관한 결정을 내리는 건 도저히 받아들일 수 없습니다.

나폴리타노 의원의 논리적인 반박에도 불구하고 공화당이 236표 대 1표로 지지한 덕분에 법안은 하원을 통과했다.[137] 법안은 또한 하원 천연자원위원회에서도 엄격한 정당별 표결에 따라 통과되었다. 천연자원위원회 웹사이트에서 이 법안에 관한 페이지에는 동영상 링크가 있다. 〈희망을 잃은 계곡〉 프로그램이다.[138] 법안은 현재 상원 의사일정표에 올라 있지만, 오바마 대통령은 거부권을 행사하겠다고 말했다. "이 법안이 통과되면 20년도 넘은 낡은 과학이 캘리포니아 주 수자원 관리의 기초로 성문화되어 한 물 사용자 집단이 다른 집단을 불공정하게 다루는 결과가 생길 것입니다. …… 이 법안은 또한 수혜자가 물 공급 개발 비용과 개발에 따른 영향을 완화하는 비용 모두를 부담해야 한다는 오랜 원칙에도 위배됩니다."[139] 그리하여 폭스뉴스는 버락 오바마를 사담 후세인과 로버트 무가베에 비유하게 된다.

캘리포니아 주는 한때 성장을 위해 필요하다고 믿었던 대규모 물 기반시설 때문에 실질적인 재정 문제를 겪고 있다. 한때 미국에서 유역을 가로지르는 현대적인 도수 시설을 개발한 최초의 주로 극찬을 받았던 캘리포니아 주는 현재 1913년에 완공된 로스앤젤레스 도수 시설Los Angeles Aqueduct의 비용을 치르고 있다. 오언스 호수의 물 전체를 로스앤젤레스에 공급하는 수로와 수도관 시스템으로 돌리는 이 도수 시설 때문에 거대한 독성 모래바람 지대가 생겨났다. 오늘날 로스앤젤레스 시는 말라붙은 호수 바닥에 물을 대서 모래바람을 막기 위해 매년 4,500만 달러를 지출해야 한다. 그 전에 스프링클러 시스템을 설치하는 초기 비용으로만 12억 달러가 들었다. 오언스 호수 주변 지역은 지금까지도 청정공기법Clean Air Act의 요건을 충족시키지 못한다. 앞으로도 로스앤젤레스는 계속 이 지역에 돈을 쏟아부어야 한다는 뜻이다.

더 남쪽으로 가면, 임페리얼밸리Imperial Valley에서도 또 다른 거대한 물 재앙이 벌어지고 있다. 1900년, 민간 부동산 · 물 기업인 캘리포니아 디벨럽먼트사California Development Company가 멕시코 국경 지역에 흙으로 수로를 건설하기 시작했다. 회사의 의도는 물이 마른 염수호인 솔턴 호수Salton Sea로 콜로라도 강의 물을 끌어와서 새로운 농촌 도시를 만들려는 것이었다. 오언스 호수보다 세 배 넓은 솔턴 호수는 현재 점점 줄어들면서 오언스 호수와 비슷한 모래바람을 일으키고 있다. 다만 솔턴 호수의 모래바람에는 농약 성분이 들어 있다는 점이 다르다. 아직까지 어느 누구도 이 문제를 어떻게 해결할지, 또는 해결하는 데 드는 막대한 비용을 누가 내야 하는지 알아내지 못했다. 그 대신, 현재 우리는 미처 결과를 이해하지 못한 채 물을 돈처럼 여기저기로 옮기는 똑같은 실수를 되풀이하고 있다.

마지막으로, 세 번째 재앙이 벌어질 후보지는 델타 지역이다. 이곳에는 약 백 년 전에 제방으로 막아서 간척한 땅 위에 수백 개의 소규모 농장이 있다. 유감스럽게도, 이탄토peat soil가 산소에 노출되면서 압축되어 델타 지역의 상당 부분이 해수면보다 30피트*나 아래로 가라앉았고, 현재 흙으로 된 제방으로 겨우 바닷물을 막고 있다. 현재 이런 제방의 많은 곳이 붕괴하기 일보직전이며, 제방이 무너지면 캘리포니아 주의 물 공급 시스템에 재앙이 벌어질 것이다. 이 제방들이 무너지면 바닷물이 캘리포니아 주 대부분 지역에 물을 공급하는 도수로를 비롯해서 민물 지역에 범람할 것이다. 솔턴 호수와 오언스 호수의 경우처럼, 이 문제를 어떻게 해결할지, 또는 문제를 해결하는 막대한 비용을 누가 부담할 것인지는 아무도 모른다. 그 대신 샌호아퀸밸리 농민들은 자신들이 정말로 원하는 것, 즉 북부 멀리까지 물을 얻기 위해 델타 지역을 포기하고 범람하게 내버려두기를 원한다.

보스웰 가와 레스닉 가는 주변 수로를 건설해서 민물을 델타 지역 주변으로 이동시키는 게 해법이라고 주장한다. 그래야 델타 지역이 내려앉더라도 멀리 남쪽의 물 공급 시스템에 영향을 미치지 않을 것이기 때문이다. 140억 달러가 소요되는 이 사업이 시행되면 더 많은 물이 남쪽으로 갈 것이고 그 결과 이론상으로는 캘리포니아 주 물 개발 사업의 마지막 고리가 완성될 것이다. 하지만 델타 지역과 여기에 사는 농민과 어민들이 희생양이 될 것이다. 델타 지역에 바닷

* 약 9.1미터

물이 범람해서 농사나 어업이 불가능해지기 때문이다. 민물이 델타 지역으로 흘러들지 못하면 연어가 회귀하지 않을 것이다. 결국 폭스 뉴스가 휴런에 온 이유는 이 수로를 밀어붙이기 위한 것이었다. 이 수로는 지금은 델타 지역 아래의 지하 터널 형태로 구상되고 있다.

2011년, 샌호아퀸밸리 농민들(스스로 물 수출업자water exporter라고 부르는 사람들)은 베이-델타보호계획Bay Delta Conservation Plan이라는 그릇된 이름의 계획을 제안했다. 보호와는 거의 아무 관계가 없고 델타 지역 아래에 주변 수로를 건설하는 일과 관계된 계획이었다. 이 계획은 사실상 30년 전에 캘리포니아 주민 80퍼센트가 반대표를 던져서 부결시킨 주변 수로 모델을 손질한 것이다. 이 농민들은 이 계획으로 캘리포니아 주의 확실한 물 공급과 델타 지역의 건강한 생태계로 나아가는 길을 제시하는 것이라고 주장했다. 또한 자신들이 과거에 캘리포니아 주 물 개발 사업의 비용을 지불하겠다고 주장한 것처럼 이 계획의 비용도 기꺼이 부담하겠다고 말했다. 제리 브라운Jerry Brown 주지사는 이 계획을 지지하는데, 결국 이 계획은 진지한 관심을 받고 있다. 이 계획은 738,000에이커* 면적의 델타 지역에 물고기 서식지 15,000에이커**를 만들겠다고 제안한다. 이 계획은 제방 문제는 전혀 다루지 않는다. 다만 델타 지역 주변으로 물길을 돌려서 파국적인 지반 침하가 일어나는 경우에도 캘리포니아 주민들은 안전하게 보호될 것이라고 말할 뿐이다. 이것 또한 말이 되지 않

---

* 약 2,987제곱킬로미터

** 약 61제곱킬로미터

는다. 뉴스 웹사이트인 사이언스데일리ScienceDaily는 미국 국립연구위원회National Research Council의 한 연구를 인용하면서 이 계획의 밑바탕을 이루는 과학은 "조리 없는 방식으로 제시되고 단편적이어서 그 의미를 이해하기가 어렵다"고 보도했다. 이 계획을 검토하기 위해 소집된 전문가 심사단은 계획이 앞뒤가 맞지 않고 통합성이 형편없음을 발견하고 다음과 같이 말했다. "많은 과학적 요소들이 있지만, 이 과학은 통합된 방식으로 결합되어 있지 않다."[140] 확실히 이런 평가를 받는 이유는 이 계획이 사실 한 가지 목표, 즉 북부에서 더 많은 물을 끌어 온다는 목표만을 염두에 둔 것이기 때문이다.

물 전환 계획의 결과로 이미 발생한 문제를 바로잡는 데는 수십억, 어쩌면 수조 달러가 필요할 것이며, 이 문제를 과연 해결할 수 있는지도 아무도 모른다. 사실 우리는 완전히 미지의 영역에 들어선 셈이다. 요커트족 보호구역에서 랄로 프랑코는 이 문제들의 범위에 관해 이야기했다.

> 그러니까 물을 둘러싼 쟁점들이 많은데, 우리 원주민이 보기에 주된 쟁점은 그들이 신성한 물을 다른 것으로 바꾸고 있다는 겁니다. 사는 데 절대적으로 필요하고 우리의 신성한 요소 중 하나인 물을 상품으로 바꾸는 거지요. 그들은 물을 존중하면서 다루지 않고, 그들이 직면한 문제도 그런 식으로 봅니다. 그러니까 우리가 보기에는, 이를테면, 그들은 자업자득인 겁니다. 존중하면서 다루지 않으면 똑같이 당하게 돼 있어요. 그게 법칙이고 아이들이 배우는 거죠. 개미집을 걷어차면 개미한테 물리는 겁니다.

오늘날 자연 세계가 캘리포니아 주의 재정 보유고를 바닥내면서 개미처럼 주민들을 물고 있다. 일시적인 해결책으로 또 수십억 달러가 드는 수로를 건설하거나 부패한 물 이전water transfer을 통해 사영 도시와 은행에 자금을 대는 대신, 이제는 주가 나서서 문제의 규모를 인정하고 확대보다는 축소를 수반하는 종합적인 해결책을 찾아야 할 때다.[141] 그러려면 도시의 무분별한 확대에 한계를 정하고, 주 전체의 농업 시스템을 재고하며, 생태계 보호를 목적으로 하는 소규모 사업(가령 영속농업*, 유기농업, 산림농업**)과 더불어 랄로 프랑코처럼 지역의 생태적 역사를 깊이 이해하는 사람들에게 물을 재분배해야 한다. 어쨌든 우리가 첫 번째로 한 실수는 프랑코 같은 사람들에게서 물을 빼앗아서 보스웰 가에 넘겨준 것이다.

물론 이 모든 해결책을 위해서는 물을 공적 영역에 묶어둘 필요가 있다. 또한 우리의 먹거리가 어떻게 생산되고 있으며 누가 이익을 얻는가에 관해 한층 더 많은 관심을 기울여야 한다. 2011년 캘리포니아 주는 미국에서 재배되는 전체 과일, 견과류, 채소의 절반 가까이를 생산했다. 캘리포니아 주 식품농업부에 따르면, 식품 수출량이 미국 1위인 캘리포니아 주는 세계 5위의 식품 생산지다. 아이러니하게도 미국에서 가장 굶주리는 사람이 많은 곳도 이 모든 식량이 재배되는 샌호아퀸밸리다. UCLA 보건정책연구센터Center for Health Policy Research에 따르면, 2001년에서 2009년 사이에 "캘리포니아 주

---

* permaculture. 'permanent agriculture'의 준말로 자연 생태계의 방식과 특징을 그대로 적용하는 생태 친화적 농업

** agroforestry. 작물, 축산, 임업을 결합시키는 순환식 농업

에서 식량이 불안정한 성인의 수가 절반 정도(49퍼센트) 늘어나서 주 전체 인구 증가율(10퍼센트)의 다섯 배였다." 이 연구는 식량 불안정food insecurity을 연중 일정 기간 동안 식탁에 먹거리를 올리지 못하는 상황으로 정의했는데, 캘리포니아 주민 380만 명이 이런 상태였다. 연구에서 2009년 캘리포니아 전체에서 식량 불안정 비율이 가장 높은 곳은 샌호아킨밸리라고 판단되었는데, 여기에 해당하는 가구의 절반 이상이 스페인어를 쓰는 가구였다.[142]

유엔에 따르면, 전 세계적으로 식량 불안정은 식량이 부족하기 때문에 야기되는 게 아니다. 그보다는 사람들이 식량을 살 돈이 없기 때문에 생기는 결과다. 미국 농산업체들은 정기적으로 가난한 나라들에 잉여 식량을 헐값에 투매한다. 워싱턴DC 당국은 이런 행위를 '식량 원조food aid'라고 말하지만 다른 이들은 '식량 투매food dumping'라고 부른다. 문제는 이런 식량이 현지 농민들이 판매하는 가격보다 싼 값에 팔리기 때문에 농민들이 폐업할 수밖에 없다는 점이다. 물론 이 식량은 값이 싸지만, 일자리를 잃은 사람들에게는 충분히 싸지 않다. 이런 이유로 보조금을 받는 미국의 농업은 실제로 샌호아킨밸리 사람들뿐만 아니라 세계를 더 가난하게 만들고 있다. 외국의 값싼 식량에 의존하는 사람들로서는 시장의 변동에 따른 약간의 가격 상승도 폭동으로 이어질 수 있다. 유엔 무역개발회의가 2013년에 내놓은 보고서는 다음과 같이 결론짓는다. "이런 상황에서는 식량 가격 폭등으로 야기되는 폭동의 빈도와 심각성이 높아질게 분명하다."[143] 그렇다면 해법은 무엇일까? 브라이언 스토펄Brian Stoffel은 해법을 다음과 같이 요약한다. "지금까지 많은 잠재적 해법이 제안되었지만, 유엔의 보고서에서는 한 가지가 거듭 되풀이되었다. 지속 가능한 유기농업이 그것이다."[144]

유엔 보고서에는 또한 현대 농업을 변형시키는 것을 훼방 놓는 7개 기업(몬산토Monsanto, 다우케미컬, 바이엘Bayer, 카길Cargill, 듀퐁DuPont, 신젠타Syngenta, 바스프BASF)이 열거되어 있다. 이 기업들은 농업 시장을 좌지우지하는 화학 기업과 유전공학 기업이기 때문이다. 다우케미컬과 J. G. 보스웰 컴퍼니는 유전자변형 Bt 목화 종자인 와이드스트라이크Widestrike를 비롯해 여러 목화 변종을 공동으로 소유하고 있다. 파라마운트팜스는 유전자변형 작물을 재배하지는 않지만, 이 회사의 인도 수출품 때문에 아프가니스탄의 아몬드 농장 사업이 황폐화되고 있다. 아몬드 가격이 1년에 40퍼센트 떨어졌기 때문이다. 한 농민은 이렇게 말했다. "내가 아몬드를 1킬로당 60아프가니(1.20달러)에 팔면 겨울 동안 가족을 먹여 살리지 못할 겁니다."[145] 그리고 샌호아퀸밸리에서는 매년 몇 달 동안만 조금씩 급여를 받는 이민자들에게 가난이 어쩔 수 없는 현실이 된 지 오래다.

폭스뉴스는 우리로 하여금 샌호아퀸밸리의 식량 문제가 2009년에 물 공급이 끊긴 결과라고 믿게 만들려고 했다. 해너티는 이렇게 말했다. "여기 우리 앞에는 몇 세대에 걸친 농민들이 있습니다. 이 농민들은 자기 농장을 잃고 있습니다. …… 말 그대로 농장을 잃은 겁니다. 좀 전에는 농장이 문을 닫는 바람에 무료 배급소에 줄을 서 있는 사람들을 만났습니다." 폭스뉴스는 푸드뱅크 앞에 줄을 선 사람들을 보여 주었지만, 이 사람들이 식량 불안정에 시달리는 건 그들이 운영하는 농장이 문을 닫아서가 아니라 낮은 임금 때문이라는 사실을 언급하지는 않았다. 한편 글로벌 식량 시장, 그리고 전 세계의 물을 지배하는 이들은 소도시와 도시 같은 식량 이외의 상품에까지 사업을 확장하고 있다. 레스닉은 물 은행을 빼앗기지 않을 것이라고 장담한다. 그는 『블룸버그비즈니스위크*Bloomberg Businessweek*』에 다음과 같이 말했다. "우리는 비용을 댔고, 기반시설을 건설했습니다. …… 어떻게 우리가 물 은행을 빼앗길 수 있는지 모르겠군요. 우리가 그걸 산 거예요. 우리 거라고요."[146] 폭스뉴스가 소개하는 캘리포니아주의 상황은 가장 부유하고 거대한 물 권리 소유자들이 훨씬 더 많은 물을 손에 넣기 위해 정치인과 언론을 조종할 수 있음을 보여줄 뿐이다. 휴런의 푸드뱅크 앞에 줄을 선 사람들은 여전히 가난의 악순환에서 벗어나지 못하는 한편, 아프가니스탄의 아몬드 농민들은 자기가 기르던 아몬드 나무를 뽑아 버리고 그 대신 레스닉 회사의 블루다이아몬드Blue Diamond 아몬드를 먹어야 하는 형편이다.

two

쿠데타는 어떻게 칠레의 물 시장을 열었나

칠레에서 9월 11일은 오래 전부터 국가적 비극을 기념하는 날이다. 파타고니아의 강물 래프팅 가이드인 롤란도가 내게 말했다. "일부 칠레 사람들은 세계무역센터 공격이 우리 기념일에 일어난 사실에 화가 났어요. 그렇긴 해도 우리의 비극적인 감정이 깊어졌을 뿐이긴 하지만요." 우리는 파타고니아 북부에 청록색으로 흐르는 바케르Baker 강가에 앉아서 조롱박에 스테인리스 빨대를 꽂고 마테 차를 나눠 마시고 있었다. 롤란도는 아우구스토 피노체트 장군이 1973년 9월 11일에 쿠데타를 일으킨 뒤 어머니가 잔인한 고문을 당한 일을 이야기해 주었다. 매년 9월 11일이 되면, 수천 명이 산티아고 거리에 모여 민주적으로 선출된 사회당의 살바도르 아옌데Salvador Allende 대통령의 죽음을 기념한다. 아옌데는 피노체트 정권 아래서 고문을 당하느니 자살을 선택했다.[147]

롤란도는 전형적인 칠레 사람의 외모가 아니다. 금발 머리에 파란 눈이다. 40대 초반 정도로 보이는데, 훨씬 나이든 사람처럼 낮게 깔린 어조로 말한다. 아이러니하게도 주변 환경은 더없이 평화로웠다. 강물은 카리브 해처럼 아찔할 정도로 파랗고, 마테 차를 곁들이니 황홀한 기분이 들 정도였다.

유감스럽게도, 롤란도는 그곳에서도 피노체트의 유산에서 벗어나지 못했다. 바케르 강이 사유화된 것은 바로 피노체트 정권 시기였다. 피노체트와 긴밀한 유대 관계가 있는 수력 발전 회사가 바케르 강으로 떼돈을 벌었다는 뜻이다. 사실 칠레는 세계에서 물 공급의 100퍼센트를, 그것도 독특한 방식으로 사유화한 첫 번째 나라다. 미국이 여전히 정부가 엄격하게 통제하는 물 시장거래를 실험하는 동안 칠레는 나라의 물 전체를 하나의 상품으로 사실상의 사용자들에게 선물처럼 주었다. 소유권을 둘러싼 분쟁은 현재 법원이 감독하는 '재산권' 사건으로 다루어지고 있다. 따라서 미국에서 볼 수 있는 것과는 다른, 그리고 잠재적으로 더 확고한 일련의 문제들이 생겨난다.

1980~1981년, 칠레 정부는 미국 경제학자 밀턴 프리드먼Milton Friedman을 초청해서 시카고와 산티아고 출신의 일군의 경제학자들을 이끌고 새로운 칠레 헌법과 수자원법Water Code을 만들게 했다. 피노체트는 미국이 지원하는 가운데 칠레에서 사회주의를 뿌리 뽑기 위해 기획된 쿠데타를 통해 집권했고, 따라서 쿠데타 이후 벌어진 사유화 광풍은 많은 사람들에게 불가피한 일로 여겨졌다. 1980년대에 사회주의와 자유시장 사이의 이분법적 투쟁을 신봉하는 프리드먼 같은 시카고학파 경제학자들이 미국과 해외에서 상당한 영향을 미

쳤다. 이와 대조적으로, 피노체트는 이데올로그나 지식인과는 거리가 멀었다. 그가 제공한 것은 이런 경제적 이행을 가능케 하는 군사 지도력이었다. 칠레 프로젝트Chile Project라고 불리는 경제 구조변화는 칠레의 헌법과 법률 체제를 전면 개혁하는 수준이었다.[148] '큰 정부'를 줄이기 위해 국가는 자산(물, 전기, 은행, 부동산, 항공사 등등)을 민간 기업에 양도해야 했다. 하지만 가장 큰 수혜자는 피노체트 군대의 지휘관들이었다.

물은 사실상의 사용자들에게 무상으로 양도되었는데, 당시 가장 큰 물 권리 보유자는 국영 전력회사인 엔데사Endesa였다. 엔데사는 칠레 전력의 75퍼센트 이상을 공급하며, 25퍼센트는 칠레 북부의 광산업에서 사용한다. 엔데사는 잠재적인 수력 발전을 목적으로 '비非소비용' 물 권리를 부여받았다. 식수나 관개 용도로 사용할 수 없다는 뜻이다. 비소비용 권리라는 개념의 밑바탕에는 수력 발전 회사가 칠레 동부의 산악 지대에서 물 권리를 통제한다는 사고가 깔려 있었다. 수력 발전을 위해 물을 사용한 뒤에는 칠레 중부의 농민들이 소비용 권리로 물을 재활용하게 된다. 하지만 수력 발전 회사들은 농민들이 물을 필요로 하는 여름에 물을 저장하기를 원하며, 엔데사가 수력 발전에 필요하다고 간주하는 물은 아무도 사용하지 못한다.

철학자 한스 악터하위스Hans Achterhuis에 따르면, 물에 사적 소유권을 도입하는 것은 법적, 제도적으로 용인되는 도둑질이며 민영화 개혁을 정당화하는 주장들, 즉 자유, 효율성, 평등, 문명의 진보 등에 근본적으로 위배된다.[149] 이 경우에 정확히 동일한 사람들이 공공·민간 물 부문의 회전문을 활용하면서 두 부문 모두에서 이익을 챙겼다. 그들은 직위를 떠나기 전에 엔데사를 새로운 민간 회사로 양도받았다. 이는 그들이 칠레의 물을 차지한 뒤의 일이었다.

피노체트의 부하 장교들은 엔데사를 운영하면서 민영화 계획을 미리 알았기 때문에 다른 이들이 기회를 얻기도 전에 물 권리를 등록할 수 있었다. 활동가인 후안 파블로 오레고에 따르면, 물, 그리고 뒤이어 엔데사가 사유화된 시기는 우연의 일치가 아니었다. "1973년부터 1981년까지 그들은 남아 있는 모든 물 권리를 미친 듯이 신속하게 등록했습니다. 이미 자신들이 사유화를 진두지휘하고 있었기 때문이지요."[150] 한편, 물 권리를 등록해야 한다는 사실을 전혀 통보받지 못한 소농민들은 엔데사와 대지주들에게 물 이용권을 빼앗겼다. 독재정권의 마지막 해였던 1989년, 엔데사가 민영화됨에 따라 피노체트의 친구와 동료들이 물을 영원히 차지하게 되었다. 아이러니하게도, 살바도르 아옌데 대통령 시절에 바로 이 사람들 중 몇몇은 아옌데 정부를 흔들기 위해 혼란을 야기하는 테러리스트로 간주된 바 있었다. 그들이 속한 '조국과 자유Patria y Libertad'라는 극우단체는 전력선을 폭파해서 수도 산티아고를 정전으로 만드는 행위를 매우 즐겼다. 조국과 자유의 지도자 파블로 로드리게스 그레스Pablo Rodriguez Grez는 쿠데타 이후 엔데사와 피노체트의 자문 변호사가 되었고, 피노체트가 사망하는 2006년까지 그를 변호했다. 또 다른 성원인 호세 유라세크José Yuraszeck는 피노체트 시절에 엔데사를 운영해서 '전력 황제Electricity Czar'라는 별명을 얻었다. 엔데사를 매각해서 큰돈을 번 유라세크는 현재 칠레에서 손꼽히는 축구팀을 소유하고 있다. 그리고 호세 피녜라Jose Piñera는 피노체트의 첫 번째 노동부 장관에

이어 엔데사 부회장을 지냈다. 피녜라는 노동부 장관이라는 지위를 이용해서 세계에서 첫 번째로 칠레의 사회보장을 민영화하고 이렇게 조성한 자금을 엔데사에 투자했다. 이 사람들이 엔데사를 사들이면서 지불한 가격은 지금까지도 비밀이다. 1990년에 군사정부가 권력을 내놓는 대가로 협정을 체결했기 때문이다. 분명 그들의 목표는 국가 자산을 원래 가치보다 헐값에 획득하면서 벌어들인 재산을 감추려는 것이었다. 아마 1페소도 지불하지 않았을 공산이 크다.

1988년, 피노체트는 독재 연장에 관한 국민투표를 실시할 수밖에 없었고 그에 따라 결국 권좌에서 쫓겨났다. 하지만 그의 정권 아래서 만들어진 수자원법과 헌법은 여전히 남아 있었다. 칠레 헌법 작성자 중 한 명인 하이메 구스만Jaime Guzmán은 피노체트가 떠난 뒤에도 나라를 계속 지배하는 것이야말로 줄곧 헌법 작성자들의 의도였다고 공공연하게 말했다. "1980년 헌법은 칠레 사회를 영원히 지배할 운명이었다. …… 설사 우리의 적들이 집권한다 할지라도 그들 역시 우리가 바란 것과 크게 다르지 않은 행동방식을 따를 수밖에 없을 것이다."[151] 피노체트가 대통령직에서 물러날 때쯤 행정부 내의 최고위 인사들이 칠레 물 공급을 확고하게 지배하고 있었다.

'댐 없는 파타고니아Patagonia sin Represas'라는 단체의 산티아고 사무실에서 후안 파블로 오레고는 피노체트의 유산에 맞서 싸운 이야기를 들려주었다. 창문마다 창살이 있는 소박한 석고 도료 건물 2층에 안전하게 자리한 오레고의 사무실은 그의 생김새처럼 위압감이 없다. 새치가 많은 곱슬머리에 인상적인 지성을 지닌 60세 정도의 잘생긴 남자인 오레고는 비오비오Bío-Bío 강 인근의 칠레 원주민들과 활동한 공로로 명성이 자자한 바른 삶 상Right Livelihood Award(1998)과 골드먼 환경상Goldman Environmental Prize(1997)을 받았다. 피노체트가 쿠데타를 일으키기 전에 오레고는 유명한 포크 가수 빅토르 하라Victor Jara와 함께 연주하는 밴드의 일원이었다. 쿠데타 이후 하라는 오레고의 많은 친구들과 마찬가지로 살해되었고, 오레고는 캐나다로 몸을 피했다. 한편 피노체트 정부는 밴드가 녹음한 음반을 모조리 폐기했다. 오레고의 설명을 들어보자. "그들은 한 시대, 한 기억을 폐기하려고 했지요. 그들은 책과 시청각 자료, 손댈 수 있는 모든 것을 폐기했습니다. 나치처럼 말이지요."

오레고는 머뭇거리며 그 시절에 관해 이야기했다. "그렇게 좋았던 우리의 삶이 끝났습니다. 우리 어머니는 하마터면 총에 맞을 뻔했어요. 삼촌이 사회당 사무총장 비서였거든요." 실제로 그의 가족은 전부 피신해야 했다. 할아버지는 캐나다로, 삼촌은 온두라스로, 아버지는 멕시코로, 어머니는 에콰도르로 뿔뿔이 도망쳤다. 오레고는 어머니를 자동차 깔개 밑에 숨겨 에콰도르 대사관에 몰래 들어가도록 도와주었다. 캐나다에서 오레고는 다시 학교를 들어가서 환경학 석사학위를 받았고 결국 칠레로 돌아왔다. 지금은 물 사유화와 엔데사에 반대하는 활동을 하고 있다.

오레고의 말을 들어보자. "사유화에 관한 모든 것, 즉 물 권리라든가 이 권리가 어떻게 해서 칠레 국가의 수중에서 이 조직폭력배들의 손에 공짜로 넘어갔는지 등 모든 내용이 비밀 유지라는 구실 아래 숨겨져 있습니다." 1997년부터 1999년 사이에 피노체트의 친구들은 엔데사를 스페인의 투자자들에게 30억 달러에 매각했다. 엔데사는 금세 칠레에서 가장 크고 수익성 좋은 회사로 부상했다.[152] 이 인수를 통해 스페인은 또한 칠레 전체 물의 80퍼센트를 획득했다. 스페인과의 거래는 처음에는 세기의 매각이라는 찬사를 받았지만, 이런 명명은 금세 세기의 도둑질이자 칠레 금융 역사에서 가장 큰 거래 사기로 바뀌었다.[153] 아옌데 정부 시기의 한 관리에 따르면, 이 새로운 금융 집단들은 콜롬비아의 마약왕들처럼 힘이 세서 웬만한 정부는 충분히 무너뜨린다.[154] 현재 헌법과 수자원법을 변경하려면 칠레 의회의 4분의 3이 찬성해야 한다. 하지만 칠레 역사에서 이런 경우는 전혀 없었다. 오레고의 말을 들어보자. "이 상황을 보면 마치 민주주의에 외통장군을 부른 격입니다. 이 거래 때문에 아주 구체적인 방식으로 물이 상품으로, 즉 감자나 양말이나 자동차 같이 다른 어떤 상품과 마찬가지로 자유롭게 팔 수 있는 상품으로 바뀐 겁니다." 2009년 이탈리아 회사 에넬Enel이 600억 달러에 엔데사의 과반 지분을 사들임으로써 칠레의 물은 다시 다른 나라 소유로 넘어갔다.[155]

피노체트 통치가 끝나면서 시작된, 그리고 지금까지도 계속되고 있는 물 정책의 또 다른 변화는 지자체 물 공급이 민영화되었다는 점이다. 대체로 1990년대에 라틴아메리카 나라들은 민영화의 주된 공략 대상이었다. 이 10년 동안 물 서비스에 대한 가장 높은 수준의 해외 투자가 이루어졌고, 100건이 넘는 물 서비스 계약이 체결되었다. 사회법학 교수인 브론윈 모건Bronwen Morgan에 따르면, 수에즈, 비방디, 템스 등이 모두 이 시기에 칠레와 아르헨티나에 상당한 투자를 했다.[156] 이런 현상은 어느 정도 1980년대에 라틴아메리카 나라들에 국제통화기금의 구조조정 차관을 강요한 채무 불이행 사태의 결과였다. 1988년을 시작으로 칠레가 소유한 물 공급 기관은 민간기관의 경영 방식을 모델로 삼을 것을 요구받았고, 투자에 대해 최소한 7퍼센트의 수익을 보장하게끔 점차 수도요금을 인상했다. 10년의 기간 동안 이 과정이 서서히 진행되었다. 1998년, 칠레 정부는 국가 소유 공익사업을 외국인 투자자들에게 매각했다. 수에즈는 산티아고의 물 회사인 에모스EMOS, Empresa Metropolitana de Obras Sanitarias의 지분 42퍼센트를 인수하는 입찰을 따냈다. 한 보도에 따르면, 국가는 수에즈에 33퍼센트의 수익률을 보장했다고 한다. 2000년에 이르면, 칠레 전체 가구의 4분의 3이 공익사업의 영구적인 소유권을 사들인 민간 소유 회사들에게서 물을 공급받았다.

이런 매입이 아무 저항도 없이 진행된 게 아님을 주목할 필요가 있다. 2001년에는 30년 계약을 맺는 대가로 공익사업을 매각한 거래가 대대적인 저항 때문에 결국 철회되었다.[157] 그러나 항의가 점점 고조되는 가운데서도 도시 공익사업 민영화는 금세 라틴아메리카 기업 경영의 성공 스토리로 극찬을 받았다. 현재 칠레가 도시 인구의 96퍼센트에게 깨끗한 물과 위생시설을 공급한다는 사실이 하나의 근거였다. 칼 바우어는 다음과 같이 지적한다. "1990년대 이래, 국제사회와 라틴아메리카 물 전문가들 사이에 …… 칠레 모델의 명성이 퍼져나갔다. 이런 명성은 대부분 세계은행 덕분에 생긴 것이다. 세계은행은 칠레의 사례를 다른 나라들의 물 정책 개혁을 자극하는 성공 모델로 적극적으로 홍보하고 있다."[158] 세계은행은 여전히 볼리비아나 아르헨티나와 대조적으로 툭하면 칠레를 성공 스토리로 거론한다. 볼리비아와 아르헨티나에서는 수도요금이 천정부지로 치솟은 뒤 민영화 반대론자들이 벡텔과 수에즈를 몰아냈다. 세계은행은 칠레에 관해 다음과 같이 말했다. "(이와 대조적으로) 칠레 경제의 장기적인 성공은 확고한 거시경제 정책의 지속성, 개방적인 무역 체제, 기업 친화적 환경으로 설명된다."[159] 1996년, 극우 단체 조국과 자유의 호세 유라세크가 세계은행과 국제통화기금 연차총회에 연사로 초청받았다. 그가 배정된 토론회의 이름은 '시장이 성공한 뒤: 칠레의 기회After Markets Succeed: Opportunities in Chile'였다.

하지만 학자들은 흔히 칠레가 민영화를 하기 오래 전부터 다른 라틴아메리카 나라들에 비해 도시 기반시설이 훨씬 앞섰다는 사실을 무시한다. 모건에 따르면, 1930년, 칠레 중앙 정부는 상하수도 서비스를 개발의 우선 과제로 삼았고, 일찍이 1970년대에 대단히 높은 상하수도 보급률을 달성했다.[160] 또한 피노체트도 아예 존재한 적이 없는 사람으로 여겨지거나 원래 성공적인 자유시장 프로그램에서 잠깐 끼어 있던 비정상적인 존재로 간주된다. 하지만 언론인 파트리시오 세구라에 따르면, "피노체트는 화성인이 아니었다. 그는 칠레의 일부였다. 많은 사람들이 여전히 피노체트처럼 생각한다."[161] 민영화되고 수십 년이 지난 오늘날, 칠레는 물을 공급하는 회사에서 강과 호수 자체에 이르기까지 물을 전면적으로 사유화한 세계 유일의 나라다. 수에즈는 도시에서 물과 하수 처리 공장을 소유하고, 나머지 시골의 물은 이탈리아 회사의 소유다. 이런 점에서 칠레는 대규모 민영화에 대한 훌륭한 사례 연구를 제공한다.

이 장에서는 수자원 사유화가 어떻게 정부와 연줄이 있는 사람들에게 물을 '선물'로 주는 부패한 관행으로 이어지는지를 보여 주고자 한다. 이런 관행은 다음의 여러 장에서도 되풀이해 등장한다. 또한 사유화가 칠레 원주민들뿐만 아니라 환경에도 어떤 영향을 미치는지를 검토할 것이다. 마지막으로, 국제 물 전문가들이 지역의 관심사를 제대로 다루지 못하고 믿을 만한 통계 자료도 내놓지 못한다는 점을 이야기하고자 한다. 지리학자 제시카 버즈Jessica Budds에 따르면, "칠레의 물 시장에 관한 많은 글에는 긍정적인 주장이 담겨 있고, 칠레의 수자원법을 신자유주의 이데올로기의 상징으로 극찬한다. 물 시장에 관한 이런 평가에는 경험적인 증거가 거의 없는데도, 사실이라고 포장된 전면적인 주장의 바탕이 된다." 버즈는 계속해서 세계은행이 이런 나쁜 과학bad science에 의존해서 자체 보고서를 작성하고, 따라서 많은 문서가 현장 증거를 제공하지도, 인용하지도 않으며 부정확한 내용으로 가득해서 오해를 낳는다고 설명한다.[162] 이런 추상적이고 이데올로기적인 형태의 물 사유화의 궤적이 오늘날 몇몇 파괴적인 결과로 이어진다. 이런 결과는 칠레의 문제만이 아니다.

현재 엔데사는 칠레 남부의 여러 강에 댐을 건설해서 수천 마일 북쪽으로 전기를 보내 북부 사막에서 구리를 채굴하는 데 사용할 계획이다.[163] 하지만 엔데사가 남부에서 대규모 댐 건설 프로그램에 착수하면 남극해의 미묘한 생태 균형이 바뀔 수 있다. 남극순환류의 북쪽 가장자리가 이 지역을 지나는데, 이 해류는 수온 변화에 극히 민감하며, 이미 기후변화 때문에 남쪽으로 이동하는 중이다. 건설 예정인 댐들이 기후변화의 영향과 결합되면, 즉 빙하가 녹고, 강 수온이 바뀌고, 바닷물의 염도가 영향을 받으면서 지역의 생태 불안정이 더욱 심해질 텐데 그 결과는 예측 불가능하다. 나는 바케르 강이 댐으로 막히기 전에 아름다운 강의 모습을 보려고 파타고니아 북부에 간 적이 있었다. 그곳에 도착하자마자 내 눈 앞에 펼쳐진 풍경 속에 지구 행성을 지탱하는 바다와 강과 얼음의 미묘한 균형도 담겨 있음을 깨달았다. 그런데 바야흐로 이 균형이 사라질지도 모른다.

나치스, 원주민, 두 개의 댐

칠레의 물에 대한 지배권을 얻은 뒤, 엔데사는 댐을 건설하기 시작했다. 최초로 건설한 대형 댐(높이 300피트* 이상) 중 몇 개는 아라우카니아Araucanía 주와 비오비오 주를 관통해 흐르는 비오비오 강에 세워졌다. 서로 다른 생태계의 경계 구역에 자리한 비오비오 강 상류 지역은 수많은 멸종위기종을 포함해서 칠레에서 생물다양성이 높은 곳으로 손꼽힌다. 이 지역은 북부의 건조 기후와 남부의 다습 기후가 만나는 곳이자 아르헨티나 스텝 지대와 태평양 해안 지대가 만나는 곳이다. 이곳에 페웬체족Pehuenche이 사는데, 이 부족은 칠레 밖에서는 원숭이한테도 어려운 나무monkey-puzzle tree라고 알려진 나무에서 이름을 따 스스로 '페웬pehuén 사람들'이라고 부른다. 전하는 말로는 어느 영국인 원예가가 이 나무를 보고 소리를 쳤다고 한다. "저 나무에 올라가는 건 원숭이한테도 어려운 일이다!" 이 나무는 또한 종종 살아 있는 화석이라고 불린다. 2억 년 동안 이 지역에서 거

* 약 91미터

의 변함없이 존재했기 때문이다. 아라우카니아 주는 또한 원주민들이 유럽인들에 맞서 최후의 저항을 벌인 곳으로 유명하다. 현재 이곳은 물 사유화에 맞서 여러 유형의 투쟁이 벌어지는 장소다.

1845년, 칠레 정부는 선별이민법Selective Immigration Act을 통과시켰다. 실증주의적인 인종 개량 개념에 입각해서 특히 독일인들이 아라우카니아에 정착하도록 모집, 장려하기 위한 법이었다. 인류학자 마리아 헨센 솔리베야스María Jensen Solivellas에 따르면, "유럽 이민자들은 사회 진보와 발전의 도구로 여겨졌다. 오직 그들만이 아라우카니아를 경제적으로 부흥시키고 더 나아가 '칠레 인종'의 개량에 기여할 수 있는 이들이었다."[164] 토착 인종들을 희석시키고 몰아내기 위한 우생학적 시도 속에 원주민들의 땅이 개방되었다. 오레고는 내게 이렇게 말했다. "20세기 초에 칠레는 독일인들을 데려와서 마푸체족Mapuche을 가장 열악한 땅으로 밀어내고 '인종을 개량'하려고 했습니다. 그게 공공 정책이었지요."

이 시기 동안 원주민들은 자신들의 영토를 잠식하는 칠레 정부에 저항했다. 그러자 정부는 1860년대에 아라우카니아 평정Pacification of Araucanía이라는 이름의 군사작전을 개시해서 1880년대까지 공세를 지속했다.[165] 1만 명가량의 칠레 원주민이 학살당했다.

비오비오 강 북쪽에 남아 있던 마푸체족은 결국 칠레 문화에 동화되었지만, 강 이남에 사는 이들은 자신들의 영토와 문화를 계속 지켜냈다. 그러다가 1930년대에 독일 나치당이 부상하는 것과 동시에 칠레에서도 민족사회주의 운동이 등장해서 1938년에 정부를 무력 전복하려고 시도했다. 이 쿠데타 시도는 실패로 돌아갔지만, 2차대전 이후 선별이민법을 통해 더 많은 독일 나치들이 칠레로 들어올 수 있었다. 그리하여 나치 독일의 인종주의가 칠레 인종주의에 의해 강화되었다. 1954년 제정된 칠레이민법Chilean Immigration Act은 인구를 늘리고, 기술 발전을 도입하고, 인종의 생물학적 조건을 향상시키는 것을 목표로 삼았다.[166] 1960년대에 칠레 대학에서 사용된 노동법 교과서에서는 다음과 같이 주장했다. "보통 사람들이 아직 너무 토착적인 면이 많아서 유럽인의 피를 더 많이 섞어서 검약, 성실, 정직, 위생 습관 등을 불어넣을 필요가 있다. 그러므로 인종을 개량하기 위해 이민 유입을 장려하는 게 필수적이다."[167] 물의 맥락에서 보면, 이와 동시에 원주민들은 후진적인 관개 방식을 사용하는 것으로 여겨지게 되었다. 지리학자 마르그레이트 즈바르테베인Margreet Zwarteveen에 따르면, "안데스 산맥 지역에서 물 전문가들은 그리하여 원주민 농부들을 후진적이고 미개하며 비합리적인 존재로 만들었다. 원주민 농부들의 특징을 파악하고 이름을 붙인 것은 관개 전문가들이었는데, 그들에게 원주민은 여전히 보이지 않았고, 또 권한과 지식이라는 측면에서 원주민의 정체성(젠더와 종족성)은 중요하지 않았다."[168]

피노체트가 정권을 잡은 뒤, 비오비오 주의 경계에서 피노체트 군대와 독일 나치 망명자들 사이의 뒤틀린 협력이 이루어졌다. 그곳에서 나치 출신 파울 셰퍼Paul Schäfer가 콜로니아디그니다드Colonia Dignidad(품위 공동체)를 세웠다. 셰퍼는 피노체트와 친구 사이였는데, 피노체트가 그에게 세금도 내지 않고 고아원과 농업 공동체를 위해 토지를 사용하게 해주었다. 사실 콜로니아디그니다드는 나치식 유사종교 집단으로 어린이들을 강제로 납치해 가둬 두었고, 집단 성원들은 셰퍼를 숭배했다. 수용소는 철조망과 경비견, 무장 경비원으로 둘러싸여 있었다. 혹시라도 호기심 많은 외부인이 안에서 벌어지는 일을 파악하지 못하게 하려는 것이었다. 피노체트가 쿠데타를 일으키기 전에 '조국과 자유'가 이곳에서 훈련을 했다. 그 후 피노체트는 반대파를 여기로 보냈다. 살아남은 이들은 지하 감옥에서 전기 고문을 받은 이야기를 했다. "고문을 한 독일인은 바그너 음악의 볼륨을 높이면서 전류를 높였다." 그와 동시에 셰퍼는 고아들과 납치한 어린이들을 강간하고 약을 먹이고 고문했다. 2005년 그는 이런 일 때문에 결국 체포되어 성적 학대 혐의로 25년형을 선고받았다.[169] 2013년 1월, 이 공동체에서 범죄를 저지른 16명이 추가로 유죄 판결을 받았다. 마푸체족 국제 조직들은 지금도 현장에서 항의의 목소리를 높이고 있다. 100명이 넘는 칠레인이 묻혀 있는 집단 무덤이 있다고 여겨지기 때문이다.

피노체트 치하에서 셰퍼 같은 사람들이 보호를 받는 동안 원주민들은 테러리스트 대접을 받았다. 유엔 원주민실무그룹U.N. Working Group on Indigenous Populations이 발간한 보고서에 따르면, "쿠데타 당일, 대지주, 부동산 소유주, 군, 국가경찰 등이 그전까지 투쟁해서 토지를 돌려받은 마푸체족을 상대로 대대적인 인간 사냥을 개시했다. …… 이 반혁명으로 마푸체족은 다른 어느 집단보다도 훨씬 커다란 타격을 입었다."[170] 1979년, 피노체트는 '인디오, 인디오 토지, 보호구역 분리, 인디오 공동체 해체를 위한 법For the Indians, Indian Lands, the Division of Reserves and the Liquidation of the Indian Communities'이라는 이름의 법률을 통해 원주민 소유 토지를 사유화함으로써 이 '인간 사냥'을 지원했다. 마푸체족이 저항하자 피노체트는 불법적인 토지 점거를 테러 행위로 간주하는 1984년 테러방지법을 통과시켰다. 칠레에서 테러방지법으로 기소되는 경우에 정당한 법 절차 없이 구금되고, 피고발인의 증거는 무시되며, 익명의 증인들이 증언을 하고, 유죄 판결을 받으면 형량도 더욱 가혹하다.

오늘날 테러방지법을 비롯해 피노체트 치하에서 이루어진 많은 변화가 여전히 건재하다. 휴먼라이츠워치Human Rights Watch에 따르면, "부당하게 테러 혐의를 덮어씌우는 탓에 마푸체족 지도자들은 재판도 받지 않은 채 몇 달 동안 구금된다. 검사가 진행하는 조사는 최장 6개월까지 비밀에 붙일 수 있다. 재판 자체에서도 피고인 쪽에서는 정체를 알지 못하는 '얼굴 없는' 증인들을 상대로 한 구술 심리에서 핵심 증거가 인정될 수 있다." 경찰에 폭력을 가한 죄로 고발된 사람들은 또한 자신들을 고발한 준군사 경찰 조직인 국가경찰에 의해 군사법원에서 재판을 받을 수 있다. 휴먼라이츠워치는 미국의 대테러 정책 덕분에 세계 곳곳에서 "자국 내 반정부 세력을 탄압하는 각국 정부가 이런 가혹한 탄압에 대한 관심을 돌리기 위한 구실"을 얻고 있다고 말한다.[171] 칠레 정부는 마푸체족을 테러 활동과 연결시킴으로써 글로벌 대테러 전쟁을 벌이는 것처럼 보일 수 있다.

이 지역의 역사를 이해하는 것이 중요한 이유는 현재의 물 체제water regime가 피노체트 시대의 학대와 무척 밀접하게 결합되어 있기 때문이다. 세계은행이 장려하는 경제 모델은 폭력의 역사를 감춘다. 피노체트가 벌인 테러가 칠레의 물 사유화를 둘러싼 논의에서 거론되지 않은 한 가지 이유는 경제학의 언어가 중립적, 합리적이고, 그 어떤 정치적 고려와도 분리된 것처럼 가장하기 때문이다. 유감스럽지만, 이런 가장 때문에 억압적인 정권들이 자유시장 관행을 자유와 결합시키고 그 덕분에 미국의 지지를 받음으로써 탄압을 감출 수 있다. 칠레는 이런 결합이 항상 정확한 것임은 아님을 보여주는 가장 분명한 사례다. 경제 모델에서 내세우는 중립성은 오히려 특히 원주민들의 토지 권리와 물 권리를 말살했으며, 조직적인 폭력에서 자유롭지 못하다. 즈바르테베인이 말하는 것처럼, "이처럼 맥락이나 문화 · 사회 · 정치 환경의 특수성을 체계적으로 배제하면, 보편적이고 일반적인 '물 관련 전문 지식'의 겉모습을 유지할 수 있다. 그리고 약간의 수정만 하면 이런 겉모습을 전 세계에 적용할 수 있다."[172] 피노체트는 맥락을 배제하는 것이 얼마나 위험한지를 가장 분명하게 보여준다. 실제로 나는, 세계은행이 그런 것처럼, 이 테러 정권을 가볍게 보아 넘기면 결국 테러에 공모하게 되는 셈이라고 주장하고 싶다.

오늘날 칠레 원주민들은 여전히 자신들의 강을 가로채는 데 맞서 항의했다는 이유로 테러 행위 기소에 직면하고 있다. 1990년, 오레고와 페웬체 사람들은 비오비오 강 상류 지역에서 엔데사에 맞서 싸움을 시작했고, 하류에 사는 마푸체족 이웃들도 싸움에 합류했다. 엔데사는 페웬체족 땅에 댐 두 개(팡게Pangue 댐, 랄코Ralco 댐)를 짓고 있었다. 피노체트 이후 세워진 콘세르타시온* 정부는 원주민의 땅을

* Concertación. 1988년 군사정권 연장 여부를 묻는 국민투표에서 패배한 피노체트가 사임한 뒤 1989년 민주 선거를 통한 민정 이양이 실시되었다. 기독교민주당, 사회당, 민주사회당, 급진당 등 중도좌파는 연립해서 '화합'이라는 뜻의 콘세르타시온을 구성했다. 콘세르타시온 연합은 아일윈(1990~94), 프레이(1994~2000), 라고스(2001~06), 바첼레트(2006~10) 등 4회 연속 집권에 성공했다.

1밀리미터도 빼앗지 않을 테고 국유지를 돌려주겠다는 약속까지 했지만, 엔데사의 물에 관해서는 칠레 정부조차 권한이 없었다. 엔데사 소유의 물은 이제 사유재산이었고, 재산 분쟁은 법원에서 해결할 수밖에 없었다. 오레고의 설명을 들어보자. "일단 물 권리가 주어지면…… 물은 토지와 완전히 분리됩니다. 따라서 원주민 공동체나 다른 어떤 공동체가 자기네 땅에 대한 지배권은 가질 수 있지만, 그렇다고 해서 물 권리를 통제할 수 있는 건 아닙니다." 요컨대, 페웬체 사람들은 설령 강변의 땅을 소유한다 할지라도 이제 더 이상 자신들의 물을 소유하지 못한다.

10년에 걸친 댐 반대 투쟁은 엔데사와 테러리스트의 싸움이 되어, 수백 명이 경찰에 의해 체포와 구타, 괴롭힘을 당했다. 가령 2003년, 마푸체족 지도자 빅토르 안칼라프 야우페Victor Ancalaf Llaupe는 엔데사 소유의 트럭 네 대에 불을 붙인 혐의로 체포되었다. 테러리스트로 재판을 받은 그는 10년형을 선고받았다. 법정에 출석한 원주민 개인들에게는 그들에게 불리한 비밀 증거를 들이대면서도 물 사유화 과정 전체는 여전히 극비로 남아 있다. 오레고가 물 사유화에 반대하는 법적 주장을 하기 위해 물과 엔데사의 사유화를 뒷받침하는 문서를 보고 싶다고 요청하자 그 문서는 기밀이라는 말을 들었다. "하지만 놀라운 건 이 사업 운영을 비밀에 붙이고 있다는 겁니다. 그건 일종의 금기예요. 에너지와 물 부문에 무슨 일이 생겼는지는 건드리면 안 됩니다."

한편 세계은행은 이 사업과정 전체를 지지하면서 사기업에만 자금을 지원하는 부문인 국제금융공사International Finance Corporation(IFC)

를 통해 엔데사가 첫 번째로 건설한 팡게 댐에 자금을 대주었다. 하지만 댐 반대 시위가 국제적인 관심을 모으자 세계은행은 거센 비판에 직면했고, 1993년 세계은행 총재 제임스 울펀슨James Wolfensohn은 이 사업에서 손을 떼겠다고 발표했다.[173] 결국 엔데사는 세계은행 차관을 상환하고 다른 금융 지원을 받아서 댐 건설을 계속했다.[174] 페웬체족은 엔데사를 물리칠 수 없는 것 같았다. 1996년, 팡게 댐에 물이 채워졌고, 한때 오래된 페웬 나무들로 가득 찼던 계곡에 길이 14킬로미터, 폭 360미터의 저수지가 생겼다.

페웬체족은 이번에는 두 번째로 예정된 랄코 댐으로 관심을 돌렸다. 페웬체 사람들은 바리케이드를 설치하고, 행진을 조직하고, 때로는 건설 장비에 불을 질렀다. 1999년, 마푸체족과 페웬체족을 포함한 수천 명의 시위대가 테무코에서 산티아고까지 395마일*을 걸어갔다.[175] 시위대의 선두에는 페웬체족의 화려한 머리스카프와 옷을 차려 입은 74세의 베르타 킨트레만Berta Quintremán과 여동생 니콜라사Nicolasa가 있었다. 니콜라사는 자기 집에 관해 이야기했다. "나는 여기서 태어났고, 내 부모님과 조부모님도 여기서 태어났습니다. 저 사람들이 우리가 이곳을 떠나기를 바란다면, 죽여서 데리고 나가야 할 겁니다."[176] 늙은 킨트레만 자매는 나중에 시위에 참여했는데, 휴먼라이츠워치에 따르면, 이 시위에서 "국가경찰이 어린이, 여자, 노인들을 무차별 구타하고 50명 정도를 연행했다. 연행자들은 치얀Chillán에서 군 검사에게 조사를 받았다."[177] 킨트레만 자매 같은 사람

* 약 636킬로미터

들이 단호하게 저항했지만 결국 엔데사가 다시 한 번 승리했다. 12년 뒤 킨트레만 자매가 마지막으로 이 지역을 떠났다. 노년을 경찰에 대항해 싸우느라 보냈지만 결국 진 것이다.

2004년, 랄코 댐에 물이 채워지면서 1,200명이 살던 집과 원주민 묘지가 물에 잠겼다. 오레고는 사람들이 어디로 갔는지 설명해 주었다. "일부 사람들은 이주를 했지만, 한 가지 작은 정보는 알려주고 싶군요. 현재 칠레에서 자살률이 제일 높은 곳이 비오비오 강 상류 지역인데 전국 평균의 세 배입니다. 충격적이지요. 그러니까 더 왈가왈부할 필요가 없어요." 댐에 영향을 받는 페웬체족은 주요 비주거 지역 두 곳으로 이주했는데, 둘 다 산림이 황폐하고 강이나 개울이 없는 곳이었다. 강가의 페웬 나무 그늘 아래 살던 사람들로서는 엄청난 문화 충격이었다. 한 마을은 '배'라는 뜻의 엘바르코El Barco라는 이름이었다. 그곳 언덕에 식수를 공급하기 위해 저수지를 만들었는데, 물을 정화하지 않아서 흙탕물이었다. 오레고가 설명을 해 주었다. "끔찍했어요. 그 물은 마실 수 없었지요." 다른 마을은 토끼 덫이라는 뜻의 엘와치El Huachi였다. 오레고에 따르면, 이 땅이 페웬체족에게 주어진 것은 댐에서 나온 전력선이 마을 한가운데를 지나기 때문이었다. "아무짝에도 쓸모가 없어요. 흐르는 물이 없고, 하수 시설이나 숲도 없습니다. 그러니까 당연히 사람들이 그냥 죽어가고 알코올 중독이 만연해 있습니다. 정말 악몽 같아요." 세계열대우림운동World Rainforest Movement 또한 부족민들이 비참한 상황에 처했음을 지적한 바 있다. "이미 엘와치와 엘바르코로 이주한 몇몇 가족은 …… 겨울에 눈이 많이 와서 가축들이 고생을 하고, 기술적 지원이 부족하고, 땔감이 모자라며, 의료 지원이 부재한 탓에 고통받고 있다."[178]

비오비오 강이 침략자들에 맞서 최후의 저항을 벌인 장소라면, 랄코 댐은 원주민들과 칠레 국가의 관계를 끝장낸 최후의 결정타였다. 댐이 건설된 이후 마푸체족의 한 집단이 칠레 시민권을 포기하고 국가를 상대로 전쟁을 선포했다.[179] 테러 혐의 체포가 늘어남에 따라 전국 각지에서 항의시위가 격렬해졌다. 2006년, 마푸체족 활동가 후아나 칼푸나오Juana Calfunao가 공무 집행 중인 경찰관을 위협한 혐의로 유죄 판결을 받고 4년형을 선고받았다. 알베르토 치페예Alberto Chiffelle 검사는 칼푸나오를 예비 구금해야 한다고 요청하면서 칼푸나오에게 자유를 주면 사회에 위협이 된다고 주장하고 마푸체족과 칼푸나오를 각각 조직폭력단과 그 지도자라고 지칭했다.[180] 그전에 칼푸나오가 사는 집이 세 차례나 불에 전소되었고(그녀의 삼촌이 그중 한 화재로 사망했다), 그녀는 경찰에 구타를 당해 유산을 할 정도였다. 감옥에서 칼푸나오는 이렇게 말했다. "정부가 결국 나를 죽인다 할지라도 실제로 나를 없애버리지는 못합니다. 내 정신의 뿌리는 뉴케 마푸Ñuke Mapu(어머니 대지) 안에 깊숙이 뒤엉켜 있고, 나는 힘이 몇 배나 강해져서 영원히 되살아날 것이기 때문입니다."[181] 칼푸나오를 대하는 방식을 보면, 정부는 원주민을 한 무리의 범죄자나 조직폭력배, 테러리스트에 불과하다고 보는 게 분명하다. 현재 칠레는 테러방지법을 원주민들에 대해서만 적용하기 때문에 미주인권재판소Inter-American Court of Human Rights에서 테러방지법을 인종차별적으로 적용한 혐의로 기소된 상태다. 이주한 페웬체 사람들이 정부의 지원 없이 어떻게 생존하고 있느냐고 오레고에게 묻자 이런 대답이 돌아왔다. "캐런, 그 사람들은 사실 생존하고 있는 게 아녜요."

파타고니아 국립공원 범람

엔데사는 비오비오 강에 사는 페웬체족을 물리친 뒤 남쪽 파타고니아와 아이센Aysén 주로 옮겨갔다. 바케르 강이 흐르는 곳이다. 오레고는 바케르 강을 다음과 같이 설명했다. "수량으로 보면 칠레에서 가장 큰 강인데, 아무도 강에 손을 대지 못합니다. 왜 그렇냐고요? 엔데사가 이렇게 말하니까요. '언젠가 우리 회사가 그 물을 댐을 위해 사용하려고 할 때 물이 없을지도 모른다.' 그래서 지금 강은 엔데사가 독점하고 있습니다." 엔데사는 '비소비용' 물 권리를 갖고 있다. 무슨 말이냐 하면, 누구든 강의 수량을 줄이고 따라서 수력 발전 잠재력을 떨어뜨리는 사람은 도둑으로 간주된다는 것이다. 오레고가 설명했다. "실제로 있었던 일인데, 아이센 주에서 누군가 물 몇 리터 좀 쓰겠다고 요청하면, 곧바로 엔데사의 변호사가 나타나서 이렇게 말합니다. '안 됩니다. 언젠가 엔데사가 비소비용 물 권리를 댐을 위해 쓰려고 할지 모르니까요.'"[182] 사실상 엔데사는 칠레의 물을 사재기하고 있다. 실제로 엔데사는 강의 평균 수량 이상을 통제한다. 봄철 급증하는 수량과 빙하 녹은 물에서 나오는 수량에 대한 권리도 부여받았기 때문이다.

산티아고를 떠난 나는 바케르 강을 보기 위해 남쪽에 있는 파타고니아 북부 아이센 주로 네 시간을 날아갔다. 거기까지 가는 건 어렵다는 말로는 다 표현하지 못할 정도였다. 바케르 강으로 가려면 피노체트가 파타고니아 북부 전역에 깔아 놓은 2차선 자갈길과 비포장 도로를 5시간 동안 덜컹거리며 달리는 수밖에 없었다. 피노체트가 도로를 건설한 것은 한때 반체제 인사들이 숨어들었던 이 외딴 주까지 군대를 보내기 위해서였지만, 이 과정에서 그는 파타고니아의 독특한 문화를 창조했다. 이 지역은 아주 느린 속도로 움직인다. 레스토랑 주인들은 가게 앞에 나와 앉아서 지나가는 차에 손을 흔든다. 도로 때문에라도 이렇게 느리게 움직일 수밖에 없다. 시속 30마일* 만 넘어도 위험하기 때문이다. 아이센 주에는 이런 속담이 있다. "서두르는 사람이 오히려 시간을 허비한다." 이런 환경에서는 거리가 더 멀어진다. 야생화가 만발하는 빽빽한 숲과 강에서부터 바위투성이 건조한 협곡에 이르기까지 풍경도 다양하다. 도로변이나 심지어 도로 한가운데 차를 세워놓고 용변을 보기도 한다. 그만큼 다른 차가 눈에 띄지 않기 때문이다. 도로의 마지막 부분은 바케르 강의 시작점인 헤네랄카레라General Carrera 호숫가에 튀어나온 절벽을 폭파해 만든 길이다. 남아메리카에서 두 번째나 세 번째로 큰 호수인 헤네랄카레라는 아찔할 정도로 투명한 청록색이다. 빙하로 덮인 산들이 호수를 둘러싸고 있다. 빙하에서 흘러나온 물이 호수를 채우는데 물색이 반짝이는 것도 빙하 때문이다.

마침내 바케르 강이 눈에 들어오자 나는 브레이크를 밟고 기쁨에 겨워 숨을 헐떡였다. 바케르 강은 아주 물살이 빠른 강이지만, 다른

* 약 48킬로미터

아르헨티나와 칠레 국경에 자리한 헤네랄카레라 호수의 절경. 바케르 강의 발원지다.

물살 빠른 강들과 달리 수면 위에 튀어나온 바위나 물길이 가파르게 굽이치거나 돌아나가는 지점이 전혀 없다. 반짝거리는 푸른빛의 미주리 강이나 미시시피 강과 비슷하다. 이런 빛깔인 것은 비교적 새로 생긴 빙하 강이기 때문이다. 아직 깊은 협곡이나 모퉁이, 낙석으로 가득한 후미진 곳이 생길 시간이 없었다. 이제 막 생긴 강이다. 100마일*이 약간 넘는 강은 세계의 다른 어느 강과도 다른 모습이다.

발원지에서 하류로 몇 마일 내려오면, 강은 파타고니아 스텝이라

* 약 161킬로미터

불리는 사막 같은 풍경에 들어선다. 이곳에 더그Doug 톰킨스와 크리스 톰킨스 부부가 살고 있다. 에스탄시아차카부코Estancia Chacabuco라는 이름의 커다란 옛 농장이다. 톰킨스 부부 역시 엔데사와 싸우고 있다. 사실 고속도로를 따라 줄줄이 서 있는 댐 반대 간판이 점점 많아지는 걸 보면 부부 집이 가까워지고 있음을 알 수 있다. 부부가 돈을 들여 세운 간판들이다. 부부는 소유지를 자연보호구역으로 바꾸는 중인데, 이곳이 아마 플라밍고와 푸마를 함께 볼 수 있는 유일한 장소일 것이다. 여기서 과나코(야생 라마)를 비롯한 수많은 '스텝' 야생 생물이 칠레의 깊은 숲에 사는 야생 생물과 만난다. 또 여기서 바케르 강의 빙하 녹은 물이 네프Nef 강에 이어 차카부코Chacabuco 강과 콜로니아Colonia 강의 거센 흙탕물과 만난다. 바케르 강은 점차 맑은 빛을 잃으면서 우윳빛 회색이 되어 바다로 흘러든다. 유감스러운 일이지만, 부부의 땅은 또한 도로를 가로질러 지어질 하이드로아이센 댐 건설 예정지에 붙어 있다. 한때 피노체트의 주요 지지자였던 칠레의 부자 가문이 운영하는 마테그룹Matte Group과 엔데사가 자금을 대는 이 댐은 소유지를 파타고니아 국립공원을 바꾸겠다는 톰킨스 부부의 꿈에 직접적인 악영향을 미칠 것이다.

더그 톰킨스는 아웃도어 의류 브랜드인 노스페이스와 에스프리를 창업했다. 크리스는 한때 역시 아웃도어 의류 회사인 파타고니아의 최고경영자였다. 더그는 노스페이스 지분을 1억 5,000만 달러에 매각하고 칠레에 투자하기로 결심하면서 크리스와 함께 생태계 복원을 위해 태평양에서 아르헨티나까지 땅을 사들였다.[183] 부부는 최종적으로 칠레 정부에 이 땅을 기증하고 싶어 했지만, 토지를 국립공원으로만 사용한다는 엄격한 요구를 단서로 붙였다. 즉, 전선, 광산, 기타 모든 형태의 개발을 하지 않아야 했다. 아이러니하게도, 칠레 정부는 이 토지의 가치가 수억 달러에 해당하는데도 기증에 별로 관심이 없어 보인다. 1995년, 정부는 톰킨스 부부에게 이 지역에서 부동산 매입을 중단할 것을 제안했다. 국가 안보 문제와 부부가 매입한 토지 때문에 칠레가 둘로 갈라질 것이라는 우려가 이유였다. 정부는 심지어 톰킨스 부부가 국가 주권을 위협한다고 비난하기도 했다. 전 국방장관 에드문도 페레스 요마Edmundo Perez Yoma는 더그 톰킨스가 "성가시고 위화감을 조성한다"고 말했다.[184]

칠레에서 톰킨스 부부에 대해 반감을 갖는 이유는 복잡하다. 차카부코에서는 톰킨스 부부가 소유지에서 울타리를 허물고, 양을 없애고, 푸마 사냥을 제한하자 이웃들이 분노했다. 이웃들은 푸마가 살게 내버려두면 자기들 땅에서 키우는 양이 위협을 받을 것이라고 생각했다. 원래 영국인들이 들여온 것이긴 하지만, 파타고니아의 많은 사람들에게 양은 지역의 상징이다. 1880년대에 런던에 본사를 둔 면양 회사들이 파타고니아, 특히 주로 테웰체족Tehuelche 땅에 농장을 세우기 시작했다. 얼마 지나지 않아 테웰체족은 영국인 정착민들에 의해 보호구역에 가둬지고 살해되었다. 여행 작가 A. F. 치플리A. F. Tshiffeley는 1930년대에 인디오 살가죽으로 만든 마구馬具를 본 적이 있다고 설명했다. 그는 『여기 남쪽으로*This Way Southward*』(1945)라는 저서에서 영국인 목양업자들이 무방비 상태의 인디오들을 상대로 사냥모임을 연 이야기를 썼다.[185] 오늘날 테웰체족은 절멸했지만, 양은 지금도 파타고니아 주민들과 부재지주들에게 생계수단을 제공한다. 이런 이유로 푸마에게 은신처를 제공하는 톰킨스 부부는 이런 소득원을 위협하는 존재로 여겨진다.

칠레에는 더그 톰킨스에 관해 훨씬 더 기묘한 음모론이 있다. 독일에 영향을 받은 오래된 반유대주의의 흔적이 드러나는 음모론이다. 1998년, 『아웃사이드*Outside*』 잡지는 다음과 같이 이 견해를 설명했다.

> 지난 4년 동안 그는 칠레 언론에서 점점 믿기 어려운 비난 공세에 시달렸다. 가난한 정착민들을 자기 땅에서 내쫓았다는 둥, 핵폐기물 투기장을 건설할 계획이라는 둥, 유대인의 새로운 고국을 세우기 위해 미국과 아르헨티나의 첩자 노릇을 한다(톰킨스는 유대인이 아니다)는 둥 여러 가지였다. 공원에서 가장 가까운 도시엔 푸에르토몬트Puerto Montt에서 톰킨스를 비방하는 낙서가 등장했고, 그와 부인을 살해하겠다는 위협도 있었다.[186]

엔데사 직원들은 톰킨스가 정서적 문제가 있고, 사람보다는 아름다운 풍경에 집착한다고 조롱하고 있다. 하지만 오레고에 따르면, 더그 톰킨스가 괴롭힘을 당하는 진짜 이유는 아주 간단하다. 톰킨스는 보호론자인데, 칠레는 개발에 찬성하기 때문이다.

다른 칠레 사람들에게 톰킨스는 영웅이다. 파타고니아의 한 레스토랑에 들렀을 때, 주인은 더그 톰킨스가 식당 방명록에 휘갈겨 쓴 글을 자랑스럽게 보여 주었다. "사람들과 지역이 댐이 어떤 영향을 미치는지 깨닫게 되면, 경제 모델을 재고할 시기가 올 겁니다. ……

생태계에 대한 확고한 이해가 없으면 우리는 모두 키 없는 배에 올라탄 채 심해로 나아가는 셈입니다."[187] 크리스와 더그 톰킨스 부부가 어떤 비판을 받든 간에 부부는 분명 건강한 생태계라는 사심 없는 전망을 실행하는 데 몰두하고 있다. 이 전망은 미래 세대를 위한 교육 모델이 되기에 충분하다.

피노체트가 깐 고속도로에서 벗어나 에스탄시아차카부코 농장으로 들어서자마자 큰 무리의 과나코가 눈에 들어온다. 차를 보고도 놀라는 눈치가 없다. 길을 비키기는커녕 이상한 짐승이 자기네 땅에 침범이라도 한 것처럼 빤히 차를 쳐다본다. 차카부코를 관통하는 비포장도로는 아르헨티나까지 이어지는데, 남방안데스사슴 같은 수많은 멸종위기 야생종이 도로를 지나간다. 남방안데스사슴은 엘크와 비슷하지만 개 같이 두꺼운 털이 있는 희귀종이다. 이 사슴은 칠레의 상징동물인데 멸종하기 직전이다. 도로를 따라 달리는데, 자원봉사자들이 양이 들어오기 전에 있었던 식물을 되살리기 위한 노력으로 외래종 식물을 뽑는 모습이 보였다. 뽑아낸 식물이 마치 결혼식장 복도에 꽃잎을 흩뿌린 것처럼 도로변에 뒤덮여 있었다.

모퉁이를 돌자 언덕 위에 미국 중서부 양식의 요새가 눈에 들어왔다. 세인트루이스의 부유한 교외에서 실어온 것 같은 커다란 석조 주택 앞에는 쌍발 비행기가 세워져 있었다. 언덕 아래쪽에는 트레일러 모양의 건물들이 무리 지어 건설되는 중이었는데, 중앙 사무실 앞에 차를 세웠다. 차를 세우고 보니 크리스가 언덕 위의 집에서 만나고 싶어 한다는 걸 알았지만, 그 사이에 커다란 검은목젖따오기 한 마리가 진입로에 주차한 차를 막아선 채 꼼짝도 하지 않았다. 점점 여기 사는 동물들은 톰킨스 부부처럼 대단한 담력이 있는 것 같다는 생각이 들기 시작했다. 따오기는 표정으로 말하고 있었다. "아니. 아무 데도 가지 않을 건데." 나는 이미 "서두르는 사람이 오히려 시간을 허비한다"는 아이센 주의 통념을 어느 정도 받아들인 상태였고, 동물들 역시 이 원리를 아는 것 같았다. 다행히도, 따오기는 차 때문에 놀란 건 아니지만, 내가 상황을 해결하려고 차에서 내려 자기를 밀어내는 것도 원하지 않았다.

"여기서 얘기하죠." 크리스가 문 앞에서 나를 맞으며 현관으로 안내했다. "여기가 더 좋아요." 집 안을 힐끗 보는데 거대한 거실에 난 통유리창으로 공원이 내다보였다. 정장 차림의 남자 하나가 사업 미팅을 계속 하려고 기다리고 있었다. 크리스는 뉴요커 같은 모습이었다. 웃음기가 없고 사무적인 표정에 튼튼하고 매력적인 40대 여자였다. 시간이 별로 없는 눈치였기 때문에 곧바로 그녀 소유지 건너편에 들어설 댐에 대해 어떻게 생각하는지 물었다.

금세 잘못된 질문을 던졌다는 느낌이 왔다. 크리스가 밖에서부터 같이 들어온 비서에게 말했다. "공원에 관해 이야기하러 온 손님인 줄 알았는데요." 그러고는 나를 보며 말했다. "나는 공원에서 일해요. 댐 문제는 남편 소관사항이고요."

"그런데 댐이 공원에 영향을 미치지 않을까요?"

"나는 댐에 관해서는 공식적인 입장이 없습니다. 그건 우리 일이 아니에요. 무슨 말이냐면, 댐 반대 운동에 힘을 보태기는 하지만, 우리는 공원 일을 한답니다."

크리스가 댐에 관해 공식적인 발언을 하려고 하지 않는 데는 뭔가 정치적인 이유가 있는 게 분명해 보였다. 아마 그런 발언을 하면 또 공격에 시달릴 게 틀림없었다. 이미 그녀가 기묘한 비판을 받은 사실을 감안하면 당연한 일이었다. 그래서 우리는 대신 에스탄시아 차카부코 농장의 향후 계획과 고향 캘리포니아에 관해 이야기를 나누었다. 그녀는 캘리포니아 때문에 영감을 받아서 이곳에 토지를 샀다고 이야기했다. "건조한 언덕이 굽이치고 하늘이 탁 트인 게 똑같은 모습이었거든요. 맞아요. 때로는 고향 풍경이 그리워요." 한편 남편은 더 북쪽에 있는 푸말린Pumalin이라는 이름의 자기 공원에서 일을 한다고 했다. 크리스와 더그는 칠레의 황무지 한가운데에 각자의 공원을 갖고 있는 것 같았다. "그렇지만 나는 여기서 할 일이 있어요. 이 일을 끝내면 둘이 같이 하이킹하면서 야생동물을 관찰할 수 있는 오솔길을 만들 거예요. 아주 멋질 거예요."

크리스는 분명 200만 에이커*에 달하는 칠레 땅에 건강한 생태계를 유산으로 남기려고 결심한, 강인하고 진지하게 노력하는 여자다. 그녀의 꿈은 부부가 소유한 토지를 칠레의 국립 자연보호 시스템에 포함시키고 전부 국립공원으로 전환하는 것이다. 하지만 더 큰 목표는 대량 멸종의 위협을 받고 있는 지구를 보호하는 것이다. 파타고니아 회사 웹사이트에 쓴 글에서 그녀는 다음과 같이 말한다. "개인 소유 황무지 자선 사업을 정치적 의지와 결합하면 대규모 황무지 복원과 보전을 이루고 멸종 위기에 빠진 종의 생명의 추를 되돌릴 수 있다."[188] 실제로 크리스의 공원은 칠레에서 남방안데스사슴에게 안

* 약 8,094제곱킬로미터

전한 서식처를 제공하는 마지막 희망이 될 수 있다. 공원은 또한 아르헨티나를 연결하는 원형 관광 통로를 만들 수 있는데, 만약 이 통로가 생긴다면 세계에서 가장 아름다운 관광지가 될 것이다. 하지만 댐을 건설하면 모든 게 파괴될지 모른다. 실제로 나중에 나는 톰킨스 부부가 구상하는 국립공원의 두 구역에 포함시켜야 하는 마지막 토지 구획이 비밀리에 엔데사에 매각된 사실을 발견했다.[189] 그날 크리스를 떠나면서 나는 댐 때문에 그녀의 꿈이 완전히 파괴되는 일이 없기를 바라는 수밖에 없었다. 바케르 강이 댐으로 막히면, 크리스의 소유지에 물이 범람하는 일은 없겠지만 대규모 건설 장비들이 들어와서 땅을 파헤치고 전깃줄이 어지럽게 깔릴 것이다. 그러면 문제가 생기기 시작할 것이다.

대피와 바다의 죽음

크리스 톰킨스와 헤어진 뒤 강 하류를 따라가다 물방울이 떨어지는 어두컴컴한 아카시아 고목 숲을 들어갔는데, 마침내 피오르드로 가득 찬 강 하구가 펼쳐졌다. 노르웨이 같은 풍경이었다. 바케르 강이 마지막으로 멈추는 곳은 칼레타토르텔Caleta Tortel이라는 작은 벌목 마을인데, 마을은 만에 걸쳐 나무기둥을 박고 발판을 설치한 위에 세워져 있다. 마을 사람들은 나무를 베는 일에만 몰두하는 것 같다. 사실 칼레타토르텔 뒤에 펼쳐진 언덕은 집을 짓기에 너무 가팔라서 마을이 바다로 밀려난 것이다. 남위 47도에 위치한 칼레타토르텔은 남극순환류의 경계선에 자리하지만, 마을은 바다에서 멀리 물러나 긴 피오르드의 끝에 걸쳐 있다.

말 그대로 남극을 순환하는 남극순환류는 태평양, 대서양, 인도양을 관통해 흐르면서 지구 해양 생명에 영향을 준다.[190] 이 해류는 지구 해양 순환의 주요 추진력으로 여겨진다. 남극순환류는 칼레타 토르텔에서 땅에 부딪혀 두 개의 새로운 해류로 갈라지는데, 하나는 북쪽으로, 하나는 남쪽으로 흐른다. 해양학자 마르쿠스 소바르소 부스타만테Marcus Sobarzo Bustamante는 남쪽으로 흐르는 혼곶해류Cape Horn current에 관해 다음과 같이 말한 바 있다. "남극 대륙에서 발원한 민물의 국지적인 영향으로 이 연안류coastal current의 일시적인 변화성이 완화된다."[191] 강과 바다의 역학을 구분하기란 쉽지 않다. 이 아남극 해역*을 연구하는 과학자들은 바다와 얼음의 상호작용에 관해 이야기하는 경향이 있는데, 그 얼음의 상당 부분은 내륙, 즉 남극과 북극을 제외하고 세계에서 두 번째로 큰 빙원인 파타고니아 빙원Patagonian Ice Field에 있다. 요컨대, 이 지역의 강들은 바다를 극적으로 변화시키면서 지구에 영향을 미치는데, 하이드로아이센은 빙원의 분수계에 댐 다섯 개를 건설하려고 계획 중이다.

그렇다면 이 지역의 강들에 댐을 건설하면 어떤 일이 벌어질까? 댐이 생기면 바다와 강의 온도 상호작용이 간섭받는 것 말고도 한때 바다로 흘러들던 미사微砂, silt의 흐름도 막힐 것이다. 미사는 크릴이 의존하는 먹이연쇄와 더 나아가 남극해의 생명다양성을 지탱한다.

---

* subantarctic zone. 아열대 전선과 아남극 전선 사이의 해역

강에 댐을 세우면 또한 조류藻類 대발생이 일어날 것이다. 조류 대발생은 예측 가능한 민물 유입으로만 차단할 수 있다. 또한 동시에 댐이 생기면 세계 최대의 탄소 흡수원carbon sink의 기능이 정지할 것이다. 바다 해류가 조류 대발생과 식물 플랑크톤을 깊은 바다로 끌어내려 탄소를 격리함으로써 과다한 이산화탄소로부터 대기를 보호하는 메커니즘이 망가지는 것이다. 마지막으로, 남극순환류 주변의 혼란과 이동이 한층 더 큰 재앙을 일으켜 해양 대멸종과 지구 온도의 급격한 변화를 야기할 수 있다.

파타고니아와 남극의 빙상은 기후변화 완화와 해양 건강에서 중요한 역할을 하지만, 조만간 파타고니아의 강물 유출이 댐에 가로막힐지 모른다. 해양학자 호세 루이스 이리아르테Jose Luis Iriarte, 움베르토 E. 곤살레스Humberto E. González, 라우라 나웰왈Laura Nahuelhual은 피오르드에 관해 다음과 같이 말한다. "민물의 동학에 영향을 미치는 요소들은 국지적인 규모로 영양염류의 부하와 물 순환에 강한 영향을 줍니다. 이 요소들은 또한 지역적, 지구적 규모로 해양의 생산성과 기후에도 영향을 미칩니다."[192] 요컨대, 댐은 민물의 동학과 더 나아가 기후에 지구적 규모로 영향을 미친다. 남극해는 세계에서 생명 생산성이 가장 높은 바다일 뿐만 아니라 가장 추운 바다인데, 이 두 측면 때문에 기후 안정성에서 중요한 역할을 한다. 차갑고 밀도 높은 남극 바다는 남극순환류를 움직이는 무역풍을 만드는 데 일조한다.[193] 바닷물의 온도가 올라감에 따라 과학자들은 앞으로 어떤 일이 생길지 알지 못한다. 부스타만테는 이렇게 말한다. "이 지역 근해의 동학에 관해서는 알려진 게 거의 없습니다."[194] 이곳이 멀리 떨어져 있기 때문이기도 하지만, 지난 10년 사이에야 과학자들이 지구적 피드백 순환 현상이 이 지역에 얼마나 심각한 영향을 미치는지를 깨닫기 시작했다는 사실 때문이기도 하다. (예전에는 남극은 북극에 비해 기후변화의 영향을 덜 받는다고 여겨졌다.) 남극해에서 기후변화를 연구하는 과학자들은 이제 막 북극의 동료들을 따라잡기 시작했을 뿐이다. 문제는 우리가 정확히 어떤 일이 생길지를 알기도 전에 이 과정을 가지고 장난을 치고 싶으냐는 것이다. 이론적으로 보면, 남극 순환류가 멈추면 다른 모든 해류도 따라서 멈출 테고, 세계 기후가 영원히 바뀔 것이다. 유럽은 필시 빙하기에 접어들 것이며, 남극 대륙은 갑자기 녹아버릴 것이다.

나비가 날개를 퍼덕이면 세계 곳곳에 파도가 몰아친다는 말처럼, 바케르 강에 댐을 세우면 수백 마일 떨어진 곳의 해양 생물에 영향을 미칠 수 있다는 말이 있다. 적어도 비정부기구인 '숲의 윤리Etica en los Bosques' 대표 베르나르도 레예스Bernardo Reyes는 내게 그렇게 말했다. 나는 산티아고의 어느 재즈클럽에서 재능과 재치를 겸비한 레예스를 만나서 칼레타토르텔에 관해 이야기를 나누었다. "댐이 생기면 빙하에서 나오는 규토가 강물에 씻겨 내려가지 않을 겁니다. 그러면 규토를 먹고 사는, 규조류라고 불리는 바다의 작은 식물성 플랑크톤이 죽을 거예요. 결국 크릴이 곤경에 처하게 되겠죠."[195] 아주 작은 남극 크릴은 새우처럼 생긴 갑각류의 일종인데, 지구 최대의 단백질원으로 손꼽힌다. 고래, 바다표범, 펭귄, 물고기, 오징어 등의 먹이가 되는 남극해에 떠다니는 크릴의 양은 엄청나다. 규조류가 사라짐에 따라 더 따뜻하고 규토가 없는 물에서 자라는 독성 남조류가 이상 발생해서 결국 이 풍부한 생태계를 대체할 것이다. 이 지역의 얼음은 바닷물의 온도를 낮춰서 물을 가라앉게 만들고, 그 결과로 심해에 있는 유기물질이 부패해서 독성 물질이 이상 발생하는 현상, 일명 거대 메탄 거품을 억제한다. 만약 이런 수직 혼합vertical mixing이 멈추면, 바다가 죽는다. 지구 식량 공급의 상당한 비율이 중단되는 것이다. 그리고 이미 북극 호수와 영구 동토층에서 대기로 방출되고 있는 메탄가스는 온실가스 효과가 이산화탄소보다 20배나 크다. 이렇게 되면 기후변화를 막을 수 없을 것이다.

레예스가 계속 말을 이었다. "정말 무시무시한 이야기를 듣고 싶습니까? 이 댐들은 또한 지구 전체 해류의 바탕이 되는 남극순환류에도 영향을 미칠 수 있어요. 무슨 일이 벌어질지 아무도 모릅니다." 바케르 강은 티베트 고원에 이어 두 번째로 규모가 큰 파타고니아 북부 빙원의 배출구임이 밝혀졌고, 이 지역은 지구 차원의 기후 변화를 야기하는 원천으로 여겨진다.[196] 얼음처럼 차가운 이 빙하 유출수가 댐에 가로막히면, 물이 점점 따뜻해져서 저수지에 물을 공급하는 빙하가 더 빠르게 녹을 것이다. 레예스의 설명을 들어보자. "댐은 강물의 온도를 높여서 이 균형에 영향을 미칩니다." 이런 현상을 기후 변화와 댐 사이의 부정적인 피드백 순환이라고 부른다.[197] 현재 칠레 민물의 70퍼센트가 빙하나 빙원에 들어 있는데, 이 빙하와 빙원이 놀랄 만큼 빠른 속도로 녹는 중이다.

아이러니하게도, 베르나르도 레예스는 칠레 사업가들이 실제로 빙하가 녹기를 바란다는 이상한 이야기를 해주었다.[198] 칠레 수자원법에 따르면, 빙하는 사고팔지 못하며 사유재산으로 규정되지 않는다. 하지만 최근 캐나다 광산 회사 배릭골드Barric Gold가 자사 소유의 토지에 있는 빙하에 대한 소유권을 주장하며 빙하 밑의 땅을 채굴하기 위해 빙하를 녹이려고 한다고 밝히자 상황이 바뀌었다. 지역 주민들이 이 빙하는 자신들에게 물을 공급하는 강의 수원이라고 이의를 제기한 뒤, 빙하를 이전하려는 회사의 계획은 법원에서 기각되었다. 이 빙하를 둘러싼 싸움이 눈덩이처럼 커지자 2006년 칠레 대통령 후보 미셸 바첼레트Michelle Bachelet는 빙하를 옮기거나 훼손하는 일이 없도록 하겠다는 공약을 내걸기까지 했다.

하지만 빙하를 의도적으로 녹일 수는 없다 할지라도 기후 변화 때문에 부주의하게 녹은 빙하에서 나오는 물이나 기타 자원을 누가 소유할 것인가라는 문제는 여전히 남는다. 요컨대, 녹아내리는 빙하 밑에 있는 자원을 둘러싸고 전 세계에서 골드러시가 시작되었다. 파타고니아에서는 그 자원이 금이고, 북극에서는 석유와 가스다. 배릭골드 사례에서 드러나는 것처럼, 기업계는 녹아내리는 빙하를 기회로 여길 수 있다. 그리고 앞에서 언급한 것처럼, 엔데사는 이미 미래의 빙하 용해물에 대해 소유권 등록을 하고 있다. 레예스가 생각하는 것처럼, 하이드로아이센 댐 건설의 배후에 있는 의도가 파타고니아를 광업계에 개방하는 것이라면, 이 문제는 다시 법정으로 갈지 모른다. 댐을 건설하면 광업계가 진입하는 데 필요한 도로와 전기가 제공될 테고, 그곳에 금이 있다.[199] 비정부기구인 에코시스테마스Ecosistemas의 빅토르 포르만텔 가야르도Víctor Formantel Gallardo에 따르면, "일단 그들이 여기 와서 푸에르토몬트까지 뻗는 1,000킬로미터의 고압선을 깔고 계속해서 거기서 계곡과 산기슭의 언덕 지대를 통해 산티아고까지 연결하면, 그 시점에서는 그들이 지역에 존재하는 자원을 추출하러 오지 않을 이유가 전혀 없게 되는 것이다." 흥미롭게도, 수자원법 개정을 둘러싼 싸움이 벌어지는 동안 "광업 부문은 이 법의 중대한 변경에 반대한 세력에 속했다."[200]

칼레타토르텔의 아름다운 풍경을 뒤로 하고 마지못해 산티아고로 돌아가기에 앞서 마지막으로 바케르 강에 들러서 롤란도와 래프팅 여행을 했다. 고무보트에서 롤란도는 내게 강에 뛰어들어서 수영을 하라고 부추겼다. 그의 말대로 물에 뛰어들었다. 물은 차갑고 유속이 빨랐지만, 한동안 보트를 잡고 강물에 떠 있었다. 눈으로 덮인 산봉우리들을 보면서 이 고요한 풍경이 사라질지도 모른다는 생각에 잠겼다. 톰킨스 부부가 왜 이 자연을 보호하려고 하는지 이해가 되었다. 강에 댐이 생기면 당신은 어떻게 되느냐고 롤란도에게 물으니 등산 원정 가이드로 업종을 바꿀지도 모르겠다고 대답했다. 그런데 뒤이어 빙하가 녹아서 새로운 고용 기회가 생긴다고 설명했다.

"글로프GLOF라고 들어 보셨나요?" 그가 물었다. "얼음 둑이 붕괴하는 겁니다. 2008년에 여기서 벌어졌지요. 저기까지 물이 찼습니다." 그가 강 건너편 산을 가리켰다. "18피트* 정도요. 다행히도 죽은 사람은 없어요. 도로가 무너지고 양하고 소가 죽긴 했지만요. 그런데 하이드로아이센 댐이 그 힘을 버틸 수 있을지 누가 알겠어요."

빙하가 갈라지고 녹으면 얼음 둑이 생기면서 불안정한 호수가 만들어진다. 얼음 덩어리들이 둑 역할을 해서 물을 막아 놓는다. 물의

* 약 5.5미터

압력 때문에 얼음 둑이 터지는 게 빙하호 홍수glacial lake outburst flood (GLOF)다. 롤란도의 말로는 기후 변화 때문에 세계 곳곳에서 빙하호 홍수가 점점 빈번하게 발생한다고 한다. 실제로 기록을 살펴보면, 과거 이 지역에서 약 50년에 한 번꼴로 빙하호 홍수가 발생했음을 알 수 있다. 그런데 2008년에서 2011년 사이에는 7차례 발생했다. 최근 보고서를 보면, 칠레 빙하의 87퍼센트 이상이 녹고 있는데, 이것은 예상보다 빠른 속도다. 과학자들은 2000년 이래 녹은 파타고니아의 빙하 양이 미국 전체 면적을 1인치 이상 덮을 정도임을 밝혀냈다.[201] 아이러니하게도, 이런 상황은 롤란도가 새로운 일자리를 구하는 데 도움이 될 것 같다. 주민들에게 얼음 둑 붕괴로 인한 빙하 홍수를 경고하기 위해 센티넬 프로젝트Sentinel Project라는 이름의 조기 경보 시스템이 수립되는 중이다. 얼음 둑마다 붕괴 여부를 파악하기 위해 한 사람씩 위성 전화를 가지고 24시간 대기해야 한다. 롤란도는 아마 이 일을 하게 될 것이라고 생각했다.

더 큰 문제는 빙하호 홍수 때문에 하이드로아이센 댐도 붕괴할 수 있다는 점이다. 실제로 빙하호 홍수는 댐의 안전에 가장 큰 위협이 된다. 이는 이 지역에서 흔히 일어나는 지진이나 화산 분출보다도 훨씬 더 걱정되는 문제다. 매사추세츠공과대학의 한 연구에 따르면, 빙하호 홍수의 압력을 받으면 하이드로아이센 댐은 불과 7.6분 만에 붕괴될 수 있다. 저수지로 쏟아져 들어오는 물이 댐을 넘치기 때문이다.[202] 이런 일이 벌어지면 칼레타토르텔은 한 시간 안에 재앙적 결과를 당하게 될 것이다.

이런 문제들에도 불구하고 바케르 강 주변에 사는 많은 사람들은 댐 건설이 불가피할 것이라고 생각한다. 칠레에서는 사유재산이 신성시되기 때문이다. 그렇지만 엔데사는 여전히 커다란 장애물에 직면해 있다. 댐에서 북부까지 송전선을 깔기 위해 필요한 땅의 일부를 마푸체족과 톰킨스 부부가 소유하고 있다. 아이러니하게도, 엔데사가 현재 직면한 문제는 회사 소유주들이 과거에 솜씨 좋게 실행한 바로 그 사유화 때문이다. 개인 소유 회사는 다른 사람의 소유지에 대해 정부처럼 토지 수용권을 발동할 수 없기 때문에 이런 송전선을 깔기 위해 지역권*을 인정받기 위한 뚜렷한 방법이 전무하다. 그리고 분명 엔데사는 어느 쪽의 지주들과도 친한 사이가 아니다. 따라서 엔데사가 끝없이 물을 사재기하는 가운데 교착상태에 빠질 공산이 크다.

칠레의 사례에서 알 수 있는 것처럼, 물 자유시장이 정말 자유로운 시장을 뜻한다고 보기는 힘들다. 자유시장은 비민주적이고 심지어 독재적인 정부와 연결되기 십상이다. 이 자유시장은 결국 국가 권한을 잠식하고 발전을 가로막는 장애물을 만들어 낸다. 다른 나라들에서 벌어진 것처럼, 물 사유화는 칠레에서도 정실 인사와 부패의 빌미로 작용했으며, 물 시장은 또한 외국 투기업자들에게 이 나라를 개방했다. 오늘날 중국은 엄청난 양의 파타고니아 물을 매입하는 것을 고려 중이다. 사우디아라비아가 이집트의 물을 매입한 것처럼 말이다. 투자은행가 제임스 리커즈James Rickards에 따르면, 불안정한 통화들로 이루어진 세계에서 "주요한 투자처이자 현재 중국이 선호하는

* 자기 토지의 편익을 위해 남의 토지를 사용할 수 있는 권리

상품이며, …… 그중에서도 가장 값비싼 상품은 물이다." 리커즈는 중국이 물 시장에 보이는 관심을 설명한다. "파타고니아의 깊은 호수와 빙하에서 나오는 민물에 대한 배타적 권리를 사들이기 위해 특별 펀드가 조직되는 중입니다."[203] 중국 정부가 이 물을 가지고 무엇을 하려고 하는지는 분명하지 않다.

수자원법의 유해한 부작용이 드러남에 따라 물을 재국유화하려는 운동이 시작되어 점차 커지고 있다. 칠레의 상황은 세계에 본보기가 되기는커녕 물 자유시장은 결국 독점적 통제와 물 사재기, 원주민 권리 침해, 환경 재앙 등으로 이어진다는 사실을 여실히 보여준다. 오레고는 다음과 같이 말했다. "알다시피, 어떤 사람들은 (수자원법이) 규제를 철폐한다고 말합니다. …… 그렇지만 나는 수자원법은 정확히 기업의 소유권 취득을 위해 규제를 한다고 말합니다. 그건 규제 완화가 아니에요. 규제입니다. 순전히 말장난이지만 아주 흥미롭지요." 2008년, 정치인, 교회 지도자, 환경론자, 원주민 그룹, 노동조합 등이 '칠레의 물을 되찾자Recuperemos el Agua para Chile'라는 연합을 결성했다.[204]

재국유화에 걸림돌이 되는 장애물 가운데 하나는 국가가 설령 수자원법을 우회하는 길을 찾는다 할지라도 칠레의 물을 되살 여력이 없을 수도 있다는 점이다. 2010년, 우파 억만장자 세바스티앙 피녜라Sebastian Piñera가 대통령에 당선되자 많은 이들이 댐 건설을 저지하거나 물을 재국유화할 수 있다는 희망을 잃었다. 피녜라의 승리가 발표된 뒤 그의 지지자들이 피노체트 피켓을 들고 산티아고 거리로 몰려나와 구호를 연호했다. "피노체트 장군, 이 승리는 당신을 위한 겁니다.” “칠레 만세, 피노체트 만세!” 네오나치들은 산티아고 거리를 따라 대열을 이뤄 행진을 하면서 나치식 경례를 했다. 그 직후 피네라는 ‘제2의 아라우카니아 평정’을 할 때가 되었다고 발표했다. 마푸체족 학살을 암시한 것이다.

2012년 6월, 산티아고의 역사적인 극장에서 피노체트를 기념하는 영화가 상영되었다. 제작사인 9-11주식회사Corporation on September 11는 이 날에 관해 칠레 국민 대다수와는 전혀 다른 견해를 갖고 있다. 수천 명이 극장을 찾았다. 독재자의 손자인 아우구스토 피노체트 몰리나Augusto Pinochet Molina가 영화를 소개했다. “1973년 이 나라는 힘찬 소리를 질렀는데, 그 외침은 ‘자유’였습니다.” 극장의 와이파이 신호는 ‘피노체트 만세Viva Pinochet’라는 이름이었고, 군중은 전 대통령 살바도르 아옌데가 화면이 나올 때마다 야유를 보냈다. 그들에게 아옌데는 사회주의의 해악을 상징하는 존재였다. 사람들은 영화를 보며 “주정뱅이, 변태, 호모 새끼”라고 소리를 질렀다. 극장 앞에서는 피노체트 시절 희생자 가족들이 실종된 가족의 사진이 담긴 피켓을 들고 서 있었다. “이 사람은 어디 있나요?”[205] 경찰은 극장 앞에 모인 시위대 수백 명을 해산시키기 위해 물대포를 쏘았다.

칠레 사람들은 지금도 사회주의와 자유시장으로 뚜렷하게 분열되어 있다. 생각해 보면 놀랄 일도 아니다. 2차대전이 끝난 뒤 이런 양극단의 언어가 전 세계를 휩쓸었고, 신생 독립국들은 소련과 미국 사이에서 편을 선택할 수밖에 없었다. 소련이 무너진 지 오래된 오늘날에도 이 언어는 여전히 굳건하다. 최근에는 티파티 단체들의 사회주의에 대한 비방과 중국의 위선적인 공산주의 찬양, 국제통화기금과 세계은행의 신자유주의 정책에서 이 언어가 모습을 드러낸다. 최근에 물이 이런 낡은 이분법에 휘말려 들어간 것은 유감스러운 일이다. 아마 칠레와 미국 두 나라에서 배워야 할 교훈이 있다면, '공-사 이분법' 모델은 물에 관해 사고하는 데 적절하지 않다는 점일 것이다. 이런 그릇된 이분법은 정치적 사고의 범위를 한정하기 때문이다. 그 대신 특히 대안적인 토착 지식 체계를 가진 정착민들의 나라의 경우에 우리는 정치적 상상력을 탈식민화하는 문제에 관해 생각할 필요가 있다. 물 연구자인 아르만도 게바라-힐Armando Guevara-Gil, 뤼트거르트 불런스, 데이비드 게치스David Getches 등은 『본류에서 벗어나*Out of the Mainstream*』라는 제목의 논문 모음집 결론에서 이렇게 말한다. "안데스 국가들은 종종 원주민 사회와 농촌 사회의 생존 수단과 전략을 훼손하면서 지방의 권리를 주변으로 밀어내고, 다양한 문화와 정체성이 공존할 수 있음을 사실상 부정하며, 지역민들의 관리와 자결권을 억압한다."[206] 다양한 문화가 번성하면서 대안적인 견해를 제공하게 만들면, 권력자들이 통제하는 중앙집권화된 정통적 입장에 따라 물을 공고화하는 것을 막는 데 도움이 될 것이다.

뉴질랜드는 어떻게 하면 다양한 문화와 정체성이 공존할 수 있는지에 관한 하나의 본보기를 제시한다. 1980년대 이래 뉴질랜드는 점차 공공 부문 서비스에 두 문화 공존주의를 도입하면서 유럽 이민자(파키하Pakeha) 문화와 마오리 원주민 문화를 둘 다 인정한다.[207] 어떤 이들은 이 두 문화 공존주의가 충분하지 않다고 지적하지만, 두 문화 조기 교육 시스템, 마오리 TV방송국 예산 지원, 마오리 조약에 부합하는 방향의 헌법 개정 교섭 등 몇 가지 성과는 상당히 의미심장하다. 이런 접근법은 설령 겉치레에 불과할지라도 칠레 같은 나라들에게는 중요한 발전이 될 것이다. 피노체트 정부는 “현재 칠레에는 원주민 같은 건 없다. 칠레인만이 있을 뿐이다”라고 선언한 것으로 악명 높으니 말이다.[208] 마오리족이 사회에서 차지하는 비중(15퍼센트)은 마푸체족(5~10퍼센트)이나 아메리카 인디언(1.7퍼센트)보다 크지만, 두 문화 공존주의 원칙은 건국 문서에 원주민과의 조약이 포함된 어떤 정착민 사회에든 적용할 수 있다. 뉴질랜드 고등법원의 에디 듀리Eddie Durie 판사에 따르면, “두 문화 공존주의는 건국의 토대가 되는 하나 이상의 문화들 사이의 관계에 관한 것이다. 다문화주의는 대체로 문화적 차이의 수용과 관련된다.”[209] 영향력 있는 정치이론가인 윌 킴리카Will Kymlicka는 캐나다에서 이 개념이 갖는 법적 함의를 설명한 바 있다. 그는 다종족 또는 다문화 국가 지위와 대조적으로 세 가지 건국 문화(캐나다 원주민First Nations, 프랑스계 퀘벡 사람, 영국계 캐나다인)를 가진 캐나다를 설명하기 위해 다민족 국가(두 문화 국가가 아닌)라는 용어를 사용한다.[210] 또 이 세 건국 문화에 영토와 토지 관리에 관한 집단적 권리를 부여해야 하는 동시에 다문화 사회에서 소유권과 문화 관행, 국가 보호에 관한 개인의 권리를 침해해서는 안 된다고 주장한다. 뉴질랜드가 두 문화 공존주의를 실행한 이유 중 하나는 마오리족에게 가해진 부당 대우를 바로잡고 마오리족의 지식이 이 나라에 줄 수 있는 공헌을 인정하기 위함이다.

1990년, 자원관리센터Centre for Resource Management는 두 문화 공존주의를 다루는 입법에 대응하여 “물: 두 문화 공존주의 관점을 향하여Water: Towards a Bicultural Perspective”라는 제목의 보고서를 발표했다.

보고서는 물에 관한 마오리족의 가치관을 개괄적으로 서술할 뿐만 아니라 이런 가치관을 물 관리 결정에 통합하기 위한 몇 가지 제안도 제시한다. 또한 공공 부문 노동자들에게 마오리 언어와 예절에 관한 교육을 하려고 한다. 무엇보다도 뉴질랜드의 두 문화 환경에서 성공적인 업무 파트너십에 결정적으로 중요한 마오리족의 가치관에 대한 지식과 존중을 제시한다.

유감스럽게도, 오늘날 뉴질랜드의 두 문화 공존주의 전환은 물 사유화에 의해 위협받고 있다. 초국적 물 기업들이 여러 가지 방식으로 마오리족의 가치를 침해하기 때문이다. 마오리족 물 전문가인 G. 라우마티 훅G. Raumati Hook과 L. 페어헤런 라우마티L. Parehaereone Raumati는 다음과 같이 말한다.

> 깨끗한 물을 공급하려면 목표의 통일이 필요하며, 이 활동에 참여하는 모든 이들, 즉 공급자와 수요자 모두 통일된 목표에 따라 행동하는 것이 중요하다. 정실 인사, 거짓말, 위협, 비밀주의 등은 목표의 통일을 해치며 결국 불화와 저항으로 이어진다. …… 초국적 기업들은 하나같이 빈약한 지도력과 의문스러운 정직성, 부패한 행태와 저소득층 지원 의지 부족을 보여 주었다. 초국적 기업들은 수장의 자질rangatiratanga이 없기 때문에 특히 서비스 산업에서 어떤 식의 지도적 지위에도 어울리지 않는다.[211]

외국 기업들은 두 문화 공존주의의 원칙에 따라 운영되지 않기 때문에 마오리족 물 권리의 법적 지위를 계속 위협한다. 뉴질랜드의 정치인인 윈스턴 피터스Winston Peters에 따르면, "놀랍게도 정부 각료들과 관리들은 사적, 상업적 이윤을 위해 이 물을 사용하겠다는 계획을 발표하면 말벌집을 막대기로 쑤시는 결과가 생길 것이라는 점을 깨닫지 못했다."[212] 흥미롭게도, 마오리족은 특별히 공공 부문이나 사적 부문의 물 공급자를 선호하지 않으며, 어떤 경우에는 소규모 사적 공급자도 필요하다고 인정한다. 그렇지만 누가 물을 공급하든 간에 공급자의 윤리는 일차적인 문제다.

마오리족 전문가들이 지적하는 것처럼, 투명성과 정직한 지도부, 저소득층에 대한 지원 등이 필요하다. 그리고 가장 중요한 요소는 공급자와 수요자 사이의 신뢰다. 칠레와 캘리포니아의 경우에 물 시장은 정반대의 결과, 즉 비밀주의, 기만, 공모로 귀결되었다. 물을 공공의 수중에서 사적 부문으로 대규모 이전하는 과정은 막후의 비공개 협상을 통해 이루어졌다. 이 협상으로 사적 부문은 부를 얻고, 공공부문은 선거운동 기부금과 회전문 인사를 통해 권력을 얻었다. 혹과 라우마티는 물 공급자와 수요자 사이의 힘의 균형이 공급자 쪽으로 심하게 기울면 "마오리족의 원칙에 따르면 결국 이 균형을 바로잡아야만 한다"고 주장한다. "오래 전 마오리족 시절에는 이런 시정이 징벌적 공격이나 심지어 전쟁의 형태를 띨 수 있었지만, 그 시절은 지나갔고 원칙은 여전히 남아 있습니다. 그렇지만 균형이 복원되지 않는 한 반감은 계속 존재할 겁니다."[213] 뉴질랜드 마오리족에게는 전쟁의 시대가 끝났을지 모르지만, 최근에 국가를 상대로 선전포고를 한 칠레 마푸체족에게는 이 시대가 끝나지 않았다. 벡텔의 물 계약 때문에 정부를 무너뜨린 볼리비아 국민들에게도 끝나지 않았다. 세계 곳곳의 나라에서 현지 주민들의 반감 때문에 철수할 수밖에 없었던 초국적 기업들에게 이 사실은 교훈이 될 것이다. 오늘날 세계 곳곳에서 벌어지는 싸움에서 힘의 균형이 서서히 복원되는 중이다.

2

탈식민 시대의 물 반란들

three

남아공의 물 아파르트헤이트

넬슨 만델라는 대통령 취임식에서 다음과 같은 유명한 말을 했다. “모든 국민에게 일자리와 빵, 물과 소금을 줍시다.” 피노체트 정부가 전력 회사와 광산 회사를 위해 칠레의 물을 사유재산으로 전환한 반면, 만델라 대통령은 정확히 반대되는 선택을 하면서 남아공 정부의 새로운 헌법에 공공재로서의 물에 대한 권리를 명문화했다. 1996년, 남아공은 세계 최초로 모든 사람은 충분한 식량과 물에 대한 권리를 갖는다는 요구를 헌법에 포함시켰다. 물 접근권은 46년 동안 이어진 아파르트헤이트 법률 치하의 야만적인 인종 분리가 종식되었음을 나타내는 상징이 되었다. 아파르트헤이트 당시 물은 백인들에게만 유리한 방식으로 불공평하게 분배되었기 때문이다.

남아공 최초의 ‘국가 물 정책 백서White Paper on a National Water Policy’(1997)는 시인 안치 크로그Antjie Krog의 말로 시작한다. “우리는 이 나라의 물이 흘러넘쳐서 하나의 네트워크를 이뤄 모든 개인에게 도달하기를 바랍니다. 여기 이 물은 당신 것입니다. 물을 받으세요. 당신의 인간 존엄성을 확인하고 당신의 인간성에 자양분을 주는 징표로 물을 소중히 간직하세요. 우리는 물을 가지고 과거를 씻어버릴 것이고, 지금부터 영원히 물의 축복을 받을 것입니다."[214] 아파르트헤이트가 끝난 뒤, 물은 희망, 평등, 혁신의 상징이 되었다. 하지만 얼마 지나지 않아 경제적 아파르트헤이트가 등장했다.

로벤Robben 섬에 투옥되어 30년 가까이 깨끗한 물을 충분히 접하지 못한 채 살았던 사실을 감안하면, 만델라 대통령이 평등한 물 접근권을 아파르트헤이트 이후 국가의 목표로 포함시킨 것도 놀랄 일은 아니다. 아파르트헤이트에 맞서 싸웠다는 이유로 테러리스트로 감옥에 갇힌 만델라는 케이프타운 해변에서 몇 킬로미터 떨어진 로벤 섬에 민물이 부족하다는 사실을 발견했다. 이 감옥은 처음에는 본토에서 물을 실어 와서 배급했다. 그러다가 나중에는 우물을 파서 염분이 있는 물을 공급했다. 전 수감자인 빌레 네어Billy Nair는 2002년에 한 인터뷰에서 매일 아침 교도소 한쪽 벽에 물 들통이 네 개가 놓여 있고, 다른 쪽 벽에는 화장실용 물통이 또 넷 있었다고 말했다. 수감자 60명이 같이 쓰는 물이었다. "하루 종일 이 물을 갖고 써야 했기 때문에 물을 배급해서 썼습니다. 아침에 머그컵 하나 양의 물로 씻어야 했지요." 제대로 샤워를 하려면 소금물을 사용했다. 네어는 1960년대에는 실제로 바다에서 바로 끌어 올린 소금물로 목욕을 해야 했다고 말했다.[215] 또 다른 수감자는 죄수 한 명당 하루에 5리터씩 배당을 받았다고 주장했다. 미국에서 수세식 변기 물 한 번 내리는 데 사용되는 것보다도 적은 양이다.[216] 2008년 유엔 인권 고등판

무관으로 임명된 나바네섬 필레이Navanethem Pillay는 변호사 시절 교도소의 상태를 보고 충격을 받았다고 털어 놓았다. "로벤 섬 교도소를 처음 방문한 날, 교도관들이 수감자용 수도꼭지에서 나오는 물을 먹지 말라고 말하면서 본토에서 가져온 물을 건네 줬습니다. 바로 수도꼭지를 틀어 물을 먹어 봤는데, 소금기가 있더군요. 이 물 때문에 의뢰인들이 건강 문제를 겪고 있었습니다."[217]

만델라는 직접 물 부족을 경험했을 뿐만 아니라 남아공의 모든 흑인들이 비슷한 문제를 겪고 있다는 점도 잘 알았다. 1913년, 식민주의 세력 영국은 원주민소유지법Native Lands Act을 시행하기 시작하면서 농촌의 흑인들을 아메리카 원주민 보호구역과 비슷한 지정 지역으로 강제 이주시켰다. 지정 지역은 이 나라에서 생산성이 가장 떨어지고 물이 부족한 곳이었다. 토지의 80퍼센트 이상이 전체 인구의 20퍼센트에 불과한 백인의 몫이 되었다. 영국의 강변 수자원법에 따라 강에 인접한 토지를 소유한 사람만이 법적인 물 이용권을 가졌고, 흑인들은 강에서 멀리 이주되었다. 1923년에는 흑인이 도시 지역에 사는 게 불법이 되었다. 도시에서 일하는 이들은 변두리, 일명 '타운십township'으로 옮겨졌다. 고용을 입증하지 못하는 사람들은 지정 지역으로 추방되었다. 흑인 타운십에는 노동자들을 위해 정부 기숙사형 주택이 지어졌지만, 주민들은 전기요금과 수도요금뿐만 아니라 건축비까지 상환해야 했다. 임대료와 공과금이 모두 월세에 일괄 포함되었는데, 이런 관행은 개별 요금을 감추기 위한 것으로 아무 때나 요금을 올릴 수 있었다. 주민들은 건축비를 전부 상환한 뒤에도 계속 월세에 건축비가 포함되어 청구된다는 사실을 발견했다. 정부 공영 주택 비용을 감당할 수 없는 사람들은 판자촌, 일명 '무허가촌'을 세웠다. 보통 공공서비스라고는 식수용 급수탑 정도밖에 없는 동네였다.[218] 여자들은 대개 지역에 하나뿐인 급수탑까지 몇 킬로미터를 걸어다녀야 했다.

이와 대조적으로, 도시의 백인 지역은 푸른 잔디밭과 대형 수영장, 골프장 등이 가득했다. 남아공은 전 세계에서 물 부족 국가로 손꼽히는데도 말이다.[219] 네덜란드계 백인인 아프리카너Afrikaner 정부가 집권한 1948년, 아파르트헤이트apartheid('분리'를 뜻하는 아프리카너 단어)의 분리 정책 아래서 이런 불공정성은 강화되기만 했다. 1997년 백서에 따르면, "아파르트헤이트는 비효율적인 인종 엽관제racial spoils system였다. 이 체제에서 물 사용 분배는 인종에 따라 불균등했으며, 물 접근권과 물 사용 혜택은 토지 접근권과 정치 · 경제 권력을 가진 이들의 특권이었다."[220] 아파르트헤이트가 종료된 1994년 무렵, 남아공 인구의 70퍼센트가 나라 전체 물의 11퍼센트만을 받았다.

1994년 공개된 만델라의 재건개발계획Reconstruction and Development Program(RDP)은 모두를 위한 물 확보를 약속했다. 계획의 기본 문서에서는 다음과 같이 언급했다. "우리 수자원 정책의 근간이 되는 원리는 깨끗한 물을 이용할 수 있는 권리다." 특히 재건개발계획은 단기적으로 모든 가구에 하루에 1인당 20~30리터의 물을 공급할 것이며, 600피트* 이내에서 이용할 수 있도록 하겠다고 약속했다. '중기'

* 약 180미터

적으로는 가구마다 하루에 1인당 50~60리터의 깨끗한 물을 가정에 곧바로 공급하고 저소득층에게는 보조금을 제공하겠다고 약속했다. 도시 경계선도 흑인 타운십을 포함해서 다시 그었고, 그에 따라 도시의 조세 기반과 서비스를 모든 사람이 이용할 수 있게 되었다. 그리하여 백인에 대한 특혜 대우가 종식되었다. (예전에는 흑인 타운십의 물과 전기 공급에 필요한 재정을 '국가맥주계정Native Beer Account'에서 일부 지원했다. 국가맥주계정은 이런 취지로 타운십에서 판매되는 맥주 수익의 일부를 가져갔다.)[221]

남아공에서 민주주의가 출범하고 분리 법률이 종식된 때는 흑인들의 희망이 고조되는 시기였다. 그렇지만 정확히 10년 뒤, 남아공 도시네트워크는 다음과 같이 보고했다. "모든 조사 자료를 볼 때, 흑인 주민들 사이에서는 삶의 질 체감도가 떨어지는 반면, 백인 주민들은 오르고 있다."[222] 흑인들의 삶의 만족도가 떨어지는 이유 중 하나는 실업 증가와 관련이 있었다. 아파르트헤이트가 종식되고 10년 동안 실업자 수가 두 배 이상 늘어났기 때문이다.[223] 소득 불평등 역시 높아지고 있었다. 『네이션*The Nation*』은 최근 다음과 같이 보도했다. "1994년 이래 하루에 1달러 이하로 살아가는 남아공 국민의 수가 두 배로 늘었지만, 남아공 백만장자의 수도 그만큼 늘었다." 통계를 보면 이 10년 동안 유아 사망률도 높아지고 4세 이하 어린이의 사망 건수가 가장 많음을 알 수 있다. 1997년에서 2005년 사이에 아동 사망률은 90퍼센트 증가했다. 주요 사망 원인은 장 질환이었다. 요컨대, 이 아이들은 더러운 물을 먹다가 죽은 것이다.[224]

내가 케이프타운을 찾은 2007년, 도시 폭동이 새로운 남아공의 얼굴이 되어 있었다. 대개 물, 주택, 하수 시설 등의 부족 때문에 벌어진 폭동이었다. 그 이후 남아공에서 '공공서비스 시위'라고 불리는 항의시위와 폭동은 매년 늘어나기만 했다. 2008년 5월 2주 동안 전국 각지에서 벌어진 폭동으로 50명 이상이 사망했다. 폭력은 대부분 다른 아프리카 나라에서 온 이민자들을 겨냥한 것이었고 따라서 인종주의가 비난을 받았지만, 바탕에 깔린 원인은 분명했다. 한 주민은 이렇게 말했다. "우리는 수돗물과 전기가 없고 양동이 변기를 사용해요. 바로 이런 이유 때문에 우리는 분노하고 싸우려고 하는 겁니다."[225]

2008년, 타보 음베키Thabo Mbeki 대통령은 군대에 경찰을 지원해서 폭도를 진압하라고 지시했다. 최근 조사를 보면, 깨끗한 물 부족이 주택 부족에 이어 사람들이 시위를 벌이는 두 번째 이유로 꼽혔다.[226] 블룸버그뉴스는 2012년 남아공에서 물을 비롯한 공공서비스 공급 부실을 둘러싸고 대규모 시위가 173차례 벌어지는 기록을 세웠다고 보도했다. 지난해보다 시위 건수가 두 배 이상 증가한 것이었다.[227] 남아공 여러 도시 외곽의 빈곤 지역에서 시위가 벌어져 도심을 포위해 들어가는 광경을 묘사하기 위해 '불의 고리'라는 표현이 사용되고 있다.[228] 그렇다면 '모두를 위한 물'이라는 구호를 의기양양하게 내세웠던 만델라 대통령 집권 초기에 무슨 일이 벌어진 걸까? 남아공 정치인 로니 카스릴스Ronnie Kasrils는 말한다. "우리는 신자유주의 경제의 덫에 걸렸다. 또는 오늘날 누군가 외치는 것처럼, 우리는 '국민들을 배신했다.'"[229]

1991년 세계은행과 국제통화기금은 아파르트헤이트 종식을 경제적 기회로 보았다. 수십 년에 걸친 경제 제재가 끝난 뒤, 남아공은 갑자기 외국인 투자에 문호를 개방했다. 그러자 세계은행과 국제통화기금은 남아공의 백인 기업가 집단과 만델라의 아프리카민족회의 African National Congress(ANC)가 '막후 비공개' 교섭을 하는 동안 남아공의 미래 경제 정책을 만들기 시작했다. 세계은행이 직접 밝힌 것처럼, "1991년, 세계은행은 경제 정책 조언과 역량 구축 등 종합적 프로그램을 통해 남아공에서 활동을 재개했다."[230] 남아공의 새로운 경제 장관들이 정기적으로 워싱턴DC로 날아가서 세계은행과 국제통화기금 수장들을 만나는 동안 만델라 가족은 남아공의 호화 별장이나 바하마 제도에서 휴가를 즐겼다. 경제학자 조지프 스티글리츠 Joseph Stiglitz는 이렇게 말한 적이 있다. "부패는 양방향 도로와도 같습니다. 부패를 피하려면 사람들 앞에서 돈다발을 흔들어 대면 안 됩니다."[231] 결국 남아공을 위한 만델라의 꿈은 세계은행과 국제통화기금의 압력에 의해 타락했다. 아파르트헤이트 종식 협상에 참여했던 카스릴스는 자서전에서 다음과 같이 설명한다.

> 우리가 처음 민주적인 선거를 치르기 직전에 국제통화기금 차관을 받았을 때 이른바 파우스트의 순간이 찾아왔다. 급진적인 경제 의제를 차단하는 부대조건이 붙은 이 차관은 협상을 계속하기 위한 양보 조치들과 마찬가지로 필요악으로 여겨졌다. …… 아프리카민족회의 지도부는 단호한 태도와 단결을 유지하고 부패에서 자유로울 필요가 있었다. 그리고 무엇보다도 혁명의 의지를 고수해야 했다. 그렇지만 우리는 오히려 겁을 집어먹고 물러섰다.[232]

협상 중에 남아공 대표들은 남아공 경제학자 비시누 파다야치 Vishnu Padayachee의 말처럼 아파르트헤이트 체제의 사고와 뚜렷한 유사성이 있는 국제통화기금의 조건을 수정하려고 했다. 국제통화기금에 제안한 수정 사항은 실업에 대처하고 기본적인 사회적 수요와 기반시설 수요를 충족시키기 위한 정책과 관련해서 민주 정부에 더 큰 유연성과 재량권을 부여하려는 목적으로 제시된 것이었다. 하지만 아프리카민족회의 내부에서 갈등이 계속되고 협상 과정의 투명성이 부족했던 탓에 남아공의 입장은 힘을 잃었다. 수정 제안은 받아들여지지 않았다.[233] 파다야치는 만약 아프리카민족회의가 국제통화기금의 의표를 찌르는 방법을 찾지 못한다면, 이후 "재건개발계획을 이행하지 못해서 아프리카에서 이제 막 생겨난 민주주의 체제의 생존 자체가 위협을 받을지도 모른다"고 우려했다.[234]

재건개발계획을 유지한다는 남아공의 목표는 또한 기상 상황의 도움도 받지 못했다. 1992~1993년, 남아공은 사람들이 기억하는 최악의 가뭄을 겪었다. 농업과 관련된 부문에서 7만 명이 일자리를 잃었고, 들불이 확산되고 가축들이 죽어 나갔으며, 강물이 마르고 절망에 빠진 사람들이 도시로 옮겨 갔다. 모두 합쳐 25만 명이 피해를 입었고, 국내총생산(GDP)이 감소했다.[235] 국제통화기금은 이런 절망적 상황을 한껏 활용했다. 아프리카민족회의가 국제통화기금의 경제 정책을 따르겠다고 확답하기 전에는 가뭄 구호기금 8억 5,000만 달러를 제공하지 않겠다고 한 것이다. 이 경제 정책에는 임금 인상 자제, 무역 장벽 제거, 정부 공공서비스 삭감을 통한 부채 감축 등이 있었는데, 재건개발계획의 정책과 직접 충돌하는 내용이었다.[236] 로벤 섬 수감자 출신인 데니스 브루투스Dennis Brutus는 다음과 같이 설명했다. "우리는 아파르트헤이트에서 빠져나와 글로벌 아파르트헤이트로 진입했습니다. …… 아프리카민족회의 정부가 세워지면서 예상한 것과는 정반대의 상황이었죠."[237]

남아공에서 벌어진 상황은 이례적인 게 아니다. 국제통화기금은 여러 나라에 대해 '파우스트의 거래'에 개입했으며, 그때마다 생존을 위한 유일한 선택지는 국제통화기금의 경제 조건을 충족시키는 데 있다고 단언했다. 남아공의 사례 연구에서 독특한 점이라면, 이른바 중립적인 경제 이론이 어떻게 실제로는 인종주의를 영속시킬 수 있는지를 보여 준다는 사실이다. 남아공에서 국제통화기금은 이 나라가 필사적으로 극복해야 하는 바로 그 인종주의를 무시하는 긴축과 민영화 계획으로 '불의 고리'를 만들어 냈다. 오늘날 국제통화기금이 미처 대비하지 못한 것은 남아공에는 아파르트헤이트에 맞서 싸우는 효율적인 집단이 존재하고, 이 집단이 이제 글로벌 아파르트헤이트에 등을 돌렸다는 사실이다. 카스릴스에 따르면, "암흑으로 빠져드는 것을 막아야 한다. …… 아프리카민족회의의 정신을 되찾고, 그 전통적 가치와 공공 봉사 문화를 복원할 필요가 있다. 악마(즉, 국제통화기금)와 체결한 계약을 파기할 필요가 있다."[238] 아파르트헤이트 반대 투쟁은 고스란히 국제통화기금과 사유화에 반대하는 투쟁으로 전환되었고, 국제통화기금이 강요하는 긴축 정책에 맞서 싸운 다른 나라들에도 본보기가 된다.

아파르트헤이트 이후 시대의 물

1993년, 만델라는 몇 가지 조건이 붙은 국제통화기금 차관을 받아들였다. 첫째, 남아공은 관세 및 무역에 관한 일반협정General Agreement on Tariffs and Trade(GATT)에 서명해서 외국 투자자들이 남아공 산업과 '동등한' 입장에서 진출하도록 허용해야 했다. 둘째, 남아공은 사라진 아파르트헤이트 정부의 채무를 상환해야 했다. 이 두 요건 모두 미래의 물 정책에 중요한 의미가 있음이 밝혀졌다. 두 요건 덕분에 수에즈 같은 기업들이 남아공에 들어와서 물 서비스를 받으려면 아파르트헤이트 시대의 채무를 갚으라고 흑인 타운십 주민들에게 강요할 수 있었기 때문이다. 흑인 지역까지 아우르도록 도시 구획을 개정하겠다는 꿈도 최소한 2000년까지 미뤄졌다. 결국 타운십들은 계속해서 불충분한 조세 기반을 가지고 물 공급을 개선하는 사업을 해야 했다. 이 때문에 물 기업들의 자본금만이 비참한 환경을 개선하기 위한 유일한 답인 것처럼 보였다.[239]

1996년에 이르러 재건발전계획이 새로운 경제 계획으로 대체되었다. 성장 · 고용 · 재분배Growth, Employment, and Redistribution(GEAR) 계획이라는 이름이었다. 이 계획은 경제학자 15명이 고안한 것이었는데, 세계은행 경제학자도 두 명 들어 있었다. 성장 · 고용 · 재분배 계획의 기본틀 문서에서는 남아공 경제의 역사에서 인종과 아파르트헤이트가 모두 사실상 삭제되었다. 재건발전계획과 달리, 성장 · 고용 · 재분배 계획 문서는 인종주의나 아파르트헤이트, 심지어 불공정성이라는 단어도 사용하지 않는다. 성장 · 고용 · 재분배 계획이 출범할 때 부통령 타보 음베키는 "나를 대처주의자라고 불러 달라"는 악명 높은 말을 했다. 영국 총리 마거릿 대처가 물을 포함해 전면적인 사유화 정책을 밀어붙인 사실을 상기시킨 것이다.[240] 남아공의 새로운 물 공급 계획은 외국의 입찰을 받아 도시의 물 공급을 관리하고 세계은행의 비용 회수 모델에 따라 운영하도록 하는 것이었다. 비용 회수란 상하수도 기반시설의 비용 전체를 공공이 지불해야 함을 의미한다. 이런 시스템에서는 맥주가 아니라 더 높은 월별 요금으로 기반시설 비용을 지불하게 된다. 결국 타운십의 임대료도 큰 폭으로 상승하게 된다.[241]

바이워터Biwater가 1999년 넬스프로이트Nelspruit 시에 물을 공급하는 첫 번째 계약을 따냈다. 뒤이어 2000년에 요하네스버그가 수에즈의 차지가 되었다. 수에즈가 이 계약을 따낼 수 있었던 한 가지 이유는 이 회사가 남아공에서 사업 경험이 가장 많다는 것이었다. 수에즈의 자회사인 데그레몽Degrémont은 아파르트헤이트 시기 동안 백인 전용 지역에서 200건 이상의 물 서비스 · 기술 계약을 실행했다.[242] 예상된 것처럼, 수에즈가 요하네스버그수도회사Johannesburg Water Company를 운영하기 시작하자 처음부터 요금 인상이 55퍼센트 이루어졌다. 요금 인상률은 타운십에서 더 높았다. 대용량 할인 수도 요금으로 산업 시설을 도심으로 끌어들이려는 동기가 있었기 때문이다. 가령 2003~2004년에 저소득층 지역은 30퍼센트 요금 인상에 직면한 반면, 산업용 수도 요금은 10퍼센트 인상되었다.[243]

요하네스버그에 적용한 비용 완전 회수 모델의 또 다른 문제점은 세계은행이 자금을 지원해서 도시에 물 공급을 하는 레소토 고원 물 개발 사업Lesotho Highlands Water Project의 막대한 차관을 주민들이 상환해야 했다는 사실이다. 물 부족에 시달리는 남아공 한가운데에 자리한 물이 풍부한 소국인 레소토는 오래 전부터 물 개발의 표적이 되었다. 1986년, 유엔이 남아공에 대한 제재를 계속하는 가운데서도 세계은행은 버젓이 남아공 아파르트헤이트 정부를 위해 레소토에 잇따라 댐 건설 비용을 지원했다. 세계은행은 이 사업이 남아공이 아니라 레소토의 발전을 위한 것이라고 주장하면서 제재를 회피했다. 세계은행에 따르면, 레소토는 사실상 현대 경제 발전의 손길이 닿지 않은 나라로서 기본적으로 전통적인 생계형 농민 사회였다. 인류학자 제임스 퍼거슨James Ferguson에 따르면, 세계은행의 이런 설명은 참으로 허황된 것이다. 퍼거슨은 다음과 같이 말한다. "레소토는 현대 경제 발전의 손길이 닿지 않기는커녕 바로 그런 발전에 의해 완전히 바뀐 나라입니다. 그것도 1966년이나 1976년이 아니라 1910년에 말이죠."[244] 1986년에 이르면, 레소토 남성 인구의 절반 이상이 남아공의 광업과 농업에서 일했다. 사실 레소토 물 개발 사업은 이 나라를 발전시키기보다는 국민들을 더욱 가난하게 만드는 역효과를 가져왔다.

퍼거슨은 세계은행 보고서를 전반적인 무지나 무능한 연구의 징표로 보아서는 안 된다고 제대로 지적한다. 그보다는 특정한 의제를 실행하려는 의도가 담겨 있다. 즉, 아파르트헤이트 정부를 불법적으로 지원하기 위해 레소토에서 개발 사업을 정당화하려고 한 것이다.[245] 지금도 세계은행은 아파르트헤이트 체제의 남아공에 관여한 사실을 부정하면서 다음과 같이 주장한다. "세계은행은 1966년에 남아공에 대한 대출 사업을 중단했다. …… 1960년대부터 아파르트헤이트 시대를 종식시킨 극적인 정치적 변화 시기에 이르기까지 세계은행은 대출이나 다른 어떤 활동도 하지 않았다."[246] 엄밀하게 따지면 틀린 말은 아니다. 사업 자금은 레소토 정부에 빌려준 것이기 때문이다. 하지만 이 사업은 남아공을 위한 것이었고, 남아공은 런던에 소재한 신탁기금을 통해 세계은행 차관 상환을 위한 돈을 세탁했다.

세계적으로 손꼽히는 규모의 도수 사업인 레소토 고원 물 개발 사업은 다섯 개 댐과 125마일*의 터널을 통해 오렌지Orange 강의 흐름을 거꾸로 바꿔서 요하네스버그와 프레토리아Pretoria로 물을 보낸다. 이 댐들이 생기면서 아파르트헤이트에 강경하게 반대하던 2만 명이 이주를 했지만, 레소토의 부패한 관리들은 만족스럽게 사업을 활용했다. 레소토 국민들이 사업에 반대하며 싸우자 남아공 군대가 레소토를 장악해서 카체Katse 댐에서 항의시위를 하던 17명을 포함해 수십 명을 살해했다.[247] 지금까지도 레소토에서 이주 당한 사람들의 곤란한 상황은 여전히 해결되지 않았고, 계속되는 어린이 영양실조는 문제로 남아 있다. 레소토 주민인 케티사 레테카Khethisa Leteka는 이렇게 말했다. "무엇보다도 괴로운 건 배고픔입니다. 우선 이 문제를 이야기하고 싶어요. 약간의 보상이라도 받아서 굶주림에서 벗어날 수만 있다면, 아주 감사할 겁니다."[248] 세계은행은 레소토 인구의 4분의 1에서 2분의 1이 극빈층이라는 사실을 인정하지만, 세계은행

* 약 200킬로미터

의 빈곤 감축 전략은 여전히 민간 투자와 수출을 증대하기 위한 개혁을 강조한다. 또한 공익사업의 관리와 효율을 개선하기 위해 민영화 기획단을 설립할 것을 권고한다.[249]

요하네스버그에서는 아파르트헤이트 시대의 80억 달러짜리 레소토 고원 물 개발 사업과 관련된 비용을 지방 정부가 감당해야 했고, 그에 따라 불가피하게 수도 요금이 올랐다. 이런 비용 외에도 수에즈와 체결한 계약에 따라 시 정부는 아파르트헤이트 시대에 체납된 수도 요금 비용을 처리하는 계획을 내놓아야 했다. 아파르트헤이트 시기 동안 타운십 주민들은 조직적인 임대료 보이콧을 통해 아파르트헤이트 체제에 저항했다. 이 과정에서 주민들은 집세, 수도 요금, 전기 요금 등의 납부를 거부했다. 주민들이 아파르트헤이트 정부를 지원하기를 원치 않은 점 말고도 이런 보이콧을 하게 된 이유 중 하나는 타운십에 공급되는 서비스가 불충분한 점에 항의하기 위한 것이었다. 아파르트헤이트 시대의 이런 보이콧에 대한 보복으로 시의회는 수도나 전기, 또는 둘 다 차단하곤 했다. 어떤 경우에는 집세와 수도 요금 인상에 항의하는 시위를 한 데 대한 보복으로 5만 명이 사는 타운십에 단수를 한 적도 있다. 시의회는 또한 다른 아파르트헤이트 반대 활동에 대해서도 단수로 대응했다. 1990년, 친親아파르트헤이트 성향의 시의회가 공공장소의 인종 분리를 지속하는 법률을 폐지하려는 시도에 대한 보복으로 수십 곳의 타운십에 단수를 했다. 정부의 이런 습격은 '차단 작전Operation Switch-Off'이라고 불렀는데, 특히 정치 활동에 적극적으로 나서는 타운십들이 대상이 되었다.[250] 이런 사례들에서 드러나는 것처럼, 정부는 아파르트헤이트에 맞선 싸움을 중단시키기 위해 물을 거듭해서 무기로 활용했다.

아파르트헤이트 체제가 종식된 뒤, 사람들은 아파르트헤이트 시대의 채무가 말소되기를 기대하면서 기다렸기 때문에 보이콧을 잠시 중단했다. 1995년, 만델라는 국민들에게 설명했다. "과거에 아파르트헤이트에 맞서 싸우기 위해 요금 체납을 했지만, 이제 이런 행동은 불필요합니다."[251] 하지만 기존의 체납액을 어떻게 처리할지에 관한 문제는 여전히 남았다. 1991년 당시 흑인 타운십들은 지방 정부와 공익사업체에 4억 달러 이상의 부채가 있었다.[252] 결국 국제통화기금이 이 문제를 해결했다.

만델라와 국제통화기금이 막후에서 비밀리에 합의에 도달한 결과 아파르트헤이트 시대의 채무가 탕감되는 일은 없을 것임이 점차 분명해졌다. 남아공의 신임 정부는 아파르트헤이트 시절에 빌린 돈을 여전히 외국 은행(주로 스위스, 프랑스, 미국 은행)에 갚아야 했다. 따라서 개인의 채무도 탕감해 주기 힘들었다. 가난한 사람들은 수백 달러, 아니 심지어 수천 달러짜리 고지서를 받았고, 이번에도 역시 납부를 거부하거나 아니면 납부할 돈이 없었다. 요금을 납부하지 않은 이 두 이유 사이의 경계선은 아파르트헤이트 시대와 마찬가지로 여전히 모호하다. 사실 7달러가 드는 수도 연결 비용 때문에 수도를 이용할 여력이 없는 사람들도 허다하다. 타운십 주민인 솔로몬 말랑구Solomon Mahlangu는 이렇게 말했다. "우리가 요금을 내게 만들려면, 우선 체납 요금을 없애 주고 처음부터 시작하게 해줘야 합니다."[253]

점점 더 많은 사람들이 요금을 체납하자 세계은행은 요하네스버그 시가 '확실한 단전, 단수 위협'을 홍보해야 한다고 권고했다.[254] 수에즈는 더 나아가 사전 경고도 없이 단수 조치를 했다. 2002년 처음 넉 달 동안 9만여 가구의 수도나 전기가 차단되었다. 시의원 마이크 모리아티Mike Moriarty는 이런 조치를 옹호했다. "시의회는 요금을 납부하지 않는 사람들에 대해서는 무자비하고 용서가 없어야 합니다."[255] 2003년, 남아공 인적서비스연구회의Human Services Research Council는 아파르트헤이트가 종식된 이래 최대 천만 명에 달하는 국민이 비용 회수 정책 때문에 단수 조치를 당한 것으로 추산했다. 요하네스버그에서 수에즈는 새로 연결한 수도가 수백만 건에 달한다고 홍보하면서도 훨씬 더 많은 수가 단수 조치를 당했다는 사실은 언급하지 않았다. 결국 전체 수도 이용자 수는 감소했는데도 말이다.[256]

타운십에서는 수도 요금이 여전히 월세에 포함되어 청구되기 때문에 요하네스버그 시는 요금을 내지 않는 주민들을 퇴거시키기로 결정했다. 이를 위해 시는 공포의 대상인 레드앤트Red Ants와 계약을 체결했다. 붉은색 상하의 일체형 제복 차림의 민간 보안회사인 레드앤트는 동네에 몰려가서 주민들을 폭력적으로 쫓아내는 것으로 유명하다. 2007년에 이르면, 아파르트헤이트 시절의 보이콧으로 생긴 체납 요금을 포함한 채무를 상환 받으려는 시도의 일환으로 200만여 명이 자기 집에서 퇴거당했다. 아이러니하게도, 일부 타운십 주민들은 집을 잃지 않으려고 수도 연결에 반대하는 싸움을 하기도 했다. 이런 전략이 요하네스버그에서만 벌어진 것도 아니고, 수에즈만 그런 것도 아니라는 사실을 지적할 필요가 있다. 케이프타운에서도 시민사회센터Centre for Civil Society의 리처드 피트하우스Richard Pithouse가 똑같은 문제를 설명했다. "카얄리차Khayalitsa에서 200란드(미화 20

달러)의 채무(체납 수도 요금)가 있는 여자가 가재도구를 뺏기는 걸 내 눈으로 직접 봤습니다. 여자네 집에 가전제품이 없으니까 침대하고 옷가지를 가져가더군요. 정말 맹목적이고 광신적인 근본주의 이데올로기예요."[257] 수에즈가 좀더 야만적이고 은밀한 방법을 구사했을지 몰라도, 공익사업체 역시 국제통화기금이 강요한 요건 때문에 비슷한 전술에 의지하고 있었다.

시간이 흐르면서 점점 더 많은 남아공 국민들이 오염된 강물을 식수로 사용할 수밖에 없었다. 2001년, 요하네스버그의 알렉산드라Alexandra 타운십에서 콜레라가 발생해서 4명이 사망하고 수백 명이 병에 시달렸다. 도시를 관통해 흐르는 유크스케이Jukskei 강에서는 고농도 E콜라이도 발견되었는데, 그 때문에 부유층 교외인 샌턴Sandton에서도 패닉 상태가 벌어졌다. 전염병 확산을 막기 위해 알렉산드라 주민 수천 명이 임시 이주되었다.[258] 2008년, 1980년대 초에 콜레라가 근절된 것으로 여겨진 다른 도시에서 다시 콜레라가 발생했다. 콰줄루나탈 주에서는 상황이 훨씬 더 비참했다. 1990년대 말, 수도위원회는 그전부터 비용 회수를 실행하라는 압력을 받았는데, 그에 따라 사람들이 비상 공동 급수전을 사용하는 데도 돈을 내게 했다. 2000년에 이르면, 주 전역에서 콜레라 환자 수천 명이 보고되기 시작했다. 전염병 발생을 억제할 때까지 12만 명이 감염되어 265명이 사망했다.[259]

요하네스버그에서 수에즈는 강물 오염에 대한 책임을 일부 맡고 있었다. 수에즈는 수도 서비스를 관리하는 일 말고도 도시 일부 지역에서 심각하게 부족한 하수 처리 계약도 체결한 상태였다. 그런데 수에즈는 돈을 아끼기 위해 무허가 주거지 주민들에게 '환기 개선 구덩이 화장실ventilated improved pit latrine', 일명 VIP를 제공했다. '똥 저장drop and store' 방식이라고 부르는 VIP는 사실상 노천 화장실이었다. 그런데 투수성 토질의 얕은 지하수면 위에 이런 화장실을 설치한 탓에 박테리아가 강물로 녹아들었다. VIP 말고도 수에즈는 '얕은 하수도shallow sewage' 시스템도 실험했다. VIP와 달리 이 시스템에는 배관이 있었지만 물은 거의 필요하지 않았다. 물 대신 사람이 사회적 자본을 이용해서 자기 집 하수관을 뚫는 방식이다. 점검 박스에 있는 하수관까지 손을 뻗어서 막힌 쓰레기를 손으로 끄집어내야 한다. 이 시스템을 설치한 것은 화장실용 수도 요금을 낼 여력이 없는 주민들을 위해서였다. 얕은 하수도 시스템에는 수에즈에서 만든 사용설명서가 들어 있었다.

> 모든 점검실을 연다. 장갑을 낀다. 점검실에서 덩어리와 쓰레기를 제거한다. 각 점검실마다 거울로 살펴본다. 한 부분에서 오물이 발견되면 위쪽 점검실에서 관을 끌어다가 막힌 곳까지 갖다 댄다. …… 장갑을 끼고 손으로 오물을 제거한다.[260]

수에즈는 혹시라도 이런 관리 방식에 불만이 제기될까봐 다음과 같이 설명했다. "주민들은 운영의 지속성을 보장하고 …… 운영비를 제한하기 위해 이런 서비스에 대한 책임을 맡아야 합니다."[261] 요컨대, 화장실에서 손으로 변을 치우는 것이 화장실 기능을 유지하고 수에즈를 위한 비용을 낮추는 유일한 길이었다. 일부 사람들은 이런 화장실을 계속 청소하는 대신 점검실이 넘쳐서 강물로 하수가 흘러가게 내버려 두었다.

마지막으로, 체납 문화가 자리를 잡은 게 분명해지자 수에즈는 가정마다 선불 계량기를 도입하기 시작했다. 자가연결 시스템이라고 불리는 이 계량기가 설치되자 물을 틀려면 토큰이 필요했다. 영국에서는 1990년대에 이와 비슷한 계량기를 불법이라고 결정했다. 화장실 물을 내리지 못하면 건강상의 위험이 생기기 때문이었다. 하지만 수에즈는 이 계량기를 환경친화적이라고 선전하면서 계량기 출시 사업을 물 보전 사업Operation Gcin'amanzi이라고 명명했다. 사람들이 회사의 계량기 설치를 거부하면, 그 집은 단수 조치가 되었다. 요하네스버그 시 웹사이트는 다음과 같은 자랑을 늘어놓았다. "소웨토의 물 기반시설 개선 사업인 물 보전 사업으로 이미 절약한 물의 양이면, 거의 올림픽 수영장 21,000개를 가득 채울 수 있다."[262] 소웨토에서는 수영장을 갖는 꿈을 꾸는 사람이 없었기 때문에 수영장을 채운다는 비유는 주민들에게 통하지 않았다. 이 비유는 오히려 흑인의 마실 물보다는 백인의 수영장 채울 물이 더 우선시되었던 옛 시절을 떠올리게 만들었다. 또한 새로운 계량기가 설치된 이후 소방대가 접근하지 못하는 무허가 주거지의 주택 소유주는 화재가 나도 불을 끌 수 없었다. 집주인이 충분한 토큰을 갖고 있지 않으면, 자기 집이 불에 타는 것을 지켜봐야만 했다. 그런 화재가 나는 경우에 여자, 어린이, HIV/에이즈 보균자 등이 건강한 성인 남자보다 집에 있을 공산이 컸다.

아파르트헤이트가 종식된 이후 남아공이 세계 경제에 재진입하면서 직면한 외부적인 요인들을 감안할 때, 물 공정성이 전반적으로 쇠퇴할 것임을 예상할 수 있었다. 남아공은 아파르트헤이트 시절에 강력한 노동조합 지도부가 있었지만, 남아공노동조합회의Congress of South African Trade Unions(COSATU)는 아파르트헤이트 종식 이후 국제통화기금과 세계은행이 주도하는 경제 구조조정을 저지하지 못했다. 경제적 공정성에 대한 요구도 주목받지 못했다. 세계는 인종 간 경제적 공정성을 공산주의와 혼동하는 것처럼 보였다. 가령, 남아공에 제재를 부과한 1986년 미국의 아파르트헤이트반대법Anti-Apartheid Act은 또한 미국 대통령으로 하여금 공산주의자들이 (아파르트헤이트에 반대하는 정치에) 어느 정도 침투해 있는지를 의회에 보고하도록 규정했다.[263] 세계 곳곳의 수많은 탈식민 투쟁과 마찬가지로, 미국은 인종주의에 대항하는 민족주의적 민주주의 투쟁을 자신의 이해에 대한 잠재적 위협으로 해석했다. 아마 아파르트헤이트 시기 동안 남아공이 상대적으로 고립된 탓에 실제로 남아공노동조합회의의 유대가 강해졌던 것 같다. 노동조합과 국가관리에 적대적인 세계 경제의 압력에 노출되자 과거 아파르트헤이트 정부가 오히려 더 쉬운 적수처럼 보였다.

인종 분리 철폐와 경제적 공정성을 향한 열망이 공산주의로 오해되지 않았더라면, 남아공은 오늘날처럼 혼란에 빠지지 않았을 것이다. 그렇지만 세계 경제를 지배하는 정통 이념 때문에 남아공은 아파르트헤이트 시대의 인종 불평등에서 벗어나지 못했다. 오늘날 남아공은 아프리카 나라들 중에 국내총생산이 가장 높으며, 광업은 주요한 부의 원천이다. 그렇지만 남아공 국민의 4분의 1이 하루에

1.25달러 이하로 살아가며, 실업률은 25~40퍼센트다. 남아공은 브라질을 능가하는 세계에서 가장 불평등한 사회로 손꼽힌다. 남아공은 국제통화기금의 천편일률적인 무역 자유화와 정부 지출 삭감 의제를 따랐다. 그리고 정부가 채무 불이행을 입에 올릴 지경까지 상황이 악화되었다.[264]

"우리는 이 권리를 얻기 위해 목숨을 바칠 겁니다"

아파르트헤이트 종식 이후의 물 정책은 여러 이유로 세계 경제를 지배하는 정통 이념에 사로잡혔다. 가장 중요한 이유는 공산주의에 대한 과대 망상적 공포였다. 어느 정도는 아파르트헤이트 체제가 아프리카에서 공산주의에 대항하는 보루였다는 세계의 우려 때문에 공정성 정책에 대한 반발이 생겨났다. 아파르트헤이트 체제가 소멸하자 글로벌 경제 기구들은 남아공에서 공산주의 사상이 발판을 얻는 일이 없어야 한다는 보장을 원했다. 한편 아파르트헤이트 반대 운동이 사유화 반대 운동으로 전환하는 것은 이해할 만한 일이다. 운동 참여자들이 글로벌 경제 기구들과 아파르트헤이트의 유사성을 감지했기 때문이다. 물의 경우에는 싸움이 일찍 시작되었다.

1999년 요하네스버그 시의원 트레버 응와네Trevor Ngwane는 수에즈에 도시의 물 공급을 맡기는 데 대항해서 싸웠다. 이 때문에 그는 아프리카민족회의에서 축출되었다. 그 후 응와네는 '모두를 위한 물 작전Operation Vulamanzi'이라는 단체를 출범시켜서 사람들에게 선불제 계량기를 빼버리거나 수도관을 따로 연결해서 공짜로 물을 쓰도록 장려했다. 오렌지팜Orange Farm 타운십의 리처드 '브릭스' 모콜로Richard 'Bricks' Mokolo는 이렇게 말했다. "계량기를 깨부수고 물을 마음껏 씁시다. 정부는 우리한테 물이 기본권이라고 약속했습니다. 그런데 지금 와서 우리의 권리가 판매용이라고 말하고 있습니다."[265]

같은 목표를 추구하는 다른 단체들도 속속 등장했다. 사유화반대포럼Anti-Privatization Forum은 기본적인 인간 욕구의 탈상품화를 추구했고, 더반의 진보시민포럼Concerned Citizens Forum은 수도관을 재연결하기 위해 투쟁 배관공들struggle plumbers을 훈련시켰다.[266]

2005년 더반에서 열린 항의시위에서 성난 타운십 주민 한 명은 다음과 같이 소리쳤다. "월말이면 그 사람들이 단수 조치를 하러 옵니다. 총을 들고 옵니다. 하지만 우리에게는 생명의 권리가 있고, 이건 정부가 우리한테 약속한 권리이며 우리가 쟁취할 권리입니다. 우리는 이 권리를 얻기 위해 목숨을 바칠 겁니다. 이 권리를 얻기 위해 목숨을 바칠 겁니다."[267] 여자 한 명은 목에 변기 커버를 두르고 나와서 불충분한 하수 시설에 항의했다. 아파르트헤이트 시절에 남아공에서는 경찰이 시위자를 연행하고 정보부가 위협하면서 조사를 했다. 오늘날 정보부는 여전히 물 정치에 관여한다. 요하네스버그에서는 정보부가 다음과 같은 신문 광고를 냈다. "지자체의 허가 없이 공공 수도 공급망에 연결하는 것은 범죄입니다. 다른 물 사용자들에게 피해를 줄 수 있기 때문입니다. …… 수량 제한 장치를 건드리면, 지역사회의 다른 사람들에게 피해를 줄 수 있기 때문에 전면 단수 조치를 당하게 됩니다."[268] 아파르트헤이트 반대 활동가들은 한때 정치 집회 참석이 금지된 적이 있다. 오늘날 사유화 반대 활동가들은 불법적인 수도 재연결을 지지하는 물 사유화 반대 집회에 참여하는 게 금지된다. 트레버 응와네는 불만을 토로했다. "아파르트헤이트 시절에 우리의 권리를 쟁취하기 위해 싸우면 그들은 우리를 투옥했습니다. 지금 우리의 권리를 얻기 위해 싸우면 그들은 여전히 우리를 투옥합니다. …… 무엇이 바뀌었나요?"[269]

2004년, 사유화 반대 단체들은 선불제 수도 계량기 설치에서 차별이 벌어졌다고 주장하며 요하네스버그 시와 요하네스버그워터 Johannesburg Water(수에즈)를 상대로 집단 소송을 제기했다. 원고들은 다음과 같이 주장했다. "요하네스버그에서 백인 중심의 더 부유한 지역에 사는 사람들은 이런 계량기를 사용하지 않습니다. 그 사람들은 신용으로 물을 사용하고 무상 할당량을 넘어서 마음대로 물을 쓸 수 있으며, 월말이나 요금 납부일시까지 돈을 내지 않아도 됩니다. 게다가 수도 요금을 내지 않아서 수도 연결이 끊기기 전에 몇 달 동안 경고장을 받는 등 많은 보호 절차를 누립니다."[270] 사우스하우텡 고등법원에서 원고들이 승소해서 수도 계량기 설치가 일시 중단되긴 했지만, 헌법재판소는 2009년에 이 판결을 뒤집었다. 헌법재판소는 다음과 같이 주장했다. "충분한 물을 이용할 권리가 있다고 해서 국가가 모든 사람에게 각자 요구하는 대로 충분한 물을 제공해야 하는 것은 아니다."[271]

이런 법적 좌절에도 불구하고 소송 중에 작은 승리를 거두기도 했다. 수에즈는 소송과 항의시위, 자산 파손, 요금 체납 등 때문에 2006년에 요하네스버그에서 손을 뗐다. (회사는 원래 계약을 갱신할 예정이었는데 철회했다.) 아이러니하게도, 수에즈는 줄곧 요하네스버그 사업 경험을 성공작이라고 설명했다. 애초에 요하네스버그워터가 체납 요금 청구서 발송과 징수의 측면에서 '혼자 힘으로 설 수 있도록 충분한 역량을 제공하는 것'이 계약 목표였다는 것이다. 오늘날 요하네스버그워터는 수에즈에서 물려받은 선불제 계량기와 비용 완전 회수 정책을 유지한다.[272] 결국 수에즈는 "5년 관리 계약은 성공작으로 널리 인정받았다"고 결론 지으면서 이 계약으로 요하네스버그의 사회적 안녕을 향상시켰다고 주장했다. 2010년, 수에즈는 다음과 같은 자랑을 늘어놓았다. "수에즈가 계약에 서명하는 경우에 우리의 참여는 단순한 서비스 공급을 훌쩍 넘어섭니다. …… (우리는) 지역사회의 경제적, 사회적 안녕에 공헌합니다." 어떤 문제를 언급할 때는 아파르트헤이트에 비난의 화살을 돌렸다. "현재의 수도 서비스가 영향받는 사람들의 빈약한 열의로 인한 관심 부족에 시달리고, 또 이런 빈약한 열의 자체가 오랜 세월에 걸친 시민 저항의 유산인 요금 체납 전통 때문에 부추겨진다는 점에서 …… 아파르트헤이트가 남긴 유산은 여전히 드러난다."[273]

실제로 요하네스버그의 계약에는 나중에 수에즈를 괴롭히게 되는 문제점들이 언급된 바 있었다. 계약서는 수에즈가 주민들의 사회적 안정을 유지하기 위해 충분한 물을 공급해야 한다고 되어 있었다.[274] 식민지 나라들에서는 정부가 사회적 소요를 피하기 위해 충분한 양의 식량과 물을 공급해야 한다고 분명하게 발언하는 게 보기 드문 일은 아니었다. 하지만 탈식민 시대에 이런 언급은 이례적인 것이다. 대개 독립 덕분에 사회복지에 대한 기대가 질서를 보장하기 위한 최저 생계 수준을 넘어서 높아졌기 때문이다. 이런 제한적인 의

미에서 보더라도 수에즈는 사람들의 수도를 차단함으로써 의무를 충족시키지 못했고, 더 나아가 아파르트헤이트에 책임을 전가했다. 수에즈는 또한 사람들이 요금을 체납하는 전통이 있다고 언급함으로써 사람들이 요금을 낼 여력이 없다는 사실에서 다른 데로 관심을 돌렸다. 또 새로운 기업의 가치들을 주입하면서 사람들이 의욕이 빈약하다고 언급함으로써 노동 윤리의 가치를 설교하는 우월한 식민자의 케케묵은 격언을 되풀이했다. 아파르트헤이트 종식 이후의 물 정치는 수상쩍게도 아파르트헤이트 시대의 물 정치와 비슷하게 들렸다. 차이가 있다면 흑인과 백인이라는 단어가 사라졌다는 점뿐이다.

수에즈가 쫓겨났음에도 요하네스버그워터는 여전히 기업 모델에 따라 운영되며, 이 나라에서는 파업과 폭동이 계속되고 있다. 하지만 남아공은 또한 새로운 브릭스BRICS(브라질, 러시아, 인도, 중국, 남아공) 은행에서 역할을 한 데서 드러나는 것처럼 자신의 선택지를 모색하는 중이다. 브릭스 은행이 내세운 목표는 회원국들에게 긴축 같은 조건을 붙이지 않고 대안적인 자금원을 제공하는 것이다. 또한 청년당Youth Party은 현재 광산 국유화를 밀어붙이는 중이다. 이 구상은 넬슨 만델라가 한때 주창하다가 나중에 포기한 것이다. 국유화라고 해서 광산 기업들을 몰수한다는 뜻은 아니다. 그보다는 정부가 수익을 공유할 수 있도록 세금을 인상한다는 의미일 수 있다. (나이지리아는 이미 석유에 대해 이런 조치를 내려서 전체 수익의 50퍼센트를 벌어들이고 있다.) 외국 기업들에 전면적인 과세를 해서 자본 이탈을 야기할 필요도 없다. 광산업에 대해서만 세금을 부과하면 된다. 다이아몬드는 국경선 안에 있기 때문에 드비어스가 사업장을 이전하는 것은 불가능하다. 드비어스가 떠나는 쪽을 택한다면, 남아공은 브릭스 차관으로 광산업을 인수하고 재건개발계획을 시행해서 모두를 위한 물 확보를 달성할 수 있다. 또한 수로를 정화하고 광산 폐기물에 의해 파괴된 풍경을 건강하게 복원하는 생태 계획을 수립할 수 있다.

분명 남아공 국민을 위해 깨끗한 물에 투자를 하려면 국제 금융 기관들의 허를 찔러야 한다. 2005년 하우텡에서 열린 아프리카 물 관련법에 관한 워크숍에 참석한 이들에 따르면, "수자원 관리에 대한 남아공의 새로운 접근법은 국제적 추세와 실천의 면에서 진보적인 것으로 간주되지만 …… 관행과 관습법을 비롯한 전통적인 관리 체제를 통합한 사실은 대개 간과되고 있다."[275] 그렇지만 이스턴케이프 주에 있는 카트Kat 강 유역에서 진행된 최근 연구에서 드러나는 것처럼, 남아공에서는 여전히 관행이 지배한다. 인류학자 헬런 폭스Helen Fox에 따르면, "인터뷰 응답자 44명 중 92퍼센트가 지금도 물과 관련된 전통 의례를 행한다고 밝혔다."[276] 폭스는 만약 신성한 물웅덩이가 파괴되면 어떤 일이 벌어지게 될지 물었는데, 대답이 세 가지 주요 범주로 나뉜다는 사실을 발견했다. ① "조상님들이 집을 잃게 됨을 의미한다." ② "우리가 정신병에 걸릴 수 있다. 사람들이 미칠 것이다." ③ "우리 문화가 생명을 잃음을 의미한다."[277]

흔히 남아공은 강의 정령들로 가득 차 있다고 하는데, 이 정령들은 일정한 부류의 강, 즉 살아 있는 강에서만 나온다. 이런 강에서 점쟁이amagqirha들은 세례 같은 체험을 하는데, 이를 통해 물밑을 보면서 강이 건강한지를 이해할 수 있다. 보통 여자인 남아공의 점쟁이들이 이 역할을 맡는데, 수습 과정을 통해 집중 훈련을 받는다. 신성한 물에는 인어와 뱀, 정령이 우글거린다고 하며, 굉장히 조심하지 않으면 다가가지 못한다. 댐 건설은 물의 정령들을 화나게 만들고 땅을 마르게 한다고 여겨진다. 남아공 북부에서는 푼두지Fundudzi 호수의 물이 아주 신성시되기 때문에 외부인은 허가를 받고 호수를 찾아야 하며 뒤돌아서 다리 사이로 호수를 보아야만 한다. 푼두지 호수는 천지가 창조되기 전에 지구를 덮고 있던 물이라고 믿어지지만, 지금은 요하네스버그 변두리에 있는 판자촌에서 나온 하수 때문에 푼두지 호수로 흘러드는 물이 오염되고 있다. 인류학자 페니 S. 버나드Penny S. Bernard에 따르면, "강 관리 문제에서 토착적인 믿음과 관행이 얼마나 중요한지를 인식할 필요가 있다. 이런 많은 지식의 보고는 원주민 치유자에게서 나오는데, 그는 아주 오랜 전통적 지혜와 지식의 수호자로 여겨진다."[278]

물을 둘러싼 전통적 관습을 이해하면 남아공이 물을 좀더 효율적으로 보호하고 관리하는 데 도움이 될 수 있다. 트레버 응와네는 남아공에 필요한 것은 전통적 믿음과 조화를 이루는 생태사회주의라고 말한 바 있다.[279] 생태사회주의는 조엘 코블Joel Kovel과 존 벨러미 포스터John Bellamy Foster의 사상에 느슨하게 기반을 둔 국제적인 운동으로 녹색 사회주의를 추구한다. 코블은 이렇게 말한다. "우리가 할 일은 …… 생산의 논리로 전 세계에 축적을 강요하지 않는 사회의 길을 찾는 것입니다."[280] 이 운동의 주창자들은 자본주의의 끊임없는 성장 요구에 의해 벌어진 생태계 훼손을 비판할 뿐만 아니라 공산주의 사회가 생태계에 가한 훼손도 인정한다. 어떤 수단을 활용해서 생태사회주의에 도달하는가의 문제와 상관없이 남아공의 생태사회주의자들은 이른바 글로벌 경제 아파르트헤이트와 대결할 각오가 되어 있고 탄탄한 교육을 받은 아파르트헤이트 반대 조직가 집단이라는 독특한 세력을 갖추고 있다.

판자촌의 삶

케이프타운 동쪽에 있는 이미자모예투Imizamo Yethu는 남아공에서 아름다운 곳으로 손꼽히는 해안 지역에서도 독보적인 장소의 빈 땅에 지어진 곳이다.[281] 생명다양성이 아주 높은 희귀한 핀보스fynbos 관목 지대가 바다로 이어지는 산 사면을 뒤덮고 있다. 놀랍도록 이국적인 색색의 꽃들이 점점이 박힌 관목 지대가 연두색 담요처럼 펼쳐져 있다. 이 지역은 실패와 대조를 보여주는 완벽한 사례다. 1990년대에 이미자모예투가 자생적으로 생기기 시작했을 때, 백인들만 사는 헛베이Hout Bay의 이웃들은 토지 침범에 격렬하게 항의했다.[282] 원시의 모습을 간직하던 멋진 초록빛 산중턱에 양철과 합판으로 지은 판잣집 수천 채가 지어진 모습을 본다면 이해할 만한 반응이다. 한때 이 부유층 주민들의 경관이던 곳이 이제는 정반대의 풍경이 되어버렸다. 이미자모예투의 집들은 거의 층층이 지어져 있어서 다음에 큰비라도 내리면 대번에 쓸려 내려갈 것처럼 보인다. 하수가 집들 사이를 흘러서 강을 거쳐 바다로 나간다. 아파르트헤이트가 종식되던 때에 사람들이 거기로 이주하기 시작했다. 빈터가 있으면 무단 점유한 것이다. 그로부터 20년 뒤, 사람들은 여전히 거기에 산다. 계곡

맞은편 걸어서 갈 수 있는 거리에는 남아공 전역에서 제일 비싼 저택들이 있다.

2007년, 나는 이미자모예투를 방문해서 메이비스 토자마 은도니Mavis Tozama Ndoni를 만났는데, 그녀는 10년 전에 500마일* 떨어진 포트엘리자베스Port Elizabeth에서 아이들을 데리고 여기로 왔다고 했다. 그로부터 몇 년 뒤 조카인 에셀Ethel도 이모와 함께 살려고 와서 헛베이의 레스토랑에서 일했다. 집 근처에 있는 하나뿐인 가게에는 '목걸이, 재봉, 옷수선' 등의 광고가 붙어 있고 채소도 팔았다. 메이비스와 에셀은 웃음소리가 크고 친절한 미소를 띠었는데, 방 두 개짜리 자기네 집에는 다섯 명만 산다는 걸 자랑했다. 나란히 붙은 옆집에는 열 명이 산다는 것이었다. 에셀은 옆집에 사람이 너무 많이 산다고 불평하면서도 이내 비교적 운이 좋은 자기 처지에 웃음을 지었다.[283] 집 안에 들어가 보니 지붕이 새는 곳마다 바닥에 신문지를 깔아 놨다. 바닥의 3분의 1 정도가 쭈글쭈글하게 젖은 신문지로 덮여 있었다. 에셀 말로는 모든 주민을 이주시키려는 계획이 있다는데, 아무도 언제인지는 듣지 못했다고 했다. "시에서는 우리가 집을 비워야 한다고 말하는데 언제 어디로 갈지는 말해 주지 않아요." 폐쇄공포증을 일으키는 이런 생활환경에서는 강간을 비롯한 범죄 발생률이 특히 높으며, 폐결핵이 만연해 있다. 그렇지만 은도니 가족의 주된 관심사는 동네를 떠나야 하는지에 관한 것이었다. 이웃들보다 형편이 좋다고 뻐기기는 하지만, 그들의 웃음 뒤에는 비극적인 현실이 놓

* 약 804킬로미터

케이프타운의 극빈층 무허가 주거지 중 하나인 이미자모예투는 아름다운 강가 계곡에 자리해 있다. 주민들은 10년 넘게 약속한 대로 주거 개선을 해주기를 기다리고 있다.

여 있다.

수도 공급에 관해 묻자 에셀이 언덕 위 야외 화장실 네 개가 옆에 있는 공중 수도로 데려갔다. "대부분 여기서 물을 가져다 써요. 양동이에 받아서 집까지 들고 가야 하죠."[284] 에셀은 자기 집이 공중 수도꼭지와 가깝고 남들이 부러워하는 위치라고 흡족해 했다. 에셀과 메이비스는 심지어 불법이긴 하지만 공중 수도에서 자기네 집 앞마당까지 호스 같은 걸 연결하기도 했다. "사람들이 우리한테 물을 얻으러 와야 하죠." 자랑스럽게 이야기하는 에셀을 보니, 수도 덕분에 동네에서 권력을 얻게 된 게 분명하다. 이윽고 에셀이 화장실을 가리켰다. "이건 우리 모두 쓰는 거예요." 간단한 설명이었다. 나는 이 주거지에 2만 명 정도가 산다고 들었다. 점점 사람들이 이사를 오면서 이 수는 계속 늘어나는 중이다. 화장실이 네 개뿐이라고는 미처 상상할 수 없었다. "저 화장실이 누가 쓰는 거라고?" 거듭 물어보니 에셀이 대답했다. "여기 사는 사람 전부요." 눈에 보이는 판잣집을 전부 가리키면서.

이미자모예투에서 사람들은 '양동이 방식bucket system'에 의존하고 있다. 밤중에 빗물 배수관이나 길거리, 덤불 등에 오물을 던져 버리는 것이다. 주민들이 철망 울타리를 끊고 저수지에 들어가서 저수지 물을 식수와 화장실용 물로 사용하는 문제도 있다. 이 때문에 헛베이의 식수가 영향을 받는다. 그렇지만 이미자모예투 주민 프리실라 몰로케Priscilla Moloke는 다음과 같이 말한다. "등 뒤에 2,000란드(190달러)짜리 판잣집을 두고 말 그대로 똥밭에 발을 담그고 앉아서 고개를 들면 산이 보이고 계곡 건너편에는 300만 란드(38만 달러)짜리 주택이 보이는 건 아마 세계에서 여기뿐일 겁니다. 정말 아름다운 곳에 살고 있구나, 하는 생각이 절로 들지요."[285] 이런 비위생적인 환경 때문에 이미자모예투를 관통해 흐르는 강은 남아공 강 중에서 E콜라이 대장균 농도가 가장 높다.[286]

이미자모예투에서 열린 한 집회에서 노동조합 지도자 토니 에린라이크Tony Ehrenreich는 토지 침범을 지지한다고 말했다. 그러면서 환호하는 군중에게 말했다. "이제 민중이 부자들에게서 땅을 빼앗아 가난한 사람들에게 재분배해야 할 때입니다." 헛베이 주택 소유자협회 대표는 에린라이크를 '법을 위반하는 미치광이'라고 지칭했다. "이 자는 인종 간 증오를 선동하고 사람들에게 토지를 불법 점거하라고 부추기고 있습니다." 또 다른 이는 사람들이 계속 그런 식의 이야기를 하면 남아공이 짐바브웨의 길을 걸을 것이라고 불만을 토로했다. 나라가 결딴나고 있다는 이야기를 할 때 흔히 쓰는 관용구였다.[287] 여러 면에서 헛베이와 이미자모예투는 양쪽 모두에서 분노가 고조됨에 따라 결정적인 고비에 맞닥뜨린 나라의 소우주를 보여준다. 한쪽은 불충분한 주거와 물, 전기 때문에 분노하고, 다른 한쪽은 토지 침범 때문에 분노한다. 헛베이에서는 두 진영의 관계가 때로 크게 악화되어 분쟁 해결을 위해 정의화해연구소Institute for Justice and Recon-ciliation를 초빙해야 했다. 그렇긴 하지만, 프리실라 몰로케는 계속 여기 살겠다고 고집한다. "난 어디도 안 갈 거예요. 여기서는 바닷가까지 걸어갈 수 있는데, 정말 아름다운 곳이지요. 우리가 너무 많다면, 백인들 좀 떠나라고 하세요."[288]

케이프타운에 있는 토니의 사무실인 그래피티로 뒤덮인 쇠창살 건물에 들른 나는 그를 겨냥한 비판에 대해 어떻게 생각하느냐고 물었다. 당시 토니는 시내의 대규모 파업을 주시하는 중이었지만 여전히 쾌활하고 말끔하고 열정적이었다. 큰 키에 검은머리의 중년 남자인 그는 내가 만난 이들 중에 남아공의 미래에 희망을 품은 것처럼 보이는 유일한 사람이었다. 어쩌면 매일 같이 싸움에 몰두하기 때문인지도 몰랐다. 그가 대답했다. "어떤 것이든, 그러니까 불평등이나 추잡한 부를 비판하기만 하면 득달같이 그러지요. …… 그러니까 당신도 보셨잖아요. 거기 있는 몇몇 집들은 세계에서 제일 좋은 주택이에요. 그러니까 그런 집을 비판하기만 하면 물론 그들의 이익을 지키기 위해 행동하는 사람들은 곧바로 대꾸하죠. '그래, 그게 바로 짐바브웨다.'" 토니는 잠시 말을 멈추고는 음모라도 꾸미듯 목소리를 낮췄다. "그렇지만 나는 분명 그들의 땅을 빼앗아야 한다고 말했어요." 그러고는 유쾌한 웃음을 터뜨렸다.

토니는 남아공에서 현재 폭동과 시위가 벌어지는 것은 아파르트헤이트가 종식될 때 했던 약속들이 전혀 실현되지 않았기 때문이라고 보았다. 모든 사람에게 주택과 물을 주겠다는 약속 같은 게 하나도 실현되지 않았다는 것이다. 내가 물었다. "그런데 왜 지금이죠? 17년 전의 일이잖아요." 토니가 진지하게 대답했다. "알다시피 사람들이 희망과 낙관을 품는 허니문 기간이 있는 거지요. 하지만 사실 사람들은 문제를 보고 느끼기 시작하니까 지금 훨씬 더 많은 봉기와 시위가 벌어지는 거죠. 사람들은 훨씬 더 급진적이에요. …… 사회와 경제 관계를 근본적으로 바꾸지 않으면, 투표는 무의미한 게 됩니다."

에린라이크의 발언을 들으니 불만과 좌절이 남아공을 휩쓸고 있다는 인식이 더욱 확실해졌다. 나는 지금까지 사람들을 만날 때마다 질문을 던졌다. "아파르트헤이트가 종식된 이후 나라가 더 좋아졌습니까, 나빠졌습니까?" 다양한 대답을 받았지만, 놀랍게도 (흑인이고 백인이고 간에) 상황이 나빠졌다고 생각하는 이가 더 많았다. 인종차별적인 사람들은 남아공이 결딴나고 있다면서 아파르트헤이트를 종식시키지 말았어야 하는 증거로 내세웠다. 마치 자기들이 옳았다는 걸 입증하기 위해 나라가 결딴이 나기를 바라는 것처럼 보였다. 자유주의 성향의 백인들은 아파르트헤이트의 악폐가 종식되고 이제 남아공 사람들이 모든 피부색의 사람들과 어울릴 수 있는 자유를 얻었다는 점에 만족해 했지만, 그래도 미래에 관해서는 상당히 걱정을 했다. 다른 한편, 흑인들은 유색인 전용 신분증을 들고 다니지 않아도 어디든 자유롭게 다닐 수 있다는 사실에 흡족해 하면서도 경제 상황이 나빠졌다고 불만을 토로했다. 운 좋게도 중간계급 대열에 올라선 소수의 사람들은 자신들의 성공을 믿을 수 없으면서도 심각한 문제를 인식하고 있다. 에린라이크는 내가 같은 질문을 던지자 간결하게 정리해 주었다. "경제적 아파르트헤이트가 자리를 잡은 겁니다. 우리한테는 투표권이 있지만 그걸 먹고 살 수는 없어요."

갑자기 에린라이크에게 긴급한 전화가 걸려 와서 대화가 끊겼다. 시내 어딘가에서 사람들이 연행되고 있다는 소식이었다. 그가 미안하다면서 말했다. "가야겠어요. 상황이 점점 나빠지고 있습니다." 바야흐로 아파르트헤이트 종식 이후 남아공 역사에서 최장기간의 공공 부문 파업으로 확대되는 사태가 막 시작된 참이었다. 이 파업은 꼬박 한 달 동안 이어졌다. 남아공을 방문하기에 좋은 시기는 아니었지만, 이런 파업과 시위는 점점 더 많아지고 있었다. 학교와 병원들이 문을 닫았다. 미국 대사관은 여행객들에게 남아공에 입국하지 말라고 조언했다. 수백만 명이 파업을 벌이고 거리로 몰려나와 어떤 일이 벌어질지 예측할 수 없다는 이유에서였다. 시험이 취소된 데 분노한 학생들은 공항으로 통하는 고속화도로를 불타는 타이어로 봉쇄했다. 사유화 반대 단체들이 파업 노동자들과 연대하고 나섰다. 『소웨턴Sowetan』에는 「파업 대화가 연기되는 동안 남아공 불길에 휩싸여」라는 헤드라인이 실렸다. "주민들은 전기, 수도 등의 공급 부족에 대해 항의시위를 벌였다."[289] 경찰과 젊은이들이 거리에서 끝없는 싸움을 벌였고, 케이프타운 시내는 구호를 연호하는 행진 대열로 거의 마비되었다. 병원들도 봉쇄되었는데, 한 의사는 시위대가 수술이 진행 중인데도 병원 설비를 때려 부쉈다고 내게 말해 주었다. 이 나라에는 이런 이야기가 차고 넘치는데, 어떤 건 진짜고 어떤 건 과대망상적인 과장에 불과하다.

결국 파업은 타보 음베키 대통령을 중도 퇴임시키는 데 결정적인 역할을 했다. 음베키 대통령은 2008년에 사퇴서를 제출했다. 하지만 그 뒤로도 계속해서 지역사회의 시위가 남아공을 뒤덮고 있는데, 대개 폭동과 다를 바가 없는 규모다. 2012년 프레토리아의 한 타운십에서는 주민들이 두 달 동안 믿고 먹을 만한 깨끗한 물이 없는 생활을 하고 나서 시위 사태가 터졌다. 한 주민은 "수도꼭지를 돌려도 물 한 방울 나오지 않는다"고 불만을 토로했다. 2013년, 남아공인권위원회South African Human Rights Commission는 지난 한 해 동안 물 부족과 관련된 인권 침해에 관한 진정이 144건 접수되었다고 발표했다. 2013년 3월 3일, 34세의 데이비드 마켈레David Makele라는 사람이 며칠 동안 물 없이 산 끝에 자신과 이웃이 먹을 물을 찾으러 이웃 마을까지 걸어가다가 탈수와 탈진으로 사망했다. 그의 죽음은 국가 물 주간 직전에 벌어진 일이었다. 『데일리매버릭*Daily Maverick*』의 기자가 물을 구하지 못해 불만이 고조되는 분위기에 관해 기사를 썼다.

이런 기본적인 인권, 즉 물 접근권을 박탈당한 끝에 지역사회의 분노가 폭발했다. 그리고 국가 수자원 관리 부실이 악화되고 더 많은 지역사회가 물 공급이 불확실하거나 생활용수로 부적합한 물을 공급받는 상황에 직면함에 따라 이 나라는 점차 성냥만 그으면 활활 타오를 바싹 마른 장작더미로 바뀌고 있다.[290]

모두가 무상으로 물을 사용하게 해서 지역사회를 치유하겠다는 넬슨 만델라의 꿈은 불타는 도시, 또는 '불의 고리'라는 악몽으로 바뀌었다.

에린라이크의 사무실에서 나온 뒤 나는 선불제 계량기를 보려고 랑가Langa 타운십으로 향했다. 안딜레 은주조Andile Nzuzo는 타운십의 계량기 체계를 설명해 주었다.

> 지금은 선불제 전기를 씁니다. 수도도 마찬가지고요. 집집마다 앞에 수도 계량기가 있는 게 보일 겁니다. 모든 집에 수도 계량기가 있어요. …… 현재 수도 계량기를 쓰고 있으면, 물 6,000리터를 무상으로 쓰고 초과분은 요금을 내는데, 그러니까 타운십에서는 사람들이 항상 이런 말을 해요. "물 아껴, 맥주를 마시자고."

실제로 타운십의 노동자 주택이 술집으로 바뀌는 걸 보면 이런 철학이 맞는 것도 같다. 맥주 제조업이 수도 요율이 제일 낮기 때문에 맥주가 물보다 싸다는 말이 많다. 한 선술집에 들어가 보니 남자 여섯이 둘러앉아 맥주를 마시고 있었다. 그중 다섯은 그 술집에 산다고 했는데 이 노동자들이 사는 방은 한창 술집으로 개조되는 중이

케이프타운 랑가에 있는 오래된 노동자 숙소. 지금은 술집으로 바뀌었다. 이 아파트 건물에서 유일하게 개방된 휴게 공간은 이 술집이다.

었다. 선불제 전기 계량기 바로 옆에 있는 침실 안에는 싱글 침대 하나뿐인데, 침대 주변에 널어놓은 빨래를 보아하니 한 가족이 사는 게 분명했다. 다른 남자 둘은 옷장 크기의 방을 같이 썼다. 둘 다 이사를 할 생각이지만 어디로 갈지는 알지 못했다. 숙소 전체에 수도꼭지가 하나였다. 이 수도꼭지 하나로 조리하고 몸을 씻고 설거지를 했다. 은주조는 밖으로 나가 선불제 수도 계량기를 보여 주었다.

아파르트헤이트는 한때 남아공의 풍경 자체에 깊이 각인되었고, 유감스럽게도 토지와 물의 그런 분리가 다시 통합되기는커녕 세계은행과 국제통화기금의 지시 아래 오히려 영속화되었다. 그렇지만 현재 수에즈가 남아공의 사업 경험을 성공작으로 묘사하는 것처럼, 세계은행도 자화자찬을 늘어놓느라 바쁘다. 2007년 세계은행은 보고서에서 다음과 같이 주장했다. "아파르트헤이트 때문에 아주 고립되고, 보호와 규제를 받는 왜곡된 경제가 만들어졌다. …… 당시에는 10여 년 뒤 남아공 경제가 오늘날과 같은 훌륭한 모양새를 갖출 것이라고 예상한 전문가가 거의 없었다." 세계은행은 10여 년 동안 이 나라의 배후에 건전한 거시경제 정책이 있었다고 주장하면서 사유화를 성공작으로 치켜세웠다.[291] 또한 남아공이 세계적으로 소득 불공평 지수가 높은 나라로 꼽힌다는 사실을 무시하면서 아파르트헤이트가 나쁜 것은 오직 규제가 지나쳤기 때문이며, 경제 규제 완화로 이 나라의 문제가 해결되었다고 말하는 것 같았다.

한편 트레버 응와네는 물 사유화와 국제통화기금 정통 이념에 굴복하느니 차라리 아프리카민족회의에서 축출되기로 결정했다. 그가 지금도 주창하는 생태사회주의 운동은 「생태사회주의자 선언 *Ecosocialist Declaration*」에서 천명한 대로 생태적으로 지속 가능한 전통을 되살리고 자본주의 체제가 귀를 기울이지 않는 이들에게 목소리를 줄 것을 호소한다. 2007년, 선거로 뽑은 위원회가 작성한 이 선언은 35개국 대표의 연명을 받았다. 선언은 인간과 생태계의 생존을 위협하는 지구온난화를 비롯한 위험을 피하기 위해 사회계획을 확대하고 공공 영역을 확장할 것을 주장한다. 현재 남아공 강계의 84퍼센트가 위협을 받거나 생명을 잃기 직전의 상황이다. 독성 조류의 대발생으로 말 그대로 강이 생명을 잃고 산성 광산 폐기물에 오염되기 때문이다. 그리고 과거에 국제통화기금이 남아공에 강요한 조건 때문에 100만 개의 일자리가 사라졌다고 말한 트레버 응와네는 현재 '100만 개의 기후 일자리One Million Climate Jobs' 캠페인의 조직자로 일하고 있다. 대안 에너지원과 산업을 장려해서 고용을 창출하려는 캠페인이다.

남아공에 고무적인 점은 트레버 응와네나 토니 에린라이크처럼 광범위한 사회 운동과 노동조합 운동에 참여하는 사람이 무척 많고, 또 시골에서 여전히 왕성하게 일하는 점쟁이와 치유자가 많다는 사실이다. 또한 많은 이들이 여전히 물을 이용할 권리를 부여해 준 헌법을 거론하며, 재건발전계획의 원칙에 다시 호소하고 있다.[292] 남아공의 경우에 특히 두드러진 점은 이 나라의 경제적 불공평은 사실 인종적 불공평이기 때문에 국제통화기금의 추상적 가치가 지닌 근본적인 약점이 고스란히 드러난다는 사실이다. 국제통화기금은 실제로 부의 인종적 분배가 지속되는 것을 허용하고 심지어 부추기고 있다. 이 때문에 남아공 국민들은 이 기구와 대결하는 데서 도덕적 우위를 가지며, 남아공 정부 역시 국제통화기금의 개혁을 요구할 여지가 더욱 크다. 이런 인종주의를 폭로하는 것은 더 많은 악폐를 저지하는 데서 결정적인 걸음이 된다. 한편 남아공의 많은 사람들에게 삶은 여전히 불안정하다. 2010년, 나는 이미자모예투에 있는 메이비스와 에셀의 집에 홍수가 들이쳐서 두 사람의 소중한 집 벽에 구멍이 숭숭 뚫렸다는 소식을 들었다. 두 사람이 목숨을 건졌는지는 지금도 알지 못한다.

four

어머니 강가
강은 상품이 아니다

인도 히말라야 산맥 고지대에서 79세의 노인과 그의 고향 도시인 테리Tehri를 물에 잠기게 하려는 회사 사이에 이어져 온 싸움이 끝났다. 194센티미터의 큰 키에 강인한 체격, 흰 턱수염과 반짝이는 푸른 눈을 지닌 순데를랄 바후구나Sunderlal Bahuguna는 열세 살 때 간디에게 영향을 받아서 영국인들에 맞서 싸운 적이 있었다. 하지만 1990년대에 그가 벌인 싸움은 갠지스 강의 물을 약 195킬로미터 남쪽에 있는 델리로 보내는 댐과 수로에 반대하는 것이었다. 이 물은 델리에서 수에즈가 운영하는 정수장에 사용될 예정이었다. 바후구나는 몇 년 동안 댐 건설 예정지에 앉아서 항의시위를 벌였는데, 한번은 손수 지은 양철 오두막에서 74일 동안 단식을 하기도 했다. 그는 아침마다 바기라티Bhagirathi 강에 내려가서 기도하고 목욕을 했고, 지지자 수천 명이 오후에 그를 찾아오곤 했다. 하지만 10년을 싸운 끝에 그는 패배했다. 2004년에 테리 저수지가 담수를 시작했을 때,

한 가족이 갠지스 강변에서 죽은 이를 화장하고 있다. 인도 사람들은 갠지스 강이 '불사의 음료'를 주고 망자를 내세로 데려간다고 말한다.

순데를랄과 그의 부인 빔라는 조상 대대로 살던 집을 떠나기를 거부했다. 그 대신 부부는 물이 차오르기를 기다리면서 집에 그냥 앉아 있었다. 결국 경찰이 두 사람을 강제로 쫓아냈고, 순데를랄은 배에 올라타서 물에 잠기는 고향 도시를 바라보았다. 순데를랄과 빔라는 지금도 저수지 물가에 살면서 다른 주민들처럼 이주민 수용소로 옮겨 가기를 거부하고 있다. 두 사람은 잃어버린 고향의 목격자로 남아 있다.

생태학자 반다나 시바Vandana Shiva는 인도 사람들에게 자연적으로 흐르는 갠지스 강을 잃는다는 게 얼마나 큰 문제인지를 설명한 바 있다. "이 문제의 비극은 깊고 성스러운 물이 흐름을 멈춘다는 점뿐만 아니라 세계 최대 물 기업의 가장 천박하고 노골적인 탐욕을 만족시키기 위해 흐름을 멈춘다는 점입니다. 갠지스 강의 생명과 더불어 10억 인도인들의 믿음도 위협받고 있습니다."[293] 힌두교도들은 내세에 가려면 갠지스 강변에서 화장되어야 한다고 믿으며, 성스러운 순례 장소들도 강가를 따라 늘어서 있다. 어떤 방향에서 갠지스 강에 접근하더라도 맨발의 순례자들이 수 마일을 걸으면서 정교한 성물함에 갠지스 강물을 담아서 고향으로 돌아가는 모습을 볼 수 있다. 갠지스 강의 흐름을 차단하는 것은 내세로 가는 길을 막고 그 대신 수에즈로 생명의 방향을 돌리는 것과도 같다.

지도를 보면, 갠지스 강 유역의 수많은 지류들이 인간 뇌의 전두엽 같은 복잡한 모양을 닮았다. 이 강들은 알라크난다Alaknanda 강과 바기라티 강이 만나서 좁은 길목을 따라 흐르는 한 주요 경로나 동맥으로 이어지는 모세혈관과도 같다. 힌두 전통에서 히말라야 산맥은 시바 신의 머리이고, 숲은 머리카락이다. 바기라티 지류는 갠지스 여신에게 기도를 드려서 결국 여신을 강의 모습으로 지구에 내려오게 만든 전설 속 남자의 이름을 딴 것이다. 그런데 갠지스 여신이 지구에 왔을 때 강이 워낙 큰 힘을 만들어 내서 하마터면 사람들을 전부 죽일 뻔했다. 시바 신의 머리카락으로 강을 길들이지 않았더라면 말이다. 많은 힌두교도들에게 이 사실은 숲과 물이 조화를 이루고 계속 함께 존재해야 함을 의미한다. 그렇지 않으면 세상이 파괴될 것이다. 숲은 강을 몇 개의 성스러운 물길로 갈라서 강력한 힘을 늦춘다. 바후구나 부부는 그 물길 중 하나인 바기라티 강변에 산다.

갠지스 강의 물길을 돌리는 문제 때문에 생겨난 대규모 항의 운동을 이해하기 위해서는 갠지스 강을 거슬러 오르는 수많은 순례자들의 발자국을 따라 가서 바후구나 부부를 만나야 한다고 생각했다. 결국 나는 순데를랄 바후구나의 이야기가 강을 정의하는 문제를 놓고 두 개의 언어가 경쟁하는 상황을 극명하게 보여 주는 사례임을 깨달았다. 하나는 사유화와 국가의 언어로, '근대화'와 '글로벌 시장' 합류를 추진하려는 노력 속에서 하나로 결합된 것이다. 다른 하나는 물가까이에 사는 사람들의 정신적, 실제적 언어로, 세속적 국가와 기업 이사회실 양쪽 모두에서 배제된 것이다. 순데를랄과 빔라는 후자의 언어를 대표한다.

바후구나를 찾아서

바후구나를 찾기는 쉽지 않았다. 무엇보다도 그해 2008년 여름 우기에 폭우가 내려서 히말라야 산맥 전역에 홍수와 산사태가 났기 때문이다. 후캄 찬드는 산악 지역 가이드를 맡아 준 사람인데, 바후구나 부부에게 나를 데려가기 위해 거의 영웅적인 노력을 기울였다. 후캄은 점잖고 홀쭉한 40대 후반의 남자로, 그의 조용한 포용력은 나보다 한참 위였다. 산악 지대에 사는 가족을 먹여 살릴 돈을 벌기 위해 델리에서 일을 할 수밖에 없었기 때문에 좀처럼 가족을 보지 못했다. "2년에 한 번 봅니다." 그가 말하고는 웃었다. "운이 좋으면요." 유감스럽지만, 농촌에서 어쩔 수 없이 쫓겨나면서 농장이나 생계수단을 잃은 많은 히말라야 마을 사람들은 처지가 별반 다르지 않다. 지난 몇 년 동안 테리 지역에서 100명이 넘는 여성이 자살을 했다. 남편이 떠나고 나서 혼자서 생존하는 데 어려움을 겪었기 때문이다. 후캄은 강을 따라 가는 도로상에서 가족이 사는 마을을 지나칠 것이라는 사실을 알고 복잡한 감정을 느꼈다. 그는 분명 아내와 아이들을 보고 싶어 했지만, 차를 멈추자는 말에는 고개를 가로저었다. 햇빛이 밝게 비출 때 산까지 올라가야 한다면서. "그러지 않으면 못 갈지도 몰라요." 그가 설명했다. "우기는 위험하다고요."

설상가상으로 나는 바후구나가 사는 도시까지 되돌아가기 전에 과학자들이 바기라티 강 대신 갠지스 강의 진짜 원천이라고 말하는 알라크난다 강까지 올라가 보자고 했었다. 긴 여정이 될 터였다. 후캄이 내 계획에 시큰둥해하며 설명했다. "거기 가면 며칠 동안 꼼짝없이 갇힐 수도 있는데요." 실제로 맑은 날씨에도 불구하고 산사태가 계속 일어나서 절벽 옆에 바짝 붙어 있는 좁은 비포장도로가 막히곤 했다. 히말라야 산맥에는 가드레일이 전혀 없었고, 해마다 최소한 버스 한 대씩 이 도로 가장자리로 곤두박질을 친다는 말을 들은 터라 신경이 쓰였다. 산사태가 날 때마다 사람들은 꼬박꼬박 차에서 내려서 돌멩이를 치우기 시작했고, 너무 커서 옮기지 못하는 바위 옆으로 새로운 길을 만들었다. 한번은 산사태를 가까스로 피했다. 브레이크를 밟는 순간 흙먼지가 자욱하고 돌멩이가 계속 굴러 떨어지고 있었다.

마침내 우리는 조시마트Joshimath 시에 도착했다. 거세게 흐르는 알라크난다 강변에 있는, 사원들로 가득한 유명한 순례지였다.

1,200년 된 한 사원에는 작고 검은 비시누 신의 석상이 하나 서 있었다. 해가 갈수록 산화되거나 사람의 손길 때문에 석상의 손목이 점점 가늘어진다는 말이 있었다. 전설에 따르면, 이 손목이 부러지면 산이 무너져서 강이 막히고 결국 갠지스 강의 두 주요 지류 중 하나가 차단된다고 한다. (테리 댐 때문에 이미 하나가 막혔다.) 손목은 이미 거의 부러지기 일보직전이었고, 사람들은 주저하면서 그 결과를 기다렸다.[294]

조시마트는 또한 기업의 삼림 파괴에 맞선 대중 봉기인 칩코Chipko 운동의 탄생지 근처에 있다. 1970년대에 큰 홍수가 난 뒤, 마을 사람들은 개벌*과 산사태 사이에 직접적인 연관성이 있음을 깨닫기 시작하면서 추가 벌채를 막기 위해 나무들을 '껴안기'(chipko는 '껴안다'라는 뜻이다)로 결정했다. 지역 활동가 찬디 프라사드 바트Chandi Prasad Bhatt는 다음과 같이 말했다. "사람들은 오직 자신들의 감각으로 황량한 풍경을 보고 결론을 끌어냈습니다. 산이 점점 침식되고 홍수가 나는 모습과 대규모로 나무를 베는 모습 사이의 인과관계를 인식한 겁니다."[295] 조시마트에서 2마일** 떨어진 레니Reni에서는 인도 정부가 마을 남자들을 속여서 보상금을 받으러 다른 도시에 가게 하자 여자들이 나무를 지키기 위해 달려 왔다. 여자들은 나무를 껴안고 꿈쩍도 하지 않으면서 결국 계약업자들을 쫓아냈다. 지도자인 가우라 데비Gaura Devi에 따르면, "그건 운동을 위해 여성들이 계획

* 皆伐. 특정 숲에 있는 나무를 모두 자르는 것. 모두베기라고도 한다.
** 약 3.2킬로미터

한 조직의 문제라기보다는 자생적으로 벌어진 일이었습니다. 우리 남자들이 마을에 없었기 때문에 우리가 나서서 나무를 지켜야 했지요. 우리는 누구와도 싸울 일이 없었고, 다만 우리의 삶이 숲과 연결돼 있다는 걸 사람들한테 알리고 싶었어요."[296] 칩코 운동은 지역 전체로 퍼져나가면서 10여 년 동안 벌목을 성공적으로 저지했다.

조시마트를 지나 순례자들은 비시누 신의 거처라고 알려진 바드리나트Badrinath 사원이나 신이 하늘에서 꽃을 뿌려서 지금도 자라고 있다는 '꽃의 계곡Valley of Flowers'으로 걸어갈 수 있다. 나는 사람들이 덜 다닌 길을 택해 알라크난다 강을 거쳐 꽃의 계곡에 있는 푸시파와티Pushpawati 강으로 향했다. 푸시파와티는 '꽃을 가지다'라는 뜻인데, 나비 날개처럼 연약한 꽃잎을 가진 반투명 꽃인 히말라야파란양귀비를 비롯해서 강물에 꽃이 떠 있는 모습을 볼 수 있다. 한 산악인은 이 양귀비 꽃잎을 다음과 같이 묘사했다. "이 꽃잎은 마치 이틀 전의 햇빛과 푸른 하늘을 머금을 수 있는 것처럼 빛이 납니다. …… 꽃잎은 지상의 빛이 아닌 천상의 빛을 불어넣은 것 같습니다."[297] 푸시파와티 강 상류 너머에 있는 티베트 고원은 남극과 북극에 이어 제3극이라고 불린다. 세계에서 가장 큰 빙원과 빙하가 몇 개 있기 때문이다. 이 얼음은 메콩 강, 양쯔 강, 갠지스 강의 원천이 되어 20억 명에게 물을 공급한다. 빙하학자 로니 톰슨Lonnie Thompson은 티베트 고원을 아시아의 민물 은행 계좌라고 부른다. 중국이 800억 달러짜리 남수북조공정South-North Water Project의 서쪽 경로의 출발점으로 잡고 있는 곳이 바로 이 고원이다. 남수북조공정은 수량이 줄어드는 북부의 강계에 남부의 강을 연결하는 사업이다. 하지만 물 안보 전문가들은 이 사업을 진행하면 인도의 물 공급을 중국 쪽으로 돌려서 수천만 명의 환경 난민이 발생하고 이 지역이 세계의 전쟁터로 바뀔 수 있다고 경고한 바 있다.[298]

물론 평화롭게 도보여행을 하면서 이 장소가 한때 세계의 전략적인 진원지라고 불렸고, 이 지역을 둘러싼 싸움으로 인도와 중국이 핵전쟁을 벌일 뻔했다는 사실을 상상하기란 쉽지 않았다. 대부분 고유종으로 멸종 위기에 처한 600종이 넘는 고산지 화초가 있는 계곡은 멋진 꽃밭이다. 꽃밭은 11,000피트* 높이의 빙하 지대에서야 끝이 난다. 계곡은 또한 유네스코 생물권 보전지역으로 희귀한 히말라야 사향노루, 아시아흑곰, 눈표범, 불곰, 붉은여우, 푸른양, 그리고 서식지에 댐이 건설되면 개체수가 심각하게 감소되는 경향이 있는 무지개꿩 등의 서식지이다.[299] 마지막으로, 이곳은 신화적 존재인 '예티'('지저분한 설인Abominable Snowman'이라고도 한다)의 고향이다. 현지인들은 예티가 실제로 존재한다고 말하나 영국의 한 과학자는 최근에 예티가 고대 북극곰의 후예일지 모른다고 주장했다. 예티로 추정되는 개체에서 나온 것이라고 밝혀진 털은 최소한 1,000년 전 북극곰의 DNA와 일치했다. 옥스퍼드의 유전학자 브라이언 사이크스Bryan Sykes는 BBC뉴스에서 다음과 같이 말했다. "내가 보기에는, 이 곰이 아무도 살아 있는 걸 본 적은 없지만, 지금도 거기 살고 어쩌면 상당수가 거기 있을지도 모릅니다. 일종의 잡종일 수도 있고, 목격자들이 전하는 것처럼 행동이 일반적인 곰과 다르다면, 수수께끼의 원천

* 약 3,353미터

이자 전설의 기원이 되는 것도 당연하다고 봅니다."[300]

현재 푸시파와티 강의 수원이 되는 빙하는 세계의 다른 빙하보다 두 배 빠른 속도로 녹고 있으며, 만년설도 비슷한 속도로 녹는 중이다. 주된 원인은 높은 고도 때문이다. 내가 방문하고 불과 1주일 뒤에 같은 길을 걷던 순례자들을 무너져 내린 빙하가 덮쳐서 18명이 사망했다. 나는 뉴스에서 사람들이 산사태가 일어난 때처럼 달려들어서 손으로 빙하를 헤쳤다는 소식을 읽었다. 하지만 거기 있던 날 내 머릿속에는 예티의 전설과 환상적으로 아름다운 꽃들만 가득했다. 나는 마지못해 푸시파와티 강을 뒤로 하고 언덕을 내려와 냉정한 현실로 돌아왔다.

테리로 가는 도중에 나는 조용한 절망에 빠진 소도시와 마을을 감지하기 시작했다. 종교 순례자들이 가족 휴가를 맞아 땅을 밟는 반면, 현지인들은 알코올 중독과 실업에 맞서 싸우고 있었다. 순데를랄과 빔라는 오랫동안 우타라칸드 주를 금주 지역으로 만들기 위해 캠페인을 벌였지만, 술 판매점은 여전히 많고 술값도 쌌다. 한 지점에서 후캄은 도로 위에 누워 있는 남자를 피해 차를 몰았다. 다른 차들도 빠른 속도로 지나갔다. 남자의 얼굴은 파랗고, 머리는 이상한 각도로 뒤틀려 있었다. "저 사람 어떻게 된 거예요?" 나는 몸을 돌려 남자를 보면서 놀라서 물었다. "아마 잔뜩 취한 걸 겁니다. 어쩌면 죽었을지도 모르고요." 후캄이 어깨를 으쓱하더니 계속 차를 몰았다.

갠지스 강을 따라 테리 댐으로 내려가면서 나는 이 지역에서는 평행우주가 여럿 존재한다는 사실을 깨달았다. 한편에는 구석구석마다 종교 이야기(시크교, 힌두교, 티베트 불교, 힌두교 이전의 영적 믿음

등)로 가득 찬 것 같은 장엄한 자연 세계가 있었다. 다른 한편에는 한때 영국 식민 당국과 인도 국가에 맞선 싸움의 진원지였던 지역의 궁핍한 경제 풍경이 펼쳐졌다. 마지막으로, 댐들의 풍경이 있었다.

테리 댐에 멈춰 서자 나는 곧바로 사진을 찍기 시작했다. 후캄이 당황해서 소리쳤다. "안 돼요. 그러면 체포된다고요!" 그 대신 방문자 센터로 가서 공식 투어를 안내받았다. 가이드가 건설 과정을 설명하면서 이 댐이 토목공학의 위업이라고 치켜세웠다. 얼마나 많은 양의 흙과 돌, 사람이 투입되었는지도 설명해 주었다. 그리고 댐 건설 중에 사망한 사람들을 기리는 기념비에 의무적으로 멈춰 섰다. 공식적인 사망자 수는 29명으로 터널 붕괴 사고로 한꺼번에 죽은 이들이었다. 가이드가 말했다. "저거 말고는 여기저기서 한두 사람만 죽었을 뿐입니다." 댐 투어는 세계 어디나 대동소이하다. 댐 건설업자들이 국제적인 동업 조합의 일원이라는 점을 감안하면 놀랄 일도 아니다. 구사하는 문구도 항상 토목공학의 위업이니 공급되는 물이 몇 세제곱미터니 발전 전력이 몇 기가와트니 비슷하다. 그리고 어디나 여기저기서 죽은 한두 사람을 위한 공식 기념비가 있다.

후버 댐보다 더 큰 테리 댐은 말 그대로 깨진 돌을 재료로 만들었다. 과학자들은 오래 전부터 이런 규모의 댐은 이렇게 돌과 흙으로 건설하면 안전하지 않다고 지적해 왔다. 더군다나 이 지역은 지진과 산사태가 빈발하는 곳이다. 저수지는 길이가 약 76킬로미터에 갠지스 강물의 50퍼센트를 담수한다. 국제대형댐위원회International Commission on Large Dams에 따르면, 이 댐 부지는 아주 위험한 곳이다.[301] 지진이 발생하면 댐이 붕괴할 수 있고, 대규모 산사태가 일어나도 댐에 물이 넘칠 수 있다. 그리고 바후구나에 따르면, 만약 댐이 붕괴하면 "아랫쪽 평원에 있는 사람이 전부 쓸려나갈 것이다." 고대 순례 도시 리시케시Rishikesh(인구 10만 명)도 1시간 안에 물에 잠길 것이다. 그 다음에 하리드와르Haridwar(인구 34만 명)가 30분 뒤에 물로 뒤덮인다. 마지막으로, 홍수가 아래쪽 갠지스 평원에까지 번지는데, 여기에는 수백만 명이 산다. 세계은행조차 댐의 구조적 문제 때문에 자금 지원을 거부했다. 소련이 개입해서 필요한 자금을 대주었는데, 소련이 붕괴한 뒤 인도 국가가 나머지를 부담했다. 현재 세계은행은 이 지역을 재건하는 데, 그리고 전하는 바로는 댐의 안전성을 보강하는 데 예산을 지원한다.

2010년 9월 21일, 『인디언익스프레스*Indian Express*』가 "테리 댐 범람, 현재 60명 사망"이라는 보도를 하자 하류에 사는 사람들은 공포에 질렸다. 큰 비가 내려서 댐 수위가 크게 높아지는 바람에 댐 붕괴를 막기 위해 물을 방류해야 했다. 리시케시와 하리드와르에서 십여 개 마을 주민이 대피했고 경고 방송이 울렸다. 몇몇 마을이 파괴되고 사람들이 죽긴 했지만, 이런 극단적 조치로 댐 붕괴는 막을 수 있었다.[302] 이런 상황은 이후에도 몇 년 동안 되풀이되었고, 테리 댐은 현재 툭하면 위험한 수준의 범람 직전까지 치닫고 있다. 이런 문제는 기후변화 때문에 더욱 악화된다.

댐 현장을 방문한 뒤 이번 여행에서 마지막으로 들른 곳은 바후구나 부부의 집이었다. 그런데 전화나 컴퓨터, 전자우편이나 심지어 등록된 주소도 없는 두 사람을 찾기란 여간 어려운 게 아니었다. 운 좋게도 순데를랄 바후구나가 사서함을 갖고 있는 어느 소도시의 호텔 지배인이 친절하게 길을 가르쳐 주었다. 댐 건설 현장 위쪽의 긴 비포장도로를 따라 가면 있는 곳이었다. "아시다시피 바후구나 씨는 세계적인 유명 인사지요." 우리가 차를 움직이는 동안 그가 웃으며 손을 흔들었다. "그럼요, 저도 알아요." 나는 차창 밖으로 소리쳤다.

바후구나는 정말 찾는 이가 많았다. 그는 유엔 회의에 정기적으로 참석하고, 역대 인도 총리와 협의하며, 달라이 라마와 친하다. 나이로비에서는 등에 땔감을 한 짐 지고 유엔 에너지 정상회담에 찾아간 것으로 악명 높다. "여기 당신들이 찾는 에너지, 당신들이 그렇게 찾아 헤메는 연료가 있습니다."[303] 1987년에는 칩코 운동에 참여한 활동으로 '바른 삶 상'을 받았다.

저수지를 따라 이어진 비포장도로를 달리다가 어느 마을을 지나는데, 남자들이 도로변에 웅크리고서 망치로 댐 건설용 돌을 깨고 있었다. 계속해서 정부가 지은 블록형 주거단지를 지나쳤는데, 이번에는 분홍색 콘크리트 아파트 밖에서 여자들이 빨래를 널고 있었다. 저수지 옆에는 거대한 전봇대 아래에 루핑을 얹은 판잣집들이 흩어져 있었다. 분홍색 댐 주택은 공무원들만 사는 곳이었다. 판잣집에 사는 사람들은 뜨내기 노동자들로, 대부분 가난한 비하르Bihar 주에서 온 이들이었다. 마침내 막다른 길이 나오자 우리는 당황했다. 후캄이 누군가에게 바후구나가 어디 사느냐고 물으니 그 남자가 언덕 위에 올라앉은 노란 집 쪽을 가리켰다. "학교 뒤에 등산로가 있어요. 거기까지 데려다 드리죠."

그래서 나 혼자 빽빽한 관목 사이로 희미하게 난 등산로를 걷기 시작했다. 등산로 가에서 쓰레기를 먹는 돼지 한 마리를 지나쳤지만 그것 말고는 아무것도 없었다. 결국 집도 보이지 않았고, 나는 길을 잃었음을 깨달았다. 마침내, 친절한 여자 몇이 바후구나의 집으로 이어지는 아래쪽 작은 샛길을 알려주었다. 집 근처에 다다르니 땅에 웅크리고 뭔가를 심는 작은 여자가 하나 보였다. 빔라였다. 빔라는 내가 누구인지, 왜 왔는지도 모르면서 바로 일을 멈추고 웃으며 나를 집 안으로 들였다. 빔라는 영어를 못하고 나는 힌두어를 못하는 터라 그녀가 순데를랄을 데리러 간 사이에 나는 집에서 주변을 구경했다. 넓은 콘크리트 현관에서는 두 사람이 패배한 결과물, 즉 바기라티 강과 함께 고향 도시를 물에 잠기게 한 저수지가 내려다 보였다. 집 앞에는 천지를 진동하는 장비들과 돌더미가 가득 찬 보기 흉한 대규모 건설 현장이 있었다.

이윽고 순데를랄이 전통 도티* 차림으로 나왔다. 그의 얼굴에서는 억누를 길 없는 장난기 가득한 행복감이 드러나 보였다. 왜 그토록 많은 사람들이 그를 우러러보는지 금세 알 수 있었다. 내가 운 좋게도 두 사람을 찾아냈다는 사실이 믿어지지 않았다. 순데를랄과 빔라는 원래 테리에서 약 29킬로미터 떨어진 아슈람**에 살았는데, 여기는 걸어서만 갈 수 있는 곳이었다. 그런데 댐에 반대하는 싸움을 하기 위해 순데를랄의 아버지가 살면서 조립 회사에서 일을 하던 테리로 돌아왔고, 최근에 이 집으로 이사를 와 있었다. 댐이 완공된 뒤 사람들이 흩어져서 하리드와르의 이주민 수용소나 뉴테리New Tehri로

* dhoti. 인도에서 남자들이 몸에 두르는 천

** ashram. 힌두교의 수행자 공동체

이주했다. 하지만 두 사람은 그냥 남았다. 순데를랄은 병든 친척을 돌보는 것처럼 바기라티 강을 지켜봐야 한다고 말한 적이 있다. 그는 강을 떠날 수 없었다.

간디식 생태주의

순데를랄 바후구나는 여전히 다음과 같이 말한 마하트마 간디의 가르침을 따른다. "신의 것인 공기와 물은 …… 모두가 자유롭게 쓸 수 있어야 하며, 타인을 착취하기 위한 교통수단이 되어선 안 된다."[304] 간디가 마음속에 그린 인도는 깨끗한 물을 확보하는 자체적인 급수 시설을 가진 자급자족적인 마을들로 가득한 나라였다. 깨끗한 물에 거의 강박적으로 집착한 간디는 어떤 마을이고 처음 발을 들여놓자마자 물 공급에 관해 묻고는 물을 깨끗하게 유지하는 문제에 관해 조언을 해주었다. 간디는 이렇게 말했다. "우리는 갠지스 강물을 우리의 죄를 씻어 주는 힘이 있는 신성한 것으로 여긴다. 이 관념은 상징적인 것이다. 물이 몸을 깨끗하게 씻어 주는 것처럼, 열성 신도는 생명의 물이 마음을 씻어 주기를 기도하고 바란다. 그런데 지금처럼 우리의 성스러운 강을 오염시킨다면, 강물이 어떻게 마음을 씻어 줄 수 있겠는가?"[305] 간디는 적절한 하수 시설과 충분한 숲, 빗물 저장고가 있고, 마을 지역 전체를 깨끗하게 관리해야 깨끗한 물을 유지할 수 있다고 믿었다. 하지만 총리 자와할랄 네루는 간디의 구상을 무시했다. 네루는 "댐은 현대 인도의 사원이다"라는 선언으로 악명을 떨쳤다. 간디는 마을 향상village uplift과 작은 물 저장소를 믿은 반면, 네루는 대규모 도시화와 대형 댐을 신봉했다. 오늘날 순데를랄 바후구나는 마을을 위한 싸움을 계속하고 있다.

간디는 독립된 인도를 설계하기 위한 싸움에서 졌을지 모르지만, 그를 따르는 사람들은 그의 이름으로 싸움을 계속하고 있다. 미라벤Mirabehn, J. C. 쿠마라파J. C. Kumarappa, 순데를랄 바후구나가 그 주인공이다. 세 사람 모두 인도 녹색혁명의 토대를 형성한 사업인 대규모 관개 사업과 화학비료에 반대했다. 런던에서 공부한 경제학자로 한때 네루와 밀접하게 협력했던 J. C. 쿠마라파는 새로운 댐과 수로를 건설하기보다는 고대 관개 방식을 되살리는 게 낫고, 또 깨끗한 물을 위해 숲을 보전해야 한다고 믿었다. "물 공급은 효율적인 삼림 정책에 좌우된다. 정부는 물을 위해 땅을 보전하기보다는 삼림의 수익 창출에 지나치게 안달한다."[306] 쿠마라파는 소규모 마을 산업을 창출하는 간디의 전통을 계속 잇기를 원했지만, 네루는 그의 구상을 공상적이라고 치부하면서 전인도마을산업협회All India Village Industries Association를 전인도마을바보협회All India Village Idiots Association라고 조롱했다. 오늘날 순데를랄 바후구나는 쿠마라파의 저서 『영구 경제*The Economy of Permanence*』에 담긴 사상을 장려하는 일을 계속하고 있다. 간디의 사상을 지지하고 그것을 바탕으로 삼아 세워진 사상이다.

베란다에 있는 담요 위에 앉아 차를 마시자고 한 순데를랄과 빔라는 두 사람이 처음에 어떻게 만났는지를 이야기해 주었다. 거구의 순데를랄과 대조적으로 빔라는 키가 약 140센티미터밖에 되지 않는다. 남편 옆에 서면 더 작게 보이지만, 두 사람 사이의 일체감은 한눈에 보아도 뚜렷하다. 두 사람의 이야기는 그들의 몸짓만큼이나 감동적이다. 1947년 인도가 독립을 획득한 뒤, 빔라는 부모님이 요구하는 대로 결혼을 하는 대신 집을 나와 아슈람에 들어갔다. 교육을 받고 싶었는데, 아슈람에서 배울 수 있었기 때문이다. 거기서 그녀는 마을의 생계와 히말라야의 숲을 보호하는 간디식 활동가가 되었다.

한편 순데를랄은 델리에서 국민회의 활동을 했는데, 정치적 통로를 통해 히말라야 산맥을 보호하려고 노력했다. 그는 스물한 살 때 기도회에서 간디를 만났다. 그의 말로는 간디가 히말라야 산맥에 관한 그의 이야기를 골똘하게 듣더니 조용히 말했다고 한다. "당신은 비폭력을 지상으로 가져왔습니다. 히말라야 산맥을 더 높였고요." 순데를랄에 따르면, 이 한 번의 만남으로 수십 년을 버틸 수 있는 힘을 얻었다고 한다. 유감스럽게도, 두 사람의 만남은 또한 간디가 암살당한 바로 그날에 이루어진 것이었다. 간디가 살아 있을 때는 어땠냐고 묻자 바후구나가 간결하게 대답했다. "그는 폭풍과도 같은 사람이었지요." 하지만 이런 말을 할 때 바후구나의 목소리에는 어떤 사나움과 열기 같은 게 느껴졌다. 순하게 미소 짓는 평상시의 모습과는 전혀 다른 느낌이었다.

순데를랄은 산악 지대에서 시민불복종 운동을 하던 빔라와 처음 만나서 곧바로 사랑에 빠졌다고 말한다. 하지만 빔라는 부모의 강요에도 불구하고 여전히 결혼을 원하지 않았고, 따라서 순데를랄의 청혼을 거절했다. "1년만 생각할 시간을 달라고 했지요." 마침내 빔라는 순데를랄에게 국민회의 일을 그만두고 자기와 같이 히말라야 산맥에서 시민불복종 운동을 하면 결혼을 하겠다고 말했다. 순데를랄

갠지스 강의 '죽은 물' 앞에 자리한 현관 앞에 선 순데를랄과 빔라 바후구나 부부

은 당시의 경험을 설명한 바 있다. "결혼식 날 정당 정치를 그만두겠다는 결심을 밝혔을 때 일종의 평온감을 느꼈다."[307] 그 후, 순데를랄과 빔라는 테리에서 약 29킬로미터 떨어진 아슈람으로 가서 계곡을 휩쓸고 있는 벌목에 맞서 숲을 보호하는 활동을 시작했다.

그리하여 칩코 운동이 시작되었다. 물론 사람들은 이미 수십 년 동안 숲을 지키기 위해 싸우고 있었지만 말이다. 식민 지배 시기 동안 영국의 '삼림법'에 따라 마을 사람들은 산에서 나무를 하거나 임산물을 사용할 수 없었다. 나무는 영국의 소유였고, 철도와 선박을 위해 필요했기 때문이다. 마을 사람들은 시민불복종 캠페인을 시작해서 땔감을 모았고, 산에서 나무를 했다는 이유로 연행된 사람들을 도와주었다. 칩코 운동에 영감이 된 것은 1930년 5월 30일 영국 경찰이 야무나Yamuna 강에서 열린 집회에 모인 시위자들을 둘러싸고 발포해서 200명을 살해한 사건이었다.[308] 바후구나는 초창기 숲에서 법을 위반한 이들에 관해 이렇게 썼다. "이 운동은 곧 진압되었지만, 우리는 그들로부터 영감을 얻었다. 우리는 이 순교자들을 위한 기념비를 세웠다. 1969년, 우리는 그들의 기념비 앞에서 약속을 복창했다. 이 일이 칩코의 배경이 되었다."[309]

보통 순데를랄이 이 운동을 이끌었다고 여겨지지만, 그는 사실 운동을 시작한 건 부인이라고 주장한다. "여자들이 칩코 운동을 위해 조직화된 건 사실 아내 때문이었습니다." 남편이 오랜 기간 동안 집을 떠나 있는 여자들에게 숲은 유일한 생계수단이었다. 바후구나의 설명을 들어보자. "우리 지역에서 여자들은 사회적, 경제적 삶의 중추입니다. 토양 침식 때문에 남자들은 생계를 위해 (평원으로) 내려가야 했고, 여자들은 집에 남았어요. 가족을 부양하는 짐이 오롯이 여자들의 어깨에 지워졌지요."[310] 비록 에코페미니즘 운동이라고 치켜세워지지만, 칩코는 사실 궁핍에 바탕을 둔 것이었다. 여자들이 항의시위를 시작한 것은 갑자기 자신들에게 힘이 있다거나 자연과 가깝다거나 남자들보다 비폭력 성향이 있다고 느꼈기 때문이 아니며, 이런 것들은 모두 칩코에 관한 흔한 오해다. 여자들이 항의하기 시작한 것은 생존을 위해, 비단 연료만이 아니라 숲이 제공하는 과일과 견과류, 꿀 등을 위해 숲이 필요했기 때문이다.

1973년, 빔라가 집에서 칩코 캠페인 활동을 하는 동안, 바후구나는 사람들이 왜 가난한지를 알아내고 싶다고 말하면서 걷기 시작했다. 그는 120일 동안 돌아오지 않았고, 잠시 집에 들렀다가 다시 떠났다. 그는 몇 년 동안 걸으면서 전국을 돌아다니며 마을 사람들과 이야기를 한 간디의 본보기를 따랐다. 그는 이렇게 말했다. "이 사람들이 가난한 이유가 무엇인지 알아내려고 애를 썼어요. 가난은 토양 침식과 수자원 고갈 때문이었는데, 이것은 삼림 파괴 때문이었습니다."[311] 그는 길을 따라 걸으면서 '선조들의 과학'을 배웠다고 말했다. 지금 그는 이 과학이야말로 근대화의 '잔인한 과학'에 대한 유일한 대안이라고 주장한다.

한편 고향에서는 여자들이 벌목에 맞서 거둔 성공으로 용기를 얻기 시작했다. 빔라의 말을 들어보자. "여자들은 자신들이 가진 힘을 깨닫기 시작했어요. 여자의 샤티shakti(힘)는 농사일만을 위한 게 아니에요." 여자들은 체포와 투옥에 용감하게 맞섰고, 빔라는 어머니하고 여섯 살짜리 아들과 나란히 수감되기도 했다. "여자들은 8년 동안 밤낮으로 (나무를) 지키기 시작했어요. 모두 공동체의 힘에 바탕을 둔 것이었죠." "여자들이 없었다면 칩코 운동은 절대 벌어지지 않았을 거예요. …… 여자들은 두려움 없이 감옥에 맞섰어요. 또 숲속에 지은 자신들의 오두막을 불태우는 계약업자들에게도 맞섰고요."[312] 마침내 1981년, 향후 15년 동안 고도 3,000피트* 위에 있는 나무를

* 약 914미터

베어서는 안 된다는 금지령이 내려졌다.

학자들은 종종 칩코 운동과 댐 반대 시위가 실제로 얼마나 상호 결합되었는지를 제대로 알지 못한다. 순데를랄은 이 점을 내게 설명해 주었다. "내가 처음 한 사업은 지역을 녹색으로 만든 겁니다. 물이야말로 향후에 가장 큰 문제가 될 거라는 점을 알았으니까요. 그래서 숲이 물을 저장하려면 우선 숲을 건강하게 만들어야 한다고 생각했어요. 나무는 우리에게 먹을거리를 줍니다. 꿀, 과일, 땔감을 주는 거죠." 테리 댐 건설 계획이 발표된 1972년까지 순데를랄은 계속해서 숲 보호를 우선과제로 삼으면서 벌목 일시 금지 선언을 기다리다가 나중에 댐으로 활동의 초점을 옮겼다. 하지만 그는 항상 두 문제가 상호 연결되어 있다고 보았다.

칩코 운동과 마찬가지로, 댐 반대 캠페인도 영국의 물 정책에 대한 항의시위에서 선례가 있었다. 1842년, 영국인들이 갠지스 강물을 갠지스 평원의 농민들에게 보내기 위해 갠지스 상류 운하Upper Ganges Canal를 건설하기 시작했을 때, 『노스아메리칸리뷰*North American Review*』는 이 계획을 찬양하는 말을 잔뜩 늘어놓았다. "위대하고 신성한 강을 너무도 오랫동안 미신적 숭배의 대상으로 삼은 이들을 위한 번영과 문명의 원천으로 만들겠다는 구상, 즉 그토록 오랫동안 쓰지도 않는 강물을 무지하게 숭배한 이들의 들판에 유익한 물이 쏟아지게 만들겠다는 구상은 훌륭한 시적 요소를 가진 구상이다."[313] 확실히 이윤을 위해 갠지스 강을 차지하는 것은 강을 '미신적으로' 사용하는 관행의 중단 및 '문명'과 같은 것으로 여겨졌다. 행정장관 찰스 레이크스Charles Raikes 또한 이 사업을 추진하는 영국 기술자들을 성원했다. "이제 정복 사업은 완료되었고, 재생 사업을 시작해야 합니다. …… 퇴화한 인종을 향상시키고, 불량한 정부와 도덕이라는 과거의 역병을 치료하고, (여러분이 충분하게 복을 받았다면) 참된 미덕과 진짜 종교를 향한 길을 준비하는 것, 이것이야말로 여러분이 할 일입니다."[314] 식민주의의 전형적인 오만으로 똘똘 뭉친 영국인들은 갠지스 강의 흐름을 바꾸는 것을 현지의 미신을 타파하고, 기독교를 주입시키고, 인도 인종을 전반적으로 개량하는 방편으로 보았다.

이데올로기 싸움이 뒤를 이었다. 『노스아메리칸리뷰』에 따르면, "토착민들의 전반적인 정서는, 이 사업은 정말로 주제넘은 짓이고, 위대한 궁가*가 오랜 물길을 버리고 신성을 모독하는 손이 만들어 낸 새로운 물길을 따라 고분고분 흐를 정도로 자기를 망각할 것이라고 생각하는 것만큼 터무니없는 짓도 없다는 식이다."[315] 1914년, 영국 식민 당국이 새로 도수문을 만들어서 갠지스 강 전체의 흐름을 바꾸겠다고 발표하자 시위대가 사업 확대를 저지하려고 했다. 처음에 영국인들은 시위대를 무시하고 건설을 계속했지만, 시위는 계속 확대되어 실제로 독립 운동의 등장에 기여했다. 많은 인도인들이 보기에, 강 전체의 방향을 바꾸려는 시도는 영국인들의 무지와 오만을 드러낸 계기였다. 이 시도는 영국인들의 아킬레스건이었다. 1921년, 우타르프라데시 주 전역의 마을 사람들이 영국인들이 수도 시스템에 대해 요구한 요금을 내지 않겠다는 맹세를 했다. 역사학자 갸넨드라 판데이Gyanendra Pandey에 따르면, "농민들은 이제 더 이상 ……

* Gunga. 갠지스 강의 힌두식 이름인 '강가Ganga'의 옛 표기

관개 못이나 목초지를 사용하는 값을 내려고 하지 않았다. 물은 공기와 마찬가지로 신의 선물이고, …… 오래 전부터 …… 공유해서 써 왔기 때문이다."[316] 이 이야기에는 현재 인도의 사유화 반대 투쟁을 떠올리게 만들면서 옛 식민 권력과 다국적 기업이라는 새로운 권력 사이의 연관성을 드러내는 요소가 많이 있다.

1947년 영국이 인도를 떠난 뒤, 세계은행이 동일한 식민지 사업에 자금을 지원하고 영국인 물 기술자들을 칭찬하는 일을 계속했다. 세계은행은 최근 펴낸 한 보고서에서 다음과 같이 말한다. "영국의 지배와 더불어 인도에서 체계적이고 규모가 큰 물 기반시설 발전이 이루어졌다. …… 이 발전은 '사막에 꽃을 피우는' 수리 공사에 역점을 두었다." 보고서는 "그 결과는 눈부신 수준이었다"고 결론짓는다. 계속해서 보고서는 다소 놀랍게도 영국인 기술자 아서 코튼Arthur Cotton이 인도에서 초상화를 숭배할 정도의 성인으로 여겨진다고 주장하며, 「어느 기술자에게 바치는 송가*Ode to an Engineer*」라는 시로 끝을 맺는다. 영국인 기술자들을 세심하고 효율적인 정부의 상징으로 묘사하는 시다.[317]

독립 이후 세계은행은 이른바 녹색혁명에 자금을 지원했다. 녹색혁명은 갠지스 평원에서 한 해에 한 번이 아니라 두세 번 심을 수 있는 밀과 쌀 신종 교잡품종을 도입했다. 유감스럽게도 이 신품종들은 화학비료와 농약뿐만 아니라 물도 5~10배가 더 필요했다. 갠지스 상류 운하의 자금이 고갈되자 세계은행은 지하수용 펌프 매입에 필요한 차관을 제공했다. 녹색혁명은 처음에는 더 많은 식량을 생산했지만 소농민들에게 막대한 비용을 떠안겼다. 농민들은 비료와 농약을 사기 위해 계속 빚을 져야 했는데, 이 때문에 작물 가격 변동에 취약해졌다. 쌀과 밀이 남아돌면 가격이 떨어졌다. 더군다나 지나친 관개 때문에 토양 염류화가 발생하고 비옥한 농지가 사라졌다. 캘리포니아에서 벌어진 것과 똑같은 문제였다. 펀자비 대학Punjabi University에서 최근 나온 한 연구는 식수가 농약에 담긴 화학성분과 중금속에 오염되는 현상이 광범위하게 퍼져 있음을 발견했다. "이 물질들은 모두 암을 비롯한 생명을 위협하는 질병과 관련이 있다."[318] 대부분의 농촌 지역에는 정수 시설이 전무하기 때문에 암 발생률이 높다.

녹색혁명은 식량 대풍년은커녕 자살 유행병을 낳았다. 2010년 『힌두Hindu』 신문의 한 보도에 따르면, "1997년에서 2009년 사이에 거의 20만 명의 농민이 자살했다. 부채 상승과 그에 따른 경제적, 실존적 절망이 야기한 국가적인 비극이다(물론 국가적 비극에 걸맞은 대접을 받지는 못하지만 말이다)."[319] 농민들이 농약, 주로 DDT를 마시고 자살을 하는 게 전반적인 추세다.[320]

빔라 바후구나의 친한 친구로 물리학자에서 생태학자로 변신한 반다나 시바는 오랫동안 녹색혁명에 반대하는 투쟁에 참여했다. 시바는 칩코 운동 중에 빔라와 만났고, 나중에는 갠지스 강의 사유화에 반대하는 중요한 대변인이 되었다. 그 후 그녀는 데리 근처에서 시범적인 생명다양성 농장과 유기농 레스토랑을 시작했다. 또한 뉴델리의 작은 3층 사무실에서 나브다냐Navdanya(아홉 개의 씨앗)라는 조직을 운영한다. 이 조직은 식량 안보를 조성하는 문제뿐만 아니라 특히 생명의 다양성과 소농 보호를 통한 비폭력적인 영농 수단을 찾는 데 전념한다.[321] 이 두 여성의 공동 노력을 통해 우리는 물과 식량과 숲의 생태, 그리고 이 셋을 지지하는 항의 운동이 얼마나 깊숙이 상호 연결되는지를 알게 된다.

바후구나 부부는 갠지스 강의 물길 변경을 저지하고자 할 뿐만 아니라 기존의 농업 방식도 바꾸고자 한다. 순데를랄은 산림농업, 그의 말로는 나무 농사tree farming를 주창한다. 부부의 집에서 마흔 살 정도 되는 남자 하나가 베란다의 낮은 울타리 위에 올라가서 나무에서 뭔가를 땄다. 순데를랄이 소개했다. "내 아들입니다. 변호사예요." 그는 올리브처럼 생긴 베리를 가져와서 먹어 보라고 몇 알을 건넸다. 물이 많고 달달했다. 바후구나가 그림처럼 풍경을 묘사하면서 계곡에서 자라는 모든 나무에 관해 이야기를 들려주었다. "한때는 철쭉, 낙엽수, 가문비나무, 전나무 같은 게 가득했지요." 석류, 무화과, 사과, 뽕나무, 호두나무, 아몬드나무, 그리고 카팔kafal이라는 맛 좋은 과일도 있었다. "먹고 싶은 게 다 있었어요." 지금도 그는, 과거에 간디가 장려한 구상처럼, 하층 식생을 거느린, 칼로리가 풍부한 견과 나무를 심는 것이 세계 식량 안보 문제의 해답이라고 믿는다.[322] 바후구나는 이 계획에 관해 글을 쓴 적이 있다. "나무는 더 적은 땅에서 더 많은 먹거리를 줄 수 있다. 1에이커*의 땅에서 고기를 얻으려면 …… 1년에 소고기 100킬로그램밖에 얻지 못한다. 곡물을 기르면, 1.5톤을 수확한다. 사과는 7톤, 호두는 10~15톤을 수확한다."[323]

내 눈에는 지역의 나무들이 모두 똑같아 보였기 때문에 과거에

* 약 4,046제곱미터

숲이 얼마나 다양했는지 상상하는 게 쉽지는 않았다. 칩코 운동이 열심히 활동을 했음에도 불구하고, 일시적 벌목 중단 전에나 그 후에나 지역 대부분의 숲이 파괴되었다. "이 주변에서 진행 중인 숲 되살리기 사업은 어떤가요?" 계곡에 조림지 같은 곳들이 눈에 띄어 물어 보았다. 바후구나가 씁쓸하게 대답했다. "잘못된 종류를 심고 있어요. 이 나무들은 여기서 자라던 게 아니에요. 전부 다 소나무인데, 땅에 독성 물질을 뿌려서 작은 관목들이 자라지를 못합니다. 원래 우리는 숲에 의지해서 사는 데 익숙했어요." 결국 알고 보니 그저 저수지에 산사태가 나는 걸 막기 위해 나무를 심은 것이었다.

올드테리와 뉴테리

순데를랄은 나무를 전부 베는 것을 일시 중단시키고 나서야 강을 구하는 일로 관심을 돌렸다. 그리고 댐 건설 예정지에서 몇 번이고 단식 투쟁을 벌이기 시작했다. 인도에서는 단식 투쟁이 종교와 연결된 흔한 항의 전략이다. 그는 오두막을 지었는데 이후 오랫동안 여러 차례 이 오두막을 집으로 삼아 살았다.

"1989년에 댐 건설 현장 근처에 오두막에서 연좌 시위를 했어요. 거기서 두 번 단식을 했는데, 1995년에는 49일 하고 1996년에는 74일 했지요."

"경찰이 괴롭혔지요?"

"아뇨. 인도는 아주 종교적인 나라라서요. 단식을 하는 사람을 건드리지는 못해요. 하지만 한번은 내가 자고 있는 오두막에 누군가 불을 질렀어요. 범인 잡지 못했지요."

"사람들도 선생님 단식하는 데 참여했습니까?"

"아, 그렇죠. 수십만 명이 같이 했어요. 뉴델리에서 사람들이 왔습니다."

1978년, 도수 터널이 건설될 때, 수천 명이 공사를 저지하기 위해 모여들었다. 해가 갈수록 점점 더 많은 사람들이 항의 행동에 참여하거나 바후구나를 만나러 왔다.[324] 반다나 시바의 뉴델리 사무실에서 활동가 아미트 쿠마르Amit Kumar는 시바가 테리 댐 반대 투쟁에 참여한 이야기를 들려주었다. 그중에는 7~8개월 동안 계속되어 뉴델리 시를 거의 마비시킨 시위도 있었다. "그렇지만 인도는 계속 점점 더 많은 댐을 짓고 있습니다."

30년 동안 댐 반대 싸움을 한 바후구나가 자기가 살던 도시가 물에 잠겼을 때 어떤 심정이었을지 상상도 하기 힘들었다. "올드테리Old Tehri가 물에 잠기는 걸 보셨습니까?" 그의 얼굴에 고통스러운 표정이 스쳤다. 마음에 상처로 남은 사건에 관해 사람들한테 물었을 때 흔히 보이는 표정이었다. "물에 잠기는 동안 배를 타고 근처에 있었지요. 모든 게 다 괴롭고 기분이 좋지 않았어요." 그는 고통을 보여주려고 가슴을 쥐어뜯었다. "그건 그냥 올드테리가 아니었지요. 마을 스물두 곳이 묻혔답니다." 2,500명이 살던 도시인 테리는 갠지스강 순례 길에 있었고, 고대 사원들로 가득했으며, 심지어 궁도 있었다. 댐 건설로 전부 합쳐 10만여 명이 이주했다.

바후구나는 계속 말을 이었다. "수몰 이주에서 가장 나쁜 점은 사람들이 어떻게 연결되어 있었는지에 관한 기억을 잃는다는 겁니다. 여자들이 특히 이런 상실을 슬퍼했지요." 그는 아내를 바라보았고, 우리는 잠시 침묵하며 앉아 있었다. 벌거숭이 언덕과 추하게 채워진 물을 응시하면서. 불도저들이 댐 주변 도로를 파는 소리가 공중에 가득했다. 순데를랄이 갑자기 눈살을 찌푸렸다. "이제 그자들은 대신에 5성급 호텔을 지으려고 해요." 나는 올드테리의 사진을 몇 장 본 적이 있었다. 한때 지방 군주의 근거지이자 주의 수도였던 곳이다. 멋진 히말라야 산맥을 뒤로 하고 두 강 사이의 반도에 자리한 이곳은 아름다운 도시였다. 도시 주변에서는 사람들이 계단식 농지에서 작물을 길렀다.

순데를랄이 갑자기 입을 열었다. "죽은 물이지요." 그가 저수지 쪽을 가리켰다.

"무슨 말씀이세요?"

"산 사이를 흐르는 강에서는 물이 이런 식으로 흘러요." 그가 손으로 뱀 모양을 만들면서 설명했다. "그게 살아 있는 물이지요. 우리 선조들은 이걸 알아서 이런 강을 골라서 망자를 묻었어요. 그런데 현대인은 이런 게 살아 있는 물이라는 걸 알지 못해요. …… 댐을 세우는 건 현대인의 어리석은 짓입니다." '죽은 물'에 관한 이야기를 듣자니 갑자기 어떤 기시감이 떠올랐다. 마오리족이 죽은 물과 산 물을 구분하고, 남아공 흑인들과 마푸체족도 그런 구분을 한다는 게 기억이 났다. 그러자 바후구나의 말이 맞다는 생각이 들었다. 어쩌면 오직 현대인에게만 이 개념이 생소한 것일지 모른다.

그날 바후구나와 함께 앉아 있는 동안 한 질문이 계속 머릿속을 맴돌았다. 결국 질문을 던졌다. "이 모든 걸 보고 있으면 고통스럽지 않습니까?" 솔직히 왜 그가 그냥 남기로 택했는지 이해하기 어려웠다. 저수지 수위가 낮아질 때면 지금도 옛날 도시의 시계탑 꼭대기가 보이는 곳에 말이다. 하지만 순데를랄은 나를 빤히 보기만 할 뿐, 아무 대답도 하지 않았다. 그의 시선은 단단하고 확고했다. 금세 선불리 끼어든 내 질문이 잘못된 것이었음을 느꼈다. 물론 고통스러운 일이었다.

냉큼 화제를 바꾸었다. "올드테리에 관한 기억은 어떤 게 있습니까?" 그의 얼굴이 금세 밝아지면서 추억 속으로 빠져들었다. "저녁이면 사람들이 장터에 모이는 곳이었지요. 올드테리가 가장 매혹적인 점은 두 강물이 하나로 합류하는 곳에 마을이 있었다는 거예요. 지역 전체의 중심지여서 각지에서 사람들이 왔지요." 다른 마을 사람들처럼 이주민 수용소로 가지 않은 이유를 물었다. "나는 늙은이에요. 제대로 걷지도 못해요. 거기 가지 않을 겁니다." 하지만 그는 또한 정부가 자기 집에 대해 주는 보상금을 받지 않겠다고 설명했다. "우리 아버지는 올드테리의 산림 공무원이었어요. 거기가 아버지 집이었지요." 그래서 '댐 사람들'이 옛 도시 위쪽에 무단거주하면서 이 초라한 집에 그냥 살도록 해주었다. 홍보의 측면에서 보면, 국제적 유명 인사인 그를 거리에 내버려두느니 차라리 집에 살게 하는 게 훨씬 좋았다.

순데를랄과 빔라는 그 자리를 지키면서 강이 죽어가는 모습을 지켜보았고 이제 강의 죽음을 애도하고 있었다. 하지만 두 사람은 또한 파괴의 목격자로 그 자리에 앉아 있는 동안에도 희망을 버리지 않았다. 두 사람에게는 적어도 계곡을 복원하고, 녹색혁명이 정지된 상황에서 더 많은 식량과 물을 제공하기 위한 계획이 있었다. 사람들이 부부에게 해법을 의지하고 있었다. 순데를랄과 빔라의 경우처럼, 녹색혁명이 실패로 끝난 뒤 쿠마라파에 대한 관심이 되살아났다. 많은 이들이 국가가 독립 이후 잘못된 길을 걸었고 이제 다른 길을 시험해 볼 때라고 생각한다.

그날 바후구나 부부 집을 나서면서 나는 정부가 올드테리 주민들을 이주시킨 뉴테리로 올라가 보기로 결정했다. 순데를랄은 다른 아들이 거기 살고 있다면서 전화번호를 알려 주었다. "그런데 뉴테리는 모범적인 이주민 도시라고 하던데요?" 그렇게 도시를 치켜세우는 간판을 본 생각이 나서 즉석에서 물었다. 지역 전체에서 뉴테리를 독립 인도에서 최초로 생긴 계획 산간 도시라고 설명한다. 현재 여름 휴양지로 인기 있는 영국 식민지 시대의 산간 피서지 마을을 모델로 삼은 게 분명한 곳이다. 주 정부에 따르면, "뉴테리는 아시아에서 가장 종합적이고 성공적인 복원 계획으로 손꼽힌다. 어렴풋이 빛나던 소도시가 멋진 산간 휴양지로 발전했다."[325]

순데를랄이 껄껄대며 웃었다. "그건 나쁜 본보기지요. 우리는 '뉴'테리를 나타이naatayi테리라고 부릅니다. 우리 말로는 나쁜 테리죠."

산을 오르면서 뉴테리를 처음 봤을 때는 소련식 콘크리트 블록형 아파트가 산중턱에 흩뿌려진 것 같았다. 아래쪽에 있는 댐 주택과 맞추려고 분홍색 페인트칠이 되어 있었다. 하지만 산꼭대기에 올라가서 보니 뉴테리는 버려진 도시 같았다. 시내 로터리에는 택시 기사 몇이 담배를 피우고 있었다. 근처에는 호텔이 두 개 있었는데 둘 다문이 닫혀 있었다. 건물에서는 곰팡내가 나고 페인트가 조각조각 떨어져 있었다. 택시 운전사들 말고 처음에 눈에 띈 건 주변을 돌아다니는 소떼였다. 울타리가 있는 쇼핑몰 안쪽에도 소가 한 마리 보였다. 버려진 광장 한가운데에는 2004년에 분신자살한 테리의 한 활동가를 기리는 흉상이 서 있었다.

순데를랄의 아들도 그날은 보이지 않았다. 휴대전화로 연락이 닿긴 했지만, 그는 예상치 못한 일로 다른 데 가 있다고 사정을 설명했다. 그래서 대신에 문을 연 찻집을 찾아가서 주인들한테 거기 사는 게 어떠냐고 물었다. 파레 시버Pare Shever가 대답했다. "다들 다른 데로 이사 가고 있어요. 여기서는 살 수가 없습니다." 물은 충분하냐고 물었다. "3일마다 물이 오는데, 더러워서 마시지는 않습니다." 실제로 주 정부는 델리의 물 공급을 담당하는 곳으로 유명한 이 지역의 60퍼센트가 물 부족에 시달린다고 주장한다.[326] 묘한 곳에 쓰레기 더미가 쌓여 있는 걸 보니 쓰레기 수거도 전혀 되지 않는 것 같았다. 감비르 싱 카타이트Gambhir Singh Kathait라는 남자는 이렇게 말했다. "주민 중에 30퍼센트가 벌써 떠났습니다. 여기는 생활비가 너무 많이 들어요. 농사지을 땅도 없고요." 순데를랄 바후구나가 이미 이런 문제들을 설명해 주었었다. "물이 부족하고 산까지 걸어 올라가야 하지요. 호수에서 3킬로미터 위에 있어요. 원래 정부에서 작은 샘에서 마을까지 물을 끌어다 주기로 했는데, 공사를 끝내지 않았습니다." 테리 주민들은 농사지을 만한 땅이 전혀 없었고, 호텔 사업이 잘 되지 않았기 때문에 식량 배급표를 받아서 근근이 살았다. 식량은 다른 도시에서 들여왔다.

뉴테리에서 정부는 시계탑 같이 물에 잠긴 도시의 역사적 기념물들을 복원하려고 했다. 현재 이 기념물들은 한때 번성하던 문화를 조잡하게 모방한 모습으로 서 있지만 아무 의미도 전달하지 못한다. 마찬가지로, 도시는 인도 최대의 수역 중 한곳을 멋지게 내려다보고 있지만, 사람들은 그 물을 마실 방법이 없다. 저수지까지 몇 킬로미터를 걸어가려고 해도 너덜지대가 급경사가 너무 심해서 마실 물을 나르려고 기어내려가기가 힘들다. 한때 수자원으로 사용하던 지역의 샘들은 저수지 담수가 끝나자 신기하게 물이 끊겼다.[327] PBS의 〈빌 모이어스와 함께Now with Bill Moyers〉 프로그램에 출연한 반다나 시바는 이주가 특히 여성들에게 미친 영향을 설명했다.

> 10만 명이 수몰 이주민이 됐습니다. 그리고 여자들은 얼마나 많은 여자들이 자살을 하기 시작했는지에 관해 이야기를 하게 됐지요. 물 있는 데까지 걸어 다니지 못하고, 정부가 지역 물 공급 계획을 전부 취소하면서 변명을 했거든요. "이 거대 사업에 모든 돈, 공공 자산이 전부 투입됐습니다." …… 그래서 여자들이 갠지스 강에 뛰어든 거예요. 이제 갠지스 강이 생명의 어머니가 아니라 무덤이 됐으니까요.[328]

실제로 내가 보기에도 뉴테리는 나타이테리 같았다. 벌거숭이 산 중턱에 올라앉아 오지 않는 관광객과 물을 기다리는 모습이었다. 많은 이들이 이미 일자리를 찾아 도시로 떠난 상태였다. 테리 댐이 현대 인도의 '사원'이라면, 거기서 무엇을 숭배하고 있는지 궁금증이

일 수밖에 없다. 분명 인도 지도자들이 식민지 독립 이후 그린 미래상은 자급자족하는 간디식 마을이 아니라 팽창하는 도시 빈민가였다.

테리의 물은 어디로 가는가

테리 저수지 물의 종착점인 소니아비하르Sonia Vihar의 수에즈 정수장은 델리 동북부의 야무나 강둑을 따라 늘어선 빈민가에 있다. 소니아비하르 한쪽에는 강변을 따라 판잣집을 불도저로 밀어버린 무인지대가 있다. 홍수에 잠기는 사태를 막기 위해 밀어버렸다는 곳이다. 도시 다른 쪽에는 빈민가가 몇 킬로미터에 걸쳐 뻗어 있는데, 수도 시설이 거의 없다. 도시의 여느 강처럼, 델리의 야무나 강도 도시 인구가 1,400만 명으로 늘어남에 따라 점차 말라 버렸다. 현재 강은 겨우 하수도 같은 규모이며, 주민들은 강물이 하수를 쓸어갈 정도도 되지 못한다고 불만을 토로한다. 부유한 사람들은 점점 야무나 강에서 멀리 이사를 갔고 가난한 사람들은 강변으로 모여들었다. 델리 전역에서 빈민가가 강둑까지 밀고 들어와서 침수의 위험이 커진 상태다. 집들이 쓸려 내려가면 다시 짓는다.

예전의 델리는 주변에 수백 개의 둑이 있고 사냥터와 휴양지로 둘러싸인 물이 풍부한 도시였다. 물 전문가 아누팜 미슈라Anupam Mishra에 따르면, "영국인들이 처음 인도에 왔을 때, 델리에는 자체 수원만 800개 가까이 있었다. 지금은 수원이 10곳에 불과하며 그나마도 수질과 수량이 크게 떨어졌다. 델리의 지하수는 급속도로 고갈되는 중이다."[329] 최근에 델리의 오래된 저수지가 수십 년 동안 쓰레기 집하장으로 사용되다가 재발견되었다. 쓰레기더미 밑에서 천연 샘이 여전히 흐르고 있다는 사실이 밝혀졌다.[330]

인도의 광대한 소규모 둑 시스템과 빗물 모으기 시스템은 수천 년 동안 물을 공급했다. 이 시스템은 자가수리와 과세 체계로 유지되었다. 기원전 4세기에 카우틸랴는『실리론*Arthashastra*』에서 물 공급을 개발하고 유지하기 위한 정교한 조건을 정했다. 수로 비용이 생기지 않도록 새로운 정착지는 자연 수로 근처에 지어야 한다는 식이었다. 책에서 카우틸랴는 다른 사람의 땅에 둑을 지으면 벌금을 내도록 정했다. 또한 빗물 모으기를 지시하면서 어떻게 집집마다 빗물 모으는 장치를 만들어야 하는지를 설명했다. 마지막으로, 공공 물 공급의 사유화를 금지하면서 이런 사유화를 폭력 행위로 처벌했다. "어떤 사람이 …… 오래 전부터 사람들이 사용해 온 수도 시설에 담보를 설정하거나 시설을 매각하면, 중간치의 폭행 벌금을 부과해야 한다."[331] 카우틸랴의 관리 방식은 기원전 321년부터 기원후 1857년까지 천 년이 넘는 기간 동안 시행되었다.[332] 그런데 영국인들이 인도에 들어왔다.

점차 인도로 들어온 영국인들은 자신들의 수력공학 구상도 같이 가지고 왔다. 영국인들은 고대 물 관리 방식을 유지하는 대신 자신들의 물 개발 계획에 대해 세금을 내라고 요구했다. 영국인 기술자 아서 코튼은 이런 변화에 대해 인도인들이 보인 분노를 다음과 같이 설명했다.

처음에 원주민들이 자신들의 물질적 개선을 무시한 이런 행태 때문에 우리에게 불만을 토로한 사실은 아주 인상적이었다. 원주민들은 우리를 일종의 문명화된 야만인이라고 부르곤 했다. 싸움에는 아주 전문가이지만 자기네 위대한 사람들보다는 떨어지기 때문에 우리는 자기네가 만들어 놓은 시설을 고치지도 못한다고 말이다. 또 그 시설을 확장하는 건 흉내조차 내지 못한다고 했다.[333]

영국인 기술자들은 소규모가 아니라 대규모 댐을 원했다. 산지브 카그람Sanjeev Khagram 교수에 따르면, 영국인들이 들어온 뒤, 1950년까지 높이 15미터 이상인 대형 댐 200여 개가 건설되었다.[334]

독립 이후 네루 총리는 댐을 근대 국가의 상징으로 보면서 댐 건설을 계속했다. (이와 대조적으로 순데를랄 바후구나는 대형 댐은 20세기의 어리석음을 보여주는 기념물로 남을 것이라고 말했다.)[335] 세계은행은 1950년대 말에 기꺼이 자금을 지원하면서 인도 댐 건설에 관여했다. 세계은행은 빗물을 모으는 전통을 소망적 사고wishful thinking로 치부하면서 이런 옛날 방식은 빗물을 모으기 위해 당시에나 효과적이던 수많은 상상적 방법에 의존했다고 주장했다. 이런 방식은 상상적이고 소망적이긴 하지만 현대 세계에서는 비효율적이라는 말이었다.[336] 그렇지만 이 나라에서 손꼽히게 유명한 빗물 모으기 사례가 간디의 집에 지금도 있다. 여기서는 지붕에서 물을 모아서 집 안에 있는 90,850리터의 저장탱크로 이동시킨다.[337]

현재 환경 난민이 인도 도시 인구 가운데 점점 더 많은 비율을 차지하고 있다. 댐, 광산, 산업 개발 등으로 자기 땅에서 쫓겨난 사람들이다. 인도 의회 사무국에서 보고한 현재 진행 중인 연구들에서는 1947년에서 2000년 사이에 6,000만 명 정도가 강제 이주를 했다고 주장한다. 적어도 한 연구는 다음과 같이 말한다. "실제 수치는 그 네 배이다." (지방 정부들과 세계은행이 사업의 부정적 영향을 깎아내리려고 하기 때문에 많은 추정치는 신뢰도가 떨어진다.) 댐 때문에 이주한 사람들만도 2,100만~5,500만 명이다.[338] 이 수치들에는 기후 변화와 흉년 때문에 이주했거나 앞으로 이주할 수천만 명은 포함되지 않는다.

이 사람들은 보통 일자리를 찾아 도시로 향한다. 『힌두』에 따르면, 델리의 경우, 2009년 현재 도시 주민의 52퍼센트가 빈민가에 살고 있었다. 야무나 강변의 삶은 녹록치 않다. 주민들이 손펌프를 설치했지만, 물은 식수로 쓸 만큼 안전하지 않다.[339] 집 근처에서 물을 구할 데가 없기 때문에 여자들은 종종 가정부로 일하는 집에서 물을 길어 온다. 여자들은 물거지라고 불리면서 경멸의 눈초리를 받는 데 익숙하다. 사람들은 하루에 1인당 26리터 정도로 생활을 하는데, 다른 곳에서 3.78리터짜리 플라스틱 물동이로 물을 길어다 쓴다. 2010년 『타임』의 한 기사에 따르면, 이와 대조적으로 델리 중부의 사람들은 하루에 1인당 약 500리터의 물을 받는다.[340] 강변에는 화장실이 전혀 없기 때문에 사람들은 강가에서 용변을 본다. 이 때문에 빈민가에서는 툭하면 질병이 발생한다. 그리고 당연히 의사도 없다.

소니아비하르에는 15만 명의 주민이 산다. 아마 여기가 델리에서 최악의 빈민가일 것이다. 인도 농촌에서 온 이주민들이 가득한데, 주로 갠지스 강 유역에서 온 이들이다. 이스트델리 구청장인 안

나푸르나 미슈라Annapurna Mishra에 따르면, 소니아비하르는 하수 시설이나 보건소, 상수도 등이 전혀 없고 인도적 위기 사태 일보직전이다. 이 지역 신임 구청장으로서 미슈라는 불만을 토로했다. "소니아비하르의 정수장은 도시의 많은 지역에 물을 공급하고 있지만 그 정수장이 실제로 자리한 소니아비하르 사람들은 거기서 물을 받지 못합니다. 대신에 이 구에서는 물을 둘러싼 싸움이 거리에서 흔하게 벌어집니다." 최근에는 한 소녀가 물차를 막으려고 하다가 사망하는 사고가 있었다. 차가 소녀를 덮친 것이다.[341] 미슈라는 소니아비하르의 한 젊은이가 처한 곤경을 설명했다.

> 왼쪽 다리에 진갈색 상처를 보여주는 쿠마르의 눈가에 눈물이 고였습니다. …… 열아홉 살 소년은 공공 수도에서 양동이에 물을 받을 때 몇 번이고 공격당한 이야기를 목이 메여 와 설명할 여력조차 없었습니다. …… 소니아비하르의 공공 수도는 필요한 숫자에 턱없이 못 미치기 때문에 사람들은 종종 식수를 얻으려고 말 그대로 목숨을 겁니다.

쿠마르는 자신의 생활상태를 이렇게 설명했다. "여기는 지옥입니다." 식수는 구하기 힘들지만, 빈민가 곳곳에는 모기 유충의 온상이 되는 검게 썩은 물웅덩이가 넓게 펼쳐져 있다.[342] 2011년, 소니아비하르에 황달 환자가 대규모로 발생했는데, 더러운 식수 때문에 확산된 간염이 주범일 공산이 크다.[343]

2000년에 승인된 소니아비하르 정수장은 건설에 6,800만 달러

(5,000만 유로)가 들었고, 뉴델리의 3분의 1에 물을 공급할 예정이었다. 2001년, 델리 시는 세계은행에 물 부문 개혁을 위해 1억 5,000만 달러의 차관을 신청하면서 프라이스 워터하우스 쿠퍼스Pricewater-houseCoopers(PwC)와 계약을 맺고 델리의 물 관리를 2015년까지 외국 기업들에게 양도한다는 계획안을 작성했다.[344] 하지만 곧이어 부패 반대 활동가인 아르빈드 케즈리왈Arvind Kejriwal(현 델리 총리)이 세계은행이 입찰을 조작한 증거를 찾아냈다. 델리 시 수도위원회에 프라이스 워터하우스 쿠퍼스와 계약을 맺도록 강요한 것이었다.[345] 프라이스 워터하우스 쿠퍼스와 세계은행 사이에 회전문이 존재함을 발견한 케즈리왈은 세계은행에 서한을 보내 세계은행 조달 절차에서 부패로 보이는 문제가 드러났다고 호소했다. 그러자 세계은행의 한 대표자는 케즈리왈에게 세계은행의 기구청렴부Department of Institutional Integrity를 소개하면서 정식으로 항의문을 접수하고 그 사건에 관해 독립적인 심사를 하도록 하자고 말했다. 그러면서 연결이 되지 않는 인터넷 링크를 알려 주었다.[346]

프라이스 워터하우스 쿠퍼스 보고서는 도시를 여러 지구로 나눠서 사우스델리의 시험 사업을 시작으로 경쟁하는 여러 기업들에 관리를 맡길 것을 권고했다. 또한 델리 시 수도위원회는 하위직 직원 수가 많다고 주장하면서 직원 합리화 과정에 착수할 것을 권고했다. (아시아개발은행의 한 보고서는 사유화 이후 계량기 1,000개당 노동자 수가 20명에서 2명으로 줄었다고 밝혔다.)[347] 프라이스 워터하우스 쿠퍼스는 또한 빈곤층에게 공급되는 평균 수량을 1일 50리터에서 40리터로 줄일 뿐만 아니라 수도 요금을 인상할 것을 권고했다. 마지막

으로, 빈곤층에 대한 정부 보조금을 '퇴행적'이라고 지칭하면서 없앨 것을 권고했다.[348]

그와 동시에 세계은행과 델리 시 수도위원회 둘 다 델리의 수도를 민영화하는 중이라는 사실을 강경하게 부정했다. 세계은행은 웹사이트에 델리 사업에 관한 '자주 묻는 질문' 페이지를 만들었는데, 그중에는 이런 질문도 있었다. "이 사업은 델리 시 수도위원회의 민영화로 귀결됩니까?" 세계은행은 다음과 같은 답을 내놓았다.

> 이 사업은 델리 시 수도위원회의 '민영화'가 아닙니다. 제안된 계획에 따르면, 모든 상하수도 자산은 계속 공공 영역에 남을 것입니다. …… 세계은행은 델리 시 수도위원회의 어느 부분도 민영화를 제안하지 않으며 민영화를 위한 계획도 전혀 없습니다. 사실상 현재 세계은행은 민영화를 전혀 권고하지 않습니다.[349]

수도요금 인상에 관한 질문에는 다음과 같이 답했다. "요금 인상 속도는 서비스 효율과 공급의 개선에 발맞춰 점진적으로 빨라질 것입니다." 마지막 질문은 "가난한 사람들도 물을 사용할 수 있나요?"였다. 세계은행은 다음과 같이 답했다. "제안된 개혁은 특히 가난한 사람들을 위한 것입니다. …… 각 사업자는 또한 두 지구 모두에서 필히 저소득층지원단Poverty Outreach Unit을 구성해야 하며, 계약에 따라 저소득층 주거 지역에서 물 공급을 개선할 의무가 있습니다." 실제로 세계은행은 새로운 서비스를 통해 "이주 정착촌과 빈민가의 저소득층을 포함한 델리 시민들에게 …… 지속적인 물 공급(주 7일 24시

간)을 할 것"이라고 약속했다.[350]

세계은행이 이렇게 단언했음에도 불구하고, 수에즈와 계약을 체결한 뒤 델리에서는 민영화에 반대하는 대중적 압력이 높아졌다. 계약이 비밀로 감춰지고 도시 차원의 민영화 계획도 비밀에 부쳐지면서 의심만 커져 갔다. 댐 반대 항의 시위가 민영화 반대 시위로 바뀌었다. 2002년, 한 무리의 시위대가 강을 상징하는 파란 천으로 만든 300피트*짜리 플래카드를 들고 갠지스 강 최상류에서 평원 지대까지 도보 행진을 했다. 이 여정에서 총 15만 명이 플래카드에 서명을 했다. 갠지스 강과 델리 사이의 마지막 고리를 막 연결하려는 순간, 갠지스 강둑에 있는 고대 도시 하리드와르에서부터 집회가 시작되었다. 농민, 사제, 일반 시민 5,000명이 "어머니 강가 강은 상품이 아니다"라고 씌어진 피켓을 들고 나타났다. 집회는 영국인들에게 인도에서 철수하라고 요구한 날을 기념하는 '인도를 떠나라 운동 기념일 Quit India Day' 전날인 2002년 8월 9일에 열렸다. 100만 명 이상이 갠지스 강을 사유화하지 말라고 요구하는 청원서에 서명했다. 그리고 2004년에는 정부가 수도요금을 10배 인상한다고 발표하자 수천 명의 시위대가 델리 거리를 마비시켰다. 시위대는 의회를 습격하려 했고, 시위대를 밀어내기 위해 물대포가 동원되었다. 부패 문제와 더불어 이렇게 고조되는 압력에 직면하자 2005년 델리 시 수도위원회는 세계은행 차관 신청을 철회했다.[351] 하지만 그렇다고 해서 정부가 더이상 프라이스 워터하우스 쿠퍼스의 권고 내용을 따르지 않은 것

* 약 91미터

은 아니었다. 델리 시 수도위원회 위원장은 관련된 비정부기구에 편지를 보냈다. "델리에는 수도를 민영화하려는 시도가 전혀 없습니다."[352] 이때쯤이면 아무도 그의 말을 믿지 않았다.

한편 소니아비하르는 처음부터 여러 문제에 시달리긴 했지만 예정대로 일을 진행하고 있었다. 2005년 『타임스오브인디아*Times of India*』의 한 기사는 다음과 같이 설명했다. "이 사업은 델리가 깨뜨리지 못한 하나의 징크스다. 도시를 구원할 유일한 희망으로 여겨지는 소니아비하르 정수장은 처음부터 여러 문제에 빠져들었다."[353] 첫째, 테리 댐에서 터널이 하나 붕괴해서 수십 명이 사망하고 갠지스 상류 운하를 통해 물을 방출하는 계획이 연기되었다. 정수장은 이미 완공된 상태였기 때문에 몇 달 동안 놀릴 수밖에 없었다. 수에즈와 체결한 계약 조건에 따라 인도 정부는 정수장이 원수原水를 받지 못한 날에 대해 수에즈에 하루당 3,000달러 정도를 지불해야 했다. 인도의 전국 일간지인 『힌두』는 2005년에 다음과 같이 보도했다. "이 일은 공공 자금을 그냥 허비하고서도 아무도 책임을 지지 않는 고전적인 사례다."[354] (나중에 수에즈는 이 위약금의 일부를 포기하는 데 동의했다.)

2005년 1월, 마침내 잠깐 동안 소니아비하르에 물이 도달했지만 이내 끊겼다. 테리 주 정부와 계약상 분쟁이 일어났기 때문이다. 정수장의 관들은 말라 버려 녹슬기 시작했다. 정치인 비제이 졸리Vijay Jolly는 "왜 어떤 주와도 원수에 관해 문서 협약을 하지 않은 상황에서 공공 비용을 들여 그렇게 거대한 정수장을 지었는지 시장이 델리 시민들에게 대답해야 합니다"라고 말했다. 아마도 정수장을 지은 것은 델리 사람들을 위해서가 아니라 다국적 기업에 혜택을 주기 위해서인 것 같다.[355] 2006년 5월 23일, 다시 배관을 청소하기 위해 정수장으로 물이 방출되었다. 델리 총리 실라 딕시트Sheila Dikshit는 이렇게 말했다. "정수장 배관 청소에 35~40일 정도 걸릴 겁니다. 이 물은 마침내 7월에 델리 주민들에게 전해질 것입니다. 이것은 우리에게 역사적인 순간입니다. 이제 깨끗하다고 여겨지는 강가 강의 물이 우리한테 도달한 겁니다."[356] 그러나 유감스럽게도, 마침내 8월에 처리된 물이 방출되어 일반 주민들에게 왔을 때, 물은 갈색으로 오염된 녹물이었다. 델리 시 수도위원회의 수석 기술자 A. K. 자인A. K. Jain이 사과를 했다. "물이 아주 깨끗하지는 않아서 주민들에게 흐르는 물을 받아서 10분 정도 두라고 말했습니다. 수요일 저녁까지는 물이 수정처럼 깨끗해질 겁니다."[357] 마침내 2006년 9월 19일, 정수장이 공식적으로 문을 열었다. 추가로 10년 갱신 옵션이 붙은 10년짜리 운영·관리 계약의 시작이었다.

정수장 비용은 원래 계약한 금액을 3배 이상 초과했고, 결국 델리의 수도요금은 천정부지로 치솟았다. 그와 동시에 델리 빈민가의 상황은 악화되기만 했다. 2005년 6월 4일, 델리 총리는 소니아비하르 물의 25퍼센트를 칸톤멘트Cantonment 지역으로 보내겠다고 발표했다. 인도 군이 주둔한 이 지역은 이미 하루에 1인당 500리터로 델리에서 가장 많은 물 할당량을 받는 곳이다. 나머지 물은 사우스델리와 이스트델리가 나눠 받았는데, 대부분 사우스델리로 갔다. 소니아비하르의 빈민가는 이스트델리에 있지만, 물을 전혀 받지 못했다. 실제로 델리 시는 각 지역별로 하루에 1인당 필요하다고 여겨지는 양에 대해 기준을 정해 놓았다. 계획 지역 255리터, 재정착 지역 115리터, 빈민가 50리터였다.[358] 프라이스 워터하우스 쿠퍼스가 빈민가 기준을 한층 더 낮출 것을 촉구하긴 했지만, 이런 기준은 사실상 불공평을 제도화했다.

아이러니하게도, 델리는 절대 물이 부족한 도시가 아니다. 오히려 델리는 하루에 1인당 총 280~300리터 정도로 코펜하겐보다 물이 더 많다. 그렇지만 코펜하겐과 달리, 델리는 특히 여름을 중심으로 언제나 물 부족 사태를 겪는다. 지난 10년 동안 소니아비하르 주변의 지하수면은 20~30피트* 낮아졌다. 도시의 다른 지역은 더 심했다. 지하수면이 지나치게 낮아지면, 수도위원회는 이 지역을 다크존dark zone으로 선포하고 지하수 양수를 금지한다. 줄어든 지하수 공급에는 농축된 오염물이 들어 있기 때문이다. 델리의 일부 동네에서는 지하수에 함유된 수은이 안전 기준치보다 1,570배 많았다. 다른 지역에서는 박테리아, 질산염, 불소 등이 검출되었다. 실제로 현재 인도 정부는 인구의 상당수가 불소 중독을 겪고 있음을 인정한다. 대다수 빈곤층에게 주요 수원인 급수차조차 양 옆에는 커다란 경고 문구가 적혀 있다. "이 물은 식수가 아닙니다." 하지만 사람들은 어쩔 수 없이 이 물을 먹는다.[359] 델리 물 부족 사태의 원인은 정말로 사용할 물이 부족하다는 사실이 아니라 불공평한 분배와 노후한 기반시설, 오염 등이다.

2012년, 델리 시 수도위원회는 마침내 수도를 민영화하는 중임

---

* 약 6~9미터

을 인정했다. 델리 총리이자 수도위원회 위원장인 실라 딕시트는 이렇게 말했다. "물 공급 부문에는 민영화가 필요합니다. 우리는 전력 부문에서 채택한 것과 동일한 모델을 물 공급에도 그대로 적용하고자 합니다."[360] 위원회는 또한 사우스델리의 수도 시스템 운영을 입찰할 계획이라고 밝혔다. 이 발표가 있은 직후, 성난 시위대가 자생적으로 거리로 몰려 나왔다. 주로 물을 공급 받지 못하는 빈곤 지역 주민들이었다.[361] 그럼에도 불구하고 사우스델리 계약은 수에즈에게 돌아갔다. 한편 이런 기나긴 논란 때문에 세계은행은 인도 국가 보고서 항목에서 델리와 프라이스 워터하우스 쿠퍼스에 관한 언급을 전부 삭제했다. 그 대신 세계은행은 현재 인도 다른 도시들의 수도요금 개혁 필요성에 초점을 맞추고 있다.

갠지스 강의 종말?

오늘날 갠지스 강은 놀랄 만한 속도로 줄어들고 있으며, 강줄기가 아예 사라진 구간도 있다. 오래된 도시 바라나시 주변 갠지스 강의 수심은 한때 200피트*였지만, 지금은 33피트**이다.[362] 희귀종인 갠지스강돌고래는 현재 갠지스 강을 따라 있는 깊은 웅덩이에만 산다. 강 수심이 너무 얕아져서 헤엄을 치지 못하기 때문이다. 이 독특

* 약 61미터
** 약 10미터

한 생물은 눈이 먼 채로 태어난다. 시력이 불필요한 흙탕물 강에서 살면서 진화한 결과다. 이 돌고래는 옆으로 몸을 기울여 헤엄치면서 지느러미로 바닥을 짚어서 방향을 잡으며 먹이도 찾는다. 그런데 종종 얕은 웅덩이에서 빠져나가지 못하면 원을 그리며 헤엄을 칠 수밖에 없다. 갠지스강돌고래는 먹이를 찾아 돌아다니지 못해서 굶어죽는 중이다.

갠지스 강이 줄어드는 가운데서도 왕왕 파괴적인 홍수가 지역을 덮친다. 2013년 7월 16~17일, 히말라야 산맥에서 엄청난 홍수가 시작되어 6,000명 정도가 사망하고 75,000명이 산간 지방에 고립되었다. CNN이 인도 쓰나미라고 이름 붙인 이 홍수로 조시마트 위쪽 지역과 그곳에 있던 순례자들이 전부 쓸려나갔다. 대부분 케다르나트Kedarnath의 힌두 사원으로 가던 사람들이었지만, 일부는 헴쿤드Hemkund의 시크교 사원과 꽃의 계곡으로 가는 길이었다. 『인디아타임스』는 다음과 같이 보도했다. "생존자들의 말에 따르면, 엄청난 양의 부유물과 함께 쏟아진 물이 모든 것을 휩쓸어 버렸다. 세차게 밀려오는 홍수 앞에서 이내 비명마저 물에 잠긴 순례자들은 목숨을 건질 길이 없었다. 믿어지지 않겠지만, 둘레가 몇 미터나 되는 바위까지 마치 종이 공이 구르듯이 떠내려 왔다."[363]

테리 댐은 아니지만 다른 댐이 붕괴해서 홍수가 발생한 것이었다. 파타고니아의 경우처럼 히말라야 산맥에서도 빙하가 빠른 속도로 녹아서 빙하호 홍수가 발생하고 있다. 한편 파타고니아와 달리, 히말라야 지역에는 빙하호 홍수 경보 시스템이 존재하지 않는다. 간디 호수Gandhi Sarovar에서 연구하는 과학자들은 실제로 얼음 둑이 붕괴하는 소리를 들었지만 아래쪽에 있는 사람들에게 소식을 알릴 방법이 없었다. 그 대신 과학자들은 자기들 목숨을 구하려고 달렸다. 케다르나트에서 위쪽으로 4킬로미터 떨어진 간디 호수는 1948년에 마하트마 간디의 유골을 뿌린 뒤로 이런 이름을 얻은 곳이다. 하지만 2013년 7월에 간디 호수는 예상치 못한 엄청난 폭발을 일으켜 산간 지방을 휘몰아쳤다. 놀랍게도, 손목이 가는 비시누 상은 해를 입지 않았고, 순데를랄과 빔라 바후구나 부부도 무사했다. 내가 미국에서 충격과 공포에 사로잡혀 지켜보는 가운데 알라크난다 강은 내가 머물렀던 호텔을 집어삼켰다. 호텔 건물은 마치 카드로 지은 집처럼 강물 속으로 무너져 내렸다. 조시마트 근처에 있는 다른 댐인 비시누프라야그 수력발전댐Vishnuprayag Hydroelectric Project도 붕괴되었다.

하지만 테리 댐은 화를 면했다. 사실 홍수가 난 직후에 우타라칸드 주 총리와 테리수력발전 당국 둘 다 테리 댐 덕분에 댐 아래쪽에 있는 리시케시와 하리드와르가 무사할 수 있었다고 주장했다. 그런데 활동가들이 곧바로 지적한 것처럼, 둘 모두 언급하지 않은 점은 이 지역들이 무사한 것과는 거리가 멀었다는 사실이다. 리시케시와 하리드와르는 하루 뒤에 물에 잠겼다. 테리 댐이 붕괴를 막기 위해 물을 방류할 수밖에 없었기 때문이다. 댐 아래쪽에서 수백 명이 목숨을 잃었다. 델리에서는 야무나 강 지역에서 10,000명이 긴급 대피해야 했는데, 이 사람들은 뒤이어 출혈성 뎅기열 발생으로 피해를 입었다.[364]

홍수가 나고 1주일 뒤, 교수, 변호사, 정치인, 활동가(반다나 시바 포함) 등 20인 그룹이 환경산림부에 우타라칸드 주의 수력 발전 사업을 중단하고, 댐이 재난에서 어떤 작용을 했는지에 관한 독립적인 조사를 시행할 것을 호소했다. "우타라칸드 주의 기존 수력 발전 사업과 현재 건설 중인 사업이 2013년 6월 이 주를 덮친 재난에서 점점 상당한 역할을 했음은 의심할 여지가 없습니다." 그들은 몇몇 댐 기술자들이 제때 수문을 열지 못해서 결국 댐 위로 물이 넘쳐흘러 하류에 있는 지역에 갑작스런 홍수를 일으켰다는 사실을 지적했다.[365]

한편 순데를랄 바후구나는 홍수 사태를 무분별한 산림 벌채 탓으로 돌리면서 인도 정부에 "내가 이미 경고한 사태"라고 일침을 놓았다. 홍수가 발생한 직후 그는 언론에 이렇게 말했다. "나는 몇 년 동안 산이 많은 지역에서 이 무모한 벌목을 중단할 것을 강조했습니다. 자연을 계속 괴롭히면 이런 재난이 계속 일어날 겁니다." 그는 또한 소나무의 또 다른 문제를 언급했다. "호두나무는 잎이 넓어서 물을 흡수할 수 있는 반면, 과거에 영국인들이 심은 소나무는 물을 흡수하지 못해서 땅이 침식에 취약해지고, 큰비가 오면 홍수와 산사태가 나기 쉽습니다. 주에서 문제가 해결되면 소나무를 다른 나무로 교체해야 합니다."[366] 시바 신의 머리카락은 확실히 이런 악성 쓰나미를 늦추지 못했다.

홍수가 나고 한 달 뒤, 테리 댐은 계속 불안정하게 붕괴 위험에 시달렸다. 이 댐은 하류 지역을 보호하기는커녕 홍수 기간과 하류 쪽의 강제 대피 기간을 연장했을 뿐이다. 홍수가 나고 정확히 한 달 뒤, 테리 댐 관리 당국은 계속 물을 대량으로 방출하고 있음에도 불구하고 저수지가 다시 최고 수위인 825미터에 근접하고 있다고 발표했다. 하리드와르와 14개 마을의 주민들은 대피할 수밖에 없었다. 겁에 질린 주민들은 "우타라칸드의 그치지 않는 비로 테리 댐 위험 상황"이라는 기사를 읽어야 했다.[367] 사람들은 당국이 댐 덕분에 하리드와르가 무사하다고 주장하면서 동시에 하리드와르가 침수될 것이라고 발표하는 아이러니를 간파했다. 그리고 사망자 수를 제외하면 2013년은 유별난 해가 아니었다. 2010년 이래 저수지는 매년 위험 수위에 도달하거나 넘었으며, 하류에 사는 사람들은 더 큰 홍수에 대비했다.

캘리포니아 사람들이 고장나기 직전인 댐을 철거하기 위해 비용을 지불하는 동안에도 현 인도 정부는 대규모 물 개발 사업(댐과 운하)이 물 문제의 해법이라고 믿는 것 같다. 가령 캘리포니아의 많은 실트댐* 중 하나인 샌클레멘테댐San Clemente Dam은 붕괴의 위험이 있어서 캘리포니아 주는 댐을 해체하는 데 8,400만 달러를 지출하고 있다.[368] 그렇지만 인도, 중국 등의 나라는 계속 댐을 짓고 있다. 2012년 2월, 인도는 국가적인 강계연결사업Interlinking Rivers Project을 시작했다. 사업이 완공되면 주로 동쪽에서 서쪽으로 난 수천 마일의 운하를 통해 주요 강 30개가 연결될 것이다. 중국도 비슷한 강계 연결 사업인 남수북조공정을 진행하는 중이다.

언론인 디네시 C. 샤르마Dinesh C. Sharma는 인도의 계획을 다음과 같이 설명했다. "이 사업은 강을 파란색으로 표시한 인도 지도를 놓고 시작해서, 모든 강을 연결해야 한다고 결정하고 나서 모든 파란

* 실트silt는 입자가 모래보다 작고 진흙보다 큰 퇴적토를 말함

선을 빨간 펜으로 연결하는 방식에 관해 논의합니다." 이 사업은 강을 인도를 위해 전국적인 수로 격자를 형성하는 송수관으로 간주한다.[369] 히말라야 지역에서는 훨씬 더 많은 갠지스 강의 수원이 댐으로 막힐 것이다. 또한 델리의 급수원인 야무나 강을 활용해서 이 강물을 남쪽의 사막 지역인 라자스탄Rajasthan 주로 보낸다. 야무나 강을 대신하기 위해 갠지스 강의 수원이 되는 강들을 옮겨서 남쪽 델리로 보낸다. 마치 체스를 두듯이 강들을 여기저기로 옮기는 것이다. 1,200억 달러가 소요되는 이 사업은 처음에는 너무 높은 비용 때문에 불가능하다고 여겨졌다. 하지만 2012년 2월, 대법원이 실제로 최근 몇 차례의 가뭄을 고려해서 국가에 이 사업 건설을 시작하라고 지시했다. 첫 번째 연결 사업인 켄-베트와Ken-Betwa 강 연결 사업은 세계은행에서 자금을 지원받았는데, 이 사업으로 판나호랑이국립공원Panna Tiger National Park의 일부가 물에 잠길 것이다.[370] 강계연결사업이 마무리되면 세계에서 가장 큰 유역분지 간 물 수송 사업이 될 것이다.

캔자스에 있는 웨스 잭슨Wes Jackson의 토지연구소Land Institute에서 열린 회의에서 세계 식량 안보에 관해 토론을 하던 중에 나는 저명한 언론인인 팔라구미 사이나트Palagummi Sainath에게 인도의 이 사업에 관해 어떻게 생각하느냐고 물었다. 간단한 대답이 돌아왔다.

"완전 미친 짓이지요."

"그러면 사업이 완공되지 않을 거라고 보시나요?"

"아니요, 건설될 수도 있어요. 그래도 여전히 미친 짓이죠."

이 사업은 환경에 엄청난 영향을 미칠 것이다. 이 사업 때문에 건기에는 브라마푸트라Brahmaputra 강 전체가 단절되어 벵골 만 강어귀에 있는 취약한 맹그로브 생태계가 바뀔 수 있다. 갠지스강돌고래는 멸종될 테고, 기수 지역에 사는 다른 수많은 종도 멸종될 것이다. 방글라데시의 생존을 좌우하는 이 나라 대수층에 염수가 침투하고, 또 농경지에도 염분이 많아질 것이다. 이런 문제들은 단 하나의 강 흐름을 바꿈으로써 생겨날 몇 가지 결과에 불과하다. 인도의 큰 강 30개의 물길을 전환하는 결과가 아니다. 이 사업은 또한 국제적인 긴장을 야기할 것이다. 인도는 네팔에 댐을 건설하고 방글라데시로부터 물을 끌어갈 계획을 세우고 있기 때문이다. 방글라데시가 파키스탄으로부터 군사 원조와 지원을 받는다는 사실을 감안할 때, 인도와 방글라데시가 전쟁을 벌이면 재앙이 벌어질 것이다. 한편, 중국은 남수북조공정을 통해 인도보다 먼저 한 강의 물길을 바꾸려고 노력하는 중이다. 이 지역에서는 물을 둘러싼 국제적인 긴장이 높은데, 이 나라들은 모두 핵 보유 강국이다.

그렇다면 큰 강의 물길을 바꾸고 더 많은 댐을 건설하는 것 말고 다른 어떤 일을 할 수 있을까? 순데를랄 바후구나에게 이 질문을 던지자 곧바로 대답이 돌아왔다. "작은 댐이죠." 그는 확신을 갖고 말했다. 물에 관한 한 고대 인도의 전문 지식으로 돌아가자는 것이었다. 반다나 시바의 사무실에서 아미트 쿠마르도 같은 이야기를 하면서 이렇게 설명했다. "인근 지역에 물을 대는 작은 댐은 산사태를 일으키지 않고, 마을 사람들을 쫓아내지도 않고, 가난한 사람들에게 영향을 미치지도 않습니다."[371]

실제로 현재 인도 전역의 사람들이 이 조언에 관심을 기울이면서 소형 댐과 빗물 모으기라는 고대 방식을 되살리고 있다. 인도 사람들은 법률에 저촉되는 가운데서도 지역사회 차원에서 이런 시스템을 축조하고 자금을 대고 있다. 잘바기라티Jal Bhagirathi(바기라티 강물)는 인터넷과 트위터를 통해 사람들을 연결하면서 인도 고대 역사를 더듬는 수많은 풀뿌리 소형 댐 단체 중 하나다. 단체 지도자인 라젠드라 싱Rajendra Singh은 인도 각지에 7,600개의 저수지를 축조하는 일을 도왔다. 그 스스로 설명한 것처럼, 그는 이런 활동 때문에 인도 정부로부터 시달리고 있다.

"우리가 이런 물 모으기 구조물을 만들기 시작하자 정부는 나한테 법적 통고를 했습니다. 제54호 관개배수법Irrigation Drainage Act 54에 의거해서 이렇게 말하는 겁니다. '당신은 여기서 빗물을 가로채고 있다. 이 비는 당신 게 아니다.'"[372] 그럼에도 불구하고 그의 단체는 저수지 축조를 계속 진행 중이며, 빗물 모으기는 전국 각지에서 점점 인기를 얻고 있다. 잘바기라티는 현재 잘비라다리Jal Biradari(물 공동체)라는 전국 조직의 일원이다. 이 조직이 추구하는 목표는 간단하다. 가난한 사람들이 물을 구하는 일을 돕는 것이다. 단체에서 펴낸 안내책자를 보면 이 문제를 다음과 같이 설명한다. "모든 것을 가진 이들에게는 물 값이 아무것도 아니지만, 아무것도 없는 이들에게는 물 값이 모든 것이다."[373]

인도 여행이 끝나갈 즈음, 나는 순데를랄 바후구나가 인도를 위해 새로운 물 구상을 창조하고 있는 거대한 네트워크의 일원에 불과하다는 사실을 깨달았다. 1988년, 댐 반대 운동의 지도자인 순데를랄 바후구나, 메다 파트카르Medha Patkar, 바베 암테Babe Amte 등이 인도

중부에서 만나서 '국민들께 드리는 호소문Appeal to the Nation'을 작성했다. 일부를 읽어 보자.

> "우리는 공동의 결의로 한데 뭉쳐 나라 곳곳에서 왔습니다. 사람들이 천연자원에 대한 기본적 권리를 부정당하는 일이 없도록 하겠다는 결의뿐입니다. …… 우리는 국민 여러분께 여기서 지금 당장 모든 대형 댐 건설을 중단할 것을 호소합니다."[374]

그들은 마을마다 독특한 생태계를 고려해서 스스로 마을 발전에 관한 결정을 내릴 수 있어야 한다고 주장했다. 과거에 마하트마 간디도 똑같은 주장을 했지만, 네루 총리에게 표결에서 졌다. 오늘날 비록 세계은행과 인도 정부의 위협을 받고 있기는 하지만 간디의 민중주의적 구상이 인도 농촌에 복원되는 것처럼 보인다.

순데를랄 바후구나와 앉아서 얘기를 나누던 날, 나는 테리 저수지에 담수가 끝난 지금 이제 무엇을 할 생각이냐고, 아니 누구든 어떤 일을 할 수 있냐고 물었다. 그가 살던 마을이 잠긴 채 우리 앞에 펼쳐져 있는 테리 저수지의 비극을 무시하기란 불가능한 일이었다. 무력하다는 느낌을 지우기 힘들었다. 바후구나는 내 질문에 대답하는 대신 일기장 같은 걸 꺼내서는 내 이름과 주소를 써 달라고 내밀었다. 그러고는 고개를 들면서 말했다. "결국에는 젊은이들이 체제에 맞서 반란을 일으킬 거예요. 그렇지만 지금 당장은 나무를 심읍시다."

몇 달 뒤, 그가 옛날에 쓴 글귀를 우연히 마주했다. "내가 벌이는 십자군 운동에서 패배할지 모른다거나 혼자서 싸우는 신세가 되었다고 느낄 때면, 나는 언제나 이 일기를 꺼내 훑어본다. …… 이 모든 이름들이 내게 용기와 힘을 준 친구들이다."[375]

나도 그 이름들 중 하나가 되었다는 사실에 뿌듯한 자부심이 들었다.

3

중동의 물 전쟁

five

이집트
목마른 사람들의 혁명

"녹색 삶을 누릴 수 있는 동네에 오신 걸 환영합니다."

카이로 외곽 순환 도로 광고판의 문구가 나를 반겼다. 광고판에는 멋쟁이 중절모를 쓴 남자가 지평선까지 펼쳐진 파란 골프장에서 스윙을 하고 있었다. 교통 정체에 막힌 채 사하라 사막의 모래와 '공기'라는 이름으로도 불리는 오염물질을 들이마시다 보니 광고판이 매력적으로 보였다. 도시 바깥 어딘가 알레그리아Allegria('즐거움'을 뜻하는 이탈리아어)라는 이름의 빗장 동네gated community에는 녹색 삶이 기다리고 있다. 개발업자의 안내책자는 자랑하는 문구로 가득했다.

"알레그리아 대지의 80퍼센트 이상이 녹색 공공 공간입니다. 아웃도어 생활과 연결된 평온과 고요를 한껏 누릴 수 있습니다."

2011년 이집트 혁명이 일어나기 몇 달 전, 타는 듯이 더운 여름날이었다. 순환 도로 아래로는 카이로 광역시 인구 1,800만 명 중 60퍼센트가 산다고 추정되는 무허가 주거지역이 어지럽게 뻗어 있었다.[376] 일부는 광고판 기둥을 벽돌 건물이 무너지지 않도록 버팀목으로 쓰고 있었다. 많은 집에 수도가 없었고, 수도가 있는 집들도 물이 나오지 않았다. 알레그리아, 드림랜드Dreamland, 비벌리힐스, 스완레이크Swan Lake, 유토피아Utopia 같은 이름이 붙은 교외의 경치 좋은 개발 단지가 물을 전부 끌어다 썼기 때문이다. 이렇게 물을 끌어가서 국가가 운영하는 수도 공급망과 하수 처리 공장에 과부하가 걸리고 있었다.[377]

2011년 겨울 타흐리르 광장이 폭발했을 때, 국제 언론들은 호스니 무바라크 대통령의 억압적 체제를 전복하고자 하는 이집트 민주주의 세력이 '소셜미디어 혁명'에 박차를 가했다고 보도했다.[378] 하지만 이 나라가 또한 물 위기를 겪고 있다는 사실은 대부분 보도되지 않았다. 이집트는 세계적으로 인정되는 '물 빈곤'선인 연간 1인당 1,000세제곱미터 이하로 떨어져 1인당 700세제곱미터까지 줄어든 상태였다.[379] 1월 25일 혁명은 단지 참정권을 빼앗긴 이들의 혁명만이 아니라 누군가 이야기한 것처럼 목마른 사람들의 혁명이기도 하다고 해도 지나친 것은 아니다.[380] 거의 비가 오지 않는 땅에서 나일강은 재생 가능한 수자원의 97퍼센트를 공급하는데, 요즘은 이 물의 많은 부분이 녹색 삶을 지탱하기 위해 (이집트의 정치 엘리트 계층이 거주하는) 교외 호화 단지로 향하고 있다. 한편, 혁명 이전 시기에 국가 수도 사업소는 카이로 시내 주민들의 수도요금을 크게 올렸다. 전체 주민의 40퍼센트 정도가 하루에 2달러 이하로 살아가는 곳에서 말이다.[381]

같은 해에 미국 중서부의 집으로 돌아온 나는 이집트의 봉기 장면이 텔레비전 화면을 가득 채우는 가운데, 전문가들이 물 위기 상황과 이 위기와 커다란 관련이 있는 글로벌한 지정학적 압력을 전혀 알지 못하는 것 같아서 깜짝 놀랐다. 미국 언론은 주로 이집트 내부의 부패와 억압에 초점을 맞추었다. 언론들은 국제적 초강대국들이 무바라크 정권에 영향력을 행사해서 이 나라의 공공 토지와 물을 사유화한 사실을 보도하지 않았다. 또한 예를 들어, 1990년대 이래 세계은행이 민영화를 해야 '효율성'이 향상된다고 주장하면서 민영화 정책을 차관 공여의 조건으로 삼은 사실, 그리고 2004년에 이런 요구 때문에 결국 이집트 정부가 수도 사업소를 민영화해서 이윤에 따라 움직일 수밖에 없는 몇 개 기업으로 분할하고, 요금 인상을 통해 새로운 기반시설 비용을 떠넘긴 사실도 보도하지 않았다.[382]

민영화를 진행하고 몇 달 만에 카이로 일부 지역에서는 수도 요금이 두 배 올랐고, 시민들이 항의하기 시작했다. 2005년 카이로 북부에서 열린 한 시위에서는 성난 주민들이 요금 징수원들을 잡으려고 거리 추격전을 벌였다.[383] 새로 오른 요금을 낼 여력이 없는 이들은 도시 변두리까지 가서 나일 강 운하에서 물을 퍼오는 수밖에 없었다.[384] 2007년, 나일델타Nile Delta에서는 지역 수도회사가 농업 · 어업 도시들에 공급되던 물을 부유층 리조트 단지로 보내고 나서 시위대가 주요 해안도로를 봉쇄하는 일이 벌어졌다. 이스트런던대학의 필립 마플리트Philip Marfleet 교수의 말에 따르면, "당국이 폭동 진압 경찰을 보내 이 '소요 사태'를 진압하는 와중에도 빗장 단지들과 지중해와 홍해 연안의 컨트리클럽과 호화 리조트들에는 물이 끊기지 않고 공급되었다."[385] 그 후 몇 년 동안 이런 시위는 더욱 격렬해졌다. 활동가 압델 마울라 이스마일Abdel Mawla Ismail이 지적한 것처럼, "목마른 사람들의 시위, 또는 누군가 이름붙인 대로 하면 인티파다가 사회운동의 새로운 길을 대표하기 시작했다."[386] 이 길을 따라가다 보면, 2011년 이집트를 집어삼킨 혁명은 불가피한 결과로 보였다. 사람들은 오랫동안 가난 속에서 살 수 있다. 그렇지만 물 없이 살 수는 없다.

골프장 도시

이집트에서 물 접근성의 불공평이 확대되는 현상을 이해하기 위해, 다시 녹색 삶으로 고개를 돌려 보자. 2007년 완공된 알레그리아는 지난 10년 동안 사하라 사막에서 우후죽순처럼 생겨나는 수십 개의 빗장 교외 단지 중 하나다. 식스오브옥토버개발투자Sixth of October Development and Investment Company, SODIC(이 이름은 이스라엘을 상대로 한 욤키푸르 전쟁에서 승리한 전투를 상기시킨다)가 세운 알레그리아는 골프장과 수영장을 중심으로 조직된 일종의 코스모폴리탄 공동체다. 단지는 더 행복하고 건강한 라이프스타일을 자랑하며 그렉 노먼이 설계한 18홀 골프장과 기자Giza의 대피라미드 경관을 홍보한다. 장래 구매자들은 30개의 빌라 설계안 중에서 선택할 수 있다. 모두 국제적으로 유명한 건축가가 설계한 것이다. 빌라나 아파트 단지마다 전용 수영장과 정원이 있다. 경관을 관리하는 기업만도 네 개나 된다.

골프는 이집트에서 새로운 스포츠가 아니지만(영국 식민 지배자들이 게지라스포츠클럽Gezira Sporting Club을 만든 1882년에 소개되었다), 개발업자들이 외국인 관광객들에게 '골프 휴가'를 판촉하기 시작함에 따라 지난 10년 동안에야 널리 인기를 얻었다. 지금 골프는 사하라 교외 지역을 휩쓸면서 좋은 페어웨이가 있기만 하면 세계 어디서든 사업을 수행할 수 있는 능력을 나타내는 지위 상징이 되었다. 오늘날 이집트에서 골프를 배우는 것은 글로벌 엘리트 집단에 합류하기 위한 필수적인 단계로 여겨진다. 알레그리아는 이 비결을 활용하면서 워크숍을 제공하고 페이스북에 매일 골프 퀴즈를 게시하고 있다. 그리고 골프 토너먼트와 '알레그리아 바질 여성의 날Allegria Basil Ladies Day' 같은 테마 파티를 끊임없이 연다. 여자들이 150달러 정도를 내고 이 파티에 참석하면, 환영의 의미로 바질 음료를 주고, 이탈리아 바질 메뉴로 구성된 점심과 바질향 세면 타월을 걸치고 하는 골프 라운딩도 제공한다. 매년 열리는 BMW 토너먼트에서는 페어웨이 주변에 신차들이 전시되고 시험 주행도 할 수 있다.

멀리 떨어진 많은 준교외가 으레 그렇듯, 알레그리아의 생활도 고립적이고 자급적일 수밖에 없다. 여성들은 사영 도시인 웨스타운Westown(역시 식스오브옥토버 소유)에 있는 고급 상점과 레스토랑까지 걸어 다니거나, 가구를 사러 디자이노폴리스Designopolis(이것도 식스오브옥토버 소유)까지 무료 셔틀버스를 이용할 것을 권유받는다. 주말이면 가족이 인근에 있는 놀이공원을 찾을 수 있다. 드림파크Dream-Park(미네소타 주 블루밍턴Bloomington의 몰오브아메리카Mall of America와 로스앤젤레스의 유니버설 스튜디오를 만든 회사가 설계한 곳)는 돌고래 쇼, 정글 탐험, 통나무배 타기 등 물을 테마로 한 놀이기구로 사막의 열기를 식혀 준다. 어린이들은 이름난 영국국제학교에 입학할 수 있다. 최근에 카이로 시내에서 알레그리아로 옮겨 왔다.

이집트의 호화 교외 붐은 1990년대에 정부 기관과 공공용지의 첫 번째 사유화 물결과 함께 시작되었다. 사막의 광대한 지역이 무바라크 대통령의 친구와 친척들에게 헐값에 매각되었다. 이 사람들은 도로와 전기, 수도 같은 기반시설도 보장받았다.[387] 이런 내부자 거래는 결국 터무니없는 물 소유권 주장으로 이어졌다. 가령 사하라 사막에서 먹거리 재배를 원하는 사우디 왕자에게 화석수*를 무제한 보장해 주기도 했다. 해외 기업들이 정수 시설을 건설하는 계약을 따내기 위해 경쟁했다. 확실히 사하라 교외의 삶이 언제나 광고하는 것만큼 목가적인 것은 아니다. 빗장 단지 개발업자들은 으레 역삼투 여과 방식을 사용하겠다고 약속했지만, 많은 이들이 전용 시설을 짓는 것보다는 지자체 수도관(과 믿을 수 없는 것으로 악명 높은 국영 정수장)에 그냥 연결하는 게 더 싸게 먹힌다는 점을 깨달았다.[388] 그렇지만 유지보수비와 요금으로 한 달에 최대 350달러를 내는 주민들은 수도꼭지를 틀면 깨끗한 물이 콸콸 나오기를 기대했고, 대부분 실제로 그랬다. 최근 카이로 교외 두 곳에 대한 한 연구에 따르면, 식스오브옥토버시티Sixth of October City 주민 69퍼센트와 뉴카이로New Cairo 주민 42퍼센트가 어느 때든 수돗물을 이용할 수 있었다.[389]

준교외 오아시스로 물이 흘러가고 납세자의 돈이 이동함에 따라 옛 카이로의 수백만 주민들은 줄곧 부족한 위생 시설을 이용하기 위

* fossil ground. 지층이 퇴적할 때 함께 들어가서 그대로 남아 있는 물

해 고투했다. 녹색 삶을 가능하게 만든 흘러넘치는 물은 정부 부패를 보여주는 상징으로 바뀌고 있었다. 목마른 사람들의 혁명이 서서히 무르익어 갔다.

옛 카이로

카이로는 맨해튼보다 인구 밀도가 두 배나 높은 대단히 혼잡한 대도시다. 주된 원인은 무허가 지구가 점점 늘어나기 때문이다. 아프리카 일부 도시들의 몇몇 무단 점유 판자촌과 달리, 카이로의 무허가촌은 겉으로 보기에는 4~5층짜리 붉은 벽돌 건물로 통일성이 있다. 이 건물들의 지붕 위에는 대부분 강화 철근이 툭 튀어나와 있다. 조만간 한 층을 더 올리기 위해서다. 도시의 계획 지구와 비계획 지구 모두 시장과 카페가 빽빽이 차 있지만, 무허가 지구에서는 지하경제가 지배하며, 기반시설은 물물교환으로 직접 지어야 한다. 지자체 당국이 제공하지 않기 때문이다. 몇몇 동네에서는 자체적으로 깐 도로가 너무 좁아서 응급 차량도 들어가지 못하고 툭툭* 택시만 다닌다. 배관 공사는 도로상의 도랑에서 지면의 구멍에 이르기까지 다양한데, 두 경우 모두 하수 처리 트럭이 폐기물을 버린다. 그런데 가끔 폐기물을 나일 운하에 쏟아 붓는다. 수돗물이 나오지 않을 때 사

* 원래 태국 등 동남아에서 많이 쓰이는 소형 삼륜차로 이집트에는 2005년경부터 수입되었다.

카이로 무허가 주거지역의 좁은 골목길. 이 지역에는 쓰레기 수거나 수도 같은 도시 서비스가 부족하다.

람들이 식수로 끌어다 쓰는 바로 그곳에 말이다.[390]

만시야트나세르Manshiyat Naser(쓰레기 수거에 경제 기반을 두고 있기 때문에 '쓰레기도시Garbage City'라고 불린다)의 무허가 주거지역에서는 불과 4.5제곱마일*의 땅에 100만 명 정도가 사는 것으로 추산되어 아프리카에서 가장 인구밀도가 높은 지구로 손꼽힌다.[391] 여기서는 지자체가 전체 깨끗한 물 수요의 15퍼센트도 충족시키지 못한다. 대다수 주민들은 오염된 얕은 대수층에서 물을 끌어올리는 수백 개의 작은 개인 우물에 의존한다. 물론 이 대수층은 나일 강에 의해 채워

* 약 11.7제곱킬로미터

진다.[392] 이 지역의 물 공급을 분석한 한 비정부기구는 표본의 75퍼센트가 이집트에서 수용 가능한 음용수 최저 기준을 충족시키지 못했음을 발견했다. 그렇지만 만시야트나세르 같은 지구에는 법률이 미치지 않기 때문에 주민들은 기반시설 개선을 요구할 수 없다. 사람들은 기름통으로 물을 떠오고, 구덩이를 파서 화장실로 쓰고, 불법으로 전기를 연결한다.[393] 한 주민은 불만을 토로했다. "왜 저쪽(정식 주거지역) 사람들이 우리보다 더 좋은 거리와 더 좋은 수도와 아무튼 다 더 좋은 걸 누리는지 말 좀 해주시죠? 저 사람들이 더 잘난 건가요?"[394] 다른 이도 불만을 이야기했다. "(부유층 동네에서) 수도관이 터지면 그날로 고쳐요. 여기서는 수도관이 터지면 1주일 동안 물 없이 삽니다. 공무원들은 옳다구나 하죠. 우리가 쓸 물 할당량을 자기네 친구한테 팔아먹을 기회니까요."[395]

만시야트나세르의 여느 주민들처럼 움 아므르Umm Amr도 자발린zabbaleen, 즉 쓰레기 수거인으로 일한다. 남편이 밤에 집으로 쓰레기를 가져오면 낮 동안 분류를 한다. 재활용품을 따로 모아서 팔면 가족의 주요 소득원이 된다. 언론인 줄리아 걸락Julia Gerlach이 기사에서 신랄하게 설명한 것처럼, 30대인 움은 낡은 집 1층에 있는 아주 작은 방에서 산다. 움과 딸은 바닥에서 잠을 잔다. 남편은 나무의자에서 잠을 자고, 아들 둘은 집에서 제일 좋은 잠자리, 즉 하나뿐인 침대에서 잔다. 3층짜리 건물에 사는 모든 가족이 화장실 하나를 같이 쓰고, 움은 길 건너 이웃집에서 물을 받아다 쓴다. 때로는 물 없이 살기도 한다. 움의 말을 들어 보자. "원래는 수도관을 깔려고 했는데, 집이 너무 낡고 벽이 썩어서 깔 수가 없다더군요. 물 때문에 집이 무너질지도 몰라서요."[396]

2008년, 움 아므르 집 위쪽에 있는 절벽에 무단 방류한 하수가 스며들어서 낙석 사태가 일어나 최소한 199명이 사망하고 55명이 부상을 입었을 때, 그녀가 안고 있는 문제는 더욱 절박해졌다. 그 후 중앙 정부가 만시야트나세르 일부 지역을 위험한 곳으로 지정해서 주민들에게 카이로 서쪽 20마일* 거리에 있는 주택단지로 이주하라고 요구했다.[397] 그곳으로 옮겨간 뒤, 운 좋은 사람들은 알레그리아 같은 곳에서 가정부나 정원사 일을 구했지만, 다른 이들은 교외에서 아무런 일자리나 소득원을 구하지 못했고 시내로 출퇴근할 대중교통도 없었다. 따라서 일부 주민들은 이주 명령을 거부했고, 결국 당국은 신속하고 무자비한 대응에 나섰다. 극단적인 사례로, 만시야트나세르의 한 집에서는 가족이 안에 있는데도 불도저가 집으로 돌진했다.[398]

현재 진행 중인 이집트 혁명의 이야기는 여러 면에서 분명히 만시야트나세르의 이야기이다. 2010년 여름에 이르러 카이로 전역의 동네에서 열악한 기반시설과 위생시설, 물 부족 등에 따른 불만이 끓어 넘치기 시작했다. 하지만 사람들이 조직할 능력이 없다면 혁명은 일어나지 않는데, 이때쯤이면 법의 테두리에서 벗어난 지역에 사는 수백만 카이로 시민들은 수십 년에 걸쳐 자기조직화 경험을 쌓은 상태였다. 도시계획가 카림 이브라힘Kareem Ibrahim은 상황을 다음과 같이 설명했다. "기본적으로, 주로 사회경제적 하층 계급들이 스스로

* 약 32킬로미터

떠맡아서 한 작업 말고는 도시계획이란 게 없습니다. …… 마치 이 사람들은 스스로 자신들을 책임지는 국가의 시민이 아니라는 사실을 받아들인 것 같습니다."[399]

2011년 1월 28일 '분노의 금요일Friday of Anger' 시위 동안 만시야트나세르 주민들은 동사무소와 경찰서에 불을 질렀다. 동사무소와 경찰 둘 다 대규모 강제 이주를 주도한 곳이었다. 주민들은 계속해서 빈 정부 건물을 점거했지만 폭동 진압 경찰에 의해 밀려났다.[400] 이와 같은 작은 혁명들이 전국 곳곳에서 일어났지만 방송에는 거의 나오지 않았고 트위터로 전파되지도 않았다.

혁명의 열기가 거세지고 무바라크 정권의 마지막 날이 코앞에 닥친 상황에서도 국제 투자자들과 세계은행은 이집트의 민영화 프로그램이 성공작이라고 칭찬하고 있었다. 주요 은행들과 개발업자들은 『포브스』에 게재한 기사형 광고advertorial에서 다음과 같이 선전했다. "2009년 글로벌 경제 위기에도 불구하고 이집트는 국내총생산(GDP) 4.7퍼센트의 성장을 유지할 수 있었다(이는 대다수 나라들이 부러워하는 성장률이다). 주된 요인은 탄탄한 성장을 뒷받침하는 기초 경제 여건과 효율적인 시장 개혁이다." 시장 개혁, 즉 민영화 프로그램 때문에 실제로 이집트의 국내총생산이 늘어나긴 했지만, 이 과정에서 연줄이 많은 이들을 위한 부동산과 물에 대한 투기 거품이 거대하게 생겨났을 뿐이다. 2010년 세계은행은 이집트를 '세계에서 가장 적극적인 개혁을 추진하는 10대 국가'로 치켜세우면서 인상적인 빈곤 감축과 빠른 경제 성장을 거론했다. 세계은행은 비용 회수 정책과 민영화를 비롯해서 이집트가 물 공급과 하수 부문에서 진행하는 개혁을 계속 지원하겠다고 약속했다.[401] 그리고 2011년 1월, 이집트 국민들은 봉기했고, 많은 이들은 세계은행이 어떻게 그렇게 잘못된 계산을 할 수 있었는지 의아해했다.[402] 남아공의 경우처럼, 세계은행 프로젝트 때문에 실제로 불공평한 차별과 목마름이 커진 상태였다.

성공작이라는 세계은행의 주장에도 불구하고, 위키리크스에 공개된 전문을 보면, 미국 중앙정보국은 국제통화기금과 세계은행이 강요한 개혁 때문에 이집트 상황이 몇 년 동안 계속 악화된 사실을 알고 있었음이 드러난다. 2007년, 미국 대사 프랜시스 리치아돈 2세Francis Ricciardone Jr.는 중앙정보국에 전문을 보냈다. "평범한 이집트 사람은 아직 성장의 혜택을 느끼지 못하고 있음. 다시 개혁을 하면 …… 사회적 소요가 야기될 공산이 큼. 개혁 실행에는 상당한 정치적 의지가 요구될 것임." 다른 편지에서 리치아돈은 다음 번 개혁이 어떤 문제를 다뤄야 할지를 밝혔다. "식량, 물, 에너지에 대한 대규모 보조금 지급." 다시 말해, 이집트 정부는 국민들에게 부담이 되지 않는 선에서 빵과 물 가격을 낮은 수준으로 유지하는 노력을 멈추려고 했다. 2008년에 이르러 오사마 알가잘리 하르브Osama Al-Ghazali Harb는 미국 대사 마거릿 스코비Margaret Scobey에게 다음과 같이 말했다. "이집트 문화, 교육, 보건, 경제 등의 평등이 현재처럼 악화된 것은 지난 200년 동안 최악의 상황입니다." 그는 3,000만~4,000만 명이 빈민가에서 상상조차 못할 빈곤 상태로 살고 있으며, 현재 나라가 불안정한 상황을 걱정하고 있다고 전했다.[403] 그럼에도 불구하고 국제통화기금과 세계은행은 이 나라에 계속 개혁을 강요했다. 혁명이 일어날 때까지 계속 말이다.

혁명 이후의 물

2011년 겨울에 혁명이 일찌감치 성공을 거둔 뒤, 무바라크가 사임하고 나서 들뜬 분위기의 며칠 동안 전직 정부 관리들과 토지 개발업자들이 과도 당국 앞에 불려 나와 그동안 벌인 부패한 민영화 거래에 대해 답변을 했다. 식스오브옥토버 창립자이자 전 회장, 그리고 호스니 무바라크 장남의 장인인 마그디 라세크Magdy Rasekh는 체포를 피하기 위해 국외로 도망쳤다. 그는 결석 재판에서 국유지 불법 획득에 대해 유죄를 선고받고 5년 중노동형과 벌금 3억 3,000만 달러를 판결 받았다. 무바라크 정권의 장수 주택장관인 모하메드 이브라힘 술레이만Mohamed Ibrahim Suleiman도 나란히 같은 판결을 받았다. 또 다른 빗장 단지 개발업자는 10년 징역형을 받았다. 『내셔널*The National*』에 따르면, "수천 건의 부패 주장이 표면 위로 떠올랐고, 이 나라의 유명한 사업가 몇 명이 재판에 회부되었다."[404] 무바라크는 새로 지은 교외 개발 단지의 지분뿐만 아니라 개발업자들에게 직접 리베이트까지 받은 혐의로 고발되었다. 이집트가 그의 자산(일각에서는 700억 달러에 달하는 것으로 추정했다)을 추적하려고 함에 따라 자산은 동결되었다.

혁명 이후 엄습한 질문은 알레그리아 같은 단지를 조성하기 위해 반강제로 사용한 토지와 물을 정부에 돌려주고 재국유화해야 하는지 여부였다. 대다수 해외 금융 분석가들은 이런 일은 일어나지 않을 것이라고 확신했다. 두바이의 분석가 안쿠르 케타와트Ankur Khetawat는 이렇게 말했다. "우리는 정부가 모든 토지를 환수할 거라고 보지 않습니다. 결국 따지고 보면 돈 문제니까 타협하는 쪽을 택할 겁니다."[405]

캘리포니아에 본사를 둔 컨설팅 기업 프로스트앤설리번Frost & Sullivan은 2010년에 이집트에서 13억 5,000만 달러를 벌어들인 민간 물 기업들이 2015년에는 두 배를 벌어들일 것으로 예측했다. 프로스트앤설리번의 보고서는 다음과 같이 결론지었다. "이집트의 물 부족 상황은 이 지역에서 가장 중요한 문제 중 하나다. …… 이 때문에 수많은 개발 기회가 생겨나고 있다."[406]

한편 세계은행은 국제통화기금과 나란히 이집트 과도 정부와 그 뒤를 이은 모하메드 모르시Mohamed Morsi 대통령에 대해 평상시와 다름없는 태도를 유지하면서 재건을 지원하기 위해 2년 동안 45억 달러의 차관을 제공했다. 세계은행에 따르면, "약 20억 달러의 차관이 (민영화를 포함한) 정부 개혁 진척에 연동될 것이다."[407] 혁명을 야기한 요인 중 하나가 토지 사유화 계획과 관련된 대규모 부패였기 때문에 모르시 대통령은 처음에 토지 사유화 결정 일부를 중단하고 철회하기까지 했다. 군이 여전히 권력을 쥐고 있었기 때문에 대통령은 국가경제의 25~30퍼센트를 차지하는 군의 자산이나 토지는 절대 건드리지 않았다. 그럼에도 불구하고 자산 재국유화 정책은 결국 대통령이 실각하는 원인으로 작용했다.

혁명 이후에 기존 정책을 뒤집은 또 다른 주요한 문제 하나는 사우디 왕자 알왈리드 빈 탈랄Alwaleed bin Talal과 체결한 물 사유화 거래였다. 사우디 왕자는 이집트 사막에서 자국 수출용 포도, 감귤, 채소, 목화 등을 재배하는 데 5억 달러를 투자한 바 있었다. 이집트 정부는 자국의 나일 강물 할당량 중 9퍼센트 정도를 나세르Nasser 호에서 사하라 사막에 새로 조성될 토시카Toshka 지역 호수들로 끌어다가 물을 공급하기로 약속했었다. 사우디아라비아가 보기에, 토시카 계획은 거대한 누비아 대수층의 물을 확보하는 것을 의미했다. 수로와 도수관을 거대한 그물망으로 연결하는 리비아의 인공강 대수로Great Man-Made River도 이 대수층을 이용하고 있었다.[408] 이집트가 체결한 계약은 해당 토지에 있는 지하수를 아무 방해도 받지 않고 무상으로 이용하도록 보장하는 토지 무상 제공에 가까운 것이었다. 이집트 정부는 이 사업에 포함된 주민 이주 목표를 들면서 토시카 지역의 농업 개발업자들에게 제공되는 유리한 조건과 보조금을 정당화했다.[409] 궁극적으로 정부는 토시카 지역 호수들 주변에 농업노동자 거주 지역을 조성해서 이집트 국민의 96퍼센트가 거주하는 나일 강 유역의 인구 압력을 완화하고 9.3퍼센트에 달하는 실업률을 낮추기를 원했다. 사우디아라비아는 국가 자체가 물 위기를 겪고 있었기 때문에 토시카 지역에 호수를 만들면 식량을 통해 물, 즉 가상수virtual water를 수입할 수 있었다. 반면, 이집트는 계속 물 부족에 시달렸다.

처음에 혁명은 이 야심찬 계획을 의안으로 올리고 부패 혐의를 근거로 계약을 무효화했다. 하지만 이런 사업이 취소되면서 결국 모르시 대통령이 실각하는 결과로 이어진 것으로 보인다. 토시카를 비롯한 다른 부패한 사유화 거래가 취소되면서 해외 투자자들은 당혹감에 빠졌고, 이집트에서 철수하기 시작했다. 경제는 건잡을 수 없이 곤두박질쳤다. 결국 모르시는 투자자들의 발길을 되돌리기 위해 계약을 다시 교섭할 수밖에 없었고, 사우디 왕자는 규모가 좀 줄긴 했지만 거래를 따냈다. 하지만 모르시로서는 이미 너무 늦은 상태였다. 2013년 모르시는 대통령직에서 축출되었다.

모르시가 쫓겨난 뒤, 사우디 왕자를 상대로 싸우던 함디 엘파카라니Hamdy El-Fakharany 검사는 넌더리를 내며 사건을 불기소하면서 다음과 같이 주장했다. "나는 2년 동안 싸웠는데 아무것도 바뀌지 않았습니다. 이제 내 평생 다시는 혼자서 싸움을 계속하지 않을 겁니다." 그는 특히 "빈 탈랄에게 무상으로 관개용수를 제공하는 한편 이집트의 수많은 농민은 (이런 특권을) 전혀 받지 못한다"는 사실에 분개했다.[410] 물론 토시카 문제에는 계약 조건보다도 훨씬 더 큰 게 들어 있었다. 나일 강 물길을 사하라 사막으로 돌려서 540제곱피트* 규모의 호수 하나와 그보다 작은 호수들이 생겼지만, 이 호수들은 빠르게 증발하고 있다. 위성에서 보면, 호수들이 빠르게 말라가고 있다는 증거가 목격된다.[411] 이집트가 점점 물이 부족해짐에 따라 토시카 호수들은 염분이 높아지는 중이다. 배출구가 전혀 없기 때문이다. 2012년, 『이집트인디펜던트*Egypt Independent*』는 토시카에 '대실패작'이라는 이름을 붙였다.[412]

모르시가 축출된 것은 여러 가지 이유 때문이었는데, 그가 몇 차례 이슬람을 근거로 결정을 내린 사실도 한 가지 이유였다. 더 냉소적으로 보자면, 미국 싱크탱크 스트랫포Stratfor의 선임 글로벌 분석가 레바 발라Reva Bhalla는 한 전자우편에서 이집트 군부가 줄곧 혁명의

---

* 원문에 "540-square-foot lake"라고 되어 있으나 '540제곱마일'의 오기로 보인다. 540제곱피트는 약 50제곱미터밖에 되지 않는다. 540제곱마일은 1,404제곱킬로미터다.

결과를 책임졌고 무슬림형제단이 통치하는 일이 없도록 단속했다고 주장했다. 또 군부가 혁명을 부추긴 것은 무바라크 정권이 거대한 병생수 회사를 비롯한 군부의 자산을 추적하려는 계획을 세웠기 때문이라고 주장했다. 발라의 말에 의하면, 그렇다 하더라도 군부가 혁명을 지지하면서 추구한 목표는 무바라크 정권을 개편하는 것이지 무너뜨리는 게 아니었다. 혁명 직후에 발라는 다음과 같이 말했다. "이 사태는 우리가 끝까지 지켜봐야 하는 협상 과정입니다. 누구의 시대가 끝나서 자산을 해외로 이전할 시간이 필요하고, 누가 '깨끗해서' 그냥 남아도 되는지, (특히 군부 안에서) 무주공산이 된 자산을 누가 낚아챌 수 있는지 등을 교섭 중인 겁니다."[413]

유감스러운 일이지만, 혁명은 새로운 부패가 생겨날 기회가 될 수 있다. 부유층이 사유화 거래로 챙긴 돈을 가지고 국외로 도피하고 군부가 남은 돈을 낚아채기 때문이다. 모르시의 과도 정부는 이런 기회를 제공했다. 지도자가 이런 협상을 배우지 못한 가운데 비교적 혼란스러운 시기였던 것이다. 하지만 모르시가 이런 음모에 위협이 되자 군부는 그를 테러리스트라고 선언하면서 간단히 축출해 버렸고, 무슬림형제단 전체도 불법화했다.

어떤 대통령보다도 군부와 국제 금융 세력이 강한 상황에서 이집트의 불평등한 물 분배를 바꾸는 것은 불가능에 가까운 일일지 모른다. 부패가 드러나거나 환경에 재앙을 미치거나 비윤리적인 계약을 포기하게 만드는 법률을 국제적으로 강제하지 않는 한, 정부가 투자 친화적인 환경에 대한 약속을 망설이기라도 할라치면 이른바 핫머니는 곧바로 이 나라를 떠날 것이다. 이집트는 당면한 재정적 파국을 피하기 위해 장기적인 생태적 파국과 갈증 중에서 선택을 할 수밖에 없었다. 하지만 파국은 잠깐 유예된 것일 뿐이다.

이집트는 국가의 부를 나일 강에 전적으로 의존한다. 고대 이집트인들은 1년을 세 계절, 즉 홍수철, 파종철, 수확철로 나누었다. 수천 년 동안 이집트인들은 수위를 측정하는 우물인 "나일 강 수위계Nilometer"를 활용해서 다음 철에 하류에 물이 얼마나 될지를 성공적으로 예측했다. 하지만 1970년에 아스완 댐이 생겨서 영양이 풍부한 나일 강의 홍수 물이 가로막히자 이런 자연의 리듬은 교란되었다. 그 후 이집트는 목화를 주요 산업으로 삼은 농업 수출 경제국이 되었다. 농업은 이집트 전체 물의 85퍼센트를 사용하지만, 농업 부문의 수익은 급격하게 줄어들고 있다. 현재 국내총생산의 7퍼센트에 불과하다. 이와 동시에 지나치게 관개를 하고 충분한 물을 다시 채우지 않은 토지는 염분이 많아지고 사막화되는 중이다. 댐 때문에 영양분과 흙이 가로막히기 때문이다. 이집트는 현재 대부분의 식량을 수입한다. 빵 폭동은 흔한 일이며, 물 혁명은 피할 길이 없다. 식량과 물 공급이 줄어드는 가난한 사람들은 물 부자들의 호화스러운 과시를 마주할 때마다 끊임없이 혁명을 준비할 것이다.

영국의 지리학자 제임스 덩컨James Duncan은 이 식민 도시를 "공간에 새겨지고 돌에 각인된 정치 소책자"라고 묘사한 바 있다. "풍경은 권력 행사의 일부분이다."[414] 오늘날 카이로의 초록색 빗장 단지 교외는 글로벌 엘리트 집단의 점증하는 권력을 떠받치는 신자유주의를 위한 정치 소책자가 되었다(단지 개발에 관련된 부패는 신경 쓰지 말지어다). 이 교외 지역은 오랫동안 이집트를 지배한 기업화 · 사유화

패러다임의 산물이다. 사막의 교외에 에어컨 달린 호화 빌라와 비단결 같은 잔디밭으로 이루어진 고급 단지에서는 시장 논리가 역력하게 드러난다. 돈만 있으면 세상의 모든 물을 살 수 있다는 논리가.

혁명 이후 카이로 시내의 물은 계속 교외로 흘러갔고, 수도의 삶도 나란히 옮겨갔다. 뉴카이로 교외에 새로 만들어진 카이로 아메리칸대학의 캠퍼스에는 27개의 분수와 인공폭포가 있다. 한편 타흐리르 광장의 옛 캠퍼스에서는 도서관이 불에 타버리고, 혁명 구호를 담은 낙서가 벽을 뒤덮고, 때론 폭력 시위대와 경찰 사이에 1주일 동안 싸움이 계속된다.[415] 그동안 알레그리아의 수익률은 무바라크 정부가 붕괴했을 때 잠깐 곤두박질친 뒤로는 계속 난공불락의 요새처럼 높아지는 중이다. 혁명 1주년에 알레그리아는 "1월 25일을 기념하기 위해 골프장 입장료를 50퍼센트 할인한다"고 발표했다. 같은 달에 식스오브옥토버는 3,600만 달러 상당의 새로운 부동산 개발 계약에 서명했고, 6주 만에 주가가 두 배로 올랐다.

six

이라크의 물을 겨냥하다

"저기에다 시체를 쏟아 버렸어요."

『포브스』의 멜릭 케일런Melik Kaylan 기자가 사담 후세인 군대가 사람들을 죽여서 숨긴 콘크리트 저수조를 가리키면서 내게 말했다. 나는 방금 전에 멀리 떨어진 그 저수조에서 돌아온 참이었는데, 멜릭이 그곳을 안다는 게 놀라웠다. 그때쯤이면 사담이 죽은 지 4년 뒤였고, 저수조는 이프라즈Ifraz 정수장의 저장 시설로 사용되고 있었다. "네, 그 밑에 시체가 많이 있었다는 말을 들었어요." 그는 마치 잃어버린 보물에 관한 이야기라도 하는 것처럼 들뜬 표정으로 고개를 끄덕였다. 5년 넘게 바그다드를 떠나 전쟁 통신원으로 일한 케일런은 어디에 시체를 감췄는지 알 법도 하다. 그렇지만 멋진 가죽재킷에 독일제 안경을 걸친 그는 이라크에서 나와 함께 비행기를 기다리는 이가 아니라 뉴욕 시에서 카푸치노를 마시러 나온 사람처럼 보였다. 우리 주변에서는 이라크인들이 공항 금속 탐지기를 통과하느라 떼를 지어 서로 밀치고 있었다. 먼저 통과하는 사람은 무슨 상이라도 받는 것 같았다. 오랫동안 전쟁을 피해 도망다니는 데 익숙해진 사람들의 습관인지 궁금했다.

하지만 2010년 당시 미국인을 사랑하는 그 쿠르드족 지역은 어디나 고요했다. 아르빌Erbil까지 날아가는 동안 내가 교전 지역에 있음을 알려주는 유일한 단서는 비행기가 지면에 도달할 때까지 가파른 나선형을 그리며 무섭게 하강한 사실뿐이었다. 이라크를 떠난 뒤, 거기서 빠져나오지 못한 사람들, 깨끗한 식수가 없이 거기에 꼼짝없이 갇힌 수백만 명의 사람들에 관한 생각만 머릿속을 맴돌았다. 미국의 플루어Fluor 사가 소유한 저수조를 찾아갔을 때, 한 중위가 모래벌판 한가운데에 우뚝 선 정체 모를 이 사각형 콘크리트 구조물 꼭대기까지 나를 안내하고 잠긴 철제문을 들어 올려 안을 구경시켜 주었다. 울타리가 쳐져 있고 경비가 삼엄한 곳이었기 때문에 나는 운이 좋은 경우였다. 알고 보니, 이름을 밝히기를 원치 않은 이 장교에게는 다른 의도가 있었다. 아래쪽을 보니 거대하고 무서울 정도로 고요한 지하 물탱크의 표면이 갈색 거품으로 덮여 있었다. "더러운 물이죠." 중위가 말했다. "이거 고칠 수 있습니까?" 나중에 두고두고 이 광경이 머릿속에 남았다. 물 사유화가 이라크에 남긴 결과를 상징하는 모습이었다.

2003년 미국이 이라크를 침공하고 10년 뒤, 유엔은 이라크 전역에서 수질과 물 공급이 악화되었을 뿐이라고 보고했다. 미국 국제개발처와 세계은행이 수도 공급망 재건에 수십 억 달러를 쏟아 붓고, 베올리아와 수에즈가 전리품처럼 바그다드를 나눠 가졌는데도 말이다. 2003년, 미국 의회는 180억 달러를 들여 이라크구호재건기금Iraq Relief and Reconstruction Fund을 조성했고, 이 기금은 정수장 158곳을 건설하는 데 사용되었다. 건설 계약은 대부분 미국에 본사를 둔 거대 건설사 벡텔, 텍사스의 플루어, 수에즈 등에 돌아갔다.[416] 이것은 지출의 시작에 불과했다. 2009년, 바그다드 시장 사베르 알이사위Saber al-Issawi는 수에즈와 베올리아가 추가로 50억 달러를 받고 도시의 수도 공급망을 건설, 운영하기로 했다고 말했다.[417] 지금까지 미국 납세자들은 이라크 재건과 구호 사업에 전부 합쳐 630억 달러를 지출했다. 이 액수는 전쟁 비용은 포함되지 않은 것이다. 그렇지만 2013년 유엔은 "수질 오염이 심각하게 심해지고 있다"고 보고했다. 2011년에 이라크 전역에서 수인성 질병 환자가 100만 명 넘게 발생했다는 것이었다. 컨설팅 기업인 두니아Dunia는 또 다른 보고서에서 다음과 같이 밝혔다. "정수장과 수도관을 비롯한 이라크의 기존 상하수도 기반시설은 대부분 파손된 상태다." 유엔 보고서는 바그다드에서 "물 이용과 관련해서 거의 매일 말다툼과 긴장 상태가 벌어지고 있다"고 지적했다.[418]

그렇다면 왜 이라크의 상황은 계속 나빠지는 걸까? 2013년 한 보고서에서 특별감찰관 스튜어트 보엔Stuart Bowen은 이라크에 지출된 대부분의 돈이 "큰 성과를 내지 못했다"고 완곡하게 말했다. 그에 앞서 이라크 총리 누리 알말리키Nouri al-Maliki도 비슷하게 에둘러 말했다. "돈을 제대로 사용하지 못하고 있습니다."[419] 이런 문제를 야기하는 한 원인은 계속되는 충돌이다. 전쟁이 끝난 뒤, 이 나라는 세 개의 자치 지역(수니파, 시아파, 쿠르드족 지역)으로 나뉠 위험에 빠졌다. 이런 불안한 환경에서 이라크 정치인들은 깨끗한 물을 공급하겠다고 약속해서 표를 사들일 수 있었다. 약속의 증거로 대규모 계약에 서명을 했지만, 일단 당선된 뒤에는 사업을 포기하거나 무시했다. 전쟁으로 찢기고 규제가 사라진 환경에서 활동하는 미국과 프랑스 기업들에게 책임성이란 사실상 존재하지 않았다. 미국이 지금까지 상환하고 있는 차관을 통해 미국의 납세자들에게서 기업들로 돈이 집중되었다. 미국 상원의원 패트릭 레이히Patrick Leahy는 이렇게 말했다. "우리는 신용카드로 그 전쟁을 치렀습니다."[420]

훨씬 더 소름끼치는 사실은 이 전쟁이 기업의 이익을 위해 시작된 것일 수도 있다는 점이다. 이런 생각은 언론에서 많은 관심을 받았다. 2002년 「비밀 전쟁 위원회의 내막*Inside the Secret War Council*」이라는 제목으로 된 『타임』 기사에서 언론인 마크 톰슨Mark Thompson은 미국 국방정책위원회Defense Policy Board라는 이름의 그룹을 "종종 철모 때문에 생각하는 머리가 짓눌리는 사람들로 이루어진 민간 싱크탱크"라고 설명하면서 그 성원들에게 의문을 제기했다.[421] 미국 국방장관에게 조언하기 위해 만들어진 국방정책위원회에는 벡텔의 수석 부사장인 존 시핸John Sheehan과 이사회 임원 조지 슐츠George Shultz도 있었다. 당연히 이 사람들은 미국이 이라크를 침공해야 한다고 열심히 조언했다. 벡텔은 그들을 옹호했다. "슐츠는 벡텔을 위해서가 아니라 자신을 위해서 사담 후세인 정권에 맞서 개입을 옹호하는 발언을 한 것이다."[422] 국방정책위원회에는 중앙정보국 국장인 강경파 제임스 울시James Woolsey도 있었는데, 그의 부인 수잔Suzanne은 이라크가 대량살상무기를 보유하고 있다고 주장하면서 선제공격을 외치는 데 영향을 미쳤다. 전쟁이 시작된 뒤 1년도 되지 않아 수잔은 이라크 재건 사업을 위해 선정된 5대 기업 중 하나인 '플루어'의 임원이 되었다. 그녀는 보수의 일부로 회사 주식을 받았다. 마지막으로, 기업들에게 더 유리한 '장려책'을 갖춘 무입찰 계약을 밀어붙였던 군 조달 장교 케네스 오스카Kenneth Oscar는 2002년에 플루어 부사장에 올랐다.[423] 이 사례들은 상충하는 이해를 갖고 전쟁을 준비하는 과정에 참여한 사람들 중 몇 명에 불과하다. 어떤 이들은 정부가 적어도 겉으로라도 부패한 모습으로 비치는 것을 피하고 싶었다면, 이 사람들에게 전쟁으로 나아가는 결정에서 스스로 발을 빼라고 요청했을 것이라고 생각할지 모른다. 그렇지만 오히려 2003년 4월 『뉴욕타임스』가 설명한 것처럼 "미국에서 정치적 연줄이 가장 많은 몇몇 건설 대기업들 사이에 열띤 경쟁"이 벌어지고 난 뒤 벡텔은 최초의 대규모 재건 계약을 따냈다.[424]

이라크의 사례를 보면, 물 사유화가 얼마나 냉혹한 방식으로 달성되는지가 드러난다. 힘으로 밀어붙이는 것이다. 이라크 전쟁이 시작되기도 전에 헤리티지재단Heritage Foundation은 이라크 재건을 위한 계획을 마련했다. 「사담 후세인 이후의 이라크를 위한 경제 번영의 길*The Road to Economic Prosperity for a Post-Saddam Iraq*」이라는 제목의 보고서에서 저자들은 다음과 같이 말했다.

> 사담 후세인 이후에 새로 세워지는 연방 정부는 소유권을 인정하고 민영화에 이바지하는 현대적인 법률 체제를 발전시키고, 국민들에게 구조 개혁과 민영화를 준비시키는 공보 캠페인을 창

조하며, 금융 · 법률 · 사업 전문성을 갖춘 국외 이주자와 서구식 교육을 받은 아랍어 사용자를 핵심적인 경제 직위에 채용하고, 공익사업과 에너지 부문의 가격을 비롯한 가격을 규제 완화하며, 공익사업 · 교통 · 송유관 · 에너지 등 부문의 국가 자산을 민영화하기 위해 준비하고 …… 세계무역기구(WTO) 가입 시도에 착수해야 한다.[425]

이후 바로 이런 경로를 따라 재건이 진행되었고, 기업들이 '비용 회수'를 통해 자금을 조성해서 수도 공급 시스템을 구축했다.

그와 동시에 이라크 정부는 물을 '신의 선물'이자 신성한 것으로 여기는 다수 무슬림들에 직면했다. 몇몇 지역에서는 물 상품화가 신성모독과 맞먹는 것으로 간주되었다. 필연적으로 이해 충돌이 이어졌다. 이라크 정치인들은 국민들에게 수도요금을 내라고 요구하는 대신 미국 국제개발처에서 돈을 받아서 정수장을 짓고는 이내 비용 상환을 위해 조건으로 붙인 '수도 부문 개혁'은 무기한 뒤로 미루기 십상이었다. 결국 비용은 미국 정부, 즉 미국 국민들이 부담했다.

이라크의 산업 붕괴

바그다드는 한때 바그다드 알자우하Baghdad al-Zawhaa, 즉 정원의 도시로 유명했다. 대리석 계단을 따라 내려가면 도시 중심부를 흐르는 티그리스 강으로 이어졌다. 1990년대 초, 이라크 도시 인구의 95퍼센트와 농촌 인구의 75퍼센트가 깨끗한 물을 이용했다. 바그다드는 티그리스 강에서 직접 물을 끌어다가 정수장에서 정화했다. 미국 특별감찰관실에서 나온 한 보고서에 따르면, 이라크 정부는 오랫동안 "원유 수입 일부를 투자해서 상하수도, 보건, 전기 같은 사회서비스를 아무 차별 없이 정부 보조금으로 전부 제공했다." 수도 서비스는 유럽 나라들과 맞먹는 수준이었다. 보고서는 계속해서 이렇게 말한다. "1990년대 초에 이르러 이라크 수도 부문은 충분히 발전한 현대적 설비였고, 서구에서 설계한 정교한 …… 첨단 기술을 갖추고 효율성도 매우 높은 수준이었다."[426]

1991년 미국-이라크의 '걸프 전쟁'으로 이 모든 것이 바뀌었다. 미군은 제네바협약의 원칙을 위반하면서 정수장을 계속 가동하는 데 필요한 발전소를 공격 목표로 삼았다. (제네바협약 조항은 다음과 같다. "식수 공급과 관개 시설"을 비롯하여 "민간 주민의 생존에 필요 불가결한 물건들을 공격, 파괴, 무력화하는 것은 금지된다.") CNN이 한편에서 스마트 폭탄과 정밀 폭격의 유효성을 극찬하는 동안, 민간 기반시설에 덤 폭탄dumb bomb(멍청한 폭탄)이 투하되고 있다는 사실은 아무도 언급하지 않았다. 워싱턴연구소Washington Institute에 따르면, "항공모함 기지로 돌아가는 비행기들은 …… 발전소를 폭탄을 버리는 쓰레기장으로 사용했다. 민군 겸용 발전시설에 대한 공격으로 정수 및 하수 시스템 전체에 어마어마한 피해가 야기되었고, 그 때문에 공중보건상의 위기가 악화되었다."[427] 전쟁 전에는 원래 이라크 국토의 87퍼센트에 전기가 공급되었지만, 미국의 어느 공격 표적 계획가의 말처럼, 이라크는 "전기가 전혀 흐르지 않을 때까지" 폭탄 세례를 받

았다.[428]

미국이 의도적으로 이라크의 민간 기반시설을 파괴했다는 사실은 여전히 의심의 여지가 없지만, 왜 그렇게 했는가라는 문제는 제대로 다뤄진 적이 없다. 『워싱턴포스트』 기자 바턴 겔먼Barton Gellman에 따르면, "특히 전쟁 후반에 일부 공격 목표물은 전투 자체의 방향에 영향을 미치기보다는 주로 전쟁 이후에 이라크에 대한 영향력을 창출하기 위해 폭격한 것이다. 오늘날 공격 계획가들은 바그다드가 외국의 원조 없이는 복구할 수 없는 취약한 시설을 파괴하거나 손상하기 위한 의도로 공격을 했다고 말한다."[429] 2002년 미 공군의 한 보고서에 따르면, 사담 후세인 독재 정권의 의지와 아마도 이라크 국민 전체의 의지를 공격하는 것이 목표였다. 적의 전력 생산과 공급 시스템을 공격하는 것이야말로 전투 계획의 핵심 요소였고, 이 공격을 통해 미국이 원하는 심리적 효과를 달성할 수 있었다.[430] 요컨대 공군은 전력을 두절시키면 국민들이 반란을 일으킬 것이라고 생각했다. 하지만 확실히 이 계획은 실패로 돌아갔다.

그 대신, 이라크 국민들은 그냥 전등과 물을 잃었을 뿐이다. 전기가 끊긴 것뿐만 아니라 이라크 국민들은 유엔이 부과한 제재에도 대처해야 했다. 제재 중에는 맹독성인 염소가스를 만드는 원료가 될 수 있는 염소 수입 금지도 있었다. 이 제재는 이라크가 쿠웨이트를 침공하고 4일 뒤에 개시되었다. 미국 국방부는 이런 제재를 수도 시설에 대한 공격과 결합할 경우 민간 주민들에게 위험성이 있음을 분명히 알고 있었다. 걸프 전쟁 2일째에 미국 국방정보국은 이런 결과를 설명하는 메모를 보냈다. "이라크는 필요한 화학물질이 부족해서 정수 처리한 물이 점점 부족해질 것임. …… 유행병을 비롯한 질병이 발생할 가능성이 있음." 메모는 다음과 같이 결론지었다. "이라크 일부 지역에서는 아마 정수하지 않은 물이나 부분 정수 처리한 물을 사용하고 있을 것임. 정수 시스템이 완전히 붕괴하려면 아마 최소한 6개월이 추가로 소요될 것임."[431]

전후 이라크 유엔 1차 사절단은 기반시설이 막대한 피해를 입었다고 기록하면서 이 나라가 산업화 이전 시대로 돌아갔다고 말했다. 세계보건기구(WHO)는 다음과 같이 보고했다. "음용 가능한 물의 양은 최초 공급량의 5퍼센트도 되지 않고, 정수장과 하수 처리장은 가동되는 곳이 하나도 없으며, 설사병 보고 사례가 평상시의 4배 이상이다. …… 특히 어린이들이 이런 질병에 많이 걸린다."[432] 장티푸스, 수막염, 간염, 콜레라 등이 유행했다. 미국 이라크 재건 특별감찰관실은 걸프 전쟁 발발 직후 8개월 동안 5세 이하 어린이 사망자 수가 3배 증가했다고 보고했다.

이것은 이라크 수질 문제의 시작에 불과했다.

1995년에 이르러, 영국의사협회British Medical Association는 유엔이 부과한 제재 때문에 50만이 넘는 어린이가 사망한 것으로 추산했다. 주로 굶주림과 수인성 질병이 원인이었다. 그때까지 줄곧 미국은 유엔에서 제재를 해제하는 결의안을 가로막았다.[433] 수인성 장티푸스는 8배가 증가했다.[434] 두 차례의 이라크-미국 전쟁 사이에 오랜 제재 기간 동안 가설 장비로 고치거나 염소를 밀수입할 수 있을 때만 정수장이 가동되었다. 2003년 이라크 전쟁이 시작될 무렵, 이 정수장들은 거의 제대로 가동되지 않았고 특히 공격에 취약했다. 유니세

프는 다음과 같이 경고했다. "이 전쟁에서는 전쟁 자체 때문에 죽는 사람보다 정수장 가동이 중단돼서 죽는 사람이 더 많을 것이다."[435] 이라크 전쟁이 시작되기 한 달 전에 미국 국제개발처는 이라크 전역의 수도 기반시설 재건 입찰을 확보하면서 이렇게 말했다. "모든 시스템은 현재 기능이 무척 저하된 상태로 가동되고 있으며, 전쟁의 결과로 한층 더 저하될 공산이 크다."[436] 2차 이라크 전쟁에서 발전소가 다시 공격 목표물이 되었지만, 이번에는 탄소섬유폭탄만 사용되었다. 이 폭탄은 폭발과 동시에 탄소섬유 파편들을 퍼뜨려서 기반시설을 파괴하기보다는 누전을 일으킨다. 이미 재건을 위한 입찰을 요청한 상태였기 때문에 성공적인 입찰을 확보하기 위해 전쟁 전의 비용을 그대로 유지하는 게 결정적으로 중요했다.

이라크 전쟁은 교토 세계 물 포럼 5일째 날(2003년 3월 20일)에 시작되었고, 로익 포숑은 포럼 개회사에서 수도 시설의 피해에 관한 우려를 표명했다. 몇 년 뒤 그는 당시의 순간을 회고했다. "우리는 청중들에게 수도 시설을 폭격하는 것은 절대 용인해서는 안 된다는 점을 상기시키려고 했습니다. 대다수 언론인들은 내가 후세인을 지지하고 있다고 생각하면서 내게 등을 돌렸습니다. 그런데 기억나시겠지만, 그로부터 며칠 뒤에 수도 시설이 폭격을 당했지요. 이건 국제적인 물 권리에 위배되는 행동입니다."[437] 그때쯤이면 바스라Basra의 전력망도 공격 이틀째에 이미 완전히 단절되어 도시의 양수장이 가동 중단된 상태였다. 150만 명이 사는 이 도시의 상수도는 끊어졌고, 적십자는 인도적 위기 사태가 눈앞에 닥쳤다고 경고했다.[438]

전쟁이 시작되고 한 달 뒤, 벡텔은 이미 6억 8,000만 달러에 달하는 계약을 체결해서 재건 임무를 맡았다. 계약 내용은 다음과 같았다. "계약업체는 1개월 안에 10개 도시 지역에서 수도 기반시설 보수를 시작한다. 6개월 안에 계약업체는 15개 도시 지역에서 가장 중요한 정수장, 양수장, 공급 시설을 보수 또는 복구한다. 12개월 안에 모든 도심지에서 식수 공급을 복구한다."[439] 하지만 벡텔은 이 사업을 완료하지 않았다. 아마 부시 대통령이 2003년 5월 1일에 한 악명 높은 '임무 완수Mission Accomplished' 연설이 난처할 정도로 때 이른 선언이었음이 밝혀졌기 때문일 것이다. 조지 W. 부시는 이 연설에서 전쟁이 끝났다고 발언했다. 이는 현장의 현실보다는 계약서상의 일정표를 따랐던 것으로 보인다. 벡텔이 계약상의 책임을 완료하기 위해서는 전쟁을 5월 1일에 끝내야 했던 것이다.

2006년에 이르러 벡텔은 이라크에서 철수했다. 재건 예산 중 총 23억 달러를 받고 계약을 완수했다고 주장했다. 그런데 미국 정부 회계감사에서 벡텔은 정부가 이라크에서 수행하도록 맡긴 재건 작업의 절반도 성공적으로 완수하지 못했음이 드러났다.[440] 물론 이런 결과는 어느 정도 이 지역에서 계속 전투가 이어졌기 때문이다. 하지만 사람들은 여전히 마실 물이 필요했다. 주민이 40만 명 정도 되는 힐라Hilla 시에서는 벡텔이 6개월 안에 정수장을 복구하기로 되어 있었지만, 정수장 수석 엔지니어는 벡텔이 자기와 접촉조차 한 적이 없다고 말했다. 몇 사람이 와서 건물에 페인트칠 하는 모습만 보았다는 것이다. 그는 불만을 토로했다. "벡텔이 건물에 페인트칠을 하고 있지만, 칠을 한다고 해서 오염된 물을 마시고 죽어가는 사람들한테 깨끗한 물을 주지는 못합니다. 우리는 그들에게 건물을 칠하는 대신에 양수기 한 대를 주면 그걸로 더 많은 사람들에게 물을 공급하겠다고 요청했습니다."[441] 벡텔은 나중에 자신들의 행동을 변호하면서 다음과 같이 주장했다. "미국에서 중간 규모 발전소를 건설하는 비용인 6억 8,000만 달러가 이라크의 거대한 기반시설 수요에 관한 작은 계약금 이상을 의미한다고 생각한 이는 아무도 없었습니다."[442]

벡텔이 이라크에서 철수함에 따라 다른 기업들이 들어 왔다. 2004년, 미국의 플루어가 바그다드의 알와트바Al-Wathba 공장을 복구하는 일을 6억 달러에 맡았다. 2006년까지 완공할 예정이었다. (알래스카 횡단 송유관을 구축한 것으로 유명한 플루어는 또한 세계 각지에 정유 공장과 군사 기지를 건설하고 미국에 여러 핵발전소를 지었다.)[443] 바그다드 수도 공급을 복구하는 데 엄청난 액수의 돈을 쏟아 부었음에도 불구하고 성과는 거의 나타나지 않았다. 2007년에 이르러, 이라크 환경부는 '상태가 좋은 달에는' 바그다드 식수의 36퍼센트가 여전히 안전하지 않고, '나쁜 달에는' 그 수치가 90퍼센트까지 훌쩍 높아진다고 밝혔다.[444] 같은 해에 완료된 다른 연구들과 비교하면, 이것은 낙관적인 추정치였다. 비정부기구인 이라크조정위원회Coordination Committee in Iraq에 따르면, 이라크 전체 인구의 32퍼센트만이 깨끗한 물을 이용할 수 있고, 바그다드 교외 인구의 60퍼센트가 강물을 그냥 마시고 있었다. 바그다드 주민 사히라 살레흐Sahira Saleh는 이렇게 말했다. "이런 말하기 어렵지만, 여러 해 전에 나는 사담 후세인이 죽기를 기도했는데, 지금은 후세인이 다시 살아나서 집권을 했으면 좋겠습니다. 적어도 후세인 시대에는 안전한 물과 괜찮은 하수도가 있었고, 먹을 음식이 있고 아이들이 설사병에 걸리는 일은 없었으니까요."[445]

2007년, 언론인 매튜 스코필드Matthew Schofield가 보도한 것처럼, 콜레라가 도시 전역에 확산되었다. "여름이면 콜레라가 발생하고 있다. 올해에도 다시 발생할 것이다. …… 물은 아주 끔찍하다. 그런데 여기는 바그다드다. 외곽으로 나가면 상황이 훨씬 나빠진다. 바스라로 가면 실제로 수도꼭지에서 벌레가 나온다는 말이 돈다."[446] 콜레라가 바그다드까지 확산되자 2,000명 이상이 감염되고 24명이 사망했다.[447] 수돗물이 부족해지자 사람들은 강에서 물을 떠다 먹거나 수도관을 이용하기 위해 도로의 땅을 팠다. 그 때문에 하수도가 새서 상수도관으로 하수가 섞여들었다. 스코필드는 이렇게 말했다. "분뇨 냄새가 워낙 심해서 팔라 아부 하산Falah abu Hasan은 식수가 얼마나 나쁜지 대번에 알 수 있다. 그의 어린 딸인 파트마가 계속 병을 앓고, 그 자신도 구역질이 떨어지지 않는 걸 보면 이런 사실이 확인된다."[448]

그와 동시에 세계은행은 어떻게 하면 이라크 사람들에게 깨끗한 식수의 값을 치르게 할 수 있는지 파악하려고 노력하고 있었다. 미국 국제개발처가 정수장에 수십억 달러를 지출하는 동안, 세계은행은 이라크 수도 부문 개혁에 예산을 지원했다. 2003년, 세계은행은 이라크의 시장 경제 이행을 지원하기 위해 바그다드에 사무소를 설립했다. 세계은행은 한 보고서에서 이렇게 주장했다. "지속 가능한 물 부문의 미래를 위해서는 좋은 거버넌스good governance, 시장에 기반을 두고 민간 부문이 이끄는 성장, 다변화 등이 필요하다." 세계은행은 또한 이라크는 "민간 부문에 더 중요한 역할을 맡기는 사업으로서의 물에 대한 새로운 접근"이 필요하다고 말했다. 이라크가 세계은행에서 지원을 받으려면 이런 조건을 충족시켜야 한다는 게 분명했다.[449] 물론 계량기나 제대로 작동하는 정수장이 없는 상태에서 수도요금을 책정하기란 어려운 일이었다. 예를 들어, 미국 특별감찰관은 나시리야Nasiriya를 방문했을 때 수도요금을 징수하고 있는지 물었다. 주의원 하나가 계량기가 없기 때문에 저수조를 다시 채운 횟수를 지역 주민 숫자로 나눠서 물 사용량을 계산한다고 대답했다. 하지만 이내 요금을 징수한 적이 거의 없다고 대답했다. 다른 한편, 나시리야 주민들은 가끔 물 값을 내야 한다고 불만을 토로했다. 주로 뇌물 형태로 납부하는 것이었다.[450] 뇌물을 내거나 병에 든 물을 살 여력이 없는 사람들은 속수무책으로 질병에 걸렸다.

바그다드는 산업화 이전 사회가 아니라 산업이 붕괴된 사회로 바뀐 상태였다. 언제든 수도와 전기를 이용할 수 있는 생활은 한때 순조롭게 기능하던 도시의 오래 전 기억이 되어 버렸다. 수에즈는 계약업체들에 대한 비난을 피하려고 하면서 이라크에 입국하지 않고서도 바그다드에 깨끗한 물을 공급할 것이라고 말했다. "요르단에서 설비를 이송할 테고, 이라크 현지 직원들은 이웃 나라들과 프랑스에 있는 데그레몽의 정수장에서 직무 훈련을 받을 것입니다."[451] 바그다드 시장은 수에즈가 맡은 사업을 '중동 최대 규모의 지자체 수도사업'이라고 치켜세우면서 2012년까지 완공 예정이라고 말했다.[452] 하지만 지금까지 완공되지 않았고, 바그다드의 다른 정수장들을 다룬 2012년의 한 연구에 따르면, 이 정수장들에서 나오는 물은 여전히 용납하기 힘든 E콜라이 대장균 수치를 보였다고 한다.[453] 바그다드 이외 지역에서는 상황이 훨씬 나빴다.

분수의 도시

바그다드 이외 지역 중 '상황이 훨씬 나쁘다'는 규칙에 예외인 한 것이 있다. 쿠르디스탄Kurdistan이 그 예외에 해당한다. 이라크 북부에 있는 쿠르디스탄은 대체로 안전하다고 여겨진다. 이 지역은 물이 있는 곳이기도 하다. 산과 폭포로 가득한 쿠르디스탄은 한때 사담 후세인에게 박해를 받았던 쿠르드족의 본거지이며, 따라서 정말로 미국인들 덕분에 해방되었다고 느낀다. 이런 이유 때문에 나는 물 기업들이 그곳에서는 더 나은 성공을 거두었으리라고 생각했다.

아르빌에 도착하자마자 처음 한 일은 물이 나오는지 보려고 4성급 호텔의 수도꼭지를 틀어본 것이었다. 두 번째로 계단을 뛰어 내려가서 호텔 직원에게 수돗물을 마셔도 되느냐고 물었다. 세 사람이 동시에 소리쳤다. "안 됩니다!" 물론 나는 이미 그럴 것이라고 생각했지만, 2006년 이래 이프라즈 정수장이 아르빌 시에 물을 공급하고 있다는 사실도 알고 있었다. 그렇다면 깨끗한 물은 어디 있는 걸까? 이라크에서 나머지 시간을 보내면서 깨끗한 물을 찾았지만, 무지개의 끝을 찾는 것처럼 어려운 일이었다.

공중에서 보면, 아르빌은 중동의 여느 도시처럼 보였다. 구시가에서 방사형으로 도로가 뻗어 있어서 다트판 같은 모습이었다. 하지만 지상에서 보면, 황폐한 이라크 남부보다는 오히려 라스베이거스에 가까운 모습이었다. 사실 아르빌은 분수가 가득한 새로 만들어진 도시처럼 보였다. 2차 이라크 전쟁 이후 막대한 액수의 돈이 이 친미국 성향 지역으로 흘러 들어와서 건축 공사가 끊이지 않는 도시에서는 골드러시 비슷한 분위기가 풍겼다. 어디를 가나 자동차 판매상이 있어서 허머나 캐딜락 등 갖가지 고급 자동차 광고가 넘쳐났다. '여성 전용'을 홍보하는 거대한 온천 단지들도 있었다. 레스토랑은 규모와 인테리어가 놀이공원이나 실내 쇼핑몰을 방불케 했다. 동심원 도로의 숫자 도로명이 계속 늘어나는 걸로 보아 도시가 여전히 확대되는 중인 게 분명했다. 택시 운전사가 사정을 설명해 주었다. "도로는 시내에서 떨어진 거리에 따라 이름이 붙어요. 지금 이 도로는 100미터도로입니다. 숫자가 계속 커지고 있지요."

하지만 무엇보다도 내 눈에 띄는 건 분수들이었다. 택시 운전사가 자랑을 늘어놓았다. "이 분수는 파도처럼 물이 나와요. 유럽 전역의 어떤 분수보다도 더 크다고요." 암석 대지 위에 지어진 시타델Citadel(성채)이라는 이름의 옛 요새 도시 아래로 분수와 얕은 호수, 인도 등이 시내를 장식하고 있었다. 한 도시 공원에는 공원 전체를 가로지르는 그리스식 기둥 같이 생긴 구조물에서 물이 폭포수처럼 쏟아지고 있었다. 폭포 아래로는 물웅덩이들이 계단식 작은 폭포를 이루면서 공원을 관통했다. 길 건너편에 있는 또 다른 공원에는 플라스틱으로 만든 주택 크기의 시타델 모형이 있는데, 꼭대기에서는 뿜어져 나오는 물로 가장자리에 폭포와 웅덩이와 강이 정교하게 만들어져 있었다.

요컨대 쿠르디스탄은 전쟁으로 찢기거나 물이 부족한 지역처럼

물과 사람이 넘치는 아르빌 시내. 분수 물은 마시지 말 것

보이지 않았다. 그런데 며칠 지나고 보니, 이런 부유한 겉모습 뒤에는 '죽기 전까지 파티나 하자'라는 일종의 숙명론이 도사리고 있음을 알게 되었다. 이 지역은 여러 적들에 둘러싸여 있다. 이란과 터키, 그리고 쿠르드족이 별도의 나라라고 보는 듯한 이라크도 적이었다. 내가 '이라크 북부'라고 이야기할 때마다 상대방은 "여기는 쿠르디스탄입니다"라고 거듭 정정해 주었다. 아르빌로 진입하는 고속도로 길가에는 남자들이 정오부터 계속 무리를 지어 먼지 속에 앉아서 술을 마셨다. 매일 같이 하루 종일 거기 모여 있는 것 같았다. 내가 보기에는 술을 마시기에 아주 좋지 않은 장소 같았지만, 종교 때문에 집에서는

아르빌의 시타델Citadel 공원은 디즈니 만화 같은 가족 휴양 환경을 제공한다.

술을 마시지 못한다는 말을 들었다. 시간이 흐르면서 나는 여기에 롤러코스터와 놀이공원이 있는 건 수십 년 만에 처음으로 이 지역에 평화가 찾아온 순간이기 때문임을 깨닫게 되었다. 과거에 여기 사람들은 모두 말로 다하지 못하는 참사를 겪었다. 남자들은 외상 후 스트레스 장애(PTSD)를 술로 날려 버렸다. 멀리 남쪽에서는 나라가 여전히 전쟁을 치르고 있었다. 하지만 상대적으로 고립된 아르빌은 이라크에서 가장 부유한 그리고 안전한 도시였다. 도시 주민들은 비록 아직 깨끗한 물은 없지만 잠시 폭력에서 벗어난 순간을 누리고 있었다.

아르빌에 머무르는 동안 공교롭게도 쿠르드족 대통령인 마수드 바르자니Massoud Barzani와 친한 사이인 할웨스트 셰카니가 가이드 겸

통역을 해주었다. 다른 나라였다면 할웨스트는 아마 영화배우나 정치인이 되었을 것이다. 검은 곱슬머리에 아름다운 미소를 지닌 늠름하고 정력적인 젊은이였다. 하지만 쿠르디스탄에서 그는 가이드이자 외교관으로 미국인 연구자, 관광객, 정치인 등에게 자기 나라를 보여 주는 일을 했다. 스물세 살인 할웨스트는 아주 높은 수준의 고등교육을 받은 것 같았고, 대다수 미국인보다 미국 정치에 관해 아는 게 더 많았다. 하지만 안젤리나 졸리와 〈아바타〉에 집착하는 걸 보면 나이가 드러났다. 〈아바타〉는 태국에서 온 불법 복제판으로 보았다고 했다. 그는 내게 3D 버전과 안젤리나에 관해 질문 공세를 퍼부었다. 그래도 안젤리나를 사랑하는 건 외설적인 이유보다는 정치적 이유 때문인 것 같았다.

"안젤리나가 여기 왔었는데, 미국인들이 떠나기를 원치 않는다고 말했죠. 그리고 오바마와 하는 저녁식사 자리에 가고 싶지 않다고 했죠." 실제로 안젤리나 졸리가 언젠가 난민 사태가 해결될 때까지 미국인들이 이라크를 떠나서는 안 된다고 말한 게 기억이 났다. 안젤리나는 원래 이라크 난민 편에 선 정열적인 옹호자였다. 2003년 이래 국외 난민이 200만 명, 국내 난민이 200만 명이었다. 하지만 오바마 발언은 다소 놀라웠다. 할웨스트가 사정을 설명해 주었다. "오바마는 이라크에서 철수를 하려고 하는데, 그러면 우리는 죽을 거예요. 체스 말을 전부 깔아 놓고서는 판을 엎으면서 집에 간다고 말하면 안 되는 거죠."

또 언젠가 할웨스트는 사담 후세인이 그립다고 말해서 나를 놀라게 했다. 차차 그가 후세인, 특히 후세인의 웃음소리를 놀리는 걸 그리워한다는 사실을 깨닫게 되었다. "헤 …… 헤 …… 헤." 그는 정말 똑같이 흉내를 냈다. 할웨스트는 일부 미국인들이 세라 페일린을 흉내 내는 영화배우 티나 페이Tina Fey나 조지 W. 부시를 흉내 내는 윌 페럴Will Ferrell을 그리워하는 것처럼 후세인을 못 잊어하는 것 같았다. 후세인은 웃음거리였다.

물론 사실 후세인은 할웨스트의 삶을 산산이 부숴버렸다. 쿠르디스탄에서는 '봉기'라고 부르는 걸프 전쟁 이후, 할웨스트는 어머니와 형제 여섯과 함께 걸어서 고향에서 도망쳐야 했다. 다섯 살 때의 일이었다. 그의 가족은 쿠르드족의 거대한 탈출 행렬을 따라 산악 지대로 들어갔다. 거기까지 데리고 간 염소에서 짠 우유와 요구르트를 야생 파에 섞어 먹으면서 버텼다. 그의 말로는, 때로 이란 사람들이 국경까지 트럭으로 와서 빵을 던져 주곤 했다. 물 때문에 병에 걸렸지만 그래도 많이 앓지는 않았다. "요구르트하고 약초 덕분에 속이 편해졌어요. 지금도 그 향이 입안에 느껴져요." 할웨스트의 아버지는 싸우러 떠난 뒤였고, 봉기가 실패로 돌아가고 난 뒤 사담의 아부그라이브 교도소로 이송되어 몇 년 동안 고문을 당했다. 현재 그의 아버지는 제대로 걷지 못하고 지금도 아부그라이브에서 마신 물 때문에 건강이 좋지 않아 고생한다. 할웨스트 말로는 그 물은 티그리스 강물로, 정수되지 않은 소금기 있는 물이었다고 한다. "사담 시절에 벌어진 끔찍한 일은 10년 동안 말할 수 없었고, 지금도 전부 다 말하지 못해요."

그래서 우리는 화제를 바꾸었다. 할웨스트에게 아르빌의 물 상황을 묻자 내 의심을 확인해 주었다. "가난한 사람들만 수돗물을 먹죠.

그럴 수밖에 없으니까요. 그런데 병에 걸려요." 다른 사람들은 터키나 미국에서 수입한 병입수를 먹는다.

역사적으로 보면, 아르빌 주민들은 지하의 커다란 저수층에서 나오는 물을 먹었다. 옛날에는 시타델에서 지하에 우물을 뚫으면 수압으로 저절로 물이 나왔다. 지금 시타델은 텅 빈 상태고, 우물들도 말랐다. 이곳은 실내 안마당을 갖춘 화려한 대리석 저택에서 방 하나짜리 흙벽돌집에 이르기까지 여러 주거 형태가 남은 유령 도시다. 지하수면이 내려가면서 35년쯤 전부터 우물들이 점점 마르기 시작했고, 주민들은 어쩔 수 없이 떠나야 했다. 2007년, 이 지역이 유네스코 세계문화유산으로 지정되면서 마지막으로 남아 있던 주민들이 떠나야 했다. 그런데도 시타델은 '세계에서 가장 오래된 거주 도시'라고 홍보된다. 그래서 할웨스트한테 물었다.

"여기 누가 살아요?"

"아뇨, 아무도 안 살아요."

"그럼 이제 세계에서 가장 오래된 거주 도시가 아니네요?" 나는 꼬치꼬치 캐물었다.

"그렇겠죠." 그가 별로 관심 없는 것처럼 대답했다. 다른 중요한 일들을 걱정하기도 벅차다는 표정이었다.

이프라즈 정수장은 플루어가 우물물 대용으로 건설한 시설이다. 알려진 건설비용은 1억 8,500만 달러였는데, 정확한 수치가 얼마인지는 의견이 갈린다. 이 정수장은 미국 정부가 이라크에 자금을 지원한 것 가운데 규모가 큰 물 사업이다. 플루어가 이라크 남부에 지은 나시리야 정수장(약 2억 7,700만 달러 소요)과 수에즈가 바그다드에 지은 알루사파Al-Rusafa 정수장(약 2억 1,000만 달러 소요)에 이어 세 번째 규모다. 2006년, 대대적인 선전과 더불어 이프라즈가 문을 열었고 성공작이라고 칭찬을 받았다. 준공식에서 쿠르디스탄 총리 네치르반 바르자니Nechirvan Barzani는 다음과 같이 말했다. "오늘 이프라즈 정수장 준공식에 참석하게 되어 기쁘고 영광입니다. …… 이 정수장은 미국이 이라크에서 성공적으로 완공한 여러 사업 중 하나인데, 이런 사실은 우리 모두에게 많은 의미가 있습니다. 우리는 우리나라를 재건하는 데 소중한 공헌을 한 미국 정부에 감사합니다."[454] 같은 해에 미국은 플루어에 또 두 건의 대규모 계약을 안겨 주었다. 하나는 이라크 원유 산업을 재건하는 사업이고, 다른 하나는 이라크에 미군 기지를 건설하는 사업이었다. 이라크 전쟁이 진행되는 동안 플루어는 엄청난 수익 증가를 목도했다. 2010년부터 2013년까지 플루어는 『포천』 선정 500대 건설 회사 명단에서 1위를 차지했다. 현재 이 기업은 연간 약 120억 달러의 수익을 벌어들인다.

물론 그래서 나는 이프라즈를 별 생각 없이 찾았다가 더러운 물을 개선해 달라는 질문을 받고 깜짝 놀랐다. 플루어는 어쨌든 수십억 달러를 갖고 있었다. 나는 내 호텔 숙박요금도 겨우 내는 형편이었다. 다른 한편, 나는 이라크 재건 사업이 전반적으로 대실패하는 가운데 정수장 건설도 방치된 역사가 있음을 알고 있었다. 알고 보니 플루어는 이프라즈 정수장의 1단계 사업인 60퍼센트만을 완공한 상태였다. 나머지 공사를 완료하기 위해서는 더 많은 돈이 필요했다. 하지만 2012년에 이르러서도 이라크는 이프라즈를 완공하는 데 필요한 예산을 충분히 확보하지 못했고, 정부가 일본 은행과 교섭을 진행하는 중이었다.[455] 나는 이 모든 사실을 알고도 놀라지 않았다. 2013년 미국 특별감찰관이 작성한 한 보고서는 다음과 같이 결론지었다. "기록 작성과 관리상의 결함 때문에 …… 사업비 수십억 달러가 어떻게 처분되었는지 여전히 파악되지 않은 상태다."[456] 『포린폴리시Foreign Policy』는 최근 특집기사에서 이 문제를 좀 더 간결하게 설명했다. "쓸데없이 돈만 쓴 이라크의 민주주의The Democracy Boondoggle in Iraq."[457]

물론 나는 온갖 상충하는 보고서들 때문에라도 이프라즈를 직접 보고 싶었다. 플루어는 회사 모토에서 약속한 바 있었다. "플루어와 함께라면 확실합니다." 『쿠르디시글로브Kurdish Globe』에 따르면, 원래 아르빌의 식수 문제는 이프라즈 정수장 사업으로 해결될 예정이었다. 정수장은 2035년까지 도시에 물을 공급하기로 되어 있었다.[458] 『쿠르디시글로브』는 다음과 같이 설명했다. "수도는 향후 25년 동안 다시 물 부족 사태를 걱정할 필요가 없다. …… 미국이 예산을 지원하는 전략 사업인 이프라즈 정수장은 시간당 10,000세제곱미터의 물을 정수해서 아르빌로 보낼 것이다. 도시 전체에 물이 공급되는 것이다."[459] 그런데 무엇이 잘못된 걸까?

잡Zab 강으로 이어지는 눈에 띄지 않는 비포장 도로변에 자리한 이프라즈는 찾기가 쉽지 않았다. 우리는 길을 잃었는데, 할웨스트는 이러다가 우리도 모르게 모술Mosul까지 가는 것 아닌가 하고 무척 걱정했다. 모술은 반군이 득실거리고 폭력이 횡행하는 도시였기 때문이다. 그런데 갑자기 그가 환한 표정으로 말했다. "지금 거기로 갑시다. 뭐 어때요? 가보죠!" 그는 내가 모술 댐을 보고 싶어 하는 걸 알았기 때문에 그가 진짜로 가려고 하는지 걱정이 들었다. 죽고 싶은 마음은 없었다.

"정말, 진심이에요?" 고요하게 끝없이 펼쳐진 밀밭을 보며 놀란 내가 되물었다.

다행히도, 할웨스트가 대답하기 전에 티그리스 강의 주요 지류인 갈색의 잡 강이 지평선 너머로 나타났다. 이프라즈를 발견한 것이다. 출입구까지 차를 몰고 가면서 높이 지은 초소에 무장 경비원을 지나쳤다. 그 다음에는 정수 탱크가 나타났는데, 최신형 같이 보이지 않았다. 이프라즈는 잡 강에서 물을 끌어다가 수조에서 부유물을 가라앉힌 뒤 모래와 숯으로 된 필터로 정수 처리를 한다. 사진을 몇 장 찍으려고 멈춰 서자 어떤 남자가 뛰어나오더니 소리를 질렀다. "촬영 금지요!" 그가 정수장 수석 엔지니어임을 알아낸 내가 질문을 했다. 하지만 그는 이미 사진 때문에 화가 난 상태였다. "잘 작동됩니다." 그가 무뚝뚝하게 대꾸하고는 나를 피했다.

"어떻게 작동하지요? 숯이나 오존 필터를 사용하나요?"

"알다시피, 모터하고 양수기가 있어요. 작동한다고요."

정수장이 계속 완공이 지연되고 있다는 걸 알았지만, 이 문제에 관해서 더 많은 정보를 얻기는 힘들었다. 그래서 대신에 땅에서 물을 퍼 올려서 정수 처리를 하는지 물었다. 그는 아주 맹렬하게 부정하면서 말했다. "아뇨, 이곳은 전부 베크메Bekhme 댐에 연결될 겁니다. 물은 거기서 오는 거예요." 나는 깜짝 놀랐다. 내가 아는 한, 베크메 댐은 아직 지어지지 않았고, 또 워낙 논쟁적인 과거 역사가 있었다. 이 지역에서는 이 댐을 '사담의 댐'이라고 불렀다. 원래 반항적인 쿠르드족을 쓸어버리기 위해 만들어진 것이었기 때문이다. 나는 곧 바로 베크메 댐으로 가서 건설이 시작되었는지 봐야겠다고 결정했다. 이프라즈는 실패작이었다. 이곳의 물이 실제로 아르빌로 보내지는지 여부가 아직 불확실했기 때문이다.[460]

우리가 그 지역을 떠나는데 엔지니어가 소리를 쳤다. "인터넷에서 사진을 구할 수 있어요."

베크메 댐과 벡텔

베크메 댐으로 가는 도중에 경치에 눈길이 갔다. 전쟁으로 찢긴 환경에서 이상하게 망가지지 않은 풍경이었다. 계곡 지대는 푸르게 우거진 숲과 초록빛으로 굽이치는 언덕, 원시적인 강으로 가파르게 치닫는 협곡으로 덮여 있었다. 이라크가 이렇게 아름다운 곳이라는 걸 아무도 내게 말해준 적이 없었다. 할웨스트에게 이런 이야기를 하자 그가 이곳은 바르자니Barzani 부족의 땅이라고 설명해 주었다. "바르자니족의 법에 따르면, 야생 동물을 죽이거나 나무를 벨 수 없어요. …… 그래서 이렇게 바르자니족 지역이 항상 제일 푸른 겁니다. 아르빌 사람들이라면 아마 이럴 겁니다. '그래 거기에 사슴이 한 마리만 남았다고? 그건 내 거야!' 하지만 바르자니족 사람들은 안 그래요."

사담 후세인이 베크메 댐 건설을 계획한 데는 계곡에 살고 있는 바르자니족을 몰아내려는 의도도 일부 있었다. 바르자니족이 자신에게 반기를 든 저항 운동의 지도자들이었기 때문이다. (후세인의 적수인 마수드 바르자니는 현재 쿠르디스탄 대통령이다.) 후세인은 이 계획을 실행하기 위해 벡텔과 손을 잡았다. 이 댐이 완공되었더라면, 세계에서 일곱 번째로 큰 댐이 되었을 테고 후세인이 반대 세력을 물리치는 무기로 물을 사용한 두 번째 사례가 되었을 것이다. 남부에서 후세인은 이미 시아파 봉기에 대한 보복으로 마시 아랍인*의 본거지인 광대한 습지의 물을 빼낸 적이 있었다. 당시에 주민 50만 명이 강제로 쫓겨났다.[461]

할웨스트가 말했다. "사담은 바르자니족을 홍수로 몰아내서 지역을 황폐하게 만들려고 했어요." 후세인은 계곡의 집을 불태우고 사람들을 강제로 쫓아내기 시작했지만 걸프 전쟁으로 중단해야 했다. "그런데 사담은 또 물과 전력도 원했지요."

놀랄 일은 아니지만, 이 댐은 원래 영국이 구상한 것이었다. 이 계곡 지대의 유물을 조사한 고고학자 랠프 솔레키Ralph Solecki는 그 역사를 설명한 바 있다. "영국인 토목기사 E. V. 리처즈E. V. Richards가 처음 댐 부지를 탐사한 1937년에 이미 높은 댐을 건설하기에 적합한 장소라고 확인되었다. …… 우리 시대에 가장 좋지 않은 시기는 1975년이었다. 계곡 주거 지역에 대한 철거가 이루어지면서 댐을 건설한다는 위협 아래 주민들을 강제로 퇴거시켰다."[462] 1980년에 이란-이라크 전쟁이 시작되면서 댐 건설이 연기되었다. 하지만 1987년에 샌프란시스코에 본사를 둔 벡텔이 댐 건설 계약을 체결하고 사담 후세인을 위해 일했다. (당시에는 후세인에 대한 국제적 제재가

* Marsh Arabs. 이라크 동부와 남부, 이란 국경 지대에 걸친 습지대에 거주하는 아랍인

전혀 없었다.) 쿠르드족은 댐 건설을 저지하기 위해 벡텔의 직원들을 공격했다. 직원들은 이 지역에서 군대의 호위를 받아야 했다. 1990년에 이르러 강의 흐름을 돌리는 데 성공했고, 댐을 채우기 위한 장비와 재료가 준비되었다. 하지만 바로 그때 걸프 전쟁이 시작되었다.

당시 벡텔이 이라크에서 한 역할은 사소한 게 아니었다. 벡텔은 베크메 댐 말고도 이라크를 가로질러 요르단의 항구까지 연결하는 송유관을 건설하는 협상에 참여하고 있었다. 20억 달러짜리 이 사업이 완공되면 미국에 원유를 공급할 예정이었다. 국무장관 도널드 럼스펠드Donald Rumsfeld는 이 협상을 위해 1983년에 이라크를 방문했는데, 당시에 후세인과 악수를 나누는 사진이 찍혀서 악명을 떨쳤다. 1987년, 사담 후세인은 거래에서 발을 빼서 미국 정부의 총애를 잃었다.

걸프 전쟁이 시작되기 전에 벡텔은 유정 화재를 진화하는 작업을 포함해서 23억 달러에 쿠웨이트에 재건 서비스를 제공하기로 미국 정부와 교섭을 했다. 미국은 또한 사담 후세인이 항복하는 전제 조건으로 걸프 전쟁 때문에 미국이 이행하지 못한 모든 계약의 대가를 치르게 강요했다. 이 계약 중 하나가 베크메 댐 계약이었다. 미국이 이라크를 공격한 뒤, 다양한 사업에서 일하고 있던 벡텔 직원들은 이라크 전역에서 발이 묶였다. 베크메에서는 남쪽으로 후퇴하는 이라크 군인들이 벡텔 직원 4명을 인질로 잡고 '인간 방패'로 활용했다는 소문이 돌았다. 랠프 솔레키에 따르면, 그와 동시에 쿠르드족이 "베크메 댐 구조물을 해체했다." 사담이 쿠르드족에게 품은 원한의 상징으로 여겨졌기 때문이다. (그렇지만 할웨스트에게 누가 댐을 허물었느냐고 물었을 때 그는 간단히 답했다. "반역자들이죠.") 전쟁이 끝난 뒤, 벡텔은 10억 달러를 손해봤다고 주장했다. 유엔 보상위원회를 통해 사담 후세인이 지불해야 하는 돈이었다.[463]

따라서 현재 벡텔이 베크메를 재건하고 있는지 여부는 사소한 문제가 아니었다. 어떤 이들은 대량살상무기보다는 벡텔이 이라크에 한 투자와 사담의 채무 때문에 미국이 침공을 한 것이라고 지적하기도 했다. 언론인 짐 발레트Jim Vallette는 2차 이라크 전쟁을 예상하면서 이렇게 말했다. "벡텔은 오래 전부터 이라크와 수익성 좋은 원유 거래를 노려 왔는데, 20년 동안 외교 노력을 한 끝에 마침내 무력으로 해결을 할지 모릅니다."[464]

베크메로 가는 도중에 할웨스트와 나는 리틀잡Little Zab 강 근처에 있는 식당에 점심을 먹으러 들렀다. 강에서 잡은 물고기 요리를 먹어 봤는데, 가시가 많지만 맛은 아주 좋았다. 할웨스트는 물고기 이름을 모른다고 변명을 했다. "강마다 물고기가 맛이 다른 건 아는데, 이름은 몰라요. 리틀잡에서 잡은 물고기는 아주 맛있는데, 그레이터잡Greater Zab 물고기가 더 맛이 좋죠." 식당 주인은 물고기 이름이 여우주둥이라는 뜻의 카페위capewi라고 말해 주었다.

식당 주인에게 물었다. "댐에 대해서 어떻게 생각하세요?"

"나는 이 식당으로 먹고살아요. 그러니까 당연히 댐에 찬성하지 않지요. 댐이 생기면 터키 국경까지 완전히 침수될 겁니다." 댐이 완공되면 계곡 전역에 흩어져 있는 마을들에 사는 주민 20,000명이 수몰을 피해 이주할 것으로 추산된다. 하지만 할웨스트는 이 수치가 실제보다 적다고 말했다. 후세인정권이 몰락한 뒤 난민들이 많이 돌아온 상태였기 때문이다.

할웨스트를 포함해서 지역의 일부 사람들은 그래도 댐이 생기기를 바랐지만, 훨씬 작은 댐을 원했다. 할웨스트의 설명을 들어 보자. "총리는 원래 계획을 원해요. 나는 댐이 더 작았으면 좋겠어요." 수몰 예정인 지역에서도 댐에 관한 여론은 분분하다. 우리는 도로변에 있는 한 유목민 천막에 들러서 거기 있는 여자에게 댐에 관해 어떻게 생각하느냐고 물었다. "댐이 생겼으면 좋겠어요. 수영할 만한 바다가 생기면 좋지요." 그렇지만 여자는 이사를 할 능력이 있는 반면, 다른 이들은 그렇지 않았다.

사람들이 사는 집이 위협을 받을 뿐만 아니라 계곡에 있는 네안데르탈인의 중요한 유물, 특히 샤니다르Shanidar 동굴 유물도 위험하다. 할웨스트를 연구보조원으로 채용한 적이 있는 고고학자 랠프 솔레키가 걱정하는 것은 이런 유물이다. 1978년, 솔레키는 샤니다르 동굴에서 네안데르탈인의 유골 10구와 더불어 10,000~45,000년 사이의 장례 유물도 발견했다. 중동 지역에서는 이런 종류로 유일한 유적지이며, 지금까지 10퍼센트만이 발굴되었다.[465] 동굴을 지나치는 동안 할웨스트가 미국에 있는 솔레키에게 전화를 걸어 우리가 댐으로 가는 중이라고 말했다. "항상 댐 건설이 얼마나 진행 중인지 묻거든요. 뭔가 진척이 있으면 알려 달래요."

실제로 할웨스트는 휴대전화로 계속 말을 하면서 다른 전화로는 문서를 읽어 주고 있었다. 운전은 무릎으로만 해도 되는 것 같았다. 경치를 감상하며 달리는데 갑자기 자동차 행렬이 나타났다. 할웨스트가 무심하게 말했다. "대통령이에요." 나는 본능적으로 사진을 찍으려고 카메라를 들었다.

"찍지 마요." 할웨스트가 갑자기 소리치면서 내 손을 잡아서 끌어내렸다. "총알이 날아온다고요." 농담이 아니라는 게 느껴졌다.

"누가, 페슈무르가peshmurga가요?" 쿠르드 군대냐고 물었다.

"아뇨, 미국인들이요. 그자들은 아무것도 몰라요. 보통 대통령하고 같이 다니지 않는데, 미군들을 봤어요. 오늘은 대통령이 미국인 대표단하고 같이 다니나 봐요." 나중에 위키리크스에서 미군들이 카메라를 들고 있는 이라크인들을 쏴 죽이는 소름끼치는 영상을 보고 나니 이때의 일이 떠올랐다.

"대통령인지 어떻게 알았어요?" 내가 물었다.

"번호판 보면 알아요."

지금까지 미군을 한 명도 본 적이 없는데 갑자기 나를 쏠지도 모르는 미군과 마주쳤으니 놀라웠다. "이런 실수는 항상 일어나죠." 할웨스트가 사정을 설명했다. "쿠르드족 사람들은 이런 일이 마음에 들지 않아요."

실제로 2003년에 미국인들이 바르자니 대통령의 동생이 포함된 호송대를 매버릭 미사일로 맞춘 일이 있었다. 미사일은 근처에 있는 탱크를 겨냥한 것이었지만, 조준이 잘못되어 대통령 동생을 날려 버렸다. 할웨스트는 사정을 설명했다. "보안요원 18명이 죽었는데 바르자니 동생은 목숨은 건졌어요. 중상을 입었죠."[466]

할웨스트가 갑자기 딴 생각이 난 듯 왼쪽의 들판을 가리키면서 웃었다. "저기가 '침략'이 시작된 곳이에요." 그가 2차 이라크 전쟁을 가리키는 쿠르드족 용어를 쓰며 말했다.

"그게 왜 재밌죠?"

"미국인들이 낙하산을 타고서 이 들판에 내렸으니까요. 다들 미국인들을 반가워했죠." "그런데 군인들이 원을 그리고 배를 깔고 엎드려서는 사방으로 총을 겨눴어요." 그 다음에 무슨 일이 생겼는지를 이야기하는 할웨스트의 얼굴에 웃음꽃이 피었다. 노인 하나가 차 접시를 들고서 미군들에게 달려간 것이었다. 쿠르드족의 전통적인 손님 접대 방식이었다. 할웨스트가 계속 말을 이었다. "미군들이 '뒤로 물러나, 말 안 들으면 쏜다'고 소리를 쳤어요. 노인은 미군들이 하는 말을 못 알아들으니까 계속 다가갔지요. 다행히도 누군가 노인을 멈춰 세웠어요. 하마터면 총에 맞을 뻔했지요." 이내 할웨스트의 표정이 진지해졌다. "그때 우리는 생각했어요. '정부가 쿠르디스탄이 미국에 우호적인 곳이라고 말조차 해주지 않는다면 도대체 당신네 나라는 어떤 곳인 거지?' 미군들은 이라크인은 이라크인일 뿐이고 우리도 전부 적이라고 생각했어요. …… 쿠르드족의 많은 사람들이 이 때문에 살해당했죠. 아무도 미군한테 우리가 미군이 오기를 원했다고 말해 주지 않았어요. 어떻게 그런 정부가 있어요?" 할웨스트는 지금도 그 미군들이 불쌍하다고 말했다. 미군들은 몇 주일 동안 들판에서 야영을 하면서 증원 부대가 오기를 기다렸다. "아주 더운 날씨였어요. 그런데 또 우리는 전부 미군들을 비웃었어요. 아주 웃겼지요."

"지금은 미군들이 기지에만 틀어박혀 있어요. 군복 차림으로 도시에 들어오지 않아요. 도시에서는 총을 들고 다닐 수 없어요. 그러니까 자주 보이지는 않죠."

마침내 우리는 아직 지어지지 않은 베크메 댐에 도착했다. 바위들 사이로 잘린 자국이 있고, 댐이 지어질 것처럼 보이는 장소가 있었지만, 돌벽에 굵은 철근 하나가 삐져나와 있을 뿐이었다. 협곡 사이로 고요하게 강이 흐르고 있었다. 사원과 첨탑이 있는 근처의 신축 주택 단지는 댐 건설 노동자들을 수용하기 위해 지은 게 분명했다. 하지만 건물들은 버려진 상태였다. 아직 존재하지 않는 댐을 찾아서 4시간을 달려온 뒤에도 나는 여전히 아르빌의 물이 어디서 오는지 궁금했다.

베크메 댐을 떠나면서 마지막으로 들른 곳은 이프라즈에서 온 정수 처리된 물을 10마일* 정도 떨어진 아르빌로 보내기 전에 모아 두는 저수지였다.[467] 한 수조에 담긴 엄청난 양의 물은 깨끗하고 맑아 보였다. 하지만 다른 수조에는 갈색 녹조가 있었다. 할웨스트와 중위와 나는 물속을 자세히 들여다봤다.

"사진을 찍어도 되나요?" 내가 묻자 할웨스트와 중위 모두 곧바로 "안 됩니다"라고 대꾸했다. 둘이서 오래 이야기를 나누더니 할웨스트가 말했다. "중위 말로는 사진을 찍게 하면, 아니 사실 이걸 보여주기만 한 걸로도 상관이 불같이 화를 낸다네요. 우리는 사실 여기 오지 않은 겁니다." 다시 기어 내려오는데 할웨스트가 중위를 위해 통역을 해주었다. "중위가 물이 정상인지, 표면에 있는 게 뭔지 알고 싶어 하는데요. 원래 그런 색깔인 거죠?" 내 눈에는 좋아 보이지 않는다고 말하자 대답이 돌아왔다. "왜 그런 건지 아세요?" 유감스럽지만

* 약 16킬로미터

모르겠다고 말했다. "어떤 기술자가 와서 보더니 여기는 전부 포기해야 한다고 하더군요." 중위가 말했다. "자, 더러운 물을 버리는 데를 보여줄게요."

깜짝 놀라서 그를 따라가 보니 건물 뒤에 풀밭이 있었다. 작은 이랑 아래에 커다란 콘크리트 터널이 있는데, 그 아래쪽에 도랑을 보니 최근에 물을 버린 흔적이 눈에 띄었다. 도랑을 확장하는 공사 중인 것 같았는데, 중위가 설명을 해주었다. "아르빌 도시 전체 주위로 인공 강을 조성하는 중입니다." 할웨스트가 통역을 계속하면서 아르빌은 녹지가 7퍼센트뿐인데 다른 도시들처럼 녹지를 57퍼센트로 만들어야 한다고 말했다. 어디서 그런 통계를 봤는지 궁금했다.

할웨스트가 갑자기 환호성을 질렀다. "내 땅 바로 옆으로 흐르겠네. 땅을 사두길 잘했어요." 그가 흥분해서 이랑 건너편을 가리켰다. 언젠가는 도시가 여기까지 뻗을 것이라고 기대하면서 거의 거저로 땅을 샀다는 곳이었다. 강에 면한 땅을 갖게 되리라는 걸 깨달은 그는 무척 기뻐했다. 나는 당황스러울 뿐이었다. 이프라즈 정수장에서 나온 '더러운 물'이 도시 주변에 새로 조성하는 강을 전부 채운다고?

깨끗한 물을 찾아서

아르빌에서 쓰는 깨끗한 물을 찾아서 돌아다녔지만 발견하지 못했다. 하지만 스웨덴 비정부기구 칸딜Qandil도 2008년에 비슷한 조사를 했지만 찾지 못했다. 칸딜이 발견한 바로는, 문제는 정수장이 아니라 공급 시스템에 있었다. 이프라즈는 '건설-운영-이전build-operate-transfer(BOT)' 방식 계약으로 지어졌다. 새로운 정수장을 건설하기는 하지만, "새로운 이용자들에게 물 공급을 확대하지 않고, 실제로 공공 자금을 공급 개선에서 다른 데로 돌리는 위험"이 있는 방식이다.[468] 요컨대, 새로 정수장이 지어지기는 하지만 이 물을 사람들에게 안전하게 공급하기 위한 뚜렷한 계획은 전무했다. 칸딜에 따르면, 아르빌에 "제대로 된 수도관 지도나 상세한 하수 시스템이 존재하지 않는다는 사실 때문에 이 문제는 더욱 심각해진다." 이런 이유로 하수 때문에 지하수가 오염되었고, 오염된 지하수는 다시 도시 수도 공급망으로 흘러들어갔다. "이 문제는 특히 새로운 정수장이 가동되면서 정점에 달했다." 이프라즈 정수장의 물이 공급망에 과부하를 일으키고 수도관 파열을 야기했기 때문이다.[469] 2008년, 칸딜은 아르빌에는 깨끗한 물이 존재하지 않는다는 결론을 내렸다. 그리고 2010년까지 도시의 한 블록에 깨끗한 물을 공급하는 것을 적당한 목표로 정했다. 내가 아르빌을 찾았을 때, 시내 한 소지구의 주민들은 이제 수돗물을 마셔도 안전하다는 통지를 받은 상태였다. 하지만, 할웨스트의 말에 따르면, "아무도 그 통지를 믿지 않았다."

아르빌의 깨끗한 수돗물은 마치 신화 속 존재인 것 같았다. 누구는 어디 있다고 하고, 누구는 없다고 하는데, 어디서도 찾을 수는 없었다. 쿠르드 언론과 정부가 기적에 가까운 일이라고 이프라즈를 칭송할 때에도 깨끗한 물은 항상 어디 다른 동네에 있었다. 하지만 이라크의 많은 곳이 비슷한 사정이었다. 당국은 끊임없이 깨끗한 물을 약속했지만 이 약속은 항상 잊혀졌다. 언제 어디에 깨끗한 물을 공급하기로 했는지 기억하기가 어려웠다. 이 문제에 관한 진실을 찾기는 더욱 어려운 일이었다. 미국 특별감찰관조차 2010년에 아르빌을 방문했을 때 이렇게 결론지었다. "수도와 보건 분야에서 개선된 정도를 측정하기는 불가능하다." 한편으로 어느 수상한 여론조사에 따르면, 아르빌 주민의 88퍼센트와 85퍼센트가 각각 공급되는 수량과 수질에 만족했다.[470] 한편, 인터내셔널리서치 사Associates for International Research는 2012년 수행한 조사에서 이렇게 결론지었다. "주거 단지에서도 수돗물은 식수로 적합하지 않음. 따라서 대형 병입수를 식수 및 조리용으로 흔히 사용함."[471] 같은 해에 도시에 콜레라가 발생했다.

그럼에도 불구하고, 이프라즈에 관한 미국 특별감찰관의 보고서는 남부에 있는 플루어의 나시리야 정수장에 관한 보고서와 비교해 보면 유토피아 이야기처럼 들린다. 그곳에서는 주민의 76퍼센트가 수질에 '아주 불만'이라고 답했고, 만족한다는 사람은 한 명도 없었다. 한 주민은 "수돗물은 빨래하기에도 좋지 않다"고 말했고, 다른 주민은 "수질이 아주 나빠서 먹기에 적합하지 않고, 불순물이 아주 많다"고 말했다. 실제로 주민의 86퍼센트는 플루어가 공급하는 물보다 사서 쓰는 물과 강이나 개천에서 퍼온 물이 더 깨끗하다고 생각했다. 보고서는 또한 정수장에서 중대한 결함을 발견했다. 정수장은 가까스로 가동되는 수준이었다. 정수장 기능을 모니터하는 컴퓨터 시스템은 한 번도 작동한 적이 없었다.[472]

이 두 정수장에 관한 평가가 이렇게 크게 차이가 나는 이유를 꼽아 보자면 정수장의 위치를 들 수 있다. 쿠르디스탄에서 미국 정부

기관이 수행한 조사는 남부에서 수행한 비슷한 조사보다 더 긍정적인 결과를 얻을 공산이 크다. 쿠르드족을 상대로 한 조사에서 미국에 우호적인 응답이 아주 많다는 사실을 볼 때 이런 결과를 추측할 수 있다. "사업 예산을 지원한 미국에 감사한다." "이 정수장은 이 도시에서 미국의 원조로 세워진 가장 중요한 사업이다." 물을 공급받지 못한 사람도 이렇게 말했다. "이 사업으로 물을 공급받지는 못하지만 이프라즈 정수장을 건설하고 재정을 지원해 준 미국에 감사해야 한다고 생각한다." 이와 대조적으로, 남부에서는 미국인들에 대한 태도가 아주 다르다. 설문 조사에서 미국이 이 지역의 정수장에 예산을 지원한 데 대해 어떻게 생각하는지 묻자 한 여자는 이렇게 답했다. "미국 정부에 호의나 애정을 느끼지 않습니다."

두 지역의 또 다른 중요한 차이점은 아르빌의 경우는 이프라즈 정수장을 건설하기 전에 이미 넓은 지하 대수층이 있었다는 사실이다. 유감스럽게도, 점점 더 많은 사람들이 대수층에서 물을 끌어올림에 따라 대수층이 빠르게 줄어들어 조만간 물이 안 나올지도 모른다. 하지만 남부에서는 소금기 있는 오염된 강물에서만 물을 얻을 수 있다. 이 강물도 말라가기 시작한다. 따라서 정수장이 가동되기 전에는 북부가 수질과 수량이 훨씬 더 좋았을 것이다. 이런 이유로, 특별감찰관도 인정하는 것처럼, "수도와 보건 분야에서 개선된 정도를 측정하기는 불가능하다." 미국이 수행한 모든 조사에서 이라크 쿠르드족이 이라크 아랍인에 비해 미국인을 더 좋아하는 것으로 나오는 게 당연하다. 미국인 인터뷰어가 깨끗한 물이 나온다는 대답을 듣는다면, 그것은 실제 수질보다는 응답자가 인터뷰어와 좋은 관계를 맺고 싶은 속마음과 더 관계가 있을 것이다. 어떤 경우든 간에, 아르빌에 여전히 깨끗한 물이 나오지 않는 것은 분명하다. 그렇긴 하지만, 아르빌은 이라크 남부의 대다수 지역보다, 아니 쿠르디스탄의 대부분 지역보다도 훨씬 살기 좋은 곳이다.

할랍자의 유독성 물

아르빌에서 깨끗한 물을 구하기 힘들다면, 쿠르디스탄 할랍자Halabja에서는 상황이 훨씬 더 나쁘다. 할랍자 사람들은 1988년 5,000명의 목숨을 앗아간 사담 후세인의 독가스 공격으로 오염된 유독성 물을 마시고 있다. 미국은 할랍자에 정수장을 건설해 주기로 약속했지만, 수도, 전기, 석유 개발 용도로 지정된 34억 달러를 정수장 건설 대신 이라크군 훈련에 쓰기로 결정했다. 1,000만 달러가 소요될 예정이던 할랍자 물 개발 사업은 취소되었다. 『뉴욕타임스』에 따르면, 기술자 누라딘 그립Nuradeen Ghreeb은 그 소식을 듣고 "소중히 여기는 수도관 위에 앉아 …… 눈물을 흘렸다." 그립은 이렇게 말했다. "미국인들이 이라크군을 훈련시키는 게 할랍자 사람들을 위해 깨끗한 식수를 제공하는 것보다 우선이라고 생각한다면, 그들에게서 아무것도 기대할 게 없습니다."[473]

할랍자에 화학무기를 떨어뜨린 이유가 무엇인지는 논란의 여지가 있다. 이 공격으로 쿠르드족과 이란 사람 중 누구를 죽이려고 한 것인지, 그리고 정확히 누가 이 공격에 공모했는지 둘 다 확실하지

할랍자에서는 여전히 오염된 물탱크로 도시에 물을 공급한다.

않다. 할웨스트에 따르면, 할랍자 출신 사람들은 그날 미군 헬리콥터를 보았다. 『로스앤젤레스타임스』와 『워싱턴포스트』 기자들은 이라크가 미국의 벨Bell 헬리콥터를 사서 할랍자를 공격하기 위해 개조한 사실을 확인했다. 『포린폴리시』가 중앙정보국 문서를 분석한 내용에 따르면, 미국 또한 사담 후세인이 이 무기들을 사용한 사실을 알았다. 심지어 목표물 조준을 위해 정보를 제공하기도 했다. 기사의 설명에 따르면, 1988년 "미국 정보 관리들은 이란 부대의 위치를 이라크에 전달했다. 후세인 군대가 치명적인 신경 작용제인 사린을 비롯한 화학무기로 공격을 할 것이라는 사실을 잘 알고 있었다."[474]

그 위치 중 한곳이 할랍자였다. 정보 당국은 독가스 공격 며칠 전에 이란 부대가 할랍자에 들어왔다고 주장했다. 그 결과로 벌어진 사건은 차마 잊기 어렵다. 사람들 말로는 화학무기가 할랍자에 떨어졌을 때 사과 같은 냄새가 났다고 한다. 이윽고 사람들은 숨이 막히기 시작했고, 몇 시간 만에 5,000명이 사망했다. 부시 대통령은 2002년에 이렇게 말했다. "할랍자에 대한 화학 공격을 보면, 사담 후세인이 어떤 범죄를 저지르려 하는지, 그가 현재 전 세계에 어떤 위협을 제기하고 있는지를 알 수 있습니다."[475] 이 발언이 있고 5일 뒤에 미국은 이라크를 침공했다.

침공 직후에 국무장관 콜린 파월Colin Powell은 할랍자로 가서 가스 공격 희생자 기념관으로 쓰일 박물관 개관식에 참석했다. 2004년, 파월은 공격 기념일에 열린 기념행사에 참석하러 다시 할랍자를 찾았다. 이 행사에서 그는 다음과 같이 말했다.

> 15년 동안 우리는 이날마다 할랍자 희생자들에게 그들의 죽음이 잊히지 않았음을 보여 주는 증인 역할을 했습니다. 하지만 올해는 다릅니다. 올해에는 사담 후세인 정권의 테러에서 벗어나고 싶다는 이라크 국민들의 꿈이 이뤄졌습니다. 올해 우리의 불행이 마침내 빛을 얻었습니다. 올해 이라크에 새로운 빛이 타올랐습니다. 자유의 빛, 희망의 빛, 정의의 빛이 밝았습니다.[476]

군중은 그의 말에 환호를 보냈다. 사람들은 이제 물 문제가 해결되고 병이 나을 것이라고 낙관했다. 하지만 2005년에 이르러 미국은 남부의 군사적 '격동 상태'로 관심을 돌렸다. 할랍자의 수도 공급을 정화하겠다는 약속은 잊혀졌다.[477] 불과 2년 만에 할랍자의 분위기는 희망에서 분노로 바뀌었다. 2006년, 시위대가 정치인들의 방문을 막기 위해 도로를 봉쇄하고 수백만 달러를 들여 신축한 기념관을 불살랐다. 그들은 멋진 신축 건물이 아니라 깨끗한 물을 원한다고 목소리를 높였다. 경찰이 발포를 해서 14세 소년이 사망하고 8명이 부상을 입었다.[478] 그 후로 정치인들은 이 도시를 포기했다. 할웨스트가 말했다. "미국은 할랍자를 정화하는 걸 도우려 하지 않아요. 공격에 관여한 사실에 관심이 쏠리는 걸 원하지 않으니까요."

기념관은 최신식 건물처럼 보이게 복구되었지만, 할랍자 사람들은 여전히 풋사과 냄새가 나는 화학물질이 녹아든 지하수를 마시고 있다. 주민들은 지금도 병에 걸리고 있다. 도시 외곽에 자리한 뉴할랍자New Halabja는 상황이 훨씬 나쁘다. 화학 공격을 피해 도망친 사람들을 위한 판자촌으로 출발한 뉴할랍자에는 현재 9,000명의 주민이 살고 있는데, 주민들은 열흘쯤마다 수돗물이 나오면 다행이라고 말한다.[479] 한때는 번성한 농촌 지역이었던 할랍자는 화학 공격 이후 토양이 오염된 탓에 농업도 포기해야 했다.

옛 할랍자에 있는 기념관을 찾은 이는 나밖에 없었다. 안내인이 전시물을 소개해 주었는데, 대부분 희생자 사진이었다. 안내인도 몸이 좋지 않은 게 분명했다. 눈이 붉게 충혈되고 눈물이 어려 있었고, 피부는 부스럼투성이였다. 나는 예의를 지키며 그의 몸상태에 관해 묻지 않았지만, 결국 그가 자기 얼굴을 가리키며 말했다. "이건 독가스 때문에 그런 겁니다." 현재 할랍자 주민들은 자신들을 공격하는 데 쓰인 화학물질을 공급한 프랑스 기업들을 상대로 고소를 진행 중이다. 주민들에게는 다른 선택지가 별로 없다. 다우케미컬의 화학물질에 중독된 인도 보팔Bhopal의 경우처럼, 이 도시도 잊히고 있다.[480]

도시 공동묘지 입구에는 다음과 같은 표지판이 붙어 있다. "바트 당원 입장 금지." 그곳에서 화학무기 공격으로 가족을 전부 잃은 한 남자를 만났다. 할웨스트가 그와 아는 사이여서 그의 상황을 설명해 주었다. "저 사람은 재혼을 할 수 없어요. 아이를 낳으면 병에 걸릴 테고 손자까지도 아플 테니까요. 여기 여자들은 임신을 하면 이란에 있는 병원으로 가야 해요. 많은 이들이 죽어요." 묘지에서 나와 일본이 식수용 정수장에 자금을 지원할지 모른다는 소문을 들은 적이 있는 사람들을 만나 잠시 이야기를 나누었다.[481] 사람들은 소문이 사실인지 알고 싶어 했다. 그때까지 물에 관해 내가 믿는 사람들은 호텔 직원 세 명뿐이었는데, 내가 수돗물을 먹어도 되느냐고 묻자 세 명은 소리를 쳤다. "안 됩니다!" 나도 비슷하게 "아뇨! 아무도 안 와요"라고 소리치고 싶었다. 하지만 그냥 간단하게 대답했다. "저도 모르겠어요."

이라크를 빠져나가는 방법

2003년 5월*, 조지 W. 부시 대통령이 〈에이브러햄 링컨〉 호 선상에서 임무 완수를 선언했을 때, 계약업체들은 재건을 시작하기 위해 서둘러 이라크로 달려갔다. 하지만 이라크는 여전히 전쟁 상태였

---

* 원문에는 3월로 되어 있는데, 앞의 303쪽에도 나와 있듯이, '임무 완수' 연설은 2003년 5월 1일에 한 것이다.

고, 계약업체 직원 수백 명이 목숨을 잃었다. 그로부터 10년 뒤인 2013년 3월, 이라크 재건 특별감찰관실은 재건 프로그램의 성과에 관한 최종 보고서를 발표했다. 주요한 교훈 중 하나는 이런 것이었다. "안보를 충분히 확립한 뒤에야 재건을 시작할 것." 훨씬 더 심각한 문제로 보고서는 이프라즈 같은 경우에 사업비가 어떻게 쓰였는지 전혀 알 수 없다고 말했다. '사업'이라는 용어조차 느슨하게 정의되었기 때문이다. 보고서에 따르면, 어떤 경우에는 사업이 단 하나의 구성 부분을 건설하는 비용을 가리켰다. 다른 경우에 사업이란 결과가 불만족스러워서 다른 계약업자가 다시 해야 하는 공사비용을 의미했다.[482] 이런 식으로 점점 더 많은 돈이 이라크와 미국 정부로부터 미국 기업들로 전달되었다. 멜릭 케일런은 그가 이라크를 마지막으로 방문했을 때 만난 적이 있는데, 그곳에서 전쟁 통신원으로 일한 경험을 다음과 같이 요약했다. "우리는 그곳에 민주주의를 심으려고 했는데, 그 대신 자유는 폭정보다 더 나쁜 소요나 유혈과 마찬가지임을 보여준 것 같다."[483]

익히 알려진 것처럼, 분명 교전 지역은 부패를 낳기 십상이다. 이런 점에서는 이라크라고 다른 나라와 다를 게 없었다. 하지만 이라크는 또한 민영화만 하면 이라크에 좋은 결과가 나타날 것이라고 믿은 미국 정치인들의 순진하고 무지한 낙관주의 때문에도 고통을 받았다. 2003년, 폴 브리머Paul Bremer는 세계 경제 포럼World Economic Forum에서 다음과 같이 말했다. "시장이 정치인보다 훨씬 더 효율적으로 자원을 배분합니다. 따라서 앞으로 몇 달 동안 우리가 전략적으로 추구하는 목표는 사람과 자원을 국영 기업으로부터 더 생산적인 민간 기업으로 재배분하는 결과를 낳는 정책을 확립하는 것입니다."[484] 실제로 이라크는 미국 자금 지출의 블랙홀이 되었다. 2008년, 세계은행은 수도 기반시설을 위해 1억 달러 이상의 차관을 이라크에 제공했다. 이미 수억 달러를 똑같은 목표를 위해 지출한 뒤였다. 세계은행은 보고서에서 이렇게 지적했다. "현재 수도 공급의 질은 국가적, 국제적 기준에 한참 못 미친다. …… 특히 식수에 함유된 박테리아의 양이 문제가 많다." 여느 때처럼 세계은행은 다시 투자비용뿐만 아니라 가동과 유지보수를 비롯한 비용 완전 회수를 요구안 중 하나로 목록에 올렸다. 적어도 이번에는 세계은행도 가까운 장래에 이런 목표를 달성하기는 힘들고, 현장의 조건이 허용할 때까지 기다려야 할 것이라고 인정했다.[485] 세계은행이 비용 완전 회수를 목표로 내건 차관의 결과에 관해 검토가 이루어졌지만 합의된 결론은 없었다.[486] 요컨대, 세계은행은 이라크 국민들의 의지와는 무관하게 비용 완전 회수를 밀어붙이고 있었다. 2011년, '민주주의 건설' 실험이 실패로 돌아간 뒤 마지막까지 남아 있던 미군 병사들이 이라크를 떠났다.

세계은행과 국제통화기금, 미국이 전 세계에 물을 상품으로 전환하라고 압박함에 따라 이라크 같은 나라의 상황은 재앙으로 바뀐다. 세계은행은 거시경제 정책을 맡길 수 없는 이슬람을 무시하면서 물 사유화에 대한 현지의 저항을 제대로 이해하지 못했다. 이슬람 전통에서 물은 공유해야 하는 것이다. 이븐 압바스에 따르면, 예언자 무함마드는 이렇게 말한 적이 있다. "모든 무슬림은 세 가지, 즉 물, 풀(목초지), 불 면에서 동료입니다. …… 그것의 가격은 금지된 것Haram

입니다."[487] 세계은행은 종교적 믿음을 무시했을 뿐만 아니라 이라크의 전통적인 물 공급 방식도 무시했다. 예를 들어, 쿠르디스탄에는 여러 세기 동안 이어 온 오래된 물 공급 방식이 있다. 이 카레즈karez 방식은 다른 곳에서는 카나트qanat라고 하는데, 정교한 지하수로를 포함한다. 지하수로는 산악지대에서 물을 끌어오는 한편, 증발 문제를 피하는 수단이다. 카레즈 방식은 한때 이 지역의 많은 도시들뿐만 아니라 아르빌의 시타델에도 물을 공급했다. 하지만 세계은행과 미국 국제개발처는 이런 독특한 자연적 정수 방식을 무시하고 대신에 강에서 물을 끌어오고, 양수기로 지하수를 뽑아 쓰고, 더 많은 댐을 건설하는 것을 장려했다. 이것이 국제적인 우수 사례를 위한 청사진이기 때문이다. 유네스코의 한 연구는 2005~2009년에 카레즈 방식의 70퍼센트가 물이 말라 버린 사실을 발견했다. 이 때문에 10만 명이 넘는 사람이 고향을 떠나 도시로 갈 수밖에 없었다.[488] 카레즈 방식은 지하수 남용과 물 집약적 관개, 가뭄, 방치 등으로 인해 전례 없는 속도로 물이 마르는 중이다. 이라크 북부의 마을들은 수차로 실어다 공급하는 물에 의존해서 살아가는 신세가 되었다.[489]

유감스러운 일이지만, 현재 카레즈 방식은 사라지는 중이며, 또한 이라크의 다른 유일한 수자원인 티그리스 강과 유프라테스 강도 줄어들고 있다. 국경 건너편 터키에서는 세계은행이 자금을 지원하는 동남부 아나톨리아 개발 사업Greater Anatolia Project(GAP)이 빠른 속도로 완공을 앞두고 있다. 이 사업은 22개의 초대형 댐으로 구성되는데, 가장 큰 댐이 아타튀르크Ataturk 댐이다. 이 댐들이 생기면 쿠르드족 지역사회가 수몰될 뿐만 아니라 시리아와 이라크의 물 공급이 크게 줄어든다. 이 때문에 이미 시리아에서는 소요 사태가 일어나고 있다.[490] 터키 전 대통령 쉴레이만 데미렐Suleyman Demirel에 따르면, "시리아나 이라크나 터키의 강에 대해 소유권을 주장할 수 없다. …… 우리는 어떤 일이든 마음대로 할 권리가 있다. 수자원은 터키의 것이고, 석유 자원은 그들 나라의 것이다. 우리는 우리에게도 석유 자원을 나눠 달라고 말하지 않으며, 그들도 우리의 수자원을 나눠 달라고 말할 수 없다."[491] 이미 이라크나 시리아에 비교해서 물이 풍부한 나라인 터키는 이 물을 이용해서 사막에서 목화를 재배할 계획이다. 그 사이에 시리아의 상황은 내전으로 치달았다.

티그리스 강과 유프라테스 강의 수량이 줄어듦에 따라 바다로부터 강어귀로 소금물이 밀려오기 시작했다. 바스라 근처에서는 점점 물의 염도가 높아진다는 불만이 제기되었다. 염분은 농사와 목축 둘 다에 해를 미치고 있다. 2009년, 바스라의 농업국장인 아메르 술레이만Amer Suleiman은 높은 염도 때문에 농업국이 바스라를 재난 지역으로 선포해야 할 것이라고 발표했다. "바스라 농업의 미래가 위험에 처했고, 앞으로도 상황이 계속 나빠진다면 바스라가 회복될 희망이 전혀 없습니다." 주민들은 야자나무와 헤나나무뿐만 아니라 여러 야생 식물도 말라죽는 것을 목격했다. 정수장 책임자는 염도가 5배 높아졌다고 말했다.

관개용지가 사막으로 바뀜에 따라 이라크 전역에서 모래폭풍이 늘어나고 있다. 지난 3년 동안 최소한 20차례의 모래폭풍이 발생했다.[492] 이라크의 수자원장관인 하산 자나비Hassan Janabi는 이 문제를 다음과 같이 설명했다. "우리는 염화와 사막화를 경험하고 있고, 마을들이 옮겨가는 중입니다. 그리고 우리는 전반적인 이주에 직면해 있습니다. 땅에 물을 댈 수가 없어서 버리고 떠나는 겁니다. 사람들은 다른 일자리를 찾아 도시로 갑니다. 아니면 농업에서 작은 공장으로 업종을 바꿉니다. 지금 이라크는 정말로 물 부족에 직면해 있습니다."[493]

세계댐위원회는 동남부 아나톨리아 개발 사업을 비롯하여 국제 하천에 댐을 건설하는 사업을 지원하는 것을 중단하라고 세계은행에 압력을 가하고 있다. 이런 댐은 국가 간 긴장을 부추기고 하류에 있는 나라들에서 물 부족을 야기한다고 보기 때문이다. 세계댐위원회는 관련된 나라들 사이에 '선의의 교섭'이 존재하는 경우에만 세계은행이 국제 하천에 대한 개발 사업을 지원할 것을 권고한 바 있다. 이런 권고를 고려하면, 동남부 아나톨리아 개발 사업에 대한 자금 지원을 중단해야 한다. 하지만 세계은행은 위원회의 권고에 따르기를 거부하면서 이 권고는 '지침'에 불과할 뿐, 엄격하게 따라야 할 법률이 아니라고 주장한다. 세계은행의 공식적 답변은 다음과 같았다. "세계은행은 선의의 교섭을 위반하고 댐을 건설한 기관과의 협력을 포괄적으로 금지하는 것은 지나치게 광범위하고 많은 생산적인 협력의 기회를 차단하는 처사라고 생각한다."[494] 그 대신에 국제 하천에 접한 모든 나라에 통지할 것을 약속했다. 이런 행동은 분명 이라크나 시리아의 문제를 해결해 주지 못했다.

이라크가 불만을 나타내는 데 대해 터키물연구소Turkish Water Institute 소장 아흐메트 메테 샷치Ahmet Mete Saatçi는 이라크인들이 터키에 얼마나 많은 댐이 건설되는 중인지에 관해 과대망상에 빠져 있다고 주장했다. 한 회의에서 그는 이렇게 말했다. “몇몇 이라크 친구들은 심지어 우리가 터키에 저수지를 숨기고 있다는 말을 하기도 했습니다. 나는 그 친구한테 우리가 가진 위장 기술은 구글에서도 볼 수 있는 수준이라고 말해 줬습니다. 그러니까 구글 지도에 접속하세요. 우리가 어떤 댐을 만들었는지 다 보입니다.” 이 회의에서 나는 샷치에게 동남부 아나톨리아 개발 사업에 관해 이야기할 기회가 있었는데, 그는 상당히 방어적인 태도를 보였다. 내가 댐이 수질에 어떤 영향을 미치는지 묻자 그는 무뚝뚝하게 답했다. “댐은 수질을 좋게 만들어요.” 이 지역에 있는 희귀 고유종이 수몰되는 문제에 관해 질문하자 그가 되물었다. “당신이 우리가 댐을 건설한 지역을 압니까? 거기 가봤어요? 어떤 생물종을 봤습니까? 돌밖에 없는데요.” 내가 실제로 거기 가봤고 고유종 꽃들을 안다고 말하자 그가 당황했다. 그렇지만 이번에도 역시 무뚝뚝하게 “거긴 아무것도 없어요”라고 주장했다.

나는 마지막으로 분명한 문제를 거론했다. “이라크하고 시리아로 가는 물이 끊기는 문제도 있어요.” 이때 나는 깔보는 듯한 그의 태도에 점점 화가 나고 있었다. 그가 어깨를 으쓱했다. “그래서 시리아하고 이라크에 물이 가지 않으면 어때서요? 그럼 무슨 일이 생기지요?” 설마 모르나 하는 생각을 하며 말했다. “음, 사람들이 죽을 걸요?” 그가 소리쳤다. “하하, 아뇨. 그 사람들이 죽는 건 당신네 폭탄 때문이지요! 이라크에서 목말라서 죽은 사람 있으면 한 사람이라도 대봐요. 아니에요. 그 사람들은 당신네 폭탄 때문에 죽는 거예요.”

내가 졌다는 생각이 들었다. 미국이 이라크에서 저지른 짓은 어떻게 옹호할 도리가 없다. 유감스러운 일이지만, 현재 세계 곳곳에서 다른 나라들이 나쁜 짓을 하면서 미국-이라크 전쟁을 들먹이며 자신의 행동을 정당화하고 있다. 실제로 미국이 침공한 덕분에 터키는 보복의 두려움 없이 이라크의 물을 차단할 수 있었다. 오늘날 많은 이라크인들은 자국이 이란과 터키가 벌이는 훨씬 더 큰 싸움의 볼모 신세로 전락하는 모습을 지켜보고 있다. 미국인들은 다가올 전쟁의 무대를 마련한 채로 약해빠진 국가에서 철수하는 중이다.

이라크에 머무는 마지막 날, 할웨스트와 나는 바스토리Bastori 강까지 차를 몰고 갔다. 강은 거의 말라 있었다. "지구온난화라고들 말을 하는데, 내 생각은 어떤지 아세요?" 할웨스트가 물었다. "터키가 우리의 물 공급을 차단하고 있는 거예요." 실제로 우리가 평원과 아르빌로 돌아오는 중에 먼지 때문에 하늘이 검게 변했다. 할웨스트가 말했다. "3~4년 전만 해도 이렇지 않았어요. 어떤 때는 너무 심해서 숨을 쉬거나 차타고 나가지도 못해요."

사방이 적으로 에워싸인 이라크 쿠르디스탄의 미래는 불안정하다. 할웨스트가 불만을 토로했다. "터키가 매일 국경을 폭격해요. 쿠르드노동자당(PKK)이 거기 있다는 거예요. 그런데 거기는 마을들이 있거든요. 이란도 마찬가지고요." 남부에는 알카에다가 있다. 미국이 침공한 이래 유일하게 힘을 키운 세력이다. 쿠르디스탄에는 괜찮은 보안군이 있지만 비행기나 미사일은 없고, 때로 남부에서 반란자들이 잠입한다. 2007년, 자살 폭탄 테러범이 아르빌의 의사당을 폭파하려고 했다. 건물 주위에 방폭벽이 세워져 있었기 때문에 폭파범은 대신에 거리에 있던 사람 수백 명을 죽였다. 할웨스트는 잔해 밑에 깔려 있던 할머니를 찾으려고 애쓰던 일을 설명해 주었다. "시체들을 끌어내는데, 운 기억은 나지 않지만, 울었던 게 분명해요. 그냥 기억이 안 나는 거죠. '도대체 왜 이런 짓을 한 거지?' 몇 번이고 자문하기만 했어요."

내가 머무는 동안 할웨스트의 친구인 이라크 언론인이 납치되었는데, 나중에 모술의 한 강에 던져진 그의 시체가 발견되었다. 할웨스트는 미국인들이 떠나고 나면 남부의 호전적인 이슬람주의자들이 북부로 옮겨올 것이라고 두려워했다. "그 사람들은 여기를 이교도의 땅이라고 불러요. 우리가 유대인이나 기독교도하고 친구라고요."

이라크를 떠난 뒤, 나는 스스로가 참 행운아라는 사실에 죄책감을 느끼면서 할웨스트가 산꼭대기에 있는 놀이공원에 데려가서 나를 놀라게 한 날을 계속 기억했다. 거기서 우리는 멋진 초록빛 협곡으로 내달리는 롤러코스터를 탔다. 수천 피트 상공에 매달려서 즐겁게 웃어댔다. 우리 아래쪽에는 금속 장식이 달린 색색의 쿠르드 전통 드레스를 입은 여자들이 소풍을 즐기고 있었다. 남자들은 엘비스 프레슬리처럼 매끄럽게 빗어 넘긴 머리에 가는 넥타이, 꽉 끼는 재킷을 즐겨 입었다. 무슨 기념일이었는데, 우리가 만난 모든 사람이 특별히 기분이 좋아 보였다. 하지만 아르빌로 돌아오는 길에 할웨스트가 갑자기 벼랑 끝으로 차를 돌렸다.

그가 물었다. "이대로 달릴까요?" 그의 말을 듣지 못한 나는 즐겁게 고개를 끄덕이며 대답했다. "좋아요." 차를 주차하고 뭔가를 보여주려는 줄 알았다.

그가 재차 물었다. "정말요?" 똑같이 대답했다. "좋아요." 갑자기 벼랑 끝이 코앞까지 다가왔다. "그만! 그만! 그만!" 내가 소리를 지르자 그가 급브레이크를 밟으면서 웃었다. 제정신이 아닌 것 같았다.

"어쩐지 이상했어요. 그래도 세 번은 물어봐야 한다고 생각했어요." 할웨스트가 입을 열었다. "해치울 수 있었는데. 뭐 어때요? 안 될 게 뭐죠? 그냥 모든 게 끝나는 건데요." 그러고는 무심한 표정으로 어깨를 으쓱하더니 아르빌 쪽으로 차를 돌렸다.

결론

물 걱정 없는 세계를 상상하자

물 문제를 탐사하면서 세계를 여행하는 동안 나는 가는 곳마다 불안하고 비통한 광경을 보았지만, 내가 직접 신체적 피해를 입은 곳은 미국뿐이었다. 2009년 피츠버그에서 열린 G20 정상회담, 즉 세계 20대 부자 나라들이 모인 자리였다. 이 연례회의에서는 각국 대통령과 총리가 세계은행, 국제통화기금, 세계무역기구, 유엔 수반들과 만나서 세계를 위한 금융 정책을 정한다. 그해 G20 회담이 열리고 몇 달 뒤 유엔 총회에서 물을 '인권'으로 규정하는 결의안에 투표를 하기로 되어 있었다. 일부는 유엔 총회에서 미국이 과연 결의안에 서명을 할지 의심했고, 일부는 의심하지 않았다. 이런 이유로 나는 2009년 G20 회담의 의제 —정책 결정권자들의 의제뿐만 아니라 시위대의 의제도— 가 궁금했다. G20 공식 간행물에서 로익 포숑은 세계 물 포럼을 홍보하면서 지난 포럼에 참석한 각국 수반을 칭송했다. 이 포럼에서 물 기술에서 물 정치로 강조점을 이동해야 한다고 소리 높여 말했다는 것이다.[495] 이게 무슨 말인지 확실히 알지 못했지만, 로익 포숑이 무엇을 원하는지는 알았다. 그는 물 분야로 더 많은 돈이 흘러들어오기를 원했다.

하지만 2009년은 금융 위기의 해이기도 했다. 미국은 주택 시장 붕괴에 따른 금융 위기에서 아직 헤어나지 못하고 있었다. 유럽은 자체적인 불황으로 치닫고 있었는데, 지금까지도 이 불황에서 헤어나지 못했다. 세계 금융 위기가 너무 커지고 빈발해서 국제통화기금이 관리를 할 수 없는 것처럼 보였다. 어떤 이들은 국제통화기금이 1997년 아시아 금융 위기를 시작으로 이런 위기들을 야기했다고 말하기도 했다.[496] 세계은행의 미래 역시 불확실했다. 이제 다른 대부 기관들이 세계은행과 경쟁하고 있었기 때문이다. 가령 중국은 별다른 조건 없이 차관을 제공하고 있었고, 브릭스 은행 또한 만만치 않은 경쟁자로 보였다. 남아메리카 나라들은 남미은행South Bank을 창설하고 있었다. G20 회담에 참여한 한 경제학자는 문제를 다음과 같이 설명했다. "향후 10~20년 동안 세계은행은 세 가지 선택지에 직면할 것입니다. 서서히 쇠퇴하는 현재의 경로를 계속 따르거나, 급격하게 축소되어 결국 없어지거나, 스스로 극적으로 개혁하거나 셋 중 하나입니다." 그의 주장에 따르면, 세계은행이 곤란에 처한 주된 이유는 개도국들이 세계은행이 자신들의 수요에 제대로 응하지 못한다고 본다는 사실이었다.[497] 내가 보기에, 바야흐로 세계가 변화를 맞이하는 고비에 서 있는 것 같았다.

그와 동시에 G20에 포함되지 않는 나라들에서는 민간 물 계약이 극적인 실패를 겪고 있었다. 여러 연구에서 이미 지난 10년 동안 기업이 물 관리를 맡은 탓에 실제로 사람들이 물을 이용하는 게 더 어려워졌다는 점이 밝혀졌다. 2015년까지 깨끗한 물을 이용하지 못하는 사람의 수를 절반으로 줄이겠다는 유엔 밀레니엄 개발 목표는 오히려 뒷걸음질치고 있었다. 2006년, 국제공공부문노동조합연맹Public Service International은 한 연구에서 이렇게 결론지었다. "15년간 민영화에 지출한 총액 때문에 개도국에서 물 부문 투자에 쓸 수 있는 재정이 상당히 줄어들었다."[498] 기업의 물 공급 계약이 수도망의 확대를 필요로 하는 경우에도 이런 약속은 "언제나 수정되거나 포기되거나 잊혀졌다." 요컨대, 민간 금융은 가난한 사람들에게 더 많은 물을 공급하는 일을 돕지 못했다. 보고서가 주장하는 것처럼, "오히려 지난 15년 동안 민간 부문에 대한 강조는 상하수도 부문의 밀레니엄 개발 목표로 나아가는 진전에 부정적인 영향을 미쳤다. 이런 결과는 세계 각지의 가난한 사람들의 공동체에 커다란 함의를 갖는다."[499]

오늘날 세계은행조차도 물 사유화 계획이 실패하고 있음을 인정한다. 2010년의 한 보고서에서 세계은행은 "비용 회수 목표는 사회적 평가가 불충분한 탓에 욕심만 앞서는 비현실적인 수치로 전락했다"고 결론지었다. 현지의 상황을 오판했다는 말이었다. 세계은행에 따르면, "비용 회수를 시도한 사업 가운데 15퍼센트만이 실제로 정한 목표를 달성했고, 비용 완전 회수를 시도한 사업의 9퍼센트만이 성공작이었다." 세계은행이 계약이 실패한 이유로 거론한 항목 중 일부를 보면, 내정 불안이나 분쟁, 쿠데타, 자연재해, 금융 위기, 민간 운영자의 관심 감소, 민간 부문 참여private-sector-participation(PSP)를 장려하던 정부가 장려하지 않는 정부로 교체된 변화 등이었다.[500] 하지만 계약이 실패로 끝난 가장 흔한 이유는 기업이 수도 공급망을 확대하지 못한 것이었다. 그런데 세계은행은 이 문제를 소비자가 요금을 납부하지 않은 탓으로 돌렸다. 법학 교수 제임스 샐즈먼James Salzman은 기업을 위해 이 문제를 설명했다. "지속적인 유지, 개선비용을 제쳐두고라도 초기 매몰 비용이 클 수 있다. …… 투자 수익을 얻으려면 또한 해당 기간 동안 경제, 정치, 사회 전반이 안정되어야 한다. 그렇지만 많은 개도국에서 이런 안정은 언감생심 꿈도 꾸지 못하는 것이었다."[501] 기업들이 수익을 벌기 위해서는 사회적 안정과 돈을 내는 소비자 두 가지가 필요했다. 그런데 어느 하나도 찾지 못했다.

국제중재센터International Center for Dispute Resolution가 이런 계약 불이행 문제를 다뤄야 했다. 기업들이 손실을 보상받기 위해 제소를 했기 때문이다. 탄자니아에서는 바이워터가 계약을 취소한 정부에 2,000만 달러를 배상하라고 제소했다. 수에즈는 아르헨티나에 17억 달러를 내놓으라고 제소하면서 정부가 수도요금 인상을 꺼려한다고 비난했다. 벡텔은 쿠데타 때문에 계약이 취소된 뒤 볼리비아에 5,000만 달러를 배상하라고 제소했다. (결국 벡텔은 볼리비아 정부가 내정 불안 때문에 계약을 이행하지 못했다고 공식적으로 발언하는 대가로 소송을 철회했다.) 어떤 이는 이 정도의 계약 불이행이면 세계은행과 국제통화기금이 민영화를 밀어붙이는 것을 중단할 만하지 않은가라고 생각할지 모른다. 그렇지만 세계은행은 오히려 위기 사태를 계속 주시해야 한다고 주장했다. 경제 위기에 빠지면 민영화를 좀 더 쉽게 수용할 것이기 때문이었다. "대체로 변화의 동력은 때로 해당 부문의 위기

(극심한 수질 오염이나 지하수면 저하 등)에서 나오지만, 전반적인 재정 위기나 정치 개혁 과정 등 외부에서 자극을 받는 경우가 훨씬 더 많다."[502] 결국 다음 위기는 이미 당시부터 그리스 정부에서 균열이 보이기 시작한 유럽에서 터지게 되었다. 2009년, G20 정상회담은 위기를 타개하기 위해 노심초사했다.[503]

국제통화기금화하는 유럽

언젠가 조지프 스티글리츠가 주장한 것처럼, 국제통화기금이 강요하는 민영화는 'IMF 폭동'을 동반하기 십상이다. 그가 설명하는 것처럼, 국제통화기금은 "빈털터리 상태인" 사람들을 상대하면서 "마지막 피 한 방울까지 쥐어짜낸다. 그렇게 계속 온도를 높이다 보면 결국 솥단지가 터져 버린다."[504] 당연한 얘기지만, 이렇게 사람들이 폭동을 일으키는 상황에서는 돈을 벌기가 힘들다.

2009년 G20 회담에 참석한 사람들이 이른바 국제통화기금의 '정당성'에 의문을 제기하게 된 것은 바로 이런 IMF 폭동 때문이다. 그와 동시에 참석자들은 파산한 나라들이 세계 금융에 전염병을 퍼뜨리는 것을 막기 위해 이 나라들에 구제금융을 해줄 모종의 기관이 앞으로도 필요하다는 걸 알고 있었다. 따라서 G20 회원국들은 특히 유럽과 미국에서 국제통화기금에 훨씬 더 큰 감시와 감독 권한을 부여하는 쪽을 택했다. (국제통화기금은 직접 차관을 제공하지 않는 경우에도 모든 나라의 경제 성장을 감시하며 한 손에 망치를 들고 권고안을 제시한다.) G20 회원국들은 또한 국제통화기금에 더 많은 돈을 내기로 계획을 세웠다. 민중포럼People's Forum이라고도 불리는 G20 대안 정상회담Alternative G-20에서 조지프 스티글리츠는 불만을 토로했다. "국제통화기금은 현재 벌어지는 (금융) 위기의 원인으로 작용한 모든 것(민영화, 자유화, 규제 완화)을 밀어붙였습니다. 그런데 왜 이 위기를 해결하기 위해 국제통화기금에 더 많은 권한을 주려고 하는 겁니까?" 하지만 바로 이런 일이 벌어졌다. 그 치명적인 G20 회담 이래 우리는 그리스를 비롯한 유럽 나라들에서 결과를 목도하고 있다. 이 나라들에서 국제통화기금은 물 사유화와 기타 긴축 조치를 강요하기 시작했다.

유로존 위기가 그리스에서 다른 나라들로 옮겨감에 따라 국제통화기금은 물 사유화를 비롯한 긴축 조치를 밀어붙였다. 2013년까지 국제통화기금은 그리스, 아일랜드, 포르투갈, 헝가리, 라트비아, 폴란드, 코소보, 보스니아, 루마니아, 키프로스 등 유럽 10개국에 돈을 제공했다. 국제통화기금이 지불한 돈은 수천억 달러에 달했다. 그리스는 구제금융 패키지의 일환으로 아테네를 포함한 두 대도시의 수도 시설 지분을 매각해야만 했다. 포르투갈은 분수식 급수대 같은 공공 무료 수도 시설을 차단하는 식으로 국영 수도회사의 민영화를 준비하기 시작했다. (기업들은 종종 무료 급수대를 철거하라고 압박한다. 미국 대학 캠퍼스에서도 이런 일이 벌어지고 있다.) 불가리아에서도 국제통화기금의 개혁 가이드라인에 따라 2012년 초에 소피아에서 공공요금을 내지 못한 370가구가 강제 퇴거를 당했다. 그리고 무허가 주거지역에 사는 집단, 특히 집시들은 수도회사의 서비스를 전혀 받

지 못한다. 스페인과 이탈리아에서는 수도 민영화 계획이 제안되자 항의시위가 폭발적으로 벌어졌다.[505]

지금까지 이탈리아는 수도 민영화에 대한 저항이 성공을 거두었고, 2011년에는 수도 민영화 반대 결의안이 96퍼센트의 찬성으로 통과되었다. 2012년 대안 세계 물 포럼에는 이탈리아 사람들이 대거 모습을 드러냈다. 민영화에 반대하는 파란색 깃발을 들고 온 그들은 마치 월드컵에서 우승이라도 한 것처럼 떠들썩하게 휘젓고 다녔다. 실비오 베를루스코니 총리가 제출한 수도 민영화 법안을 기각시키는 데 성공한 뒤였기 때문이다. 그런데 유럽과 미국에서 국민투표, 행진, 청원 등이 오랫동안 민주적 해법으로 작용한 반면, 유감스럽게도 국제통화기금은 민주주의의 바깥에 있다. 이탈리아에서 수도 민영화에 반대하는 국민투표가 이뤄진 이후, 정부는 유럽중앙은행과 국제통화기금을 달래기 위해 국민투표를 피하는 길을 찾기 시작했다. 민영화에 반대하는 이탈리아 물 포럼Italian Water Forum은 불만을 토로했다. "규제 기관은 여전히 수도 사업자가 이윤을 실현하도록 용인한다. 이름은 다를지언정 본질은 똑같다."[506]

파리에서는 최근 시민들이 수에즈, 베올리아 두 기업과 시의 계약을 종료하기로 표결했다. 파리 부시장 안느 르 스트라는 다음과 같이 사정을 설명했다. "원래 우리 시는 25년 동안 민간 회사(베올리아)가 운영을 맡았는데, 최근에 투표를 통해 공영으로 전환하기로 했습니다. 그 뒤로 요금을 낮추었는데도 계속 수익이 증가했습니다. 그리고 이 수익은 다시 설비로 투자됐습니다. 투명성도 높아져서 시민들이 더 만족해합니다." 그렇다 하더라도 베올리아는 이런 개선을 자사의 공적으로 돌리면서 시가 자기 두 다리로 걸을 수 있도록 무대를 마련해 준 게 자신들이라고 주장했다. 수에즈가 요하네스버그에서 주장한 것과 똑같은 말이었다. 르 스트라 부시장은 불만을 토로했다. "이제 베올리아는 운영 주체가 아닌데, 갑자기 (파리 시 수도공사가) 시행하려고 하는 요금 인하의 공적을 챙기려고 합니다. 그러면서 또 뻔뻔하게도 자사가 계속 운영했다면 요금을 훨씬 더 인하했을 거라고 주장하고 있습니다. 분명히 묻겠습니다. 왜 베올리아는 계약 기간 중에 더 낮은 요금을 제공하지 않은 걸까요?" 베올리아는 요금을 인하하기는커녕 계속 인상해서 계약 기간 동안 누적 인상률이 260퍼센트였다.[507] 파리 수도를 다시 도시 공영으로 만드는 일은 성공작이었지만, 국제통화기금은 이미 파리에 대해 수도와 에너지를 비롯한 공익사업 부문의 생산성을 높이라고 재촉하고 있다. 그러면서 프랑스에게 동시에 민간 산업의 진입과 경쟁을 장려하기 위해 지나친 규제를 줄여야 한다고 주장한다.[508]

2012년, 외부로부터 수도 민영화가 강요되는 것을 막기 위해 유럽시민발안회의European Citizens' Initiative 프로그램이 시작되었다. 유럽 차원의 이 시민 발안권에 따르면, 유럽연합 시민 100만 명이 유럽위원회(유럽연합의 입법 기관)에 법안을 제안하거나 검토할 것을 요청하는 청원서에 서명을 하면, 유럽위원회는 이런 제안이나 검토를 고려해야 한다. 100만 명의 서명을 받은 첫 번째 청원은 비영리 기구인 라이트투워터Right2Water가 조직한 것으로, 지자체 공익사업의 시장을 개방하도록 하는 유럽위원회의 지침에서 수도 공급은 제외할 것을 요구하는 내용이다. (지침은 유럽위원회가 회원국들에게 입법을 마련하라고 내리는 훈령이다. 이 경우에는 시장을 개방하는 법안을 주문한 것이었다.) 청원서는 또한 유럽연합에서 물이 인권임을 선언할 것을 요구했다. 민영화 반대 활동가들이 승리한 가운데 유럽위원회는 전자의 요청은 받아들였다. 하지만 연구 블로그인 '국경을 가로지르는 거버넌스Governance across Borders'는 이것을 '피루스의 승리(보람 없는 승리)'라고 규정했다. 유럽위원회가 청원의 뒷부분을 무시했기 때문이다.[509] 유럽에서 사람들에게 물의 완전한 비용을 부담하게 만드는 유일한 길은 국제통화기금이나 유럽연합의 개입 같은 민주주의 외부의 통로를 통하는 것이다.

유럽시민발안회의가 창설된 것은 사람들이 유럽연합이 자신들의 민주적 권리를 앗아가고 있다고 우려했기 때문이다. 하지만 물 기업들에게 이런 권리는 사회적 소요만큼이나 위험한 것이다. 기업들이 보기에, 갈증에 가격을 매기는 것은 말 그대로 이윤이 손실로 바뀌기 전에 얼마나 많은 사회적 소요를 용인할 수 있는지를 재보는 것을 의미한다. 유감스럽게도, 긴축 조치에 관한 국제통화기금의 대차대조표에 소요의 비용은 결코 추가되지 않는다. 그렇게 하면 긴축의 비용이 얼마인지를 좀 더 현실적으로 그려볼 수 있을 것이다.

유럽 각국의 국가 경제가 불안정한 탓에 수도 민영화의 기회가 만들어졌다면, 미국 도시들의 불안정한 경제 역시 마찬가지의 결과를 낳고 있다. 인디애나폴리스에서 캘리포니아 주 스톡턴에 이르는 여러 도시에서 지자체가 파산한 탓에 공익사업체는 수도 기반시설을 보수하거나 개선할 투자자를 찾을 수밖에 없는 상황이다. 하지만 물 기업들에 공익사업 관리를 매각한 뒤, 도시 주민들은 수도요금이 오르고 "물을 끓여 드세요"라는 통보를 받는 등 남반구 국가들과 똑같은 많은 문제를 겪고 있다. 캘리포니아 주 추알라Chualar에서는 수도요금이 한 달 만에 2,000퍼센트까지 올랐다. 아메리칸워터는 수자원 보호를 위해 요금을 인상한다고 말했다.

이런 상황 때문에 미국에서는 기업의 이익에 맞선 도시 차원의 싸움이 벌어지고 있다. 아메리칸워터의 캐서린 보위Catherine Bowie는 사람들이 물에 관해서는 기이한 태도를 보인다고 불만을 토로했다.[510] 캘리포니아 주의 펠턴Felton, 스톡턴, 마데라Madera 등의 도시는 유권자 주민투표를 통해 아메리칸워터를 몰아내고 공익사업 관리를 유지하거나 되찾을 수 있었다. 하지만 주민투표는 기업계로부터 격렬한 반대에 직면했다. 한 예로, 캘리포니아 주 몬터레이에서 아메리칸워터는 홍보 캠페인에 25만 달러를 쏟아 부어 주민투표를 좌절시켰다. 캘리포니아 주는 이런 식의 포퓰리즘적 주민투표가 이뤄지게 내버려둔다는 점에서 독특한 지위를 차지하는데, 다른 주들은 상황이 더 나쁘다. 아메리칸워터는 미국 전역에서 소송을 제기하는 한편, 공공 수도 공급에 반대하는 후보자들을 지지했다. 테네시 주 채터누가Chattanooga와 일리노이 주 피오리아Peoria에서 아메리칸워터는 도시의 수도망을 공영으로 전환하는 것을 막기 위해 500만 달러를 쏟아 부어 캠페인을 시작했다. 소비자들이 아메리칸워터의 경영에 불만을 품고 움직이자 벌인 일이다.

미국은 유럽의 많은 나라가 직면한 것과 똑같이 국제통화기금의 압박을 받는 것은 아니지만, 그래도 불충분한 조세 기반과 정치적 책략의 형태로 민영화 압력이 가해진다. 한 도시가 수도 공급을 기업에 넘기면, 계약이 만료되는 최장 30년 전까지는 통제권을 다시 획득하기가 무척 어렵다. 한 가지 문제는 칠레에서 드러난 것처럼, 도시가 수용권을 통해 수도 공급을 되찾으려고 해도 이른바 사유재산의 신성함이 그 시도를 가로막는다는 점이다. 푸드&워터워치에 따르면, "민영화를 번복하기란 무척 어렵다. 특히 든든한 자금으로 무장한 홍보 캠페인과 정치 후보자들, 법적 책략 등을 뚫기란 정말 어렵다."[511] 30년이 지나고 나면, 이제 기업이 물을 통제하는 것이 '새로운 정상new normal'처럼 보일 수 있다. 과거에 공영 수도 공급으로 살았던 사람들이 죽고 새로운 체제 아래서 아이들이 태어나기 때문이다. 분명 세계은행과 국제통화기금, 민간 물 기업 등은 궁극적인 목표를 달성하기 위해 장기적인 전략을 활용하고 있다. 하지만 그들이 소요와 긴축 사이에서 유지하려고 애쓰는 미묘한 균형은 아무리 좋게 말하더라도 불안하기 짝이 없다.

권리로서의 물?

수십 년 동안 물을 기업계에 넘겨준 과정의 커다란 문제점 중 하나는 생명 유지에 절대적으로 필요한 물에 관한 민주적인 의사결정 능력을 잃었다는 것이다. 이번에도 역시, 이 문제는 물을 어떻게 정의할 것인가라는 쟁점에 달려 있다. 사람들에게는 자신들의 물 공급을 관리하고 감시할 '권리'가 있는가, 아니면 물은 이윤을 위해 팔아야 하는 '경제재'인가? 물을 '인권'으로 정의하려는 이들과 '경제재'로 간주하는 이들 사이에 벌어지는 싸움을 이해하기 위해서는 이 용어들이 어떻게 사용되게 되었는지 그 역사를 반드시 검토해야 한다. 국제적으로 물을 경제재나 상품으로 정의한 것은 1980년대에 세계은행과 미국 경제학 진영에서 시작되어 1992년 이른바 더블린 원칙에서 정점에 달했다. 더블린 물과 환경 회의International Conference on Water and the Environment에서는 다음의 선언이 제안되어 승인을 받았다. "물은 경합하는 모든 용도에서 경제적 가치를 지니며, 경제재로 인식되어야 한다." 국제통화기금과 세계은행은 재빨리 이 언어를 채택해서 새로운 국제적 우수 사례로 치켜세웠다. 제임스 샐즈먼에 따르면, "이 전략은 국제 금융 기구들의 정책, 특히 국제통화기금과 세계은행이 채무국들에서 추구하는 구조조정 프로그램에 채택되었다. 볼리비아를 비롯한 여러 나라에서 수도 공급망 민영화는 으뜸가는 대부 조건이 되었다."[512]

이와 대조적으로, 1994년 남아공은 헌법에서 물이 '인권'이라고 선언했다. 이 두 사례, 즉 더블린과 남아공의 사례는 오늘날까지 이어지는 논쟁의 기준이 되었다. 남아공의 경우에 물을 인권으로 간주하는 것은 인종을 이유로 인구의 절반에게서 권리를 앗아간 데 대항하는 기나긴 투쟁에서 생겨난 시각이었다. 2000년, 볼리비아 코차밤바 선언Cochabamba Declaration은 남아공 모델을 따라 다음과 같이 말했다. "물은 모든 차원의 정부가 지켜야 하는 기본적인 인권이며 공공신탁이며, 따라서 상품화, 사유화하거나 상업적 목적으로 거래해서는 안 된다."[513]

이 두 나라의 아파르트헤이트 반대 투쟁과 원주민 권리 투쟁은 결국 국제적으로 물을 인권으로 정의하는 결과로 이어졌다. 남아공과 볼리비아 모두에서 물 권리를 위한 싸움은 인권을 위한 오랜 반식민 투쟁이라는 맥락에서 이루어졌다. 세계 곳곳에서 벌어진 반식민 투쟁에서 식민지 사람들은 유럽의 인권 담론을 받아들여서 자신들도 인간이며 권리가 있다고 주장했다. 식민 지배를 받는 사람들은 이런 식으로 유럽인들의 위선을 발가벗겼다. 유럽인들은 식민지에서 시민권과 권리의 이중 체계를 확립했던 것이다. 유럽인과 원주민은 각각 적용되는 권리의 층위가 달랐다.[514] 마찬가지로, 오늘날 물이 인권이라는 선언에는 모든 사람이 동등하며 물을 이용할 자격 역시 동등하게 누린다는 뜻이 담겨 있다. 존엄과 평등에 관한 선언인 것이다.

물에 관한 이런 경합하는 시각이 만들어진 사실과 관련해서 어느 한쪽의 힘을 과소평가하지 않는 것이 중요하다. 사유화 반대론자들은 유엔에서 결국 권리의 언어를 표결에 붙일 정도로 힘을 발휘했다. 금융 세력은 물을 경제재로 정의할 만큼 충분한 힘이 있었다. 2010년, 유엔 총회에 제출된 결의안은 "안전하고 깨끗한 식수와 위생시설에 대한 권리"는 "삶과 인간의 모든 권리를 완전히 누리기 위해 필수적인 인권"이라고 선언했다. 더 나아가 "모든 사람에게 안전하고 깨끗하고 쉽게 이용할 수 있고 값싼 식수와 위생시설을 제공하려는 노력을 확대하기 위해 각국과 국제조직들은 특히 개도국들에게 국제적 원조와 협력을 통해 재정 자원과 역량 구축, 기술 이전을 제공해야" 한다고 요구했다. 하지만 총회장에서는 열띤 논쟁이 벌어졌고, 표결 결과는 원래 얻고자 했던 만장일치와는 거리가 멀었다. 찬성 122표

대 기권 41표가 나온 결과는 북반구와 남반구를 가르는 선에 따라 분명하게 갈렸다. 찬성 쪽을 보면, 아프리카 나라들뿐만 아니라 대다수 탈식민 국가들은 의견 일치를 나타냈다. 하지만 유럽에서는 프랑스, 독일, 이탈리아, 노르웨이, 스위스, 포르투갈 6개국만이 찬성표를 던졌다. 미국과 캐나다, 그 밖의 유럽 나라들은 기권했다. (실제로 미국 대표는 처음에는 결의안을 무기한 연기시키기 위해 논의를 끝냈다.) 미국 대표는 "물이나 위생시설을 독자적인 인권이라고 선언하거나 인정하기 위한 법적 토대가 충분하지 않다"고 주장했다.

들리는 바에 따르면, 유럽과 미국의 대다수 대표가 기권한 것은 제네바에 본부를 둔 유엔 인권이사회에서 독자적으로 결의안 초안을 만들고 있다는 이유 때문이었다. 독일은 유럽연합이 주도하는 물과 위생시설에 관한 '제네바 협상 과정'이 유엔 총회 결의안과 상충되지 않는다고 주장했지만, 다른 나라들은 여기에 동의하지 않았다. 그렇다면 두 결의안의 차이점은 과연 무엇이었을까? 한 가지 차이는 돈에 관한 문제였다. 제네바를 중심으로 한 그룹은 물 권리를 일정한 생활수준과 연동시켰기 때문이다. 제네바 결의안은 물 권리를 '삶을 완전히 누릴 권리'와 연결하기보다는 "안전한 식수와 위생시설에 대한 인간의 권리는 적절한 생활수준을 누릴 권리에서 나온다"고 말했다. 제네바 결의안이 또 다른 점은 민영화를 특별히 보호한다는 사실이다. "각국은 자국의 법률과 규정, 공공 정책에 따라 안전한 식수와 위생서비스를 제공하는 일에 비국가 행위자를 참여시키는 쪽을 택할 수 있다."[515] 유엔 총회 결의안은 달랐다. 정반대로 베네수엘라 대표는 "물은 생활필수품이기 때문에 우리는 물을 상품으로 전환하

는 데 단호하게 반대한다"고 주장했다.[516]

유엔 총회 결의안은 또한 남반구에 속한 한 무리의 나라들이 초안을 작성하고 볼리비아가 제출한 것이었는데, 미국 대표 존 새미스 John Sammis는 이에 대해 볼리비아 대표를 비난했다.

> 우리는 또한 유감스럽게도 뉴욕에서 이 결의안과 관련해 경험한 것보다 제네바에서 이 중요한 문제에 관해 좀 더 포괄적이고 신중하게 숙고한 접근법이 나오기를 기대합니다. …… 이 결의안은 또한 우리 모두에게 부담스러운 내용이며, 물과 위생시설 문제에 관한 더 폭넓은 조정과 협력을 장려하기 위해 현재 진행 중인 진지한 국제적 노력을 분산시킬 뿐입니다.[517]

싸움은 확실히 미국-유럽 나라들과 남반구 나라들 가운데 어느 쪽이 그 과정을 지배할지를 둘러싸고 벌어졌다. 모드 발로는 미국 공영 방송 NPR과 한 인터뷰에서 기권한 나라들에 대해 이렇게 설명했다. "그러니까 전부 다 자국 시민들에게 계속 깨끗한 물을 공급할 능력이 있는 영어권의 신자유주의 …… 나라들입니다. 이런 나라들이 지금 현재 고통을 받고 있는 수십억 사람들의 물 권리를 부정한다니 더욱 더 소름끼치는 일이지요."[518]

그로부터 한 달 뒤, 유엔 인권이사회는 자체 결의안을 만장일치로 통과시켜 법적 구속력을 부여했다. (이와 대조적으로, 미국은 유엔 총회 결의안이 법적 구속력이 없다고 주장한다. 유엔 대표는 동의하지 않지만 말이다.) 하지만 인권이사회 결의안은 이전에 경제 · 사회 · 문화적 권리에 관한 국제조약을 비준한 나라들에서만 구속력이 있다. 미국은 이 조약을 비준하지 않은 6개국 중 하나로 주목을 끈다. 변호사 앤 피카드Ann Picard에 따르면, "미국은 역사적으로 경제 · 사회 · 문화적 권리를 '권리'로 인정하는 것도 의심하고 있다. 그렇게 인정하면 어떤 식으로든 권리를 실행해야 하기 때문이다."[519] 실제로 미국이 이제까지 비준하고 지키고 있는 국제 인권 조약은 테러 관련 조약('폭탄 테러 금지 국제조약' 등)뿐이다. 그 이유는 미국 의회가 비준 표결을 해야 하는데, 최근 몇 년 동안 공화당이 계속해서 표결을 가로막았기 때문이다. 『이코노미스트』에 따르면, 이 조약들을 비준하면 미국이 주권을 빼앗길 것이라는 두려움이 존재한다. "일부 보수적 공화당원들에게는 유엔에 관한 이런 두려움이 뿌리깊이 박혀 있다."[520] 그러므로 물에 관한 제네바 결의안이 이론상으로 법적 강제력이 있지만, 미국은 자동적, 전략적으로 빠져나가는 한편, 또한 총회 결의안의 법적 구속력도 받아들이기를 거부했다. 아이러니하게도, 미국 국무부는 "미국 대외 정책의 핵심 목표는 인권에 대한 존중을 증진하는 것"이며, "각국이 보편적 인권 규범과 국제 인권 규정에 따라 각자의 의무를 책임지게 만들겠다"고 주장한다.[521] 미국은 다른 나라에게는 인권 보호 책임을 물으면서 자국은 책임을 지지 않는 이중 전략을 가진 것처럼 보인다. 예를 들어, 미국은 소말리아와 남수단을 제외하고 유엔아동권리협약을 비준하지 않은 유일한 나라다. 이 때문에 미국은 세계 각지에서 인권을 증진하는 문제에서 신뢰를 잃었다. 미국은 또한 여성의 권리를 보호하는 것도 거부한다.

권리에 관한 미국의 입장과 대조적으로, 수에즈나 베올리아 같은 기업들은 새로운 홍보 캠페인의 일환으로 요즘 유행하는 인권 담론에 편승하면서 자신들도 인권으로서의 물을 실천할 자세와 준비가 되어 있다고 주장한다. 나는 10년 넘게 권리 투쟁을 추적하면서 물 기업들이 몇 년 전에 권리 반대에서 권리 찬성으로 입장을 바꾸었을 때 의심을 품게 되었다. 기업들은 웹사이트를 통해 자신들이 줄곧 인권으로서의 물을 지지했다고 말하기 시작했다. 이것은 사실이 아니다. 오히려 기업들은 전략적으로 권리 옹호론자들의 언어를 중립화하는 동시에 자신들에게 유리하게 활용하기 위해 그 언어를 가로채기로 결정한 것 같았다. 가짜 친환경 입장을 받아들이는 이른바 '녹색세탁greenwashing'이라는 기업의 전략과 비슷하다. 파르하나 술타나와 알렉스 로프터스Alex Loftus는 그 결과를 설명한 바 있다. "물 권리는 물 거버넌스water governance에 실질적인 영향을 거의 미치지 않는 피상적인 탈정치적 합의post-political consensus를 중심으로 합쳐진 정치적 진보와 보수가 모두 활용하는 공허한 기표로 전락할 위험이 있습니다."[522]

민영화 찬성 성향의 잡지 『글로벌워터인텔리전스』가 유엔 결의안이 통과된 것을 두고 "세계 물 정의 운동Global Water Justice Movement의 커다란 패배"를 의미한다고 말한 것은 특히 인상적이다.[523] 물을 인권으로 선언하기 위해 수십 년 동안 벌인 싸움에서 승리한 것이 어떻게 패배로 간주될 수 있을까? 기업들이 이미 이 언어를 가로채는 데 성공하고, 이제 이 새로운 권리를 실행하기 위해 국제적인 자금 지원을 요구할 수 있기 때문이다. '권리' 담론은 '하루에 한 사람이 얼마나 많은 물을 필요로 하는가'라는 전제 위에 세워진다. 그렇지만 물론 이 기준은 세계보건기구가 권고하는 100리터보다 훨씬 낮다. 이 기준이 모범이라는 걸 아는 물 기업들은 각국 정부가 이 양을 보조하도록 압력을 넣고 있으며, 이미 칠레를 비롯한 일부 나라에서는 정부가 보조금을 지급하고 있다. 이제 물 기업들은 실제로 유엔 결의안을 근거로 삼아서 각국 정부에 보조금을 지급하라고 제소할 수 있다.

그렇긴 하지만 유엔이 물을 인권으로 인정한 사실의 파급력을 과소평가해서는 안 된다. 특히 이 결의안은 현재 불공평하게 대우받는 원주민 등이 물에 대한 자신들의 권리를 유지하는 데 활용할 수 있는 포괄적인 법적 전략의 한 부분이다. 모드 발로가 지적한 것처럼, 보츠와나의 부시먼족Bushmen은 이미 유엔 결의안을 활용해서 물 이용권을 유지할 수 있었다.[524] 민간 기업에 의해 수도 공급을 차단당한 네덜란드의 한 시민 역시 수도 공급을 재개해 달라고 제기한 법정 소송에서 유엔 결의안을 근거로 이겼다. 마지막으로, 유엔의 요구가 일정한 파급력을 발휘할 수 있는 국가로 이스라엘이 꼽힌다. 점령지의 팔레스타인 주민들은 우물을 비롯한 물 기반시설이 파괴되어 깨끗한 물을 이용하지 못한다. 팔레스타인인들은 일반적으로 사용하는 물이 하루에 1인당 50리터에도 훨씬 못 미치며, 전체 인구의 무려 64퍼센트가 수인성 질병에 시달린다. 2011년, 유엔 팔레스타인 상임 옵서버 리야드 만수르Riyad Mansour는 유엔에 다음과 같이 보고했다. "이스라엘은 물과 위생시설에 대한 팔레스타인 사람들의 권리를 계속 침해했으며, 현재 팔레스타인과 공유하는 수자원의 90퍼센트를 사용하는 반면, 팔레스타인 쪽에 사용이 허용된 10퍼센트에 대해서도 통제권을 행사했습니다. 그 결과, 팔레스타인인들이 그나마 쓸 수 있는 얼마 안 되는 물 공급도 계속 줄어들었습니다."[525] 팔레스타인은 유엔이 인정한 '물 권리'가 얼마나 성공을 거둘지를 가르는 시험대가 될 것이다. 더군다나 이스라엘은 유엔 총회 결의안에 서명하지 않았기 때문이다. 이런 인권 침해에도 불구하고 미국이 이스라엘의 물 정책을 무조건 지지하는 사실은 세계 각지에서 분쟁이 일어나는 원인으로 작용한다.[526] 유감스럽게도, 이스라엘은 점령지의 물 권리 문제를 영토권 및 자결권 문제와 뒤섞으면서 물에 대한 요구의 이면에는 영토 요구가 감춰져 있다고 주장한다. 그와 동시에 점령지의 이스라엘 정착민들은 팔레스타인 사람들을 쫓아내기 위해서는 물을 차단하는 것만큼 좋은 방법이 없음을 분명히 알고 있다.[527]

물을 재화나 권리 중 어느 것으로 선언하는지와 무관하게, 그리고 공공 영역과 사적 영역 중 어느 쪽이 물을 공급하든 간에, 어느 누구도 그 비용을 낼 돈이 없는 것 같다는 문제도 존재한다. 지난 10년 동안 심지어 세계은행조차 세계 곳곳의 최부유층에게 부가 집중되고 있음을 인정하기 시작했다. 결국 부자들은 자신들의 돈을 투자할 새로운 장소를 찾는 데 어려움을 겪고 있다. 가난한 사람들은 이제 물을 비롯해서 더 많은 물건을 살 돈이 없다. 중산층이 줄어듦에 따라 소비자가 부족해지는 한편, 조세 기반이 불충분해서 공익사업체가 물 기반시설을 건설(또는 단지 보수)하지 못한다. 기업들은 물 기반시설에 투자를 하려고 하지만, 언제나 소비자로부터 수익을 뽑아낼 수 있는 것은 아니다. 기업들의 자금조차 전 지구적 물 빈곤의 범위에 비하면 제한되어 있다. 소어의 최고경영자는 다음과 같이 말한

적이 있다. "수요의 규모는 민간 부문의 재정 역량과 위험 부담 역량을 훌쩍 능가합니다."[528]

피 같은 물

갈증, 즉 목마른 사람들의 '대가'는 사회적 소요와 질병, 환경 악화 등이다. 목마른 사람들은 물을 위해 살인을 할 테고, 더러운 강물을 마시고 죽을 것이다. 적절한 위생시설이 없는 사람들은 계속해서 강을 화장실로 사용할 것이다. 그와 동시에 갈증에 가격을 매기거나 가격표를 붙이려고 하는 기업과 은행들은 실상 삶과 죽음에 가격을 매기는 것이다. 갈증의 진정한 대가는 죽음이며, 오늘날 죽음은 세계 곳곳을 활보하고 있다. 아르준 아파두라이Arjun Appadurai가 말한 것처럼, "오늘날 각국의 불안정한 상황과 민간인과 개인들의 불확실한 상태가 점차 뒤얽히게 되었다."[529]

최근 몇 년 동안 인도에서 자살이 극적으로 증가했다면, 그리스에서도 자살이 상승일로에 있다. 2012년 봄, 77세의 은퇴한 약사가 아테네 중심부의 광장에서 총으로 자살을 하면서 이제 더는 쓰레기통을 뒤져 먹을거리를 구하고 자식에게 부담이 되는 삶을 견디지 못한다는 유서를 남겼다.[530] 자살과 더불어 그리스 전역과 유럽 다른 나라에서도 점차 단수가 늘어나고 있다. 프랑스에서는 베올리아의 한 노동자가 아비뇽에서 빈곤층 가구에 대한 단수 조치를 거부했다는 이유로 해고되었다. 라디오 인터뷰에서 그는 다음과 같이 말했다.

무일푼 신세로 아이들과 같이 사는 사람들이 요금을 낼 테니 수도를 끊지 말고 조금만 더 시간을 달라고 애원하는 모습을 봤습니다. 누구든 이런 처지가 될 수 있어요. 아이들 끼니를 먹이든지, 요금을 납부하든지 둘 중 하나를 선택해야 합니다. 이 대기업들은 그 돈을 챙겨서 주주들에게 재분배합니다. 고객이나 직원들은 돌보지 않고 말이지요. 수치스러운 일입니다.[531]

물 기업들과 시의원들이 깨닫지 못하는 점은 이런 일이 일어나도록 내버려두면 결국 자신들에게 불이익이 돌아온다는 사실이다. 로마에서 이미 벌어지는 것처럼, 유럽 사람들이 다른 수자원을 찾기 시작한다면, 강물이 훨씬 더 오염되고 수인성 유행병이 다시 유럽에 나타날 것이다. 강 옆에 사는 사람들은 강에 배설을 한다.

물, 생명, 질병의 연관성을 감안할 때, 물은 돈보다 피에 비유하는 게 더 나을 것이다. 2010년 유엔 총회 회의장에서 주유엔 볼리비아 대사 파블로 솔론Pablo Solón은 인간 몸의 3분의 2가 물이고, 피는 영양분을 공급하는 신체의 강물과 같다는 메모가 붙은 '물 권리' 결의안을 제출했다.[532] 제이슨 허버트Jason Hubbart 교수도 물은 "우리 몸 구석구석에 영양분을 비롯한 필수 요소를 전달하는 순환계와 비슷한 면이 있다"고 쓴 바 있다. "어떤 사람이 전반적으로 건강한지를 알려면 먼저 어떻게 해야 할까? 혈액 샘플을 채취해야 한다."[533] 인간 신체의 혈액과 마찬가지로 물 역시 지구상의 생명을 위해 영양물을 공급하면서 지구가 계속 작동하게 만든다. 물은 지구 곳곳과 우리 인간의 몸 구석구석에 영양물을 운반한다. 그리고 혈액과 마찬가지로 우리는 물 없이는 살지 못한다. 사정이 이러하다면, 이제 우리 자신의 피를 사고파는 시장이 어떻게 보일지를 잠시 상상해 보자. 이런 '피 시장'은 사실 상상하기 어렵지 않다. 합법적으로든 불법적으로든 간에 세계 일부 지역에서 이미 비슷한 시장이 열리고 있기 때문이다.

불법적인 경우를 보면, 가장 가난한 사람들은 종종 생존을 위해 자기 피나 장기, 뼈를 팔 수밖에 없다. 장기 매입자들은 쓰나미 사태 이후의 스리랑카 같이 황폐화된 지역으로 몰려가서 살아 있는 사람들한테서 불법적으로 장기를 사들이는 것으로 알려져 있다. 합법적인 경우를 보면, 영국의 국립 혈액은행은 최근 '남아도는' 헌혈 혈액을 공개 시장에서 판매하려고 하다가 격렬한 비판에 부딪혔다. 국민들은 누가 그 혈액을 사는지를 공개하라고 요구했지만, 정부는 이 정보를 밝히면 상업적 이익에 부정적인 영향을 미칠 것이라고 답했다. 한 언론인은 다음과 같이 꼬집었다. "다른 점은 제쳐두고라도 이번 사건은 만약 국민들이 헌혈을 하는 대신 피를 팔면 더 유리한 위치를 차지하지 않을까 하는 질문을 던지게 만든다. …… 그러니까 국민들도 기업과 마찬가지로 자신의 '상업적 이익'을 고려해야 하는 것 아닐까?"[534] 헌혈을 했던 사람들은 자신들은 피를 무상으로 준 것인데 왜 다른 이가 그 피를 가지고 이윤을 얻어야 하느냐고 주장했다.

그렇지만 물을 시장에서 거래하는 논리도 정확히 똑같다. 수에즈 최고경영자 제라르 메스트랄레Gerard Mestrallet가 설명하는 것처럼, "물은 유용한 제품입니다. 보통은 공짜로 쓰는 제품이지만, 그걸 내다 파는 게 우리가 하는 일이지요."[535] 활동가들은 오래 전부터 물은 생명이라고 주장했으며, 따라서 많은 이들에게 물을 판매한다는 구상은 피나 뼈, 장기를 판매한다는 것과 마찬가지다. 물론 이런 비유는 여기까지만 유효하겠지만, 그래도 중요한 문제들을 제기한다. 예를 들어, 누가 물을 살 능력이 있고, 누가 물을 팔 수밖에 없는가? 다른 이들은 이 '공짜' 제품을 가로챈 뒤 팔아서 이윤을 얻을 수 있어야 하는가?

물이 피와 같다면, 빈혈을 일으키고 독성이 함유된 것도 마찬가지다. 세계보건기구는 매일 4,000명의 갓난아이가 더러운 물을 먹기 때문에 사망하고, 거의 10억 명의 사람들이 깨끗한 물을 구하지 못한다고 추산한다. 2011년 6월 『조직과 환경Organization & Environment』에 발표된 한 논문에 따르면, 어떤 나라가 세계은행의 구조조정 차관을 받으면 아동 사망률이 더 높아지는 경향이 존재한다는 사실이 드러났다. 유엔 밀레니엄 개발 목표 4항에서 2015년까지 "아동 사망률을 3분의 2 줄인다"고 정한 것과는 정반대의 결과다.[536] 이 연구에서 밝힌 것처럼, 긴축 조치 때문에 각국 정부는 더러운 물로 인한 유아 사망률 같은 보건 문제를 제대로 다루지 못한다. 그리스에서는 국제통화기금이 강요한 긴축 조치 때문에 유아 사망률이 40퍼센트 증가했다. 데이비드 스터클러David Stuckler 교수와 산제이 바수Sanjay Basu 교수는 『뉴욕타임스』에 기고한 글에서 다음과 같이 지적했다. "공중보건과 정치경제 분야 연구자로서 우리는 정치인들이 자신들의 결정이 어떤 인간적 비용을 야기하는지에 아랑곳하지 않고 채무와 적자에 관해 끝없이 논쟁하는 모습을 지켜보면서 경악했다."[537] 국제통화기금은 각국이 긴축이라는 극약 처방을 받아들여야 한다고 주장하면서 '재정 건전화에 따른 고통 관리Managing the Pain of Fiscal

Consolidation' 같은 제목의 팟캐스트를 제작하지만, 사실을 말하자면 국제통화기금은 사람들을 죽이고 있다. 『글로벌워터인텔리전스』의 한 기사는 다음과 같이 전했다. "이 피는 기존 고객들에게 안전한 물과 위생시설을 제공하거나 새로운 고객들에게 확대하는 데 실패한 공익사업체들의 손에 묻어 있다."[538] 사익사업체private utilities가 공익사업체보다 훨씬 더 잔인하게 단수에 나섰다는 증거가 있음에도 불구하고, 『글로벌워터인텔리전스』는 기업화corporatization를 한층 더 밀어붙이기 위해서 이런 실패의 책임을 공익사업체에 물으려고 했다.

세계 곳곳의 강과 하천이 점점 오염됨에 따라 정치인들과 대기업들은 도시를 관통해 흐르는 강의 오염을 정화하기보다는 점점 더 멀리까지 깨끗한 강을 찾아가서 이 강들을 도시로 옮겨온 오랜 역사를 갖고 있다. 마치 일부러 자기 피에 독을 집어넣은 뒤 수혈에 의존해 살아가는 것과도 같다. 인도의 강계연결사업이나 중국의 남수북조 공정에서 드러나는 것처럼, 현재 각국 정부는 깨끗한 빙하수를 개발해서 이 물을 생태계 전체에 순환시키려 하고 있다. 오늘날 이 해법은 점점 천문학적으로 비용이 치솟아서 주뿐만 아니라 국가까지 파산시킬 위험이 있다. 질병이 확산되는 세상에서 신선하고 깨끗한 피(물)를 끊임없이 찾아 헤매는 형국이다.

각국은 현재 깨끗한 물을 찾아 멀리까지 눈길을 보는 것 말고도 '가상수' 공급지를 찾아 지구 곳곳을 탐색하는 중이다. 가상수란 식품을 비롯한 수출용 상품을 생산하는 데 사용된 물을 가리키는 용어다. (가령 시에라클럽Sierra Club은 스테이크 한 접시를 만들려면, 관개 초지와 소가 마시는 물 등을 위해 1,850갤런*의 물이 필요하다고 계산한 바 있다.) 중국에서는 농지와 물 공급이 둘 다 심각하게 오염돼서 정부가 아프리카에서 농업용 땅을 사들이고 있다. 옥스팜Oxfam은 "이미 해외 투자자들이 가난한 나라들에서 6일마다 런던 크기의 땅을 사들이고 있다"고 말하면서 라이베리아 국토의 30퍼센트가 불과 5년 만에 "해외 투자자들에게 넘어갔다"고 지적했다.[539] 이집트의 토시카 호수는 또 다른 사례다. 세계은행은 사우디 왕자의 이집트 물 취득을 비롯해서 호수의 매각을 지지할 뿐만 아니라 이 새로운 땅에 대한 관개 사업에도 자금을 지원한다. 옥스팜은 세계은행에 이런 매각을 지지하는 일을 중단하라고 요청했지만 세계은행은 거부했다.

정반대로 세계은행은 이와 같은 장거리 물 이전long-distance water transfer을 분명하게 지지한다. 2012년 G20 정상회담에서 로익 포숑은 이런 방법을 주창했다. "깊은 우물 양수, 장거리 물 이전, 담수화, 폐수 재활용 등은 …… 가까운 장래에 최신 기술이 제공할 핵심 기회로 여겨집니다. 물을 쉽게 얻을 수 있는 시대가 지나갔다는 사실에 대한 인식을 높이는 공공정책은 모두를 위해 필요한 의무입니다."[540] 이런 선택지들은 모두 비용이 많이 들기 때문에 포숑이 말하는 요지는 앞으로 일반 대중이 물 값을 더 많이 내야 한다는 것이었다. 하지만 이 각각의 제안에는 비용 말고도 환경에 미치는 영향도 있다. 깊은 우물 양수는 이미 고갈된 대수층을 더욱 소모시키고, 장거리 물 이전은 멀리 떨어진 물 생태계를 고갈시키며, 담수화는 대단히 에너지 집약적이고, 염류 잔존물뿐만 아니라 에너지 사용을 통해서도 오

---

* 약 7,003리터

염을 유발한다. 요컨대, 이런 해법들은 모두 더 많은 문제를 야기하며, 결국 더 많은 비용을 초래한다. 또한 부자와 가난한 자뿐만 아니라 도시와 농촌 사이에서도 불평등을 확대한다.

'대규모', '에너지 집약적', '원거리' 등이 깨끗한 물을 탐색하는 여정에서 사람들을 유혹하는 노래였다면, 이제 정반대의 해법이 필요하다는 사실이 분명해졌다. 물은 어떤 사람들에게서 뽑아내서 다른 이들한테 주는 것이 아니라 지구의 생태를 염두에 두고 관리할 필요가 있다. 전자의 방식은 사회적 소요를 낳을 뿐이다. 수전 스프롱크Susan Spronk에 따르면, 19세기 말과 20세기 초 유럽과 미국에서 공익사업체가 물 공급 관리권을 인계받은 것은 주로 민간 물 기업의 활동 때문에 높아지는 사회적 소요를 진정시키기 위해서였다.[541] 우리는 오늘날 그와 비슷한 전환점에 다다른 것은 아닌지 의문을 품어야 한다. 전 세계적으로 소요와 자살이 늘어나고 있다면, 공익사업체와 물 정화에 다시 투자를 시작해야 할 때인지도 모른다. (유럽은 음용수 수질 지침Drinking Water Directive을 통해 희망적인 사례를 제공한다. 이 지침은 음용수로 처리하기 전의 지표수에 대해 의무적인 수질 요건을 정한 내용으로, 이에 따라 각국은 강계 정화에 투자를 해야 한다.) 물론 공공 차원에 물을 어떻게 할당할 것인지에 대한 구상도 새롭게 할 필요가 있다. 어쨌든 공공 이용을 위해 지은 대규모 상수도 시스템은 값비싸고 장기적인 문제를 낳았기 때문이다. 지난 반세기에 구축한 상수도 시스템의 문제를 해결하는 데 다시 반세기가 필요할지 모르지만, 이 시스템을 공공의 수중에 계속 유지해야만 해결에 착수할 수 있다.

공익사업체에 재투자하는 것은 유럽과 미국에서는 효과적일 테지만, 남반구의 가난한 농촌 사람들에게는 이런 해법을 적용할 수 없다. 수도 공급을 받지 못하는 인구의 80퍼센트 이상이 남반구의 가난한 농촌 지역에 살고 있으며, 이 사람들은 또한 글로벌 거버넌스 기관에서 제대로 대변되지 못한다.[542] 이 사람들은 정수장을 전혀 이용하지 못하며, 각국 정부는 대개 정수장을 지을 돈이 충분하지 않다. 이 사람들은 공공이든 민간이든 어디서 물을 공급하는지 개의치 않는다. 그저 물이 필요할 뿐이다. 데이비드 홀과 이매뉴얼 로비나에 따르면, "몇 킬로미터씩 걸어가서 물을 길어 오거나 값비싼 노점상에서 물을 사다 쓰는 가난한 사람들 입장에서는, 공익사업체 관리권을 외국 기업에 넘긴다는 말에 본능적으로 주춤할지는 몰라도, 집 안이나 근처까지 수도를 연결해 준다고 하면 반가워하는 게 당연하다."[543] 이 사람들에게 한 가지 문제는 여전히 남는다. 누가 물 값을 낼 것인가?

공공, 민간, 또는 다른 어떤?

목마른 세계가 낳은 대가는 죽어가는 사람들한테서 마지막 한 푼까지 털어가는 탐욕스러운 기업들이 늘어난 것이다. 실제로 '약탈적 자본주의vulture capitalism'라는 용어는 현금에 쪼들리는 국가 경제를 먹잇감으로 삼는 고리대금업자를 가리킨다. 지리학자 에릭 스윈저도우Erik Swyngedouw에 따르면, 물 사유화는 자본주의가 무엇까지 마음대로 할 수 있는지를 정하는 경계선 역할을 한다. "지난 20년 동안 물은 지구적, 일국적 신자유주의 정책 실행을 위한 핵심적인 시험대가 되었다."[544] 기업계 입장에서 보면, 물은 위태로운 세계 경제에서 새로운 돈벌이 방법을 찾는 필사적인 탐색을 의미한다. 스윈저도우는 물 사유화를 '강탈을 통한 축적'의 한 형태라고 지칭하면서 물 기업들이 물을 공유재에서 제외함으로써 이윤을 벌려고 했다고 주장한다. 그 과정에서 물 기업들은 또한 공유재 통제를 위한 싸움이라는 독특한 형태의 사회적 소요를 낳았다. 스윈저도우는 이렇게 말한다. "이 빼앗긴 사람들이 원래 당연히 자신들의 것이라고 여기는 공유재의 절도를 반드시 수동적으로 받아들이는 것은 아닙니다. …… 국가는 사회적 항의가 확산됨에도 불구하고 강탈을 통한 축적이 계속되도록 하기 위해 다시 개입해야 합니다."[545] 이런 이유로 사유화가 가장 성공을 거둔 경우는 사람들이 사유화가 진행되고 있음을 미처 알아채지 못하거나 중국과 칠레처럼 권위주의 정부나 독재 정부가 사유화를 가능케 하는 나라였다.

이 나라들에서는 대규모 물줄기 전환 사업과 무분별한 도시 확산에 자금을 지원하기보다는 강계 유역을 정화하고 농촌 사용자들에게 저렴한 로테크low-tech 해법을 제공하는 게 더 나을 수 있다. 예를 들어, 세계보건기구는 현재 깨끗한 물이 없이 사는 사람들에게 태양광 소독을 장려한다. 플라스틱 병이나 비닐봉투에 물을 채워서 양철 지붕이나 그밖에 햇빛을 받는 곳에 6시간 동안 두는 것이다. 이렇게 하면 화학물질이 제거되지는 않더라도 물속에 있는 기생충과 박테리아는 죽일 수 있으며, 이는 곧바로 유아사망률을 줄일 수 있는 방법이다. 소규모 해법을 먼저 시도하지 않은 채 대규모 물 기반시설에 자금을 지원하는 것은 일종의 공유재 절도 행위였고, 채무는 계속 커지기만 한다. 결론적으로, 나는 아래와 같은 대안적인 해법들을 제시하고자 한다. 이 해법들은 무궁무진하다.

1. 기후변화를 멈추자. 현재 세계 물 공급을 가장 크게 위협하는 요인은 기후변화다. 앞에서 언급한 것처럼, 빙하가 사라지면 전 세계의 물 원천도 사라진다. 녹아내리는 빙하수가 바다로 흘러들기 전에 '구하기' 위해 댐으로 막자는 제안은 해법이 아니다. 기후변화를 감당할 만큼 충분히 큰 댐은 존재하지 않는다. 기후변화를 멈추기 위해서는 자연을 보호하고(새로운 문제를 야기하는 댐이 아닌) 풍력, 파력, 태양열 같은 대안 에너지원으로 전환하는 것을 장려하는 정부 규제와 계획이 필요하다.

2. 사람들을 땅에서 내쫓는 것을 멈추자. 대규모 물 기반시설과 대형 댐을 결합하는 전통적인 방식은 수많은 사람들을 자기 땅에서 쫓아내서 결국 도시로 내몰았다. 사람들은 또한 기업의 공유재 취득, 자원 약탈, 일자리 부족, 경작지 파괴, 생태 문제 등으로 인해 자기 땅에서 밀려나고 있다. 이 때문에 도시에 몰려든 엄청나게 많은 사람들은 깨끗한 물이나 위생시설이 부족하지만, 지금까지의 해법은 땅 없는 사람들이 도시로 유입되는 현상을 멈추는 것보다는 이 사람들에게 어떻게 물을 공급할 것인지에 초점을 맞추었다. 전 세계에 생겨난 거대도시들은 지속 가능하지 않으며, 때로는 이런 도시들 때문에 나라 전체의 물줄기를 바꿔야 한다. 더 나아가 도시 실업은 사회적 소요를 부추긴다. 간단한 해법은 세계 곳곳에서 농촌 인구의 생계를 지원하고 부양하는 것이다.

3. 토착 지식을 인정하자. 물은 전 세계 창조 신화의 근원이자 과학자들이 다른 행성에서 생명체를 찾을 때 무엇보다도 먼저 살펴보는 물질이다. 말 그대로 우리는 물방울 속에서 지구의 시초를 볼 수 있다. 시인 랭스턴 휴즈Langston Hughes는 이렇게 썼다. "나는 세계만큼이나 오래되고 인간 핏줄 속을 흐르는 피보다도 오래된 강들을 알고 있다." 아마 이런 이유 때문이겠지만, 물은 기독교의 세례에서부터 힌두교의 의례puja와 이슬람의 세정식wudu에 이르기까지 전 세계 여러 종교에서 중심을 차지한다. 그리고 종교가 생겨나기 전에도 원주민들은 순데를랄 바후구나가 말하는 이른바 '조상들의 과학'을 실천했다. 세계 각지의 원주민들은 오래 전부터 인간이 수자원을 존중하지 않을 때 어떤 문제가 생겨나는지를 알고 있었다. 하지만 계획가들은 원주민들을 참여시키기보다는 대개 토착 지식을 불신하고 훼손했다. 인종주의적인 식민주의가 남긴 유산이다. 볼리비아의 물 활동가 오스카르 올리베라Oscar Olivera는 다음과 같이 말했다.

> 그들은 볼리비아 마을과 세계 곳곳의 원주민, 농민들은 무식한 마을 사람들이고, 물을 사용하는 법을 모르며, 어떻게 물을 써야 하고, 물을 아껴야 하는지를 배워야 한다고 생각합니다. 나는 오히려 정반대라고 말하고 싶습니다. 수백, 수천 년 전부터 물의 문화를 누려 온 사람들은 물을 어떻게 써야 하는지를 알고, 물에 대해 아주 다른 관념을 갖고 있어요. 물은 공유재이며, 인간뿐만 아니라 동물과 행성도 같이 써야 하는 것이라고요.[546]

분명 원주민들을 물에 관한 대화에 참여시킬 필요가 있다. '조상들의 과학'을 배우려면 또한 그 과학을 실제로 실천하는 이들의 권리를 인정해야 한다.

4. 소규모 지역적 해법을 되살리자. 토착적인 물 관리 체계를 인정하고 존중하는 데서 더 나아가 우리는 그 체계를 실행할 필요가 있다. 특히 가구별 빗물 모으기, 소규모 댐, 하천 유역 복원 등 우리의 물 공급 문제를 해결하기 위한 소규모 해법이 필요하다. 간디는 자기 집 지하실을 집 주변에 떨어지는 빗물을 전부 모아 두는 용도로 사용했다. 다른 이들은 처마 물받이에 대형 물통을 붙여서 빗물을 저장한다. 빗물 모으기는 이미 중국, 인도, 스리랑카, 미얀마, 미국(콜로라도, 텍사스, 뉴멕시코), 브라질, 영국, 이스라엘 등 세계 곳곳에서 활용되며, 뉴멕시코 주 샌타페이Santa Fe, 오스트레일리아 일부 지역, 카리브 해의 많은 나라에서는 법으로 규정되어 있다. 캘리포니아 주민들은 지붕 물받이를 대형 저장 탱크로 연결할 수 있다. (로스앤젤레스에서는 또한 잔디밭을 불법화하거나 높은 액수의 벌금을 물려야 한다.) 도시 물을 보전하는 또 다른 방법은 폭우가 내릴 때 도로 위에 흐르는 물을 깊은 구덩이로 흐르게 해서 나중에 다시 지표면으로 스며나오게 만드는 것이다. 이 방법은 이미 로스앤젤레스와 멕시코시티, 인도 전역에서 활용되고 있다. 도시 콘크리트를 투수성 물질로 교체하면 이렇게 스며드는 현상을 가속화할 수 있다. 사막 지역에서는 카레즈 방식을 활용해서 물이 증발로 손실되는 것을 어느 정도 막을 수 있다.

5. '가상수' 시장을 규제하자. 전 세계 물의 약 80퍼센트가 농업용으

로 사용되는데, 그중 상당 부분은 전 세계 곡물 시장용으로 쓰인다. 미국에서는 이 물이 대부분 옥수수로 간다. 옥수수는 인간이 소비하는 가공 식품이나 소와 가금류의 사료로 사용된다. 또한 밀과 함께 해외로 수송된다. 실제로 고기를 덜 먹으면 물이 새는 수도꼭지를 고치는 것보다 훨씬 더 많은 물을 아낄 수 있다. 과일과 견과류는 가장 물-효율적인 식품이다. 유기농 밭과 특히 영속농업 역시 농산업보다 물을 훨씬 적게 쓰며, 주변 지역에서 재배한 식품을 먹으면 수출 지향적 농산업이 줄어들고 물의 해외 유출을 막을 수 있다. 아이러니하게도, 세계은행은 각국에 정반대의 실천을 강요한다. 가령, 이라크에 이제 농업을 '식량 생산의 원천'이 아니라 '성장의 원천'으로 생각할 것을 장려한다.[547] 지역 농산물을 먹으면 또한 기후변화와 소요, 가뭄 등에 민감한 세계 곡물 시장의 변동에 휘둘리지 않게 된다. 2008년 곡물 가격이 상승해서 세계 곳곳에서 식량 폭동이 일어났다. 2012년, 미국은 사상 유례가 없는 가뭄을 맞았다. 현재 전 세계 곡물, 즉 옥수수, 밀, 쌀 등의 저장량이 점점 줄어들면서 세계 식량 안보가 위협받고 있다. 미국인들은 가급적 지역 생산 식품을 먹는 방법으로 이런 문제에서 자신을 보호할 수 있지만, 유기농 식품과 지역 식품의 가격을 낮추려면 궁극적으로 미국 정부가 옥수수와 밀 생산물에 대한 보조금 지급을 중단할 필요가 있다. 변동성이 무척 큰 세계 곡물 시장의 선도자인 러시아와의 정치적 문제 때문에도 이런 전환은 더욱 더 중요하다. 미국은 곡물 중독에서 벗어날 필요가 있다.

6. 대안적인 경제를 상상하자. 대부분의 사람들은 지금쯤이면 시카고학파 경제학이 제대로 작동하지 않았다는 사실을 안다. 그렇지만

경제학자들과 개발 전문가들은 마치 다른 대안은 아예 없는 것인 양 케인스주의냐 신자유주의냐(즉, '성장 자극'이냐 '긴축'이냐)를 놓고 똑같은 지루한 논쟁을 되풀이한다. 이 논쟁은 2차대전 종전부터 계속되고 있으며 정체 상태인 게 분명하다. 전통(또는 '정통') 경제학자들이 대체로 무시하는 탈식민 연구와 문화지리학에서는 훨씬 더 흥미로운 경제 분석이 진행되는 중이다. 예를 들어, 지리학자 스티븐 힐리Stephen Healy는 심지어 미국 경제에도 가정경제, 선물 주기, 물물교환, 대안 금융, 자가고용 협동조합 등이 존재하지만 이런 대안적 경제들은 주변화되거나 가려져서 보이지 않는다고 주장한다.[548] 미국 바깥에서는 비공식 경제가 세계 경제에서 점점 더 큰 비중을 차지하지만, 이런 거래는 법의 범위 바깥에서 이루어지기 때문에 거시경제 분석을 위해 수량화하기가 어렵다. 마찬가지로, 대안적인 물 공급 체계는 오랫동안 국제 거버넌스 기구에서 주변으로 밀려났다. 예를 들어, 국제기구들은 중동의 카레즈 방식과 인도의 물탱크 방식을 최근에야 발견했지만, 이 방식들은 여러 세기 동안 사용된 것이다. 지리학자 콜린 C. 윌리엄스Colin C. Williams는 "상품화의 핵심부(선진 시장경제)에서도 조사할 때마다 드러나는 것처럼 …… 비非시장 노동이 전前자본주의 형태의 사소한 찌꺼기로서 급속하게 감소하는 것이 아님"을 인정할 필요가 있다고 주장한다.[549] 오히려 그는 비시장 노동이 순조롭게 살아 있다고 주장한다. 디페시 차크라바르티Dipesh Chakravarty도 자본주의 생산양식과 전자본주의 생산양식은 언제나 나란히 존재했다고 비슷한 주장을 한 바 있다. 오늘날 생계경제subsistence economy, 이슬람 은행, 협동조합, 도시 차원의 물물교환, 비공식 경제, 그 밖의 여러 생계 제공 · 유지 수단이 존재한다. 점점 성장하는 이런 커다란 세상을 무시하는 것은 단지 국제통화기금 경제학자들이 이 시스템들을 쉽게 수량화하지 못하기 때문이고, 또 이 경제학 분야가 모든 것을 수량화로 환원하려고 하기 때문이다. 만약 우리가 자본주의를 기성사실로 본다면 가능한 대안들을 무시하게 된다. 그럼에도 불구하고, 『탈식민 경제*Postcolonial Economies*』[550] 같은 책에서 볼 수 있듯이, 대안 경제학은 많은 학문 분야를 가로질러 확산되고 있다. 국제통화기금은 마땅히 관심을 기울여야 한다.

7. 대안적인 물 청사진을 상상하자. 유럽 식민주의 시기에 유럽인 정착민들은 자신들이 차지하고 있는 땅에 익숙하지 않았기 때문에 정착을 위한 청사진을 따르는 경향이 있었다. 보통 참호로 둘러싸인 요새형 식민 도시를 세우고 배후지에서 물을 끌어오는 방식이었다. 농촌에서는 이 도시들을 통해 집중되는 수출용 환금 작물을 생산하는 곳에만 관개 시스템을 축조했다. 이런 식민지 물 청사진은 강한 군대에 의존했다. 원주민들에게서 정착민들 쪽으로 물줄기를 바꿔야 했기 때문이다. 하지만 무력으로 풍경을 개조하는 것이 식민 점령 시대에 사용된 방식이라면, 반反식민 저항은 필연적으로 이런 경계를 허물어뜨리는 결과를 수반했다. 활동가들은 보통 측량기사의 말뚝을 뽑고, 건설 중인 도로를 봉쇄하고, 산림 벌채를 저지하고, 댐을 허물어뜨리고, 요금 납부를 거부했다. 그들은 야만적인 근대화를 저지하고자 했다.

독립 이후 대다수 탈식민 국가들은 미국과 소련의 냉전의 소용돌이에 휘말려들었다. 미국과 소련 둘 다 지역적 의제의 정당성을 부정하는 경향이 있었다. 예를 들어, 소련과 미국을 공산주의나 자본주의가 아니라 대규모 댐 건설 국가로 본다면, 두 나라 사이에는 거의 차이가 없다. 냉전 시기 동안 지구 행성 전체에 신속한 산업화라는 이데올로기가 강요되었다. 하지만 오늘날에는 남아공과 인도에서 볼 수 있는 것처럼, 반식민 저항 방식이 되살아나고 있으며, 안전한 지구를 만들기 위한 전 지구적 투쟁을 대표적으로 보여준다. 예를 들어, 간디가 영국산 제품을 불매 운동하고 남아공 흑인들(과 전 세계 사람들)이 아파르트헤이트 체제의 상품을 불매 운동한 것처럼, 불매 운동은 반식민 저항의 거대한 일부분이다. 코카콜라가 인도 플라치마다Plachimada에서 병입수 생산을 위해 지하수를 고갈시키기 시작하면서 깨달은 것처럼, 오늘날 불매 운동은 훨씬 더 유효한 전략이 될 수 있다. 『글로벌워터인텔리전스』는 다음과 같이 설명했다. "오늘날 모든 기업은 24시간 감시를 받고 있으며, 단 24시간 안에 불매 운동이 시작될 수 있다. 코카콜라가 인도 플라치마다 생산 현장에서 물을 사용하는 데 대한 우려는 2003년에 처음 보고되었다. 이 공장은 2004년에 문을 닫았다."[551] 폼원더풀, 프랭클린민트, 텔레플로라, 피지워터 등은 스튜어트 레스닉이 컨워터뱅크를 공공 소유로 돌려줄 때까지 불매 운동의 적당한 표적으로 삼을 수 있다. 코카콜라와 펩시, 물 기업 주식들도 잠재적인 표적이다. 세계가 소셜미디어를 통해 점점 하나가 됨에 따라 풀뿌리 대중의 저항은 더욱 강력해지고 글로벌 비정부기구들은 영향력이 커지지만, 훨씬 더 중요한 것은 세계를 위한 새로운 물 청사진을 상상하고 장려하는 일이다. 이런 청사진은 공화당/민주당이나 자본주의/공산주의 같은 정치적으로 강요된 이분법의 바깥에 자리한다.

8. 지구화 체제를 개혁하자. 국제통화기금은 세계 곳곳에서 거듭해서 금융 재앙을 야기했지만, 지금도 아무 책임도 지지 않은 채 계속 그런 활동을 하고 있다. 2013년에 이르러 국제통화기금은 그리스 구제금융에서 '두드러진 실패'를 한 사실을 인정해야 했다. 『가디언』은 이렇게 보도했다. "국제통화기금은 긴축 조치가 그리스에 어떤 피해를 입힐지를 미처 깨닫지 못했음을 인정했다. 워싱턴에 본부를 둔 이 기관은 경제난에 시달리는 이 유로존 나라에 구제금융을 제공하는 과정에서 어떤 실수를 저질렀는지를 일일이 열거했다."[552] 그렇지만 국제통화기금은 전략을 바꾸지 않았다. 『로스앤젤레스타임스』가 보도한 것처럼, "영국과 유로존은 긴축 조치만으로는 각국 경제를 되살릴 수 없고 전 세계의 성장을 저하시킨다는 증거가 점점 뚜렷해지는데도 불구하고 그런 조치를 계속 고수했다."[553] 이 전략은 실제로 유럽과 미국에서 전 세계적으로 신뢰성과 힘을 잃는 결과를 낳았으며, 그에 따라 유럽과 미국은 러시아나 중국 같은 권위주의 체제에 점점 취약해지고 있다. 결국 신뢰성을 잃고 있는 것은 국제통화기금과 세계은행만이 아니다. 이 기관들을 지원하는 세계 강대국들도 신뢰성을 잃고 있다.

오늘날 개인이든 국가 차원에서든 국제통화기금에 등을 돌리는 행동이 확산되고 있다. 개인적인 차원에서 보면, 국제통화기금 이사 피터 도일Peter Doyle은 최근 환멸을 느껴 사임하면서 다음과 같은 편지를 남겼다. "20년 동안 재직한 끝에 나는 국제통화기금과 함께 했다는 사실 자체가 부끄럽습니다." 도일은 국제통화기금이 '기본적인 정통성이 결여'되어 있다고 비난했다.[554] 국가 차원에서 보면, 우크라이나는 최근 국제통화기금이 강요하는 긴축 조치 때문에 국제통화기금 차관을 거부하고 대신 러시아에 자금 지원을 요청해서 충격과 논쟁을 불러일으켰다. 그 뒤 우크라이나 정부는 전복되었고, 우리는 지금도 두 방향에서 잡아당겨지는 우크라이나의 부산물을 목격하고 있다. 아이러니하게도, 국제통화기금과 세계은행은 러시아와 중국의 국제적 힘을 강화하는 것처럼 보인다. 이는 두 나라의 반反인권적 기록을 감안하면 놀라운 상황 전개다. 오늘날 국제통화기금과 세계은행의 개혁은 유럽과 미국의 일정한 정통성을 재확립하는 데 결정적으로 중요하다.

예를 들어, 조지프 스티글리츠는 오래 전부터 각국을 금융 붕괴나 환경 붕괴에 맞서 보호할 수 있는 글로벌 거버넌스 기구가 필요하다고 주장하고 있다. 노동, 환경, 원주민, 인권 법규를 위반하는 나라들에 대해 수출 장벽을 부과하는 국제무역 규제위원회 설립도 여기에 포함될 것이다. (오늘날 세계무역기구는 정반대의 활동을 한다.) 이런 기구의 설립은 제쳐두고라도, 국제통화기금과 세계은행에 감독위원회를 설치해서 트러스트 단속 업무, 내부고발자 보호, 회전문 인사 금지, 세계은행을 제소하려고 하는 이들에 대한 법률 지원 등을 제공할 필요가 있다. 현재 세계은행에는 내부고발자를 보호하는 장치가 전혀 없으며, 세계은행은 자신이 체결한 계약에 대해 법적 소추를 면제받는다. 그리고 세계은행은 각종 글로벌 경제 지표에 대한 데이터 수집자로 기능을 하지만, 자신의 프로젝트가 성공적으로 보이게 하는 방식으로 데이터를 제시한 전력이 있다. 이런 이유로, 세계은행

데이터를 다시 확인한 한 교수가 이 데이터가 신뢰성이 없다고 꼬집은 사실은 유명하다.[555] 마지막으로, 데이비드 스터클러와 산제이 바수는 다음과 같이 주장한 바 있다. "각국은 당파를 초월한 독립적인 보건책임청Office of Health Responsibility을 설립해서 역학자와 경제학자들이 재정 · 통화 정책이 보건에 미치는 영향을 평가하게 해야 한다."[556] 이런 식으로 긴축이 야기하는 사망과 질병을 긴축 조치에 따르는 경제적 위험의 표와 수치로 만들 수 있다. 물론 긴축 조치를 중단하는 것이 최선의 방법이다.

경찰국가의 사유화

물론 '저항'에 관해 이야기하는 것은 쉽지만, 저항을 하다가 경찰에게 공격당하는 것은 전혀 다른 문제다. 피츠버그 G20 회담 당시에 나는 바로 이런 공격을 당했다. 당시 경찰이 시위대를 공격하는 과정에서 나는 청력의 일부를 잃었다. 이 사건을 겪으면서 나는 뉴델리와 요하네스버그, 코차밤바 등 세계 곳곳에서 훨씬 더 나쁜 운명을 겪은 수많은 사람들에 대한 존경심이 더 커졌다.

G20 정상회담은 물론 방문자를 허용하지 않았다. 회의장 주변 몇 블록에 걸쳐 거리가 차단되었다. 하지만 시내에서는 민중포럼이 열렸다. G20 회의 기간 며칠 동안 토론회와 행진이 예정된 상태였다. 그래서 나는 시위대와 이야기를 나누면서 시위의 주제가 무엇인지 알아보기 위해 홍보물에서 본 첫 번째 행진 장소로 향했다. 그런

2009년 미국 주 방위군이 피츠버그 시내를 장악한 모습

데 금세 피츠버그 시내가 중재의 장소보다는 경찰국가를 닮은 모습이라는 점을 깨달았다. 장갑차와 경찰 오토바이, 주 방위군 부대, 폭동 진압용 장비 등이 곳곳에 포진해 있었다. 나는 자전거로 모퉁이를 돌다가 폭동 진압용 장비로 무장한 경찰 대열과 마주쳤다. 시위대가 모이기로 한 공원 입구를 차단하고 있는 경찰이었다. 실제로 직선으로 늘어선 수백 명의 경찰이 시위대를 봉쇄하기 위해 공원 전체를 둘러싼 것처럼 보였다. 아마 그때 자전거를 돌려야 했겠지만, 시위대가 많지 않았고 모두들 평화로워 보였다. 어떤 이들은 기후변화와 은행 구제금융에 관한 피켓을 들고 있었고, 그냥 웃고 즐기는 이들도 있었다. 하지만 그들 중 누구와도 이야기를 나누려면 경찰 대

열 안에 갇히는 위험을 무릅써야 했는데, 그러고 싶지는 않았다. 그렇지만 겁이 난 것은 아니었다. 나는 불법적인 행동을 하는 게 아니었다.

행진이 시작되자 경찰이 뒤를 따르면서 무전기로 이상한 군대식 측면 이동 지시를 공유했다. 나는 경찰 대열 안으로 들어가지 않으려고 신경을 썼는데, 한 경찰관이 이제 최루탄을 사용할 테니까 맞지 않으려면 돌아가라고 말해 주었다. 경찰이 시위대를 막기 위해 강변에 접한 도시 두 블록 정도에 펜스를 둘러친 것 같았다. 그 경찰관이 내가 온 길로 돌아가라고 해서 그의 말을 따랐다. 그런데 그의 말대로 하려면 자물쇠로 잠가 둔 자전거를 찾아서 집으로 가기 위해 경찰 대열 안으로 들어가야 했다. 거리는 거의 텅 비어서 안전해 보였다.

뒤로 돌아서 가려는 순간 시위대 수십 명이 갑자기 내 앞의 모퉁이를 돌았고, 그들 뒤에는 탱크 같은 기계가 있었다. 잠시 뒤, 고막을 찢는 듯한 고음의 사이렌 소리가 울려 퍼졌다. 소리를 피해 뛰려고 했지만 앞이 가로막혔다. 최루탄으로 무장한 경찰이 내 뒤에 있었다. 구역질이 나서 자리에 주저앉았고, 결국 피츠버그 시를 상대로 고소하는 일이 벌어졌다. '음파대포sonic cannon', 즉 장거리 음파기에 공격을 당한 것이었다. 미국 시민을 상대로 처음 사용된 무기였다. 법청각학자는 내가 잃은 청각의 범위가 이 기계의 소리 범위와 일치한다고 판정했다. 시 당국은 이 사실을 인정하고 일정한 보상금을 지불했지만, 내가 원하는 대로 앞으로 이 기계를 사용하지 않겠다는 약속은 거부했다. 시 당국은 심지어 이 기계를 어떻게 사용할 것인지에 관한 공적 지침을 정하는 것도 거부했다. 내 변호사가 밝힌 것처

G20 정상회담이 열린 피츠버그 시내에는 경찰이 시위대보다도 많다.

럼, 기계를 사용한 경찰관이 30초 이내로 음파를 발사하되 점점 소리를 높이라는 제조사의 안전 지침조차 따르지 않았는데도 말이다. 오히려 경찰관은 3분 동안 최대 출력으로 나를 향해 음파를 쏘았다.

G20은 세계 물 포럼과 아주 흡사하다. 회의장 안에 있느냐, 밖에 있느냐에 따라 큰 차이가 난다. 세계 물 포럼 회의장 안에서는 누군가 시위대나 경찰이 있다고 말을 해주었음에도 불구하고 그들의 모습이 전혀 보이지 않았다. 하지만 G20 회의장 바깥에서는 시위대와 경찰밖에 보이지 않았다. 피츠버그에서 겪은 경험으로 나는 하나의 교훈을 배웠다. 전 세계적으로 내부와 외부의 간극이 점점 커지고 있는데, 비단 이 회의장들이나 미국만의 문제가 아니라는 것이다. 아

마 안에 있는 사람들은 밖에 있는 이들이 자신들보다 점점 더 강해지고 있음을 알 것이다. 아마 이 때문에 그들은 음파대포와 물대포가 필요하다고 생각할 것이다. 그들은 또한 겁을 먹고 있다.[557] 비록 나는 G20에서 물 사유화에 관해서는 아무것도 배우지 못했지만, 그 반대론자들이 무엇에 대항하는지는 배웠다.

세계 곳곳에서 이렇게 군대식으로 시위를 진압함에도 불구하고(또는 그렇게 진압하기 때문에), 물 사유화는 홍보의 측면에서 대실패로 돌아갔고, 기업들은 지금도 이런 홍보 실패에서 벗어나려고 애쓰는 중이다. 어쩌면 물은 상품화에 저항하는지도 모른다. 어쩌면 사람들이 저항하는 걸지도. 1874년, 미국 어느 주의 대법원은 물 사유화에 수반되는 문제를 분명하게 이해하면서 다음과 같이 선언했다. "물은 이동 가능하고 굽이쳐 흐르는 것이며, 자연의 법칙에 따라 반드시 공유재로 남겨두어야 한다."[558] 오늘날 학자들은 물을 '비협조적 상품'이라고 지칭하는데, 물 기업들에게도 물은 그런 존재임이 드러나고 있다.

하지만 물과 마찬가지로, 기업들 역시 몸집을 줄이고 경로를 바꾸는 길을 찾는다. 우리 지도자들(아니 실은 우리 자신)이 이 중요한 생명력이 더 이상 파괴되는 것을 막고 독점을 피하기 위해 제때 물을 재규제할 것인지는 앞으로 두고 볼 일이다. 바야흐로 우리 모두의 안전이 앞날을 알 수 없는 상황이다.

추천 도서

Bakker, Karen. *Privatizing Water: Governance Failure and the World's Urban Water Crisis*. Ithaca, N.Y.: Cornell University Press, 2010.

Barlow, Maude. *Blue Future: Protecting Water for People and Planet Forever*. New York: New Press, 2014.

Budds, Jessica, and Gordon McGranahan. "Are the Debates on Water Privatization Missing the Point? Experiences from Africa, Asia and Latin America." *Environment and Urbanization* 15, no. 2 (2002): 87~113쪽.

Chellaney, Brahma. *Water, Peace, and War: Confronting the Global Water Crisis*. New York: Rowman & Littleield, 2013.

Fishman, Charles. *The Big Thirst: The Secret Life and Turbulent Future of Water*. New York: Free Press, 2012([국역] 찰스 피시맨 지음, 김현정 · 이옥정 옮김, 『거대한 갈증』, 생각연구소, 2011).

Goldman, Michael. *Imperial Nature: The World Bank and Struggles for Social Justice in the Age of Globalization*. New Haven, Conn.: Yale University Press, 2005.

Guha, Ramachandra. *The Unquiet Woods: Ecological Change and Peasant Resistance in the Himalaya*. Berkeley: University of California Press, 2000.

Hall, David, and Emanuele Lobina. *Pipe Dreams: The Failure of the Private Sector to Invest in Water Services in Developing Countries*. London: Public Services International Research Unit, World Development Movement, 2006.

Khagram, Sanjeev. *Dams and Development: Transnational Struggles for Water and Power*. Ithaca, N.Y.: Cornell University Press, 2004.

Lohan, Tara, ed. *Water Consciousness: How We All Have to Change to Protect Our Most Critical Resource*. San Francisco: AlterNet Books, 2008.

McDonald, David A., and Greg Ruiters. *Alternatives to Privatization in the Global South*. New York: Routledge, 2011.

Pearce, Fred. *When the Rivers Run Dry: Water--the Defining Crisis of the Twenty-First Century*. Boston: Beacon Press, 2006([국역] 프레드 피어스 지음, 김정은 옮김, 『강의 죽음』, 브렌즈, 2010).

Robinson, Joanna L. *Contested Water: The Struggle against Water Privatization in the United States and Canada*. Cambridge: MIT Press, 2013.

Salzman, James. "Thirst: A Short History of Drinking Water." *Yale Journal of Law and the Humanities* 18, no. 3 (2006): 94~121쪽.

Shiva, Vandana. *Water Wars: Privatization, Pollution, and Profit*. Cambridge, Mass.: South End Press, 2002([국역] 반다나 시바 지음, 이상훈 옮김, 『물전쟁』, 생각의나무, 2003).

Sultana, Farhana, and Alex Loftus. *The Right to Water: Politics, Governance and Social Struggles*. London: Routledge, 2012.

Suzuki, David, and Holly Dressel. "A River Runs through It: Fresh Water." In *More Good News: Real Solutions to the Global Eco-Crisis*. Vancouver: Greystone Books, 2010.

Swyngedouw, Erik. "Dispossessing H2O: The Contested Terrain of Water Privatization." In *Neoliberal Environments: False Promises and Unnatural Consequences*, edited by Nik Heynen, James McCarthy, Scott Prudham, and Paul Robbins. New York: Routledge, 2007.

________________. *Social Power and the Urbanization of Water: Flows of Power*. Oxford: Oxford University Press, 2004.

미주

서론_글로벌 물 불평등을 낳은 식민지 시대의 개원

1 Claudia A. Deutsch, "There's Money in Thirst," *New York Times*, August 10, 2006.

2 이 문단에 나오는 수치는 대부분 물 산업의 표준 자료인 『핀센트메이슨 물 연감 2011~2012*Pinsent Masons Water Yearbook, 2011-2012*』 제14판에서 인용한 것이다. http://www.pinsentmasons.com을 보라. PricewaterhouseCoopers, *Water: Challenges, Drivers and Solutions* (London: PricewaterhouseCoopers, March 2012)도 보라.

3 World Water Council, *Water, a Global Priority* (Marseille, France: World Water Council, 2012).

4 Pierre-Frédéric Ténière-Buchot, "Voices of Water Professionals: Shedding Light on Socio-political Processes in the Water Sector," (Re)Sources, January 30, 2013, http://www.re-sources-network.com/en.

5 Bronwen Morgan, *Water on Tap: Rights and Regulation in the Transnational Governance of Urban Water Services* (Cambridge: Cambridge University Press, 2012), 64쪽에서 재인용.

6 Réseau Projection, *From Planet of Slums to Planet of Solutions* (Paris: Réseau Projection, 2012), 19쪽.

7 Suez Environnement Water for All Foundation, *2008-2010 Report* (Paris: Suez Environnement Water for All Foundation, 2011), 19쪽을 보라.

8 Peepoople, *Start Thinking Peepoo* (Stockholm: Peepoople, 2012).

9 World Water Council, *Be Part of the Solution: Become a World Water Council Member* (Marseille, France: World Water Council, 2012).

10 *Forum Gazette*, March 13, 2012, 8쪽.

11 *Forum Gazette*, March 12, 2012, 8쪽.

12 "The Grassroots and Citizenship Process: Involving Citizens in the Forum," World Water Forum, http://www.worldwaterforum6.org/en(2012년 6월 15일 접속).

13 Attac France, "An Alternative World Water Forum against the Water Mer-

chants Forum," press release, February 24, 2012를 보라.

14 이 인용문과 아래에 나오는 안느 르 스트라와 모드 발로의 인용문은 모두 2012년 3월 14일 프랑스 마르세유에서 열린 대안 세계 물 포럼 개막식에서 내가 받아 적은 것이다. 영어 번역은 회의장 헤드셋을 통해 동시통역으로 들은 내용이다.

15 Karen Bakker, *An Uncooperative Commodity: Privatizing Water in England and Wales* (Oxford: Oxford University Press, 2003)을 보라.

16 Karen Bakker, *Privatizing Water: Governance Failure and the World's Urban Water Crisis* (Ithaca, N.Y.: Cornell University Press, 2010), xv쪽, 87쪽.

17 앞의 책, 1쪽.

18 "Financing Adaptation to Climate Change," *Forum Gazette*, March 15, 2012, 6쪽.

19 "Anti-private Activists Debate with Private Operators at the 6th World Water Forum," AquaFed: The International Federation of Private Water Operators, http://www.aquafed.org(2012년 7월 1일 접속).

20 헬런 잉그램Helen Ingram, 캐터리나 드 앨버커키Catarina de Albuquerque, 칼 바우어Carl Bauer, 켄 콩카Ken Conca, 웬디 넬슨 에스필런드Wendy Nelson Espeland, 패멀라 M. 도먼Pamela M. Doughman, 요아킴 블래터Joachim Blatter 등도 여기에 포함시켜야 한다. 이 명단은 끝이 없다. 깨끗한 물 자원이 줄어들수록 이 문제를 다루는 저자는 늘어난다.

21 David McCullough, *The Path between the Seas: The Creation of the Panama Canal, 1870-1914* (New York: Simon & Schuster, 2004), 236쪽.

22 Peter Hulme, "Beyond the Straits: Postcolonial Allegories of the Globe," in *Postcolonial Studies and Beyond*, ed. Ania Loomba, Suvir Kaul, Matti Bunzl, Antoinette Burton, and Jed Esty (Durham, N.C.: Duke University Press, 2005), 47쪽.

23 레오폴의 공포 통치에 반대하는 전 세계적인 캠페인의 일원이었던 작가 마크 트웨인이 추산한 수치다. 오늘날 콩고의 역사학자 은다이웰 에 은지엠Ndaywel e Nziem은 사망자 수를 1,300만 명으로 추산한다. Adam Hochschild, *King Leopold's Ghost: A Story of Greed, Terror, and Heroism in Colonial Africa* (New York: Mariner Books, 1999)([국역] 아담 호크쉴드 지음, 이종인 옮김, 『레오폴드왕의 유령』, 무우수, 2003), 3쪽을 보라. Michela Wrong, "Belgium Confronts Its Heart of Darkness," Independent, February 23, 2005도 보라.

24 Hochschild, *King Leopold's Ghost*, 42, 46쪽.

25 Patrice de Meritens and Fabry Joelle, *La Lyonnaise des Eaux* (1880-2000) (Paris: Suez, 2001)에서 재인용.

26 이 문단과 다음 문단에서 인용한 테니에르-뷔쇼의 말은 Pierre-Frédéric Ténière-Buchot, "Europe, Afrique, vers de nouveaux pouvoirs," *Espaces Stratégi-ques 3*, no. 55 (1992)(http://www.institut-strategie.fr/strat_055_TENIERE-BU. html): 117~34쪽에서 가져온 것이다. 번역은 지은이.

27 Bakker, *Privatizing Water*, 64쪽에서 재인용.

28 Ivan Chéret, "L'Origine des agences de l'eau: Une Experience africaine," in *Les Ingénieurs des ponts au service de l'Afrique: Témoignages 1945–1975*, ed. Jacques Bourdillon (Paris: Editions L'Harmattan, 2010), 55쪽, 번역은 지은이.

29 Sara B. Pritchard, "From Hydroimperialism to Hydrocapitalism: 'French' Hydraulics in France, North Africa, and Beyond," *Social Studies of Science* 42 (2012): 591쪽.

30 CNN머니CNNMoney의 2011년 글로벌 500대 기업 명단 순위이다. http://money.cnn.com.

31 Suez Environnement Water for All Foundation, *2008-2010 Report*, 3쪽.

32 "Our History," Veolia Water, http://www.veoliawater.com(2012년 6월 12일 접속)에서 재인용.

33 "Générale des Eaux Group--Company Profile," Reference for Business, http://www.referenceforbusiness.com/history2(2012년 6월 12일 접속)에서 재인용.

34 전체 투자자 명단은 "Compagnie Générale des Eaux," *L'Industrie 2*, no. 81 (August 20, 1853), 615쪽에 실려 있다.

35 Charles Dickens, *Little Dorrit* (New York: Harper & Brothers, 1873)([국역] 찰스 디킨스 지음, 장남수 옮김, 『작은 도릿』 1-4, 한국문화사, 2014), 176, 243쪽.

36 Michael Wolff, "The Big Fix," *New York Magazine*, May 13, 2002. Institute of Media and Communications Policy, "Media Data Base," http://mediadb.eu (2014년 5월 5일 접속); Harry Bradford, "These Ten Companies Control Enormous Number of Consumer Brands," *Huffington Post*, April 17, 2012, http://iatp.org 등도 보라.

37 "China Wealth Fund Buys Nearly 9% of Thames Water," BBC News Business, January 20, 2012, http://www.bbc.co.uk.

38 Michael Goldman, *Imperial Nature: The World Bank and Struggles for Social Justice in the Age of Globalization* (New Haven, Conn.: Yale University Press, 2005), 31쪽을 보라.

39 세계은행은 일반 대중에게 채권을 팔고 정부 기관에 차관을 제공해서 돈을 조성한다. 세계은행 채권은 역사적으로 미국 재무부 채권보다도 투자 수익이 좋다. 주된 이유는 납세자의 돈으로 증권을 사는 각국이 세계은행을 떠받치기 때문이다. 기업의 경우처럼, 증권은 영향력을 사들이며, 가장 많은 증권을 보유한 나라가 표결권도 가장 많다. 세계은행의 역사를 통틀어 미국이 증권, 즉 출자금 비중이 가장 높았고, 미국 대통령이 세계은행 총재를 선택했는데 줄곧 미국인이었다. 국제통화기금도 비슷한 체계를 갖고 있는데, 여기서도 대부분의 표결권이 가장 부유한 나라에 집중된다. 하지만 세계은행과 달리, 국제통화기금은 역사적으로 서유럽 출신이 이끌어 왔다.

40 Jane E. Goodman and Paul A. Silverstein, *Bourdieu in Algeria: Colonial Politics,*

Ethnographic Practices, and Theoretical Developments (Lincoln: University of Nebraska Press, 2009), 13쪽.

41 K. Varvaressos and R. Zafiriou, "The Reports of the Bank's General Survey Missions: A Synthesis," Report No. E.C. 45-a, International Bank for Reconstruction and Development, March 5, 1956. 예를 들어, 세계은행이 처음 제공한 차관은 1949년 인도에 준 것으로 '미국과 캐나다에서 기관차 418량을 구입'하는 것을 포함한 '철도 복구'를 위한 1,000만 달러였다. 또 다른 차관은 '개간' 프로젝트, 즉 '황무지에 새로운 농장을 만드는' 프로젝트를 위한 트랙터 구입 용도였다. 1947년 인도는 영국으로부터 독립을 얻어 냈지만 세계은행이 제일 먼저 준 차관은 식민지 프로젝트를 완수하기 위한 것이었다.

42 Maude Barlow, *Blue Covenant: The Global Water Crisis and the Coming Battle for the Right to Water* (New York: New Press, 2009)([국역] 모드 발로 지음, 노태호 옮김, 『물은 누구의 것인가』 지식의날개, 2009), 39쪽에서 재인용. 2012년『포브스』기사에서 리처드 베허는 세계은행을 다음과 같이 묘사했다. "세계은행은 초국적 권한을 지닌 사실상의 민족국가로 끊임없이 확대되는 중이다. 2011년 세계은행의 원조 포트폴리오는 570억 달러인데 자금을 대는 각국 정부의 감독을 거의 받지 않는다. …… 자금은 토끼굴로 들어가 버려서 거의 추적이 불가능하다." 그 증거로 베허는 최근 '컴퓨터 결함' 때문에 20억 달러가 사라진 사실을 예로 들었다. Richard Behar, "World Bank Mired in Dysfunction: Mess Awaits New Head," *Forbes*, July 27, 2012.

43 Mike Davis, "The Imperial Economy of Late-Imperial America," *New Let Review* 143 (January/February 1984): 9쪽.

44 Bakker, *Privatizing Water*, 131쪽.

45 세계은행은 1962년(니카라과)과 1963년(동파키스탄[현재의 방글라데시. –옮긴이])에 처음으로 도시 수도 공급망에 자금을 지원했다. 이 정보는 내가 직접 1940~1975년 세계은행 문서와 보고서를 검토하고 내린 결론이다. "Documents and Reports," World Bank, http://documents.worldbank.org/curated/en(2012년 6월 5~10일 접속). Bakker, *Privatizing Water*, 66쪽도 보라.

46 "The World Bank Position on the Report of the World Commission on Dams," United Nations Environment Programme, Dams and Development Projects, December 2001, http://unep.org/dams.

47 여기서 인용하는 문서는 2012년에 http://web.worldbank.org/WBSITE/EXTERNAL에서 접속한 것이다. 같은 사이트를 지금 방문하면 다음과 같은 내용이 나온다. "세계은행이 보기에 연구나 역사와 관련해서 가치가 있는 사이트만 아카이브로 남겨 놓습니다. …… 당신이 찾는 사이트가 인터넷에서 접속되지 않고 웹아카이브에 없다면, 접근이 불가능한 내용입니다." 세계은행은 현재 1995년 이후 간행된 문서들만 접속 가능하게 해놓았다.

48 World Bank, *An Evaluation of World Bank Support, 1997-2007*: Water and Development, vol. 1 (Washington, D.C.: World Bank, 2010), 34쪽.

49 Shiney Varghese, "Privatizing U.S. Water," Institute for Agriculture and Trade Policy, July 2007, 2쪽, http://iatp.org.

50 David Hall and Emanuele Lobina, "Water Privatisation," Public Services International Research Unit, University of Greenwich, April 2008, 2쪽, http://www.psiru.org.

51 "At a Glance: Water," World Bank, 2013, http://water.worldbank.org.

52 "IFC Diversifies Its Water Lending Strategies," *Global Water Intelligence* 13, no. 6 (June 2012). David Hall and Emanuele Lobina, "Water Companies and Trends in Europe 2012," Public Services International Research Unit, University of Greenwich, August 2012도 보라.

53 "IFC to Ramp Up Watsan Commitment," *Global Water Intelligence* 10, no. 12 (December 2009)를 보라. 라오-모나리의 말은 "Veolia AMI Brings in Development Agencies to Enhance PPP Strategy," Global Water Intelligence 9, no. 1 (January 2008)에서 재인용한 것이다.

54 2012년 3월 17일 세계 물 포럼에서 열린 아프리카 물 담당 장관 협의회 회의에서 협의회 사무총장 바이-마스 탈Bai-Mass Taal이 발언한 내용이다.

55 Bertrand Dardenne, *Financing Local Water Utilities: Review of Some Experiences*, background paper (Paris: Agence Français de Développement, March 2012), 26쪽.

56 *Forum Gazette*, March 14, 2012, 2쪽에서 재인용.

57 Goldman, *Imperial Nature*, 242~43쪽에서 재인용.

58 앞의 책, 240쪽.

59 "Drinking Water Service," Veolia Water, http://www.veoliawater.com/solutions/drinking-water(2012년 6월 10일 접속).

60 수에즈앙비론망[수에즈인바이런먼트의 프랑스어 명칭. -옮긴이] 홈페이지, http://www.suez-environnement.com(2012년 6월 10일 접속).

61 Alan Snitow, Deborah Kaufman, and Michael Fox, *Thirst: Fighting the Corporate Theft of Our Water* (San Francisco: John Wiley, 2007), 77쪽.

62 Saijel Kishan and Madelene Pearson, "Water Outperforms Oil, Luring Pickens, GE's Immelt," Bloomberg News, June 26, 2006.

63 Meng Jing, "Water Future: Opportunities Galore for Foreign Companies as Demand for Strategic Resource Escalates in China," *China Daily/European Weekly*, March 9-15, 2012.

64 Steven Halpern, "Investing in Water: A 'Sleeper' Sector," DailyFinance, February 8, 2008, http://www.bloggingstocks.com/2008/02/08/investing-in-water-a-sleeper-sector에서 재인용.

65 "Go with the Flow: Top Water Stock Picks," CNBC Stock Blog, August 11, 2008, http://www.cnbc.com에서 재인용.

66 일리노이 주에서 아메리칸워터는 30퍼센트를 상회하는 일괄 인상을 요청했다. 일리노이 주는 17~26퍼센트의 요금 인상을 허가했다. Amy Werrick, "Cash Flows in Water Deals," *Wall Street Journal*, August 12, 2010을 보라. 피츠버그 시 상하수도사업소의 마이클 케니Michael Kenney 소장에 따르면, 이 도시에서는 주 수도 "요금이 민간 기업이 부과하는 요금보다 25~30퍼센트 낮다." Adam Brandolph, "Pittsburgh Weighs Water Privatization," *Pittsburgh Tribune-Review*, July 20, 2010을 보라.

67 Jon R. Luoma, "Water for Profit," *Mother Jones*, November/December 2002를 보라.

68 AquaFed, *Sustainable Economics for Water and Sanitation*, JMM_V2_2012-03-13.doc (Paris: AquaFed, 2012), 2쪽.

69 Richard Lawrence, "A Water Solution in a Bag," *Journal of Commerce*, August 29, 1996, 1~4쪽에서 재인용.

70 "Fostering Good Governance in the Water Sector: Key Lessons and Recommendations," World Water Forum, Marseille, France, March 15, 2012에서 한 청중이 한 발언.

71 Julio Godoy, "Water and Power: The French Connection," iWatchNews, Center for Public Integrity, August 11, 2011, http://www.iwatchnews.org.

72 법원 문서에서도 볼 수 있는 이 내용은 2004년 3월 31일 캐나다 CBC방송 프로그램 〈제5계급the fifth estate〉의 "물속의 시체Dead in the Water" 편에서 정리한 것이다. http://www.cbc.ca에서 대본을 볼 수 있다.

73 *Forum Gazette*, March 17, 2012, 8쪽.

74 Arundhati Roy, *The Algebra of Infinite Justice* (London: Flamingo, 2002), 33쪽.

75 Evo Morales, "Message on Behalf of the Indigenous Peoples at the Third World Water Forum," in *Water and Indigenous Peoples*, ed. Rutgerd Boelens, Moe Chiba, and Douglas Nakashima (Paris: UNESCO-LINKS, 2006), 22~23쪽.

1장_캘리포니아 가뭄 당시의 물 사재기

76 Rebecca Clarren, "Pesticide Drift: Immigrants in California's Central Valley Are Sick of Breathing Poisoned Air," *Orion*, July/August 2008, 56쪽에서 재인용.

77 "Huron California Water Quality Report," Water-Delivery.org, http://water-delivery.org(2012년 8월 1일 접속)을 보라.

78 이 프로그램은 파라마운트팜스Paramount Farms의 소유주 스튜어트 레스닉Stewart Resnick이 설립한 단체인 지속 가능한 델타를 위한 연맹Coalition for a Sustainable Delta에서 제작비를 일부 지원받았다. 제작에 관여한 다른 단체인 라틴계물연맹Latino Water

Coalition은 슈워제네거 주지사가 납세자들이 낸 돈으로 설립하고 운영하는 곳이었다. Malcolm Maclachlan, "Governor Presided over Birth of Latino Water Coalition," *Capitol Weekly*, October 8, 2009를 보라. Yasha Levine, "The Looming Water Disaster That Could Destroy California, and Enrich Its Billionaire Farmers," AlterNet, March 22, 2010, http://www.alternet.org도 보라.

79 Dan Bacher, "Sean Hannity Spreads Dangerous Misinformation about California Water," California Progress Report, September 21, 2009, http://www.californiaprogressreport.com에서 재인용.

80 누네스는 다음과 같이 말했다. "세계 어디서도 민주주의 국가가 자국민에게서 물을 앗아간 예는 없습니다. 그런 나라가 어디인지 아십니까? 짐바브웨가 그런 나랍니다."

81 Janice Arenofsky, "Valley Fever Blowin' on a Hotter Wind," The Daily Climate, April 15, 2009, http://www.dailyclimate.org.

82 John Muir, *The Mountains of California* (New York: Century, 1894), 339쪽.

83 Maureen Cavanaugh and Pat Finn, "The King of California's Central Valley," KPBS, June 25, 2009, http://www.kpbs.org에서 재인용.

84 Mark Arax and Rick Wartzman, *The King of California: J. G. Boswell and the Making of a Secret American Empire* (New York: Public Affairs, 2003), 126쪽.

85 California Department of Water Resources, *History of California's Water Development*, 500-2000. Sacramento: California Department of Water Resources, 날짜 없음을 보라.

86 Arax and Wartzman, *The King of California*, 81쪽에서 재인용.

87 개간법이 미친 영향을 역사적으로 고찰한 글로는 Richard W. Wahl, "Redividing the Waters: The Reclamation Act of 1902," *Natural Resources & Environment* 10, no. 1 (1995): 31~38쪽을 보라.

88 경제학자 리처드 월Richard Wahl에 따르면, 실제로 납세자들이 이 사업비의 85퍼센트를 부담했다. 그런데 사업의 혜택은 대부분 기업형 농장이 챙겼다. 앞의 글, 33쪽.

89 Arax and Wartzman, *The King of California*, 78쪽.

90 앞의 책, 12쪽에서 재인용.

91 앞의 책, 11쪽에서 재인용.

92 Robert Gottlieb, *A Life of Its Own: The Politics and Power of Water* (San Diego, Calif.: Harcourt Brace Jovanovich, 1988), 12~13쪽.

93 Mark Grossi, "Westlands District a Powerhouse for Valley Farmers," *Fresno Bee*, November 7, 2009에서 재인용.

94 앞의 글을 보라.

95 L. G. Carter, "The Destruction of the American West," *Penthouse*, January 1999에서 재인용.

96 Gottlieb, *A Life of Its Own*, 79~80쪽.

97 Public Citizen, California Office, *Water Heist: How Corporations Are Cashing in on California's Water* (Oakland, Calif.: Public Citizen, December 2003), 10, 15쪽을 보라.

98 John Gibler, "Lot in the Valley of Excess," *Earth Island Journal* 5, no. 4 (2011), http://www.earthisland.org에서 재인용.

99 앞의 글에서 재인용.

100 랄로 프랑코의 발언은 모두 2011년 12월 26일 타치-요커트족 본부에서 그와 한 인터뷰에서 따온 것이다.

101 William L. Preston, *Vanishing Landscapes: Land and Life in the Tulare Lake Basin* (Berkeley: University of California Press, 1981), 49쪽.

102 앞의 책, 36쪽.

103 Raymond Jeff, "Yokuts in the Valley," ABC News 30, Fresno, August 1, 2009.

104 Arax and Wartzman, *The King of California*, 218쪽에서 재인용.

105 Dennis Hevesi, "James G. Boswell II, 86, Owner of Cotton Empire, Dies at 86," *New York Times*, April 9, 2009.

106 파커는 스털링야생생태Sterling Wildlife Biology[조류학자 스털링이 캘리포니아 주 우들랜드에서 운영하는 회사. 조류 관찰 투어 가이드, 조류 보호 등이 주요 업무이다.-옮긴이]의 존 스털링John Sterling이 컨워터뱅크를 미국 5대 민물 습지로 꼽았다고 말해 주었다.

107 1995년, 컨카운티수리공사Kern County Water Agency는 범람을 예방하기 위해 컨워터뱅크에서 지하수를 뽑아내기 시작해야 한다는 긴급 발표를 했다. Gregory A. Thomas, *Designing Successful Groundwater Banking Programs in the Central Valley: Lessons from Experience* (Berkeley, Calif.: Natural Heritage Institute, 2001), 91쪽, http://www.n-h-i-.org.

108 "Sinking on the West Side," Fresno Bee, April 22, 2007. B. E. Lofgren and R. L. Klausing, *Land Subsidence Due to Ground-Water Withdrawal: Tulare-Wasco Area, California*, Studies of Land Subsidence, Geological Survey Professional Paper 437-B (Washington, D.C.: U.S. Government Printing Office, 1969), B-7쪽도 보라.

109 Michael Hiltzik, "Something's Not Right about This California Water Deal," *Los Angeles Times*, August 18, 2010을 보라.

110 파커는 다음과 같이 말했다. "그래서 농민들은 계약업자들과 만나서 조건을 어떻게 할 것인가에 관해 합의에 도달했는데, 그 합의 중 하나는 컨워터뱅크를 컨카운티수리공사에 양도하는 거였습니다." 컨카운티수리공사는 40,000에이커풋[약 4,930만 세제곱미터-옮긴이]을 포기했고, 참가자 중 하나인 더들리리지워터디스트릭트Dudley Ridge Water District는 5,000에이커풋[약 617만 세제곱미터-옮긴이]을 포기했다. 파커의 말에 따르면, "계약상 한 해에 사용할 수 있는 물의 양이 45,000에이커풋입니다. 당시 1에이커풋[약 1,233세제곱미터-옮긴이]의 물이 상품으로 약 1,000달러에 해당했고요. 어떤 사람들은 이미 계약상의 물을 1에이커풋당 1,000달러에 매

각한 상태였습니다. 따라서 캘리포니아 주가 받은 것은 4,500만 달러의 자산이었습니다."

111 몬터레이 협약의 또 다른 결과로 농민들은 자기 관개구역 바깥에서 무제한적인 양의 물을 저장할 수 있을 뿐만 아니라 매년 130,000에이커풋[약 1억 6,029만 세제곱미터–옮긴이]의 물을 도시 지역에 판매할 수 있게 되었다. 원래 계약서에서 삭제된 조항은 18(b)조이다. "Monterey Plus Environmental Impact Report: Monterey Plus Principles and Negotiations," California Department of Water Resources, http://www.water.ca.gov(2012년 8월 1일 접속)을 보라.

112 캘리포니아 주 상원 법안 제970호이다.

113 Carter, "Destruction of the American West."

114 Levine, "Looming Water Disaster That Could Destroy California."

115 Mark Grossi, "'Chinatown II'? Water Bank Sued as Wells Go Dry," *Fresno Bee*, September 5, 2010.

116 앞의 글에서 재인용.

117 Mike Taugher, "Harvest of Cash: Kern County Agency Buys Public Water Low, Sells High," Contra Costa Times, August 9, 2008.

118 *Tulare Lake Basin Water Storage District et al. v. United States*, Case No. 98-101 L, 49 Fed. Cl. 313, April 30, 2001.

119 Mike Taugher, "Gaming the Water System," *Contra Costa Times*, May 25, 2009에서 재인용.

120 Gottlieb, *A Life of Its Own*, 109쪽.

121 1997년 이전에 이런 계약은 최대 5년까지 체결할 수 있었다. 지금은 30년이 허용 조건이다. Alan Snitow, Deborah Kaufman, and Michael Fox, *Thirst: Fighting the Corporate Theft of Our Water* (San Francisco: John Wiley, 2007), 8, 69쪽. National Research Council, Committee on Privatization of Water Services in the United States, *Privatization of Water Services in the United States: An Assessment of Issues and Experience* (Washington, D.C.: National Academies Press, 2002)도 보라.

122 앨런 스니토와 데버러 카우프먼에 따르면, "레이건 시대의 무작정 굶기식 다이어트가 시작되기 직전인 1978년, 새로운 수도 기반시설 비용 중 연방 정부가 부담하는 비율이 78퍼센트였다. 2007년에 이르면, 그 비율이 3퍼센트에 불과했다." Alan Snitow and Deborah Kaufman, "Drinking at the Public Fountain: The New Corporate Threat to Our Water Supplies," Global Policy Forum, September 29, 2008, http://www.globalpolicy.org. Shiney Varghese, "Privatizing U.S. Water," Institute for Agriculture and Trade Policy, July 2007, 4쪽, http://www.iatp.org도 보라.

123 "Top 10 Ways the Obama Budget Displaces Private Entrepreneurship," FreedomWorks, March 31, 2009, http://www.freedomworks.org.

124 Public Citizen, *Water Heist*, 3, 8쪽을 보라.

125 "Gateway Village: Master Planned Community," Pearson Realty, http://www.pearsonrealty.com/Gateway/overview.html(2012년 8월 1일 접속).

126 Mark Arax, "Massive Farm Owned by L.A. Man Uses Water Bank Conceived for State Needs," *Los Angeles Times*, December 19, 2003에서 재인용.

127 컨워터뱅크의 관계 기관에는 컨카운티수리공사, 더들리리지 워터디스트릭트, 테존-캐스테익 워터디스트릭트Tejon-Castaic Water District, 웨스트사이드 뮤추얼워터West-side Mutual Water Co., 휠러리지-마리코파 워터스토리지 디스트릭트Wheeler Ridge-Maricopa Water Storage District 등이 있다. 엄밀하게 말하면 공적 기관이지만, 토지 소유에 따라 의결권이 나뉜다—가장 많은 토지를 가진 기업들이 가장 많은 의결권을 갖는다. Kelly Zito, "Suit to Get Kern Water Bank Returned to State," *San Francisco Chronicle*, July 12, 2010.

128 "Centennial, California: A New Civic-Minded Community," http://centennialca.com(2013년 9월 15일 접속). "Centennial News: The Economic Issue," July 2009, http://centennialca.com도 보라.

129 Roger Phelps, "Water Availability Is Wild Card in Possible Boswell Project," *Porterville Recorder*, March 31, 2005를 보라.

130 Lois Henry, "Hint of New Housing Could Lead to Water Peace," *Bakersfield Californian*, March 4, 2013.

131 Arax, "Massive Farm Owned by L.A. Man"에서 재인용.

132 Stewart & Jasper Orchards; Arroyo Farms, LLC; and King Pistachio Grove, Plaintiffs, v. United States Fish and Wildlife Service; United States Department of the Interior; Ken Salazar, Secretary of the Interior; Rowan W. Gould, Acting Director of the Service; and Ren Lohoefener, Regional Director of the Service's Pacific Southwest Region, Defendants, United States District Court, Eastern District of California, Complaint for Declaratory and Injunctive Relief, May 21, 2009를 보라.

133 Pacific Legal Foundation, http://www.pacifclegal.org(2011년 5월 11일 접속).

134 Don Schrack, "Drop in Import Duty Spurs Paramount Farms Pistachio Sales to India," The Packer, June 1, 2011, http://www.thepacker.com을 보라.

135 David Bacon, *The Children of NAFTA: Labors Wars on the U.S./Mexico Border* (Berkeley: University of California Press, 2004), 37~38쪽에서 재인용.

136 천연자원보호협회에 따르면, 이 법안이 통과되면 "캘리포니아 주의 환경 법률들이 무력화되어 주가 강과 베이-델타 하구, 여기 사는 야생동물과 물고기를 보호하지 못하게 된다." Doug Obegi, "Oppose the 'State Water Rights Repeal Act' (H.R. 1837)," National Resources Defense Council, Switchboard blog, February 27, 2012, http://switchboard.nrdc.org.

137 H.R. 1837 법안(2011년)에 관한 하원 전체 표결은 246표 대 176표였다. "Rep. Napolitano Pushes Back against Radical Republican Water Bill at Hearing,"

office of Congresswoman Grace F. Napolitano, press release, June 2, 2011, http://napolitano.house.gov를 보라.

138 "The Man-Made California Drought," U.S. House of Representatives, Natural Resources Committee, http://naturalresources.house.gov(2012년 6월 30일 접속).

139 Barack Obama, "Statement of Administration Policy: H.R. 1837—Sacramento-San Joaquin Valley Water Reliability Act," February 28, 2012, from American Presidency Project, http://www.presidency.ucsb.edu.

140 "California's Draft Bay Delta Conservation Plan Needs Better Integration to be Scientifically Credible, Report Finds," ScienceDaily, May 5, 2011, http://www.sciencedaily.com.

141 "델타를 복원하자Restore the Delta"라는 단체는 진정한 과학을 바탕으로 해법을 내놓고 있는데, 이 해법에는 물 은행이 아니라 물 저장을 위해 델타의 범람원을 복원하는 방안이 포함된다. 문제는 이 단체의 해법에 따르면 캘리포니아 북부로부터 "물 수출을 줄여야" 한다는 것이다. 단체는 웹사이트(http://restorethedelta.org)에서 "센트럴밸리의 물 계약업자들"이 자신들의 계획에 무자비하게 반대한다고 주장한다.

142 M. Pia Chaparro, Brent Langellier, Kerry Birnbach, Matthew Sharp, and Gail Harrison, *Nearly Four Million Californians Are Food Insecure, Health Policy Brief* (Los Angeles: UCLA Center for Health Policy Research, June 2012), 1쪽.

143 United Nations Conference on Trade and Development, *Trade and Environment Review* 2013 (Washington, D.C.: United Nations, 2013).

144 Brian Stoffel, "U.N.: These 7 Companies Impede Global Food Security," Motley Fool, September 24, 2013, http://www.fool.com.

145 "Afghanistan: Low Almond Prices Hit Farmers," IRIN, August 26, 2009, http://www.irinnews.org에서 재인용.

146 Bill Blum, "A Run on the Water Bank," California Lawyer, December 2011, http://www.callawyer.com에서 재인용.

2장_쿠데타는 어떻게 칠레의 물 시장을 열었나

147 칠레 어머니들은 지금도 피노체트의 17년 통치 중에 '실종된' 자식들을 찾고 있다. — 아옌데 지지자 수천 명이 체포되어 잔인한 고문을 받고 살해되었다. 2012년, 철야 집회에서 경찰과 충돌이 벌어지면서 255명이 연행되고 1명이 살해되었다. Associated Press, "Chile's 9/11 Protest Marks Anniversary of Pinochet Coup, Leaves 1 Dead," Voxxi, September 12, 2012, http://www.voxxi.com.

148 나오미 클라인Naomi Klein의 『쇼크 독트린*The Shock Doctrine: The Rise of Disaster Capi-*

talism』(New York: Picador, 2007)([국역] 나오미 클라인 지음, 김소희 옮김, 『쇼크 독트린』, 살림Biz, 2008)은 이런 역사에 관한 정보를 담은 훌륭한 책이며, 후안 가브리엘 발데스Juan Gabriel Valdés의 『피노체트의 경제학자들*Pinochet's Economists: The Chicago School in Chile*』(Cambridge: Cambridge University Press, 2008)도 못지않게 탁월한 책이다.

149 그밖에도 수자원법은 댐 안에 저장된 물의 상당량이 증발로 소비된다는 사실을 무시한다. (칠레에서 댐은 보통 '증발장치'라고 불린다.) 한스 악터하위스, 뤼트거르트 불런스Rutgerd Boelens, 마르흐레이트 즈바르테베인Margreet Zwarteveen 등은 칠레 물 사유화의 문제점에 관한 수많은 보고서를 인용한다. "Water Property Relations and Modern Policy Regimes: Neoliberal Utopia and the Disempowerment of Collective Action," in *Out of the Mainstream: Water Rights, Politics and Identity*, ed. Rutgerd Boelens, David Getches, and Armando Guevara-Gil (London: Routledge, 2010), 47~48쪽.

150 여기서 인용하는 후안 파블로 오레고의 말은 모두 내가 두 차례에 걸쳐 한 인터뷰에서 따온 것이다. 한번은 2010년 12월 20일에 산티아고에서 직접 했고, 다른 한 번은 2012년 3월에 인터넷전화 스카이프를 통해 했다. "Senator: Endesa Water Monopoly Prevents Investment—Chile," BNamericas, May 4, 2001, http://www.bnamericas.com도 보라.

151 Jaime Guzmán, *Derecho politico: Apuntes de las clases del professor Jaime Guzmán Errázuriz* (Santiago: Ediciones Universidad Católica de Chile, 1996), 번역은 후안 파블로 오레고. 바우어에 따르면, "1980년 헌법은 결국 …… 권력 이양의 필수 조건으로 수용되었고, 군부와 우익 동맹자들의 동의 없이는 헌법을 변경할 수 없다." Carl J. Bauer, Against the Current: Privatization, Water Markets, and the State in Chile (Boston: Kluwer Academic, 1998), 11쪽.

152 이 인수 과정의 자세한 내막에 관해서는 Francesc Trillas, "The Takeover of Enersis: The Control of Privatized Utilities," *Utilities Policy* 10 (2005): 25~45쪽을 보라. Carl J. Bauer, "Dams and Markets: Rivers and Electric Power in Chile," Natural Resources Journal 49 (Summer/Fall 2009): 583~651쪽도 보라.

153 이 거래는 또한 칠레에서 "불꽃 사건Caso Chispa"으로 불린다. Juan Sharpe, "El controvertido estilo de José Yuraszeck, el nuevo patrón del fútbol," El Dinamo, February 1, 2013도 보라. "uno de los mayores negocios oestafas ... de la historia inanciera chilena"를 지은이가 번역함. 오레고는 칠레 사람들이 이 거래를 "세기의 도둑질"이라고 지칭한다고 말했다.

154 Joseph Collins and John Lear, "Pinochet's Giveaway: Chile's Privatization Experience," *Multinational Monitor* 2, no. 5 (May 1991), http://www.multinationalmonitor.org에서 재인용.

155 "Enel, Acciona Acquire Endesa with $60 Bn Bid," Financial Express, October 6, 2007, http://www.financialexpress.com/news를 보라.

156 Bronwen Morgan, *Water on Tap: Rights and Regulation in the Transnational Governance*

of Urban Water Services (Cambridge: Cambridge University Press, 2012), 118쪽.

157 모건에 따르면, "남부의 콘셉시온Concepción 시에서 비공식적으로 진행된 주민투표를 비롯해 민영화에 반대하는 일반 대중의 반발 때문에 거래가 철회되었다. 콘셉시온의 주민투표에서는 시 인구의 절대 다수가 영국에 본사를 둔 템스워터가 지역의 물 회사를 매입하는 데 대해 반대했다(그렇지만 매입을 저지하지는 못했다)." 앞의 책, 123쪽.

158 Bauer, *Siren Song*, 25~26쪽을 보라.

159 World Bank Group, "Country Partnership Strategy for the Republic of Chile for the Period FY11-FY16," Report No. 57989-CL, January 11, 2011, 2쪽.

160 Morgan, *Water on Tap*, 119쪽.

161 2011년 1월 3일 칠레 코이아이케Coyhaique에서 파트리시오 세구라와 한 인터뷰. 세구라는 하이드로아이센HydroAysén 댐에 반대하는 싸움을 하는 "아이센을 지키기 위한 연합Coalición Ciudadana Aysén Reserva de Vida"에서 일한다.

162 Jessica Budds, "Water Rights, Mining and Indigenous Groups in Chile's Atacama," in Boelens et al., *Out of the Mainstream*, 201쪽.

163 오레고의 말을 들어보자. "현재 광업은 칠레에서 생산되는 전체 에너지 중 최소한 36~37퍼센트를 소비하고 있습니다. 따라서 나는 물, 에너지, 광업의 연계가 우리의 헌법과 법률 체제의 방향을 좌우하는 세 가지 벡터라고 봅니다. 정말 이런 식으로 진행되고 있다고 생각해요." Bauer, *Against the Current*, 86쪽을 보라. 2012년 세계 물 포럼에서 '남북 아메리카' 토론단은 칠레의 물 시장 덕분에 "물 권리를 매점, 투기, 사용해서 수력 발전 부문에서 시장의 힘을 행사하는 것이 장려되었다"고 주장했다. Regional Process for the Americas Group, *Americas' Water Agenda: Targets, Solutions and the Paths to Improving Water Resources Management* (출판지 없음: Regional Process for the Americas Group, March 2012), 54쪽.

164 María Florencia Jensen Solivellas, "Inmigrantes en Chile: La exclusión vista desde la política migratoria chilena" (paper presented at the third Congress of the Latin American Population, ALAP, Córdoba, Argentina, September 24-26, 2008), 번역은 지은이.

165 Jaime Massardo, "Five Hundred Years of Expropriation and Resistance: The Plight of Chile's Mapuches," trans. Malcolm Greenwood, *Le Monde diplomatique*, November 1999.

166 "La inmigración tendría como uno de los resultados más directos el aumento de la población, el mejoramiento técnico y el perfeccionamiento de las condiciones biológicas de la raza." Ximena Zavala San Martín and Claudia Rojas Venegas, "Globalización, procesos migratorios y Estado en Chile," in *Migraciones, globalización y género en Argentina y Chile* (Buenos Aires: Centro de Encuentros Cultura y Mujer, 2005), 175쪽에서 재인용.

167 Claudia Bucciferro, *For-Get: Identity, Media, and Democracy in Chile* (Lanham, Md.:

University Press of America, 2012), 140쪽에서 재인용.

168 Margreet Zwarteveen, "A Masculine Water World: The Politics of Gender and Identity in Irrigation Expert Thinking," in Boelens et al., *Out of the Mainstream*, 79쪽.

169 Phil Davison, "Paul Schäfer: Nazi Colonel Who Established an Anti-Semitic Colony in Chile after the War," *Independent*, May 24, 2010, http://www.independent.co.uk.

170 Del Anaquod, Margaret Thomas, and Kenneth I. Taylor, *Report on the Present Situation of the Mapuche in Chile* (Washington, D.C.: Working Group on Indigenous Populations of the United Nations, 1984), http://www.cwis.org.

171 "Undue Process: Terrorism Trials, Military Courts, and the Mapuche in Southern Chile," *Human Rights Watch* 16, no. 5(B) (October 2004): 1~2, 5쪽. 휴먼라이츠워치에 따르면, "인권위원회, 고문방지위원회, 인종차별철폐위원회 등 유엔의 몇몇 기구는 칠레 정부가 일반 범죄를 저지른 마푸체족 사람들을 테러방지법으로 기소하는 데 대해 우려를 나타냈다." "Chile: Amend Anti-terrorism Law and Military Jurisdiction," Human Rights Watch, September 27, 2010, http://www.hrw.org.

172 Zwarteveen, "Masculine Water World," 90쪽.

173 "Chile: The Struggle of the Pehuenche against the Ralco Dam," World Rainforest Movement Bulletin, no. 42 (January 2001), http://www.wrm.org.uy.

174 Bauer, *Against the Current*, 110쪽.

175 앞의 책.

176 Sophie Arie, "The Mapuches' Last Stand," *World Press*, June 21, 2011, http://www.worldpress.org에서 재인용.

177 "Undue Process," 15쪽.

178 "Chile: The Struggle of the Pehuenche."

179 John Ahniwanika Schertow, "Continued Aggression Leads to Mapuche Declaration of War," Intercontinental Cry, October 30, 2009, http://www.intercontinentalcry.org.

180 "Liberty and Justice for Chief Juana Calfunao Paillalef," letter to President Richard Lagos, Mapuche International Link, January 20, 2006, http://www.mapuche-nation.org/english/html/news/letter-05.htm.

181 Nina Dean, "Death by Spin: Piñera Orchestrates Ultimate 'Pacification of Araucania,'" Mapuche International Link, September 25, 2010, http://www.mapuche-nation.org/english/html/articles/art-21.htm에서 재인용.

182 2005년 물 매점water hoarding을 근절하려는 시도로 물 권리를 사용하지 않는 데 대해 수수료 부과가 시행되었다. 하지만 하이드로아이센이 값비싼 수수료를 내기보다 차라리 댐 건설을 서두르는 의도하지 않은 결과가 생길 수도 있다. María de la Luz

Domper, "Chile: A Dynamic Water Market," *Libertad y Desarrollo*, March 2009, 7쪽.

183 1990년 톰킨스는 자신이 소유한 회사 지분을 부인을 비롯한 동업자들에게 매각했다. 그는 결국 1억 5,000만 달러가 넘는 돈을 받아서 회사를 떠났다. John Ryle, "Lord of All He Surveys," *Outside*, June 1998을 보라.

184 앞의 글에서 재인용.

185 스페인이 칠레 중부에서 마푸체족을 상대로 군사행동을 벌이는 동안 많은 마푸체족이 파타고니아로 도망쳐서 테웰체족에게 야생화된 소를 사냥하는 법을 배우고 부족 간 혼인을 했다. A. F. Tschiffely, *This Way Southward: A Journey through Patagonia and Tierra de Fuego* (1945; repr., Geneva: Long Riders' Guild Press, 2001)을 보라.

186 Ryle, "Lord of All He Surveys." 오레고는 다음과 같이 설명했다. "톰킨스 부부가 양을 없앴다는 사실은 아주 논쟁적인 문제입니다. 파타고니아의 일부 사람들은 사실 영국인들이 들여온 양을 이 지역과 동일시하거든요. 게다가 영국인들은 양을 키우기 위해 인디오를 모두 죽였습니다. 그런데 사람들은 혼동하고 있어요. 양을 파타고니아와 동일시합니다."

187 "Cuando el pueblo despierte, y la Region despierte de los consecuencias de las represas, seria el momento de repensar el modelo de la economic. Sin un plan maestro pais que demuestras cuanto consume, cuanto pueblo, que tipo de technologia, un ordenamiento territorial, y un buen entendimiento ecologico todos nosotros estamos abordo un naive sin timón, rumbo al abismo." 번역은 지은이.

188 Kris Tompkins, "Wild Transformations," Patagonia, Holiday 2006, http://www.patagonia.com.

189 Ryle, "Lord of All He Surveys."

190 John C. Fyfe and Oleg A. Saenko, "Human-Induced Change in the Antarctic Circumpolar Current," *Journal of Climate* 18 (August 1, 2005): 3068~73쪽을 보라.

191 Marcus Sobarzo Bustamante, "The Southern Chilean Fjord Region: Oceanographic Aspects," trans. Ben Machado, in *Marine Benthic Fauna of Chilean Patagonia*, ed. V. Häussermann and G. Försterra (Puerto Montt: Nature in Focus, 2009), 53쪽.

192 Jose Luis Iriarte, Humberto E. González, and Laura Nahuelhual, "Patagonia Fjord Ecosystems in Southern Chile as Highly Vulnerable Region: Problems and Needs," *Ambio* 39, no. 7 (2010): 465~66쪽.

193 『가디언』에서 보도하는 것처럼, "지구온난화로 정상적인 대기 순환이 교란됨에 따라 지구 절반을 휩쓰는 무역풍이 약해지고 있다." Ian Sample, "Trade Winds Weaken with Global Warming," *Guardian*, May 4, 2006. 과학자들은 또한 '인간의 영향' 때문에 남극순환류가 점차 남쪽으로 이동하고 있음을 발견했다. 남극순환

류는 이제까지 남쪽으로 45킬로미터 이동했는데, 이 중 절반 정도는 1950년대 이후 일어난 것이다. Fyfe and Saenko, "Human-Induced Change"를 보라.

194 Bustamante, "Southern Chilean Fjord Region," 53쪽.

195 Thomas J. Verleye, "Late Quaternary Environmental Changes and Latitudinal Shifts of the Antarctic Circumpolar Current as Recorded by Dinoflagellate Cysts (41°S)," *Quaternary Science Reviews* 29, nos. 7-8 (April 2010): 1025~39쪽을 보라.

196 지리학자 악셀 보르스도르프Axel Borsdorf에 따르면, "편서풍 해류 및 남극순환류의 이동과 관련된 현세Holocene[신생대 제4기의 마지막 지질시대. 플라이스토세 빙기가 끝난 약 1만 년 전부터 현재까지의 기간—옮긴이] 기후변화의 중요한 기록들을 보면, 이 지역은 인간 활동의 국지적 강화와 동시에 일어나는 전 지구적 기후변화 시나리오에 무척 취약해진다." Axel Borsdorf, "The Hydroelectrical Potential of North-Western Patagonia: Balancing Economic Development and Ecological Protection," in *Challenges for Mountain Regions: Tackling Complexity*, ed. A. Borsdorf, G. Grabherr, K. Heinrich, B. Scott, and J. Stötter (Vienna: Böhlau, 2010), 158쪽.

197 "Ocean Less Effective at Absorbing Carbon Dioxide Emitted by Human Activity," *ScienceDaily*, February 23, 2009, http://www.sciencedaily.com을 보라.

198 현재 물 수요와 경쟁이 고조되는 가운데 빙하를 보호하는 입법이 계류 중이다. A. Rojas, B. Reyes, L. Magzul, H. L. Morales, R. Borquez, and E. Schwartz, *Analysis of the Role of Institutions in Water Conflicts: Final Report* (Ottawa: Social Sciences and Humanities Research Council of Canada, Institutional Adaptation to Climate Change Project, July 2008), 11쪽. Julia Thompson, "Aguas Andinas to Study Glaciers," Patagonia Times, April 30, 2008도 보라.

199 Benjamin Witte, "Chile's 21st Century Gold Rush," *Patagonia Times*, September 12, 2007.

200 Budds, "Water Rights, Mining and Indigenous Groups," 208쪽. 가야르도의 말은 "Chile's 21st Century Gold Rush," Santiago Times, September 13, 2007에서 재인용한 것이다.

201 Rojas et al., *Analysis of the Role of Institutions*, 11쪽; Jimmy Langman, "Under a Deluge: Global Warming, Glaciers and Dams on the Baker River," Patagon Journal, summer 2012, http://www.patagonjournal.com; "Glaciers Melting Fast in South America," LiveScience, September 5, 2012, http://www.livescience.com 등을 보라.

202 Langman, "Under a Deluge"에서 인용. Regional Process for the Americas Group, *Americas' Water Agenda*, 32쪽도 보라.

203 James Rickards, *Currency Wars: The Making of the Next Global Crisis* (New York: Penguin, 2012), 163쪽.

204 "Chile Considers Constitutional Reform of Freshwater Rights," Circle of

Blue Water News, January 28, 2010, http://www.circleoblue.org.

205 Jonathan Franklin, "Pro-Pinochet Celebration Leads to Street Protests in Santiago," *Guardian*, June 10, 2012, http://www.guardian.co.uk를 보라. "La hermana del organizador de homenaje a Pinochet fue torturada en dictadura: 'Oírlo me hiere.' Francisca González relató como su hermano no hizo nada para ayudarla," Cambio21, July 6, 2012, http://www.cambio21.cl/cambio21도 보라.

206 Armando Guevara-Gil, Rutgerd Boelens, and David Getches, "Conclusions: Water Rights, Power and Identity," in Boelens et al., *Out of the Mainstream*, 331쪽.

207 1997년, 인종 관계 조정관 라진 프라사드Rajen Prasad는 더 나아가 뉴질랜드를 "이위iwi[마오리]와 정부의 관계를 규정하는 건국 문서와 토착 문화를 지닌 다종족 사회"로 정의했다. Augie Fleras and Paul Spoonley, *Recalling Aotearoa: Indigenous Politics and Ethnic Relations in New Zealand* (Auckland: Oxford University Press, 1999), 221쪽에서 재인용.

208 Kevin Funk, "'Today There Are No Indigenous People' in Chile? Connecting the Mapuche Struggle to Anti-neoliberal Mobilizations in South America," *Journal of Politics in Latin America* 4, no. 2 (2012): 125~40쪽에서 재인용.

209 Eddie Durie, "The Rule of Law, Biculturalism and Multiculturalism" (paper presented at the conference of the Australasian Law Teachers Association, Hamilton, New Zealand, July 2005), 1쪽.

210 Will Kymlicka, *Multicultural Citizenship: A Liberal Theory of Minority Rights* (Oxford: Oxford University Press, 1995)([국역] 윌 킴리카 지음, 황민혁 옮김, 『다문화주의 시민권』, 동명사, 2010)를 보라.

211 G. Raumati Hook and L. Parehaereone Raumati, "A Validation of Māori Social Principles and the Global Fresh Water Crisis," *MAI Review*, no. 1 (2011): 9쪽, http://www.review.mai.ac.nz.

212 "Key Pokes Stick in Wasps Nest over Water Rights," New Zealand First, September 14, 2012, http://nzirst.org.nz/news에서 재인용.

213 Hook and Raumati, "A Validation of Māori Social Principles," 9~10쪽.

3장_남아공의 물 아파르트헤이트

214 "White Paper on Water Policy," South Africa, April 30, 1997, http://www.africanwater.org/wp3.htm.

215 Billy Nair, interview by D. Shongwe, July 12, 2002, for the "Voices of Resistance" Oral History Project, Documentation Centre, University of KwaZu-

lu-Natal, Durban, http://scnc.ukzn.ac.za.

216 2007년 6월 로벤 섬에서 내가 수행한 인터뷰에서 따온 내용이다.

217 Evelina Rioukhina and David Winch, "'Anything Is Possible': Interview with the UN High Commissioner for Human Rights, Ms. Navanethem (Navi) Pillay," *UN Special*, no. 679, December 2008, http://wwwunspecial.org에서 재인용. 결국 섬에도 관정을 뚫어서 여전히 소금기는 조금 있지만 식수와 샤워용 물을 공급할 수 있었다. 빌리 네어는 2002년 "저항의 목소리Voices of Resistance" 프로젝트 인터뷰에서 이렇게 말했다. "그러니까 그냥 견뎌야 했지요. 그 물, 관정에서 나온 물도 섬에서는 먹는 물이었어요."

218 타운십은 별도의 조세 기반을 유지했고, "사실상 주민들에게 적절한 기반시설이나 사회서비스를 제공할 자원이 전무했다." South African Cities Network, State of the Cities Report 2004, ed. Andrew Boraine (Johannesburg: South African Cities Network, 2004), 25쪽.

219 남아공도시네트워크South African Cities Network는 다음과 같이 말한다. "아파르트헤이트 도시의 핵심에는 공간의 정치경제학이 있었다. 여기에는 두 가지 핵심적인 특징이 있었다. 인종에 바탕을 둔 공간 계획과 다수를 희생으로 한 일부의 발전을 의미하는 정치경제학이 그것이다." 앞의 책, 24쪽.

220 "White Paper on Water Policy."

221 타운십 행정의 역사에 관한 훌륭한 개관으로는 Ivan Evans, "The 'Properly Planned Location,'" in *Bureaucracy and Race: Native Administration in South Africa* (Berkeley: University of California Press, 1997)을 보라.

222 South African Cities Network, *State of the Cities Report* 2004, 14쪽.

223 Abhijit V. Banerjee, Sebastian Galiani, Jim Levinsohn, Zoë McLaren, and Ingrid Woolard, "Why Has Unemployment Risen in the New South Africa?," *Economics of Transition* 16, no. 4 (October 2008): 715~40쪽을 보라.

224 Sean Jacobs, "After Mandela," The Nation, June 23, 2013, http://www.thenation.com. Statistics South Africa, *Mortality and Causes of Death in South Africa, 2006: Findings from Death Notification*, no. P0309.3 (Pretoria: Statistics South Africa, 2008)도 보라.

225 "Mozambicans Flee South Africa Riots," BBC News, May 26, 2008, http://news.bbc.co.uk에서 재인용.

226 Hirsh Jain, "Community Protests in South Africa: Trends, Analysis, and Explanations," Community Law Centre, University of Western Cape, Local Government Working Paper Series No. 1, August 2010.

227 Franz Wild, "South African Protesters Attack Police Houses during Riot," Bloomberg News, January 22, 2013, http://www.bloomberg.com/news.

228 Ebrahim-Khalil Hassen, "Unemployment in South Africa: Feel It, the Ticking Time Bomb Is Here," South African Civil Society Information Service,

June 23, 2011, http://sacsis.org.za.

229 Ronnie Kasrils, "Introduction," in *Armed and Dangerous: From Undercover Struggle to Freedom*, 4th ed. (Johannesburg: Jacana Media, 2013), as extracted in Kasrils, "How the ANC's Faustian Pact Sold Out South Africa's Poorest," Guardian, June 23, 2013. 2010년, 위니 만델라Winnie Mandela는 전 남편에 관해 이렇게 말했다. "만델라는 우리의 기대를 저버렸어요. 그는 흑인들에게 불리한 거래에 동의했습니다. 경제 면에서 볼 때, 우리는 여전히 외부자 신세입니다. 경제는 대부분 '백인'의 수중에 있지요. …… 만델라는 이제 기업 재단과 흡사합니다." Colin Fernandez, "Winnie Mandela Accuses Nelson of 'Betraying' the Blacks of South Africa," *Daily Mail*, March 8, 2010에서 재인용.

230 "South Africa: Country Brief," World Bank, http://www.worldbank.org(2009년 10월 15일 접속).

231 Joseph Stiglitz, "Challenging the G20's Agenda of Corporate Globalization" (speech presented at the People's Summit, Pittsburgh, Pennsylvania, September 23, 2009). 스티글리츠가 연설을 한 민중정상회담People's Summit은 2009년 G20 행사와 동시에 진행된 대안 정상회담이다.

232 Kasrils, "Introduction."

233 Vishnu Padayachee, "Debt, Development and Democracy: The IMF in Post-apartheid South Africa," *Review of African Political Economy* 21, no. 62 (December 1994): 589쪽. 1994년에 발표한 이 훌륭한 논문에서 파다야치는 국제통화기금의 압력 때문에 남아공에서 어떤 일이 생길지를 일찌감치 예견한다.

234 Vishnu Padayachee, "Can the RDP Survive the IMF?," *South Africa Report* 9, no. 5 (1995), http://www.africailes.org.

235 Food and Agriculture Organization of the United Nations, Subregional Office for Southern and East Africa, *Drought Impact Mitigation and Prevention in the Limpopo River Basin: A Situation Analysis*, Land and Water Discussion Paper 4 (Rome: Food and Agriculture Organization of the United Nations, 2004), http://www.fao.org를 보라.

236 Padayachee, "Debt, Development and Democracy."

237 Amy Goodman, "The Poetic Justice of Dennis Brutus," *The Citizen*, January 4, 2010에서 재인용.

238 Kasrils, "Introduction."

239 William Mervin Gumede, *Thabo Mbeki and the Struggle for the Soul of the ANC* (Cape Town: Struik, 2007), 94~95쪽.

240 Naomi Klein, *The Shock Doctrine: The Rise of Disaster Capitalism* (New York: Picador, 2007), 209쪽.

241 1994~95년, 세계무역기구(WTO)는 남아공에 무역 장벽을 철폐하도록 강요해서 자산 해외 도피를 야기했다(가령 드비어스De Beers는 스위스로 옮겨갔다). 일부 경제

학자들은 이런 이전을 1994년 이후 남아공의 실업률이 증가하는 가운데 공공 부문이 삭감된 탓으로 돌린다. 실업에 관한 논의로는 Judith Christine Streak, "The Gear Legacy: Did Gear Fail or Move South Africa Forward in Development?" *Development Southern Africa* 21, no. 2 (June 2004): 271~88쪽을 보라. 세계무역기구가 남아공에 미친 영향에 관해서는 Nnarndi O. Madichie, "Better Off Out? The Costs and Benefits of Sub-Saharan Africa's Membership of the World Trade Organization," *Journal of African Business* 8, no. 1 (2007): 5~30쪽을 보라. 경제학자 조엘 네치텐제Joel Netshitenzhe에 따르면, "성장 · 고용 · 재분배 계획은 거시경제 상황을 안정시키기 위해 스스로 부과한 구조조정 정책이었다." Philip Harrison, Alison Todes, and Vanessa Watson, *Learning from the Post-apartheid Experience* (New York: Routledge, 2008), 62쪽에서 재인용.

242 1986년, 수에즈는 그룹파이브Group Five라는 이름의 다른 회사와 합작투자로 WSSA(Water and Sanitation Services Africa)를 설립하고 콰줄루나탈 주에서 폐수 처리 사업을 시작했다. 1992년, 수에즈는 퀸스타운Queenstown(이스턴케이프 주)에서 25년짜리 계약을 따냈고, 1993년에는 WSSA가 스투테어하임Stutterheim(이스턴케이프 주)에서 10년짜리 임대 계약에 서명했으며, 1996년에는 수에즈가 잔드블리트하수처리장Zandvliet Waste Treatment Works(웨스턴케이프 주)의 운영 · 관리 계약을 따냈다. 결국 수에즈는 남아공 전역에서 200건 이상의 비슷한 계약을 획득했다. Patrick Bond, "Johannesburg's Water Wars: Suez vs. Soweto," Le Passant Ordinaire, January 3, 2004를 보라. Peter H. Gleick, *The World's Water, 1998-1999: Biennial Report on Freshwater Resources* (Washington, D.C.: Island Press, 1998), 130쪽도 보라.

243 Dale McKinley, "Water Is Life: The Anti-privatisation Forum and the Struggle against Water Privatisation," South African Regional Poverty Network, http://www.sarpn.org.za(2009년 11월 20일 접속).

244 James Ferguson, *The Anti-politics Machine: "Development," Depoliticization, and Bureaucratic Power in Lesotho* (Minneapolis: University of Minnesota Press, 1994), 49, 27쪽. 1960~70년대에 레소토 남성의 60퍼센트가 남아공의 광업이나 농업에서 일했다. Jacques Leslie, *Deep Water: The Epic Struggle over Dams, Displaced People, and the Environment* (New York: Farrar, Straus and Giroux, 2005), 148쪽을 보라. "South Africa: Country Brief"도 보라.

245 Ferguson, *Anti-politics Machine*, 27쪽.

246 World Bank Group, "Country Partnership Strategy for the Republic of South Africa for the Period 2008-2012," Report No. 38156-ZA, December 12, 2007, 12쪽.

247 산지브 카그람에 따르면, "1998년에 레소토 정부에 항의하는 지역의 대중 시위가 벌어지자 남아공 정부는 질서를 회복하기 위해 군대를 파견했다. 충격이 끝났을 때 카체 댐에서 17명을 포함해 수십 명이 살해되었다." Sanjeev Khagram, *Dams and Development: Transnational Struggles for Water and Power* (Ithaca, N.Y.: Cornell Univer-

sity Press, 2004), 169쪽.

248 Femi Akindele and Relebohile Senyane, eds., *The Irony of "White Gold"* (Morija, Lesotho: Transformation Resource Centre, 2004), 7쪽에서 재인용.

249 World Bank, "Kingdom of Lesotho: Interim Poverty Reduction Strategy Paper," Report No. 21834, December 2000, 4, 21, 27쪽. 이 권고 내용은 10여 년 전부터 시행되기 시작했지만, 아직 레소토의 상황은 개선되지 않았다. 그렇지만 이 문서는 지금도 레소토를 위한 현행 전략으로 세계은행 웹사이트에 올라 있다.

250 "ANC Expresses 'Serious Concern' after Councils Cut Off Services," South African Press Association, October 19, 1990.

251 "Mandela Launches Campaign to End Rent Boycotts," Agence France Presse, February 25, 1995.

252 Christopher S. Wren, "Pretoria Shifting Attention to Local Apartheid," *New York Times*, May 2, 1991.

253 "20,000 Residents in the Dark after Not Paying Bills," African Eye News Service (South Africa), May 20, 1997에서 재인용.

254 J. Roome, "Water Pricing and Management: World Bank Presentation to the SA Water Conservation Conference" (미간행 문서, South Africa, 1995).

255 Bond, "Johannesburg's Water Wars"에서 재인용.

256 이 놀라운 수치가 공개되자 남아공 정부에서는 약간 논란이 벌어졌다. 자세한 내용에 관해서는 Ginger Thompson, "Water Tap Often Shut to South African Poor," *New York Times*, May 29, 2003을 보라.

257 Bronwen Morgan, *Water on Tap: Rights and Regulation in the Transnational Governance of Urban Water Services* (Cambridge: Cambridge University Press, 2012), 163쪽에서 재인용.

258 Chris McGreal, "Cholera Township Clear Out Stirs Apartheid Memories," *Guardian*, February 14, 2001을 보라.

259 Chris Bateman, "Cholera Victims in Soweto," *Continuing Medical Education* 26, no. 6 (June 2008): 310~11쪽을 보라. "South Africa: Struggling to Provide Safe Drinking Water to the Poor," CBC News, March 31, 2004, http://www.cbc.ca도 보라.

260 Bond, "Johannesburg's Water Wars"에서 재인용.

261 수에즈의 "모두를 위한 물 프로그램Water for All Programme" 웹사이트(http://www.suez-environnement.com)(2008년 6월 20일 접속).

262 "Closing the Tap on Water Resources," City of Johannesburg, October 24, 2007, http://www.joburg.org.za. Willem Wegelin and Ronnie McKenzie, *Leakage Reduction through Pressure Management in South Africa: Concepts and Case Studies*, TT 186/02 (Pretoria: South African Water Research Commission, 2002)를 보라.

263 Thomas Karis, "South African Liberation: The Communist Factor," *Foreign*

Affairs, Winter 1986/1987, http://www.foreignaffairs.com.

264 남아공의 이행기에 관한 탁월한 분석으로는 Klein, *Shock Doctrine*을 보라.

265 Thompson, "Water Tap Often Shut"에서 재인용.

266 Gumede, *Thabo Mbeki*, 362쪽.

267 섀넌 월시Shannon Walsh와 하인리히 봄케Heinrich Bohmke가 만든 단편 다큐멘터리 영화 〈인카니*Inkani*["inkani"는 줄루어로 "저항"이라는 뜻이다.-옮긴이]〉(2006)에서 재인용.

268 R. Kasrils, "Concerned about Water Supply and Sanitation ... Concerned about Free Basic Water and Water Cut-offs?," advertisement, *Sunday Independent*, December 8, 2002.

269 "March Stopped outside Wits," South African Press Association, August 25, 2002에서 재인용.

270 실제로 수도서비스법Water Services Act 4(3)항에서는 다음과 같이 규정한다. "수도 공급을 제한하거나 연결을 차단하기 위한 절차는 (a) 공정하고 공평해야 한다. (b) 수도 공급을 제한하거나 연결을 차단하겠다는 의도를 적절하게 통보하고 항변의 기회를 제공해야 한다. …… (c) 어떤 사람이 기본적인 서비스 요금을 지불할 능력이 없음을 해당 수도 당국에 입증하는 경우에 요금 미납 때문에 기본적인 물 공급에 대한 접근권을 부정해서는 안 된다."

271 피리Phiri 타운십의 린디웨 마지부코Lindiwe Mazibuko는 소송에서 다음과 같이 주장했다. "2004년 3월 이전에 우리 가구의 모든 성원은 정액 요금을 내고 …… 계량기 없이 높은 수압의 물을 무제한 사용할 수 있었습니다(정액 수도 요금제). [그런데] 요하네스버그워터의 노동자들이 우리 집 앞 도로에 도랑을 파기 시작했습니다. 내가 항의를 하자 노동자들은 선불제 수도 계량기를 설치하기 위해 관을 까는 중이라고 말했습니다. …… 2004년 3월 말, 아무런 통보도 없이 요하네스버그워터는 우리 집의 수도 공급을 끊었습니다. 바로 그때거나 같은 무렵에 피리의 많은 주민들이 비슷한 단수 조치를 경험했습니다. …… 2004년 7월 8일까지 우리 가구의 성원들을 비롯한 많은 주민들이 여전히 물을 쓰지 못했습니다. 그런데 바로 그날 시 당국, 즉 요하네스버그워터는 피리의 치아웰로1Chiawelo 1 저수지와 연결된 수로를 차단했습니다. 이 때문에 피리 주민들은 전혀 물을 사용할 수 없게 됐습니다. 이번에도 역시 요하네스버그워터에 고용된 사람들, 또는 이 회사의 지시에 따라 행동하는 사람들이 이런 행동을 한 겁니다. 2004년 7월 8일에서 10월 11일까지 저는 3킬로미터 떨어진 A블록에서 물을 길어 와야 했습니다. 하루에 두 번 외바퀴 손수레 하나로 물을 길어다 썼습니다. 수도 공급이 차단된 주민들 가운데 일부는 자기 손으로 수도관을 재연결했는데, 요하네스버그워터는 주민들에게 일방적으로 1,500란드 벌금을 부과하는 가혹한 대응을 했습니다." Lindiwe Mazibuko & Others v. City of Johannesburg & Others, Case CCT 39/09, [2009] ZACC 28을 보라.

272 다른 민간 기업들은 계속해서 남아공에서 사업을 한다. 프랑스 회사 소어는 돌핀코스트Dolphin Coast 지역에서 30년 사업 계약을 따냈다. 영국의 바이워터는 현재 넬스프로이트에서 사업을 한다. Roger Cohen, "Francis Bouygues, Building Mogul

and Media Executive, Dies at 70," *New York Times*, July 25, 1993을 보라.

273 첫 번째 인용문은 http://www.suez.com(2009년 12월 14일 접속)에 게시된 문서에서 따온 것인데, 현재는 온라인에서 볼 수 없다. 2010년, 수에즈는 『요하네스버그 관리 계약*Johannesburg Management Contract*』(Paris: Suez Environnement, June 2010)이라는 제목의 팸플릿을 간행했다. 이 팸플릿은 온라인(http://www.suez-environnement.com)에서 볼 수 있다.

274 계약서에는 수에즈가 '생활 유지의 최저선이자 보조금을 지원하는 요금표를 제공'해야 한다고 되어 있다.

275 Daniel Malzbender, Jaqui Goldin, Anthony Turton, and Anton Earle, "Traditional Water Governance and South Africa's 'National Water Act': Tension or Cooperation?" (paper presented at the international workshop African Water Laws: Plural Legislative Frameworks for Rural Water Management in Africa, Gauteng, South Africa, January 26-28, 2005), http://www.acwr.co.za/pdf_iles/08.pdf.

276 Farai Kapfudzaruwa and Merle Sowman, "Is There a Role for Traditional Governance Systems in South Africa's New Water Management Regime?," Water SA (Online) 35, no. 5 (October 2009), http://www.scielo.org.za.

277 앞의 글에서 재인용.

278 Penny S. Bernard, "Ecological Implications of Water Spirit Beliefs in Southern Africa: The Need to Protect Knowledge, Nature, and Resource Rights," *USDA Forest Service Proceedings*, RMRS-P-27 (2003): 153쪽.

279 Trevor Ngwane, "Socialists, the Environment and Ecosocialism" (paper presented at the Rosa Luxemburg Foundation conference, The Global Crisis and Africa: Struggles for Alternatives, Randburg, South Africa, November 19, 2009), http://climateandcapitalism.com.

280 Joel Kovel, "Ecosocialism as a Human Phenomenon," Ecosocialist Horizons, August 3, 2013, http://ecosocialisthorizons.com.

281 언론인 펄리 주버트Pearlie Joubert에 따르면, "이미자모예투 고등학생의 80퍼센트가 메스암페타민을 사용한 적이 있고, 흑인과 유색인의 40퍼센트는 실업 상태다." Pearlie Joubert, "Ask Some Whites to Leave," *Mail and Guardian*, February 23, 2007.

282 Yunus Kemp, "Racial Tensions Rise over Hout Bay Land Issue," *Star*, October 24, 2001.

283 이미자모예투는 과밀 말고도 높은 범죄율에 시달린다. 부족한 자원을 놓고 툭하면 주민들끼리 싸움이 일어나기 때문이다. 메이비스는 이 지역이 아주 위험하니까 혼자서 걸어 다니면 안 된다고 내게 말해 주었다. 범죄는 2004년에 정점에 달했는데, 재산 관련 범죄가 900건, 폭력범죄가 754건, 살인이 17건이었다. Joubert, "Ask Some Whites to Leave"를 보라.

284 케이프타운 시에 따르면, 무허가 주거지의 115,000가구 가운데 약 30,000가구가

'기본적인' 물을 이용하지 못하고 73,000가구가 기본 하수시설을 이용하지 못한다고 한다. (기본 수준이란 화장실 하나당 다섯 가구 이하, 수도꼭지 하나당 25가구 이하를 의미한다.) Sustainability Institute, "Water and Sanitation in the City of Cape Town Integrated Analysis Baseline Report," under the UNF-funded project Integrated Resources Management for Urban Development, UNDP Project No. 00038512, compiled by Sonja Pithey, 2007을 보라.

285 Joubert, "Ask Some Whites to Leave"에서 재인용.

286 헛베이주민 · 납세자협회Hout Bay Residents and Ratepayers Association는 다음과 같이 이야기했다. "2006년, 저스틴 오리에인Justin O'Riain 박사는 스텔렌보스대학의 유행병학자인 조 반스Jo Barnes 박사와 공동으로 이 강의 물 샘플을 검사했다. E콜라이 대장균의 최대 안전 수치는 100cc당 300마리이다. 이 수치를 넘어서면 위험하다고 간주된다. 분석 결과는 놀랍게도 90억 마리였다." HBRRA website, http://www.houtbay.org.za(2009년 1월 22일 접속).

287 Joubert, "Ask Some Whites to Leave"에서 재인용.

288 앞의 글.

289 McKeed Kotlolo, "Strike Talks Postponed while SA Burns," *Sowetan*, June 21, 2007, 4~5쪽.

290 Mandy de Waal, "SA's National Water Week and Dry Reality," *Daily Maverick*, March 20, 2013.

291 World Bank Group, "Country Partnership Strategy," 5쪽.

292 언론인 타파잘 후세인은 다음과 같이 말한다. "개발은행을 설립한다는 결정과 비상외환준비금협정Contingency Reserve Arrangement(CRA) 체결은 필시 미국과 유럽이 지배하는 세계은행과 국제통화기금에 대한 커다란 도전일 것이다. 이 두 행동은 브릭스 국가 국민들만 아니라 정치, 경제, 금융 문제에서 종종 글로벌 강국들의 위협을 받아 온 신흥 경제국과 빈곤국 일반에게도 자신감을 높이는 조치로 여겨진다." Tafazal Hussain, "BRICS Offers Chance to Escape West's Grip," *Global Times*, April 7, 2013, http://www.globaltimes.cn.

4장_어머니 강가 강은 상품이 아니다

293 Transcribed from "Extra Features: Expanded Interviews," in *Flow: For Love of Water*, directed by Irena Salina (New York: Oscilloscope, 2008), DVD.

294 세계은행은 테리 댐뿐만 아니라 우타라칸드Uttarakhand 주의 알라크난다 강에 추진하는 비시누가드 피팔코트 수력 발전 사업Vishnugad Pipalkoti Hydropower Project도 지원한다. "India Hydropower Development," World Bank, March 23, 2012, http://www.worldbank.org를 보라.

295 Ramachandra Guha, *The Unquiet Woods: Ecological Change and Peasant Resistance in*

the Himalayas (Berkeley: University of California Press, 1989), 156쪽에서 재인용.

296 앞의 책, 159쪽에서 재인용.

297 Frank S. Smythe, *The Valley of Flowers* (Dehra Dun: Natraj, 2001), 113쪽.

298 Nina Nikovic and Jean-Pierre Lehmann, "Tibet and 21st Century Water Wars," *Globalist*, July 11, 2013, http://www.theglobalist.com.

299 V. Jolli and M. K. Pandit, "Influence of Human Disturbance on the Abundance of Himalayan Pheasant (Aves, Galliformes) in the Temperate Forest of Western Himalaya, India," *Vestnik zoologii* 45, no. 6 (2011): 523~30쪽을 보라.

300 "British Scientist 'Solves' Mystery of Himalayan Yetis," BBC News, October 17, 2003, http://www.bbc.co.uk.

301 14명의 과학자로 이루어진 한 위원회는 "절대 댐을 건설해서는 안 된다고 만장일치로 보고했다." Sunderlal Bahuguna, *Fire in the Heart, Fire Wood on the Back: Writings on and by Himalayan Crusader Sunderlal Bahuguna*, edited by Tenzin Rigzin (Amritsar: All India Pingalawara Charitable Society, 2005), 64쪽.

302 Ravish Tiwari and Gautam Dheer, "Tehri Dam Overflows, 60 Killed So Far," Indian Express, September 21, 2010, http://www.indianexpress.com.

303 Girija Rani Asthana, "Sunderlal Bahuguna," in Our Leaders, vol. 12, ed. Geeta Menon (New Delhi: Children's Book Trust, 2005), 111쪽.

304 A. Ranga Reddy, *Gandhi and Globalization* (New Delhi: Mittal, 2009), 52쪽에서 재인용.

305 Mahatma Gandhi, *The Collected Works of Mahatma Gandhi* (New Delhi: Publications Division, Government of India, 1999), 83:91, 83:113, 93:36, http://www.gandhiserve.org.

306 Ramachandra Guha, "The Green Gandhian: J. C. Kumarappa," in *An Anthropologist among the Marxists, and Other Essays* (New Delhi: Permanent Blac, 2001), 85쪽에서 재인용.

307 Bahuguna, *Fire in the Heart*, 75쪽.

308 Ajay S. Rawat, *Garhwal Himalayas: A Study in Historical Perspective* (Dehli: Indus, 2002), 142쪽. 이 사건의 사망자 수는 논란의 대상이다. 우타르프라데시Uttar Pradesh 주 공보부는 200명이라고 주장하지만, 순데를랄 바후구나는 17명이라고 말한다. 대부분의 연구자들은 바후구나의 수치를 인용한다.

309 Bahuguna, *Fire in the Heart*, 36쪽.

310 앞의 책, 35쪽.

311 앞의 책, 16쪽.

312 Lakshmi Sarah Eassey, "Vimala Bahuguna: Life-Long Activist against Tehri Dam," December 3, 2010, http://lakisarah.com/2010/12에서 재인용.

313 "Canals of Irrigation in India," *North American Review* 77, no. 161 (October 1853): 452~53쪽.

314 Charles Raikes, *Notes on the North-western Provinces of India* (London: Chapman and Hall, 1852), 270쪽.

315 "Canals of Irrigation in India," 455쪽.

316 Gyanendra Pandey, "Peasant Revolt and Indian Nationalism: The Peasant Movement in Awadh, 1919-22," in *Selected Subaltern Studies*, ed. Ranajit Guha and Gayatri Chakravorty Spivak (Oxford: Oxford University Press, 1988), 265쪽.

317 John Briscoe and R. P. S. Malik, *India's Water Economy: Bracing for a Turbulent Future* (Washington, D.C.: World Bank, 2006), 1쪽.

318 Daniel Pepper, "The Toxic Consequences of the Green Revolution," *U.S. News & World Report*, July 7, 2008, http://www.usnews.com.

319 아카시 카푸르에 따르면, "인도 경제 —신경제든 구경제든— 가 농업이 직면한 문제들의 해법을 찾지 못하면 과연 지속 가능한지는 불투명하다. 농업 위기는 실제로 국가적 위기다." Akash Kapur, "Letter from India: Agriculture Left to Die at India's Peril," *New York Times*, January 28, 2010.

320 Pradeep Gupta, "Farmer Commits Suicide by Consuming Pesticides," Times of India, July 6, 2012, http://articles.timesofindia.indiatimes.com.

321 Navdanya, http://www.navdanya.org(2012년 5월 30일 접속).

322 Bahuguna, Fire in the Heart, 176쪽.

323 앞의 책, 40쪽.

324 앞의 책, 90쪽.

325 "Tehri District," eUttaranchal, http://www.euttaranchal.comri.php(2013년 10월 12일 접속).

326 "Drinking Water," Tehri Garwal—Uttarakhand, http://tehri.nic.in(2013년 11월 10일 접속).

327 Chaitanya Krishna, "Let's Wake Up Lest Ganga Go the Saraswati Way," *The Hindu*, August 19, 2012, http://www.thehindu.com.

328 모이어스가 시장이 물을 공급하는 최선의 방법이라고 주장하려고 하자 시바가 대답했다. "나는 제대로 된 과학자라서 물이 자연에서 생기지 시장에서 생기는 게 아니라는 걸 알아요. 시장은 물을 배분하고 돈이 있는 곳까지 끌어올릴 수 있을 뿐이죠." "Interview with Dr. Vandana Shiva," *Now with Bill Moyers*, PBS, September 5, 2003, http://www.pbs.org.

329 Anna Da Costa, "India Must Revive Age-Old Water Harvesting Methods," AlterNet, July 23, 2012, http://www.trust.org/alertnet/news.

330 Neetu Chandra, "Delhi: Sullied Ridge Pond 'Springs' a Surprise," *India Today*, April 16, 2012, http://indiatoday.intoday.in.

331 R. P. Kangle, *The Kautilya Arthashastra* (Delhi: Motilal Banarsidass, 1997), 229, 346쪽.

332 Arun Kumar Singh, *Delhi's Water Woes: A Cross-Sectoral Analysis of the Water Crisis*

in Delhi, occasional paper (New Delhi: Centre for Trade and Development, 2006), 14쪽.

333 Vandana Shiva, *Water Wars: Privatization, Pollution, and Profit* (Cambridge, Mass.: South End Press, 2002), 122쪽.

334 이와 대조적으로, 인도인들은 저수지를 주로 가뭄을 대비해서 물을 저장하는 관개용으로만 드문드문 만들어 두고 사용했다. 델리 주변에서는 농지의 3분의 1 정도에 관개를 했고, 3분의 1은 관개를 하지 않았으며, 3분의 1은 농사를 짓지 않는 휴경지였다. Sanjeev Khagram, *Dams and Development: Transnational Struggles for Water and Power* (Ithaca, N.Y.: Cornell University Press, 2004), 67, 34쪽.

335 Bahuguna, *Fire in the Heart*, 119쪽.

336 앞의 책, xx쪽.

337 S. K. Gupta, *Modern Hydrology and Sustainable Water Development* (West Sussex: Blackwell, 2011), 322쪽을 보라.

338 Lok Sabha Secretariat, Parliament Library and Reference, Research, Document and Information Service, "Displacement and Rehabilitation of People Due to Development Projects," New Delhi, India, December 2013, Report. No. 30/RN/Ref./December/2013. 다른 추정치들은 훨씬 높아서 이주민이 최대 3억 5,000만 명에 이른다. Jacques Leslie, *Deep Water: The Epic Struggle over Dams, Displaced People, and the Environment* (New York: Farrar, Straus and Giroux, 2005), 24쪽을 보라.

339 Ravi Nitesh, "'Broken Wings': A Visit to a Slum Area in Delhi," Youth Ki Awaaz, May 15, 2012, http://www.youthkiawaaz.com.

340 Jyoti Thottam/Pipola, "How India's Success Is Killing Its Holy River," Time, July 19, 2010, http://www.time.com.

341 Annapurna Mishra, "Status Report on Sonia Vihar," http://annapurnamishra.blogspot.com(2012년 8월 1일 접속).

342 Annapurna Mishra, "Councillor Mishra Introduces Direct Democracy to the 'Hell' of an Unauthorized Colony," Public Cause Research Foundation, March 30, 2010, http://www.pcrf.

343 "Dainik Jagran Impact: Delhi Government Takes Action to Prevent Jaundice," *Jagran Post*, August 16, 2011, http://post.jagran.com.

344 세계은행은 250만 달러를 선불로 제공해서 회계 회사와 함께 계획안을 작성하도록 했다. 도시의 물 공급을 민간 기업에 양도하고, 전체 비용 회수를 달성하기 위한 계획을 세우고, "효율성"을 달성하기 위해 수도요금을 인상하고 노동자를 해고하는 등의 계획안이었다. Singh, *Delhi's Water Woes*, 50~52쪽.

345 케즈리왈은 프라이스 워터하우스 쿠퍼스가 초기 입찰 평가에서 10위에 올랐는데, 세계은행이 이 회사의 순위를 올리도록 요청한 사실을 밝혀냈다. 프라이스 워터하우스 쿠퍼스는 인도 기업이며 인도 기업을 유자격 입찰자에 포함시켜야 한다는 것

이었다. (미국 기업인 프라이스 워터하우스 쿠퍼스는 인도에 사무소를 두고 있다.) 그리하여 프라이스 워터하우스 쿠퍼스가 6위로 올라서서 간신히 자격을 얻었다. 1차 평가를 통과한 입찰자 명단을 바탕으로 새로 입찰을 한 결과 프라이스 워터하우스 쿠퍼스는 다시 자격이 미달했다. 이번에 세계은행은 수도위원회가 "프라이스 워터하우스 쿠퍼스가 정확히 무엇이 부족한지를 간결하게 설명해야" 한다고 요구했다. 또한 세부 기준을 변경할 것을 요구했다. 수도위원회는 요구를 거부하면서 답신을 보냈다. "세계은행의 제안을 심도 있게 분석하면 그들이 추구하는 목적이 세부 기준을 완화해서 일부 기업들에 추가로 자격을 주는 것임이 드러날 것입니다." 수도위원회는 세부 기준 변경을 거부하면서 세계은행에 입장을 재검토할 것을 요청하는 결의안을 통과시켰다. 이번에도 역시 세계은행은 제안을 거절하면서 델리 시 수도위원회가 처음부터 다시 입찰을 진행할 것을 요구했다. 새로운 평가 결과가 공개되자 세계은행은 프라이스 워터하우스 쿠퍼스가 가장 낮은 점수를 받은 항목을 삭제할 것을 요구했다. 다른 응찰자들과 "상당한 차이가 보인다"는 게 이유였다. 마침내 프라이스 워터하우스 쿠퍼스가 입찰을 따냈다. Letter to Mr. Wolfowitz from Parivartan, August 20, 2005와 letter to Mr. Kejriwal from Michael Carter, Country Director, India, August 24, 2005. 두 편지 모두 세계은행 웹사이트에 게시되었다. http://www.worldbank.org.

346 내가 2012년 8월 20일에 세계은행 자체의 독립평가그룹Independent Evaluation Group (http://ieg.worldbankgroup.org) 웹사이트를 방문했을 때, 링크의 절반 가까이가 연결이 되지 않는 상태였다. '방법Methodology' 링크를 클릭하면 '공사중'이라는 페이지로 연결되었다.

347 Singh, *Delhi's Water Woes*, 58쪽.

348 앞의 책, 60쪽.

349 World Bank, "FAQs: Proposed Delhi Water Supply and Sewerage Project," http://www.worldbank.org(2011년 5월 20일 접속).

350 앞의 글. 이 "자주 묻는 질문" 페이지의 예전 링크는 현재 "세계은행: 인도" 페이지로 재연결된다.

351 Singh, *Delhi's Water Woes*, 64쪽.

352 앞의 책, 56쪽.

353 "Sonia Vihar Plant a Tough Jinx to Crack," *Times of India*, June 17, 2005, http://articles.timesofindia.indiatimes.com.

354 Sujay Mehdudia, "Sonia Vihar Water Treatment Plant on the Verge of Getting Rusted," *The Hindu*, December 7, 2005. 계약의 비밀 유지 조항 때문에 1일치 위약금 추정치는 무척 다양하지만, 50,000~230,000루피 사이라고 알려졌다. "Pact with MNC May Add to DJB Woes," The Hindu, April 6, 2005를 보라.

355 앞의 글에서 재인용.

356 "Finally Sonia Vihar Springs to Life," *Times of India*, June 17, 2005, http://articles.timesofindia.indiatimes.com에서 재인용.

357 "Tehri Water, via Sonia Vihar, Flows through Delhi Taps," Indo-Asian News Service, August 8, 2006, http://www.ians.in에서 재인용.

358 Singh, *Delhi's Water Woes*, 36~39쪽.

359 앞의 책, 41~42쪽.

360 "Get Ready to Pay More: Work to Privatise South Delhi Water Supply Starts," *Tribune*, July 3, 2012, http://www.tribuneindia.com에서 재인용.

361 Ghar Bachao Morcha, "Delhi Report on Protest against Unequal Water Distribution by City Authorities," Sanhati, July 15, 2012, http://sanhati.com을 보라.

362 Thottam/Pipola, "How India's Success Is Killing Its Holy River."

363 Asit Jolly, "How the Hills Can Kill Again: Kedarnath Calamity a Proof of Long Ignored Threat by Melting Himalayan Glaciers," *India Today*, July 5, 2013, http://indiatoday.intoday.in.

364 Biswajeet Banerjee, "India Monsoon Floods 2013: At Least 102 Dead, 12,000 Pilgrims Stranded," Huffington Post, June 19, 2013, http://www.huffingtonpost.com; Sidhartha Dutta, "Sudden Rise in Dengue Cases, Malaria Down," *Hindustan Times*, August 8, 2013, http://www.hindustantimes. com.

365 "Uttarakhand Disaster: MoEF Should Suspend Clearances to Hydropower Projects and Institute Enquiry in the Role of HEPs," South Asian Network on Dams, Rivers and People, July 20, 2013, http://sandrp.wordpress.com/2013을 보라.

366 "Uttarakhand Floods: Sunder Lal Bahuguna Warns of More Disasters," *Indian Express*, New Delhi, June 21, 2013, http://www.indianexpress.com에서 재인용.

367 Jagdish Bhatt, "Incessant Rains in Uttarakhand Pose Threat to Tehri Dam," *Hill Post*, August 7, 2013, http://hillpost.in.

368 Bettina Boxall, "$84-Million Removal of a Dam on Carmel River Set to Begin," *Los Angeles Times*, June 23, 2013.

369 Dinesh C. Sharma, "Inter-linking Rivers Recipe for Disaster," *India Today*, April 5, 2012, http://indiatoday.intoday.in.

370 Vandana Shiva, "Resisting Water Privatization, Building Water Democracy" (paper on the occasion of the World Water Forum, Mexico City, March 2006).

371 『타임스오브인디아』의 한 기사는 다음과 같이 주장한다. "해마다 여름이면 똑같은 상황이 전개된다. 도시 지역이 물이 부족해지고, 델리가 하리아나Haryana 주 및 우타르프라데시 주와 더 많은 물을 공급받기 위해 싸우지만, 다음 해에 상황을 개선할 수 있는 일은 아무것도 이루어지지 않는다. 우선 우리는 델리 정부가 모든 건물—상업 건물이든 주거용 건물이든— 에 대해 빗물 모으기를 의무화할 것을 제안한다. …… 이렇게 한다고 델리의 물 위기 상황이 완전히 해결되지는 않겠지만, 확실

히 문제가 완화되기는 할 것이다. 첸나이Chennai나 하이데라바드Hyderabad 같은 도시들이 빗물 모으기를 의무화할 수 있다면, 델리라고 못 할 이유가 무엇인가?" Neha Lalchandani and Jayashree Nandi, "Delhi Water Crisis Grows as Haryana Cuts Supply," Times of India, June 14, 2012, http://articles.timesofindia.indiatimes.com.

372 다큐멘터리 영화 〈흐름: 물을 사랑하는 까닭에*Flow: For Love of Water*〉 중에서.

373 Jal Bhagirathi Foundation, *Milestones: Jal Bhagirathi Foundation* (Jaipur, India: Jal Bhagirathi Foundation, 2012), 48쪽.

374 Khagram, *Dams and Development*, 61쪽에서 재인용.

375 Bahuguna, *Fire in the Heart*, 19쪽.

5장_이집트 목마른 사람들의 혁명

376 이 주거지역은 "마구잡이"라는 뜻의 아슈와이야트Ashwai'yat라는 이름으로 알려져 있다. 도시계획가 데이비드 심스에 따르면, 카이로 시민 1,100만 명이 무허가 주거지역에 산다고 한다. David Sims, *Understanding Cairo in Revolutionary Times* (Cairo: American University in Cairo Press, 2011)을 보라. 무허가 주거지역의 인구 수치를 추정하는 복잡한 문제를 이해하려면 Regina Kipper and Marion Fischer, eds., *Cairo's Informal Areas: Between Urban Challenges and Hidden Potentials* (Cairo: German Technical Cooperation, June 2009)를 보라.

377 Reem Leila, "No Flow," *Al-Ahram Weekly*, September 11-17, 2008, http://weekly.ahram.org.eg.

378 Nadia Idle and Alex Nunns, "Tahrir Square Tweet by Tweet," *Guardian*, April 14, 2011을 보라. Emad El-Din Shahin, "Why Egypt Needs a Second Revolution," CNN, November 23, 2011, http://www.cnn.com도 보라.

379 Shahira Amin, "Egypt's Farmers Desperate for Clean Water," CNN, November 10, 2010, http://www.cnn.com을 보라.

380 Philip Marfleet and Rabab El-Mahdi, "Egyptians Have Removed a Dictator; Can They Remove a Dictatorship?" ZNet, February 22, 2011, http://zcomm.org.

381 Alya Kebiri, "Egypt Water Pricing: A Viable Solution for Egypt's Water Crisis?," *World Environment Magazine*, June 2009, 70~74쪽.

382 새롭게 민영화된 수도 사업체가 표방하는 취지는 다음과 같다. "사기업과 마찬가지로 지주회사가 추구하는 목표는 이익을 창출하는 것이다." 설립 목표는 다음과 같다. "지주회사가 추구하는 목표는 식수를 정화, 염분 제거, 이전, 공급, 판매하고, 폐수를 수집, 처리해서 안전하게 방출하는 것이다. 이 사업은 직접 하거나 자회사를 통해서 진행하고 또한 주식, 채권, 기타 금융 수단을 포함하는 증권 포트폴리오

를 형성, 관리해서 하기도 한다." Arab Republic of Egypt Public-Private Partnership Program, *6th of October Wastewater Treatment Plant Project: Information Memorandum* (November 2009), 24쪽. Kebiri, "Egypt Water Pricing"도 보라.

383 Kebiri, "Egypt Water Pricing."

384 Cam McGrath, "Poor Thirst as Nile Taps Run Dry," IPS News, September 6, 2010. Maat for Peace, Development, and Human Rights, "Violating Rights of Local Civilian," report submitted to Mechanism of Universal Periodical Review, August 2009도 보라.

385 Marfleet and El-Mahdi, "Egyptians Have Removed a Dictator."

386 Abdel Mawla Ismail, "Drinking Water Protests and the Role of Civil Society," Water Justice: Resource Center on Alternatives to Privatisation, June 8, 2009, http://www.waterjustice.org.

387 그 시절에 이집트 정부는 폐기물 처리와 정수장 같은 기반시설을 공급하는 데 드는 값을 받고 관세나 국세 없이 토지를 매각했다. 다시 말해, 개발업자는 기반시설을 건설하고 토지를 공짜로 받을 수 있었다. '뉴타운New Towns' 개발을 담당하는 정부 기관인 신도시지역사회담당국New Urban Communities Authority의 웹사이트를 보라. http://www.nuca.gov.eg/en.

388 알레그리아의 한 주택 소유주는 페이스북에 불만을 토로했다. "알레그리아를 위한 대형 물탱크와 펌프장이 없고, 지자체 수도관에 직통으로 연결되어 있다!?" 2011년 10월 30일에 접속한 알레그리아주택소유주모임 페이스북 페이지Allegria Homeowners는 주택 소유주들과의 법적 교섭 이후 폐쇄된 것으로 보인다.

389 2010년, 식스오브옥토버는 "알레그리아 단지의 운영과 유지"를 위해 "징수한 금액"을 900만 달러로 기록했다. 주택 소유주들은 "도로 유지보수, 가로등, 전기, 수도, 하수도, 공용 정원, 조경 등뿐만 아니라 보안, 쓰레기 수거, 병충해 방지"를 포함한 "기본 서비스"를 위해 돈을 낸다. "Allegria: Property Management," SODIC, 2007을 보라. 24시간 물 사용 문제에 관해서는 Salwa Abdel Maksoud Abdullah Eissa, "Intra-urban Migration to the New Cities in the Greater Cairo Region: Cause and Consequences" (master's thesis, American University of Cairo, spring 2011)을 보라. Sixth of October Development and Investment Company, "Consolidated Financial Statements for the Financial Period Ended June 30, 2010," 32쪽도 보라.

390 Susana Myllylä, "Cairo: A Mega-city and Its Water Resources" (paper presented at the Third Nordic Conference on Middle Eastern Studies: Ethnic Encounter and Culture Change, Joensuu, Finland, June 19-22, 1995).

391 Amnesty International, *"We Are Not Dirt": Forced Evictions in Egypt's Informal Settlements*, MDE 12/001/2001 (London: Amnesty International, 2011), 12쪽.

392 Roy Steven Nakashima, Gamal Zekrie Bisada, Obeid Faheem Gergis, Antoin Gawigati, and Jeffrey H. Hendrich, *"Making Cities Work": The Greater Cairo*

Healthy Neighborhood Program, an Urban Environmental Health Initiative in Egypt, Activity Report 142 (Arlington, Va.: Environmental Health Project, September 2004), xiv쪽. 이와 대조적으로, 2008년 미국 국제개발처USAID의 의뢰로 수행된 이집트 도시 주거 연구Housing Study for Urban Egypt를 보면, "카이로 광역시 전체 가구의 96.7퍼센트가 주택 내부에 수도꼭지가 있고, 98퍼센트는 적절한 하수도를 갖추고 있음"을 알 수 있다. Steven Viney, "Minimalist 'Urban Planning' Keeps Cairo Afloat, but Not without Drawbacks," Egypt Independent, September 11, 2011. Sarah Sabry, Poverty Lines in Greater Cairo, Underestimating and Misrepresenting Poverty, Poverty Reduction in Urban Areas Series, Working Paper 21 (London: Human International Institute for Environment and Development, May 2009), 31쪽도 보라.

393 Nakashima et al., "*Making Cities Work*"를 보라.

394 Julia Gerlach, "Me and My Neighborhood," in Kipper and Fischer, *Cairo's Informal Areas*, 55쪽에서 재인용.

395 McGrath, "Poor Thirst as Nile Taps Run Dry"에서 재인용.

396 Gerlach, "Me and My Neighborhood," 53~59쪽에서 재인용.

397 또한 2008년에 무바라크 정권은 건물이 법규 위반임이 발견되면 자동 철거하도록 하는 법률을 통과시켰다. (그에 앞서 1976년의 한 법률은 건설업자가 벌금을 내서 당국과 조정하도록 허용해서 부패로 이어졌다.) 무바라크가 새로 통과시킨 법률은 카이로에서 가장 큰 영향을 미쳤는데, 도시 일부 지역을 사실상 철거하기 위한 계획으로 보였다.

398 Amnesty International, "*We Are Not Dirt*," 42쪽.

399 Viney, "Minimalist 'Urban Planning' Keeps Cairo Afloat"에서 재인용.

400 Amnesty International, "*We Are Not Dirt*," 3쪽.

401 World Bank, *Most Improved Business Reformers in DB 2010* (Washington, D.C.: World Bank, 2010)을 보라. Daniela Marotta, Ruslan Yemtsov, Heba El-Laithy, Hala Abou-Ali, and Sherine Al-Shawarby, *Was Growth in Egypt between 2005 and 2008 Pro-Poor? From Static to Dynamic Poverty Profile*, Policy Research Working Paper 5589 (Washington, D.C.: World Bank, March 1, 2011); "The World Bank Supports Egypt's Reforms in the Water Supply and Sanitation Sector," World Bank, 2008, http://go.worldbank.org 등도 보라. 세계은행은 이 문서를 웹사이트에서 삭제했지만, 이집트의 공공-민간 물 계약을 계속 적극적으로 지지한다.

402 사회학자 세라 새브리Sarah Sabry에 따르면, 세계은행 추정치는 정치적 의도에 따라 바뀌면서 민영화 정책 성공의 증거로 활용되었다. 혁명 직후에 알자지라의 한 온라인 기사는 신자유주의와 민영화를 혁명을 야기한 주된 이유로 꼽았다. 월터 암브러스트는 다음과 같이 말했다. "이집트는 신자유주의 교의에서 말하는 대로 공공 부문을 축소하기보다는 소수의 부유층 엘리트 집단을 위해 공공 자산을 재할당했다.

민영화는 정치적 연줄이 좋은 개인들에게 예상치 못한 행운을 주었다." Walter Armbrust, "Egypt: A Revolution against Neoliberalism?" Al Jazeera, February 24, 2011, http://www.aljazeera.com. 민영화에 찬성하는 성향의 잡지 『글로벌워터인텔리전스』는 곧바로 맞받아쳤다. "민영화가 문제의 근원이라고 말하는 것은 졸렬한 희화화일 뿐이며 …… 북아프리카에서 진행되는 민영화 프로그램을 부패나 무능과 연관 짓는 것은 옳지 않다." 기사는 오히려 민영화는 '투명성'과 '경쟁 입찰'로 이어졌을 뿐이라고 주장했다. "Winning the War on Corruption and Incompetence," Global Water Intelligence, March 3, 2011, http://www.globalwaterintel.com을 보라. Sabry, Poverty Lines in Greater Cairo도 보라.

403 Letter from U.S. Ambassador to Egypt Francis Ricciardone Jr. to Central Intelligence Agency, Group Destinations Arab Israeli Collective, National Security Council, Secretary of State, on September 6, 2007, No. 07CAIRO2726_a; letter from U.S. Ambassador to Egypt Francis Ricciardone Jr. to "Blank" on January 3, 2006, 06CAIRO35_a; letter from U.S. Ambassador to Egypt Margaret Scobey to Group Destinations Arab Israeli Collective, National Security Council, Secretary of State on November 2, 2008, No. 08CAIRO2297_a, Wikileaks, http://www.wikileaks.org.

404 Bradley Hope, "Fraud Inquiry in Egypt Drags in Top UAE Firms Damac and Al-Futtaim," *The National*, April 4, 2011.

405 Zainab Fattah and Mahmoud Kassem, "Egypt's Developers Pay the Price for Ties to Mubarak's Regime," Bloomberg News, June 7, 2011, http://www.bloomberg.com에서 재인용.

406 Frost & Sullivan, *Assessment of Water and Wastewater Sector in Egypt*, Report No. P541 (Mountain View, Calif.: Frost & Sullivan, May 2011).

407 "Investing in the Arab Spring," *Voice of America*, May 26, 2011.

408 Leslie-Ann Boctor, "Egypt: Desert Reclamation the Country's Best Hope—or a Mirage?" Inter Press Service, July 30, 2007, http://ipsnews.net.

409 Mark Svendsen, Robert Cardinalli, M. Lotfy, Y. Nasr, and Nayef A. A. Moukhtar, *Private Sector Participation in Egyptian Water Management*, Report No. 70, Egypt Water Policy Reform Contract No. LAG-I-00-99-00017-00, Task Order 815 (Cairo: United States Agency for International Development/Egypt, June 2003).

410 Salma El-Wardani, "Egyptian Lawyer Drops Palm Hills and Saudi Kingdom Cases, Voices Dissatisfaction with 'Revolution' Govt," *Al-Ahram Daily*, June 27, 2011, http://english.ahram.org.eg에서 재인용.

411 "Toshka Lakes in Egypt Show Rapid Signs of Drying," The Watchers, July 16, 2012, http://thewatchers.adorraeli.com을 보라.

412 Andre Fecteau, "On Toshka New Valley's Mega-failure," *Egypt Independent*,

April 26, 2012, http://www.egyptindependent.com.

413 E-mail from Reva Bhalla to "Emre," February 7, 2011, Stratfor e-mails, Wikileaks: Global Intelligence Files, e-mail ID 1708668, released on February 26, 2013, http://www.wikileaks.org/gfiles.

414 James Duncan, "Re-presenting the Landscape: Problems of Reading the Intertextual," in *Paysage e crise de la lisibilite*, ed. L. Mondada, F. Panese, and O. Soderstrom (Lausanne: Universite de Lausanne, Institut de Geographie, 1992), 86쪽.

415 "Street Art and the Power to Mobilize," *Daily News Egypt*, April 10, 2012; Amany Aly Shawky, "Streets of Cairo: From AUC Crossing to Battlefield at Mohamed Mahmoud," *Egypt Independent*, November 23, 2011; "Ministry, American University Catch Fire in Fresh Cairo Clashes," Ahram Online, January 26, 2013, http://english.ahram.org.eg 등을 보라.

6장_이라크의 물을 겨냥하다

416 Rick Emert, "Iraq Projects Focus on Getting Clean Water out of the Ground, to the People," *Stars and Stripes*, August 13, 2005, http://www.stripes.com.

417 Aseel Kami, "Veolia Baghdad Water Deal Worth $5 Bln—mayor," AFX News, July 16, 2009, http://www.finanznachrichten.de.

418 "Water and Sewage Sectors in Iraq: Sector Report—February 2013," Dunia Frontier Consultants, Washington, D.C., 2013; *Water in Iraq Factsheet*, U.N. Iraq Joint Analysis and Policy Unit, March 2013, http://www.jauiraq.org.

419 David Wood, "Iraq Reconstruction Cost U.S. $60 Billion, Left behind Corruption and Waste," Huffington Post, March 6, 2013, http://www.huffingtonpost.com에서 재인용.

420 John T. Bennett, "Panetta: Paying for Iraq War on Credit Was a 'Mistake,'" *U.S. News & World Report, June* 13, 2013, http://www.usnews.com.

421 Mark Thompson, "Inside the Secret War Council," *Time*, August 19, 2002.

422 이 정보는 벡텔 웹사이트에 있는 다음의 보고서에서 가져온 것이다. "Setting the Record Straight: Bechtel's Response to Allegations about Its Work in Iraq," http://www.bechtel.com(2012년 12월 12일 접속). Daniel Henninger, "George Shultz, Father of the Bush Doctrine," *Hoover Digest*, July 30, 2006도 보라.

423 Neil Baumgardner, "Oscar Approves Army Acquisition Structure Reorganization," *Defense Daily*, November 1, 2001. 플루어의 최고경영자인 앨런 보크먼Alan Boeckmann은 미국 하원에서 공화당 의원의 수를 늘리는 사업에 전념하는 전국공화당하원위원회National Republican Congressional Committee의 회원이었다. 플루어의 부사

장은 대통령 선거운동 자금 모집 기관인 "조지 W. 부시를 대통령으로George W. Bush for President"의 회원이었다. Aude Lagorce, "Fluor Upped at J. P. Morgan, U.S. Army Contract Cited," *Wall Street Journal*, June 29, 2007을 보라.

424 Elizabeth Becker and Richard A. Oppel Jr., "A Nation at War: Reconstruction; U.S. Gives Bechtel a Major Contract in Rebuilding Iraq," *New York Times*, April 18, 2003.

425 Ariel Cohen and Gerald P. O'Driscoll Jr., "The Road to Economic Prosperity for a Post-Saddam Iraq," Heritage Foundation, Backgrounder No. 1633, March 5, 2003, http://www.heritage.org.

426 Office of the Special Inspector General for Iraq Reconstruction, "Review of Major U.S. Government Infrastructure Projects in Iraq: Nassiriya and Ifraz Water Treatment Plants," SIGIR-EV-20-002, October 28, 2010, 7쪽.

427 Michael Knights, "Infrastructure Targeting and Postwar Iraq," Washington Institute, PolicyWatch No. 725, March 14, 2003, http://www.washingtoninstitute.org.

428 "Technical Annex for a Proposed IDA Credit in the Amount of SDR 27.0 Million (US$40 Million Equivalent) to the Republic of Iraq for a Dokan and Derbandikhan Emergency Hydropower Project," World Bank, Report No. T7682-IQ, November 30, 2006, 33쪽, http://www.worldbank.org. Barton Gellman, "Allied Air War Struck Broadly in Iraq," *Washington Post*, June 23, 1991에서 재인용.

429 Gellman, "Allied Air War Struck Broadly in Iraq."

430 Edward C. Mann, Gary Endersby, and Thomas R. Searle, *Thinking Effects: Effects-Based Methodology for Joint Operations*, CADRE Paper No. 15, Maxwell Air Force Base (Alabama: Air University Press, October 2002), 21~22쪽.

431 "Iraq Water Treatment Vulnerabilities," memorandum from Defense Intelligence Agency to CENTCOM, Filename: 511rept.91, DTG: 221900Z, January 1991.

432 Thomas J. Nagy, "The Secret behind the Sanctions: How the U.S. Intentionally Destroyed Iraq's Water Supply," *Progressive*, September 2001에서 재인용. 내기 또한 1991년 5월자로 된 「난민수용소의 질병 상태*Status of Disease at Refugee Camps*」라는 국방정보국 문서를 인용한다. "'콜레라와 홍역이 여러 난민수용소에서 발생했다. 정수 처리가 부족하고 위생 시설이 불량하기 때문에 다른 전염병도 확산될 것이다.' 이렇게 질병이 발발하는 이유를 다시 분명히 밝힌다. '전염병, 특히 설사병, 이질, 상기도上氣道 질환의 주 원인은 열악한 위생 시설과 더러운 물이다. 이 질병들은 주로 노인과 어린이가 자주 걸린다.'"

433 Barbara Crossette, "Iraq Sanctions Kill Children, U.N. Reports," New York Times, December 1, 1995를 보라. Joy Gordon, "U.S. Responsible for Hu-

man Toll of Iraq Sanctions," *Cap Times*, December 22, 2010, http://host.madison.com/ct도 보라.

434 장티푸스는 1991년에서 1996년 사이에 8배 증가했다. Felicity Arbuthnot, "Allies Deliberately Poisoned Iraq Public Water Supply In Gulf War," Sunday Herald, September 17, 2000. Center for Economic and Social Rights, Special Report: *Water under Siege in Iraq* (New York: Center for Economic and Social Rights, April 2003); Office of the Special Inspector General, "Review of Major U.S. Government Infrastructure Projects," 10쪽 등도 보라.

435 Center for Economic and Social Rights, *Special Report*, 6쪽에서 재인용.

436 앞의 책, 7쪽에서 재인용.

437 2012년 프랑스 마르세유에서 열린 세계 물 포럼에서 로익 포숑이 한 개회사에서 재인용.

438 David Batty, "Iraqi City Suffers Water Shortage," Guardian, March 24, 2003.

439 Bechtel-USAID contract, April 17, 2003, 12~13쪽.

440 Dana Hedgpeth, "Bechtel's Projects Lacking In Iraq," *Washington Post*, July 26, 2007.

441 Public Citizen Water for All Campaign, with Dahr Jaimal, *Bechtel's Dry Run: Iraqis Suffer Water Crisis* (Washington, D.C.: Public Citizen, 2004), 4쪽에서 재인용.

442 벡텔 웹사이트에 게시된 보고서에서 인용. "Bechtel, USAID, and the Iraq Infrastructure Reconstruction Program," http://www.bechtel.com(2013년 3월 1일 접속).

443 플루어는 허리케인 카트리나 피해자들에게 포름알데히드가 함유된 이동식 주택을 공급한 사건부터 1997년 워싱턴의 핸퍼드Hanford 핵폐기물 처리장 폭발 사건에 이르기까지 여러 가지 안전 문제 기록을 갖고 있다. 1995년 이래 플루어는 "계약사기, 환경 · 윤리 · 노동 기준 위반" 사례가 모두 합쳐 34건이었다. 이제까지 수억 달러의 벌금을 부과 받았는데도 미국 정부에서 계속 수십억 달러 계약을 수주 받고 있다. 비영리 기관인 국제투명성기구에 따르면, 건설업은 세계에서 가장 부패한 산업이다. Philip Mattera, *Profiles of Twelve Companies That Have Received Large Contracts for Cleanup and Reconstruction Work Related to Hurricanes Katrina and Rita* (Washington, D.C.: Corporation Research Project, March 2006). "Federal Contractor Misconduct Database," Project on Government Oversight, http://www.contractormisconduct.org(2013년 3월 10일 접속)도 보라.

444 Norris Jones, "Al Wathba Water Treatment Plant Gets Upgrade," Gulf Region Central District, U.S. Army Corps of Engineers, Defend America: U.S. Department of Defense News about the War on Terrorism, August 9, 2006, http://www.defendamerica.mil. Matthew Schofield, "Baghdad's Water Still Undrinkable Six Years after Invasion," McClatchy Newspapers, March 18, 2009, http://www.mcclatchydc.com도 보라.

445 "Iraq: Water Shortage Leads People to Drink from Rivers," IRIN, February 18, 2007, http://www.irinnews.org에서 재인용.

446 Matthew Schofield, "Baghdad in a Time of Cholera," The Real News, March 23, 2009, http://therealnews.com/t2.

447 Azeez Mahmood, "Fears of Cholera Epidemic in Kurdistan," Ground Report, May 5, 2008, http://www.groundreport.com.

448 Schofield, "Baghdad's Water Still Undrinkable."

449 World Bank, "Iraq Country Water Resource Assistance Strategy," Report No. 36297-IQ, June 30, 2006을 보라.

450 Office of the Special Inspector General, "Review of Major U.S. Government Infrastructure Projects," 23쪽.

451 Suez Environnement, "Degrémont Has Signed a Contract for the Design Procurement and Training Assistance in the Construction of a Drinking Water Treatment Plant in Al-Rusafa, Baghdad," press release, December 12, 2008.

452 "Baghdad Hopes Project Will Resolve Water Shortage," Radio Free Europe/Radio Liberty, February 12, 2010, http://www.rferl.org.

453 Khalid K. Al-Bayatti, Kadhum H. Al-Arajy, and Seba Hussain Al-Nuaemy, "Bacteriological and Physicochemical Studies on Tigris River Near the Water Purification Stations within Baghdad Province," *Journal of Environmental and Public Health 2012* (2012).

454 "PM's Speech at Opening of Ifraz Water Project," Kurdistan Regional Government, March 22, 2007, http://www.krg.org.

455 Aiyob Mawloodi, "Ifraz Water Project Short on Funds," *Kurdish Globe*, February 25, 2012, http://www.kurdishglobe.net.

456 Special Inspector General for Iraq Reconstruction, *Learning from Iraq: A Final Report from the Special Inspector General for Iraq Reconstruction* (Washington, D.C.: U.S. Government Printing Office, March 2013), 74쪽.

457 Christian Caryl, "The Democracy Boondoggle in Iraq," *Foreign Policy*, March 5, 2013.

458 "Ifraz Water Project to Supply Erbil until 2035," *Kurdish Globe*, December 27, 2009.

459 앞의 글.

460 앞의 글.

461 James Glanz, "For Iraq's Great Marshes, a Hesitant Comeback," *New York Times*, March 8, 2005.

462 Ralph S. Solecki, "The Bekhme Dam Project in Kurdistan Iraq: A Threat to the Archaeology of the Upper Zagros River Valley," *International Journal of*

Kurdish Studies 19, no. 1-2 (2005).

463 Neil King Jr., "Firms World-Wide Seek Billions to Cover their Gulf War Losses," *Wall Street Journal*, August 18, 1997을 보라. 랠프 솔레키는 다음과 같이 말했다. "완공되는 시기까지 이 사업은 15억 달러가 소요되었다. …… 컨설팅 작업은 샌프란시스코에 본사를 둔 벡텔인터내셔널이 수행했다." Solecki, "Bekhme Dam Project in Kurdistan Iraq," 3쪽.

464 Joseph Kay, "Bechtel Awarded Iraq Contract: War Profits and the U.S. 'Military-Industrial Complex,'" World Socialist Web Site, April 29, 2003, http://www.wsws.org/en에서 재인용.

465 Solecki, "Bekhme Dam Project in Kurdistan Iraq."

466 이 공격을 직접 목격한 이들의 자세한 설명으로는 John Simpson, "Beyond the Hazards of Duty," Global Journalist, July 1, 2003, http://www.globaljournalist.org을 보라.

467 이 사업은 일본국제협력은행Japan Bank for International Cooperation의 자금 지원을 받았다. "Irbil and Tokyo Negotiate Water Treatment Plant Funding," *MEED*, November 24, 2006, http://www.meed.com을 보라.

468 David Hall and Emanuele Lobina, *Pipe Dreams: The Failure of the Private Sector to Invest in Water Services in Developing Countries* (London: Public Services International Research Unit, World Development Movement, 2006), 53쪽.

469 Qandil, *Sida Technical Proposal, Erbil City Water Network* (Erbil: Qandil, April 13, 2008), 6~7, 12쪽, http://www.qandil.org를 보라.

470 미국 특별감찰관실에 따르면, 감찰 인원들이 이프라즈 정수장 현장에서 "계약업체가 부실 공사를 한 것으로 보이는 몇몇 우려되는 구역을 확인했다." 콘크리트가 떨어져 나가고 흡입 밸브가 막힌 상태였다. Office of the Special Inspector General, "Review of Major U.S. Government Infrastructure Projects," 35~39쪽.

471 "Survey Report: Erbil, Iraq," Associates for International Research, January 2012, http://www.air-inc.com.

472 Office of the Special Inspector General, "Review of Major U.S. Government Infrastructure Projects," 20, 22~24쪽.

473 James Glanz, "Security vs. Rebuilding: Kurdish Town Loses Out," *New York Times*, April 16, 2005.

474 Shane Harris and Matthew M. Aid, "Exclusive: CIA Files Prove American Helped Saddam as He Gassed Iran," *Foreign Policy*, August 26, 2013, http://www.foreignpolicy.com.

475 Jim Garamone, "Bush Says Massacre at Halabja Shows Evil of Hussein's Rule," American Forces Press Service, March 15, 2003에서 재인용.

476 Secretary Colin L. Powell, "Remarks for Al-Hurrah Television on the 16th Anniversary of the Halabja Massacre," March 16, 2004, http://2001-

2009.state.gov.

477 Glanz, "Security vs. Rebuilding."

478 Henry Weinstein and William C. Rempel, "Iraq Arms: Big Help from U.S.: Technology was Sold with Approval—and Encouragement—from the Commerce Department but Often over Defense Officials' Objections," *Los Angeles Times*, February 13, 1991.

479 Sam Dagher, "Uprooted for Decades, Iraqi Kurds Long for Home," *New York Times*, September 3, 2009.

480 "Iraqi Kurds Sue French Companies for Halabja Chemical Attack," RFI, June 11, 2013, http://www.english.rfi.fr.

481 3월 17일, 일본국제협력기구Japan International Cooperation Agency(JICA) 이사장 오가타 사다코Ogata Sadako는 이라크 재건을 지원하기 위한 차관을 제공하기로 이라크 정부와 두 건의 협정에 서명했다. 사업 중 하나는 쿠르디스탄의 '수도 공급 개선 사업'인데, 쿠르디스탄 지역의 일부 도시에 '안전하고 안정된 수도 공급'을 보장하는 내용이다. 이 사업의 대상으로 선정된 도시는 할랍자, 술라이마니야Sulaimaniya, 아르빌, 도훅Dohuk이다. "JICA Signed Japanese ODA Loan Agreement with Iraq," Japan International Cooperation Agency Report, ReliefWeb, March 17, 2009, http://reliefweb.int를 보라.

482 Special Inspector General for Iraq Reconstruction, *Learning from Iraq*, xii, 74쪽.

483 Melik Kaylan, "Hard Times in Iraq," *Forbes*, August 19, 2010, http://www.forbes.com.

484 Michael Schwartz, *War without End: The Iraq War in Context* (Chicago: Haymarket Books, 2008), 34쪽에서 재인용.

485 World Bank, "Emergency Project Paper for a Proposed IDA Credit of SDR 66.5 Million (US$109.5 Million) Equivalent to the Republic of Iraq," Report No. 43153-IQ, May 19, 2008, 4, 9쪽.

486 World Bank, "Implementation Status and Results, Iraq, IQ-Emergency Water Supply Project (P094650)," Report No. ISR9037, March 3, 2013.

487 Muhammad Sharif Chaudry, *Fundamentals of Islamic Economic System* (Lahore: Burhan Education and Welfare Trust, 2009)에서 재인용.

488 2010년, 유네스코는 지역사회가 손상된 카레즈 방식을 복구하고 재건하도록 돕기 위해 공동체복원사업Initiative for Community Rehabilitation을 시작했다. 유엔에서는 전통적인 물 공급 방식에 대한 관심이 되살아나고 있다. Harriet Bigas, Zafar Adeel, and Brigitte Schuster, eds., *Seeing Traditional Technologies in a New Light: Using Traditional Approaches for Water Management in Drylands* (Paris: UNESCO, 2009)를 보라. 이 책에서는 카레즈 방식과 카나트 방식을 논의한다. "Water Shortage Fueling Displacement of People in Northern Iraq, UNESCO Study Finds," Re-

liefWeb, October 13, 2009, http://reliefweb.int도 보라.

489 Bigas et al., *Seeing Traditional Technologies in a New Light.*

490 John F. Kolars and William A. Mitchell, *The Euphrates River and the Southeast Anatolia Development Project* (Carbondale: Southern Illinois University Press, 1991), 32~33쪽.

491 Itzchak E. Kornfeld, "Trouble in Mesopotamia: Can America Deter a Water War between Iraq, Syria, and Turkey?," *Environmental Law Reporter* 34, no. 10634 (July 2004): 10635쪽에서 재인용.

492 Saleem al-Wazzan, "Salt Levels in Shatt Al-Arab Threaten Environmental Disaster," Niqash: Briefings from inside and across Iraq, September 2, 2009, http://www.niquash.org. "Iraq: Drought Hits Rice, Wheat Staples," IRIN, August 31, 2009, http://www.irinnews.org도 보라.

493 2012년 프랑스 마르세유에서 열린 세계 물 포럼 연설에서 인용.

494 World Bank, *Water Resources Sector Strategy: Strategic Directions for World Bank Engagement* (Washington, D.C.: World Bank, 2003), 76~79쪽.

결론_물 걱정 없는 세계를 상상하자

495 Loïc Fauchon, "Out of Our Depth," in *The G8 2009: From La Maddalena to L'Aquila*, ed. John Kirton and Madeline Koch (Toronto: Newsdesk Media Group and the G20 Research Group, 2009), 126~28쪽.

496 Domenico Lombardi, "Strengthening the International Monetary Fund," in The G20 Mexico Summit 2012: *The Quest for Growth and Stability*, ed. John Kirton and Madeline Koch (Toronto: Newsdesk Media Group and the G20 Research Group, 2012), 96~97쪽을 보라.

497 Johannes F. Linn, "The Future of the World Bank: Considering the Options," in Kirton and Koch, *G20 Mexico Summit* 2012, 100~101쪽.

498 David Hall and Emanuele Lobina, *Pipe Dreams: The Failure of the Private Sector to Invest in Water Services in Developing Countries* (London: Public Services International Research Unit, World Development Movement, 2006), 50쪽.

499 앞의 책, 51쪽.

500 World Bank, *An Evaluation of World Bank Support*, 1997-2007: *Water and Development*, vol. 1 (Washington, D.C.: World Bank, 2010), 3, 34~35, 64~65쪽.

501 James Salzman, "Thirst: A Short History of Drinking Water," *Yale Journal of Law and the Humanities* 18, no. 3 (2006): 116쪽.

502 World Bank, *Water Resources Sector Strategy: Strategic Directions for World Bank Engagement* (Washington, D.C.: World Bank, 2003), 15쪽.

503 World Bank, *Evaluation of World Bank Support*, 35쪽.

504 Greg Palast, "The Globalizer Who Came in from the Cold," Greg Palast: Journalism and Film, October 10, 2001, http://www.gregpalast.com에서 재인용.

505 David Hall and Meera Karunananthan, "Our Right to Water: Case Studies on Austerity and Privatization in Europe," Blue Planet Project, March 2012, http://www.foodandwaterwatch.org.

506 "Italy Sets out Tariff Reform Methodology," *Global Water Intelligence* 14, no. 1 (2013).

507 "Paris Defends Re-municipalization Record," *Global Water Intelligence* 12, no. 5 (2011).

508 International Monetary Fund, *France: Selected Issues*, IMF Country Report No. 13/3 (Washington, D.C.: IMF, January 2013), 73~74쪽을 보라.

509 "'All Just a Misunderstanding'? Water Privatisation and Democratic Participation in the EU," Governance across Borders, June 26, 2013, http://governancexborders.com.

510 Mike Esterl, "Great Expectations for Private Water Fail to Pan Out," *Wall Street Journal*, June 26, 2006에서 재인용.

511 Food & Water Watch, *The Future of American Water: The Story of RWE and the Politics of Privatization* (Washington, D.C.: Food & Water Watch, 2008), 14쪽, http://www.foodandwatch.org를 보라.

512 Salzman, "Thirst," 115쪽.

513 앞의 글, 95쪽에서 재인용.

514 반식민주의 주장의 고전적인 사례는 프란츠 파농Frantz Fanon의 『대지의 저주받은 사람들*The Wretched of the Earth*』(1961; repr., New York: Grove Press, 2005)([국역] 프란츠 파농 지음, 남경태 옮김, 『대지의 저주받은 사람들』, 그린비, 2010)이다.

515 Human Rights Council, Fifteenth Session, Resolution 15/9, September 30, 2010.

516 U.N. General Assembly, Resolution A/RES/64/292, July 2010.

517 John F. Sammis, "Explanation of Vote by John F. Sammis, U.S. Deputy Representative to the Economic and Social Council, on Resolution A/64/L.63/Rev.1, the Human Right to Water," U.S. Mission to the United Nations, New York, June 28, 2010, http://usun.state.gov.

518 "In Historic Vote, UN Declares Water a Fundamental Human Right," Democracy Now, July 29, 2010, http://www.democracynow.org에서 재인용.

519 Ann Piccard, "The United States' Failure to Ratify the International Covenant on Economic, Social and Cultural Rights: Must the Poor Be Always with Us?," *The Scholar: St. Mary's Law Review on Minority Issues* 13, no. 2 (2010):

231쪽.

520 "Why Won't America Ratify the UN Convention on Children's Rights?," *Economist*, October 6, 2013, http://www.economist.com.

521 "Human Rights," U.S. Department of State, http://www.state.gov(2012년 7월 15일 접속).

522 Farhana Sultana and Alex Loftus, "The Right to Water: Prospects and Possibilities," in *The Right to Water: Politics, Governance and Social Struggles*, ed. Farhana Sultana and Alex Loftus (London: Routledge, 2012), 2쪽.

523 앞의 글, 7쪽에서 재인용.

524 Maude Barlow, "Foreword," in Sultana and Loftus, *Right to Water*를 보라.

525 From a statement at the Sixty-fifth General Assembly Plenary, 117th Meeting (AM), General Assembly GA/11126. "General Assembly Wraps up Two Meetings—On Achieving Human Right to Water and Sanitation; Revitalizing Conference on Disarmament," United Nations, Department of Information, News and Media Division, New York, July 29, 2011, http://unispal.un.org를 보라.

526 Marleen van Rijswick and Andrea Keessen, "Legal Protection of the Right to Water in the European Union," in Sultana and Loftus, *Right to Water*를 보라. 이스라엘과 팔레스타인에 관한 더 자세한 내용으로는 Center for Economic and Social Rights, *Thirsting for Justice: Israeli Violations of the Human Right to Water in the Occupied Palestinian Territories*, report to the U.N. Committee on Economic, Social and Cultural Rights (Brooklyn, N.Y.: Center for Economic and Social Rights, May 2003)을 보라.

527 요르단 강 서안 지역의 물 공급 방식에 관한 개관으로는 Ilaria Giglioli, "Rights, Citizenship and Territory: Water Politics in the West Bank" in Sultana and Loftus, *Right to Water*를 보라.

528 Jessica Budds and Gordon McGranahan, "Are the Debates on Water Privatization Missing the Point? Experiences from Africa, Asia and Latin America," *Environment and Urbanization* 15, no. 2 (2003): 100쪽에서 재인용.

529 Arjun Appadurai, Fear of Small Numbers: An Essay on the Geography of Anger (Durham, N.C.: Duke University Press, 2006)([국역] 아르준 아파두라이 지음, 장희권 옮김, 『소수에 대한 두려움』, 에코리브르, 2011), 104쪽.

530 "Greece and Suicide: A Hard Subject for a Sermon," *Economist*, Erasmus blog, October 21, 2013, http://www.economist.com에서 재인용.

531 Ben McPartland, "France: Fired for Refusing to Cut Off Poor Families' Water," Save Greek Water, April 23, 2013, http://www.savegreekwater.org에서 재인용.

532 Barlow, "Foreword"를 보라.

533 John Beahler, "City and Stream," *Illumination* (Fall/Winter 2010): 33쪽에서 재인용.

534 Melanie Newman, "Analysis: Who Is Buying Our Donated Blood?," Bureau of Investigative Journalism, July 27, 2011, http://www.thebureauinvestigates.com.

535 Maude Barlow and Tony Clarke, *Blue Gold: The Fight to Stop the Corporate Theft of the World's Water* (New York: New Press, 2004)([국역] 모드 발로 · 토니 클라크 지음, 이창신 옮김, 『블루 골드』, 개마고원, 2002), 88쪽에서 재인용.

536 "World Bank Loans Linked to Child Mortality," Bretton Woods Project, February 7, 2012, http://www.brettonwoodsproject.org에서 재인용.

537 David Stuckler and Sanjay Basu, "How Austerity Kills," *New York Times*, May 12, 2013.

538 "Is Killing 4,000 Babies a Day Good Customer Service?," Global Water Intelligence, April 5, 2012, http://www.globalwaterintel.com. Laurence Ball, Daniel Leigh, and Prakash Loungani, "Painful Medicine," *Finance and Development* 48, no. 3 (2011), http://www.imf.org도 보라.

539 "World Bank Refuses to Stop Funding African Land Grabs," *African Globe*, October 8, 2012, http://www.africanglobe.net을 보라.

540 Loïc Fauchon, "Finance, Governance, Knowledge: Pillars to Protect the World's Water," in Kirton and Koch, *G20 Mexico Summit* 2012, 156~57쪽.

541 Susan Spronk, "Water and Sanitation Utilities in the Global South: Re-centering the Debate on 'Efficiency,'" *Review of Radical Political Economics* 4, no. 2 (2010): 159쪽.

542 Budds and McGranahan, "Are the Debates on Water Privatization," 88쪽.

543 Hall and Lobina, *Pipe Dreams*, 5쪽.

544 Erik Swyngedouw, "Dispossessing H2O: The Contested Terrain of Water Privatization," in *Neoliberal Environments: False Promises and Unnatural Consequences*, ed. Nik Heynen, James McCarthy, Scott Prudham, and Paul Robbins (New York: Routledge, 2007), 53쪽.

545 앞의 글, 52쪽.

546 Transcribed from "Extra Features: Expanded Interviews," in *Flow: For Love of Water*, directed by Irena Salina (New York: Oscilloscope, 2008), DVD.

547 World Bank, "Iraq Country Water Resource Assistance Strategy," Report No. 36297-IQ, June 30, 2006을 보라.

548 Stephen Healy, "Alternative Economies," in *The International Encyclopedia of Human Geography*, ed. Rob Kitchin and Nigel Thrift (Oxford: Elsevier, 2009).

549 Colin C. Williams, *A Commodified World? Mapping the Limits of Capitalism* (London: Zed Books, 2005), 5쪽.

550 Jane Pollard, Cheryl McEwan, and Alex Hughes, eds., *Postcolonial Economies* (London: Zed Books, 2011).

551 "Water's Lessons from the Food and Beverage Industry," *Global Water Intelligence*, March 22, 2012, http://www.globalwaterintel.com.

552 Larry Elliott, Phillip Inman, and Helena Smith, "IMF Admits: We Failed to Realise the Damage Austerity Would Do to Greece," *Guardian*, June 5, 2013.

553 Don Lee, "Europe Austerity Strategy Is Hurting Growth, IMF Says," *Los Angeles Times*, April 19, 2013.

554 Alexander Eichler, "Peter Doyle, Departing IMF, 'Ashamed to Have Had Any Association' with Organization," Huffington Post, July 20, 2012, http://www.huffingtonpost.com에서 재인용.

555 한 예로, 아메리칸대학의 로빈 브로드Robin Broad와 정책연구소Institute for Policy Studies의 존 카바낙John Cavanagh은 세계은행의 수치가 "대단히 신뢰성이 떨어지며 …… 대부분 지나치게 낙관적"이라고 경고했다. "World Bank Views on Poverty 'Econocentric,'" Bretton Woods Project, April 5, 2012, http://www.brettonwoodsproject.org를 보라.

556 Stuckler and Basu, "How Austerity Kills."

557 피츠버그의 경우에 도시의 절반은 지자체의 수도사업체가 물을 공급하고, 절반은 민간 회사인 아메리칸워터가 공급한다. 여기서는 두 체계를 비교하는 게 용이하다. 아메리칸워터 고객은 나머지 절반의 사람들보다 요금을 30퍼센트 더 내지만 "물을 끓여 드세요"라는 통지를 더 자주 받는다. 독일 회사 RWE는 아메리칸워터를 인수할 당시 이 회사가 "미국 여러 주의 법 규정을 충족시키지 못했다"는 사실을 발견했다. "RWE가 아메리칸워터 주식을 인수하기 전 10년 동안 아메리칸워터가 투자를 제대로 하지 않았기 때문이다." RWE는 인수받은 고장한 수도관을 전부 교체하려면 "200년 이상"이 걸린다고 주장하는 한편 점점 거세지는 정치적 저항에 직면한 결과로 더 이상의 손실을 막고 물 사업에서 손을 뗐다. Lora Mae Aquinde, Andrew Bray, Sanya Gurnani, and Robert Kaminski, "The Feasibility of Privatizing Pittsburgh's Public Authorities to Forestall Bankruptcy" (independent study project, Carnegie Mellon University, spring 2009), 31쪽, http://www.andrew.cmu.edu를 보라. 2005년 9월 16일자 RWE 감독이사회 회의록 유출본, http://documents.foodandwaterwatch.org도 보라.

558 Alan Snitow, Deborah Kaufman, and Michael Fox, *Thirst: Fighting the Corporate Theft of Our Water* (San Francisco: John Wiley, 2007), 185쪽에서 재인용.

갈증의 대가
_글로벌 물 불평등과 다가오는 대혼란

초판 1쇄 발행 2016년 11월 10일

지은이 캐런 파이퍼
옮긴이 유강은
펴낸이 박정희

책임편집 양송희 **편집** 이주연, 이성목 **디자인** 하주연, 이지선
관리 유승호, 양소연 **마케팅** 김범수, 이광택 **웹서비스** 백윤경, 김설희

펴낸곳 도서출판 나눔의집
등록번호 제25100-1998-000031호
등록일자 1998년 7월 30일

주소 서울시 금천구 디지털로9길 68, 1105호(가산동, 대륭포스트타워 5차)
대표전화 1688-4604 **팩스** 02-2624-4240
홈페이지 www.ncbook.co.kr / www.issuensight.com
ISBN 978-89-5810-344-8(03330)

이 도서의 국립중앙도서관 출판예정도서목록(CIP)은 서지정보유통지원시스템 홈페이지(http://seoji.nl.go.kr)와 국가자료공동목록시스템(http://www.nl.go.kr/kolisnet)에서 이용하실 수 있습니다. (CIP제어번호: CIP2016024550)

• 책값은 뒤표지에 있습니다.
• 잘못된 도서는 구입하신 서점에서 교환해 드립니다.